Erfolgsfaktoren für die Implementierung eines digitalen betrieblichen Gesundheitsmanagements

Alexander Wieser

Erfolgsfaktoren für die Implementierung eines digitalen betrieblichen Gesundheitsmanagements

Eine empirische Analyse in österreichischen Klein- und Mittelunternehmen

Springer Gabler

Dr. Alexander Wieser
Rauris, Österreich

ISBN 978-3-658-51619-2 ISBN 978-3-658-51620-8 (eBook)
https://doi.org/10.1007/978-3-658-51620-8

Die Deutsche Nationalbibliothek verzeichnet diese Publikation in der Deutschen Nationalbibliografie; detaillierte bibliografische Daten sind im Internet über https://portal.dnb.de abrufbar.

Planung/Lektorat: Karina Kowatsch
Springer Gabler ist ein Imprint der eingetragenen Gesellschaft Springer Fachmedien Wiesbaden GmbH und ist ein Teil von Springer Nature.
Die Anschrift der Gesellschaft ist: Abraham-Lincoln-Str. 46, 65189 Wiesbaden, Germany

Geleitwort

Die vorliegende Publikation von Alexander Wieser widmet sich einem Themenfeld von hoher Aktualität und wachsender Relevanz für Wissenschaft, Wirtschaft und Gesellschaft: der erfolgreichen Implementierung eines digitalen betrieblichen Gesundheitsmanagements in österreichischen Klein- und Mittelunternehmen. Vor dem Hintergrund tiefgreifender digitaler Transformationsprozesse, veränderter Arbeitsformen sowie zunehmender gesundheitlicher und psychosozialer Belastungen von Beschäftigten leistet diese Arbeit einen substantiellen Beitrag zur Weiterentwicklung eines bislang nur eingeschränkt erforschten Forschungsfeldes.

Die besondere Stärke der Arbeit liegt in der systematischen Verbindung von Implementierungsforschung, Erfolgsfaktorenansätzen und den spezifischen strukturellen Rahmenbedingungen von KMU. Während digitale Gesundheitslösungen im betrieblichen Kontext zunehmend an Bedeutung gewinnen, fehlen gerade für kleinere und mittlere Unternehmen häufig wissenschaftlich fundierte, zugleich praktikable Orientierungshilfen. Die Dissertation von Alexander Wieser schließt diese Lücke, indem sie auf einer sorgfältigen theoretischen Fundierung aufbaut und diese mit einer methodisch stringenten qualitativen Untersuchung verknüpft. Auf dieser Basis werden empirisch abgesicherte Erfolgsfaktoren identifiziert, die einen direkten Mehrwert für Forschung und Praxis bieten.

Besonders hervorzuheben ist die hohe Praxisrelevanz der Arbeit. Die Ergebnisse bleiben nicht auf einer konzeptionellen Ebene stehen, sondern werden konsequent in konkrete Handlungsempfehlungen für Unternehmen überführt. Damit richtet sich die Publikation nicht nur an die wissenschaftliche Community, sondern auch an Führungskräfte, BGM-Verantwortliche, Beraterinnen und Berater sowie weitere Akteure an der Schnittstelle von Gesundheit, Arbeit und

Digitalisierung. Zugleich überzeugt die Arbeit durch ihre klare Struktur, ihre präzise Sprache und ihre methodische Sorgfalt, die den hohen wissenschaftlichen Anspruch dieser Veröffentlichung unterstreichen.

Die Dissertation stellt insgesamt eine fundierte, innovative und zugleich anwendungsorientierte Auseinandersetzung mit dem digitalen betrieblichen Gesundheitsmanagement dar. Sie ist geeignet, den wissenschaftlichen Diskurs weiter zu befruchten und einen nachhaltigen Beitrag zur erfolgreichen Gestaltung gesundheitsorientierter Arbeitswelten in KMU zu leisten.

Wien, im März 2026

Hon.-Prof. (FH) Dipl.-Ing. Mag.
Dr. Hans Aubauer, CFA

Danksagung

An dieser Stelle möchte ich allen danken, die mich bei der Verfassung meiner Dissertation unterstützt und begleitet haben.

Der größte Dank gebührt meinen Eltern, die durch ihr uneingeschränktes Engagement und ihren unermüdlichen Rückhalt den Weg für diese Dissertation geebnet haben. Ihr geht meiner Schwester und mir stets als integre, liebevolle und selbstlose Vorbilder voran und inspiriert uns dazu, unsere Ziele konsequent zu verfolgen sowie die Reise dorthin zu genießen. Diese Arbeit ist euch gewidmet.

Zudem bedanke ich mich bei meinem Advisor Herrn Dr. Hans Aubauer, der durch sein konstruktives Feedback und seine tiefgreifende Expertise maßgeblich zum Gelingen dieser Thesis beigetragen hat.

Ebenso möchte ich den InterviewteilnehmerInnen meinen Dank aussprechen, die sich bereit erklärt haben, ihr Expertenwissen mit mir zu teilen und damit das Fundament für diese Arbeit gelegt haben.

Ein großer Dank gilt auch meiner Schwester, die mir mit ihrem lebhaften Humor und ihren kreativen Überlegungen neue Perspektiven auf meine Arbeit eröffnet hat.

Abschließend möchte ich mich besonders bei meiner Freundin bedanken, die in zeitintensiven Phasen stets Verständnis aufgebracht und die Dissertation durch produktive und innovative Anregungen beflügelt hat.

Inhaltsverzeichnis

Abkürzungsverzeichnis

B2B	Business to Business
B2C	Business to Consumer
BfArM	Bundesministerium für Arzneimittel und Medizinprodukte
BGF	Betriebliche Gesundheitsförderung
BGM	Betriebliches Gesundheitsmanagement
BIP	Bruttoinlandsprodukt
BMSGPK	Bundesministerium für Soziales, Gesundheit, Pflege und Konsumentenschutz
CDR	Corporate Digital Responsibility
CeHRes	Centre for e-Health and Wellbeing Research
CFIR	Consolidated Framework for Implementation Research
COVID-19	Coronavirus Disease 2019
DBGF	Digitale Betriebliche Gesundheitsförderung
DBGM	Digitales Betriebliches Gesundheitsmanagement
DiGA	Digitale Gesundheitsanwendungen
DigiG	Digital-Gesetz
DSGVO	Datenschutz-Grundverordnung
DVG	Digitale-Versorgung-Gesetz
EAP	Employee Assistance Program
e-Health	electronic Health
ePA	Elektronische Patientenakte
FGÖ	Fonds Gesundes Österreich
GIF	Generic Implementation Framework
HRV	Herzratenvariabilitätsmessung

IMD	Institute for Management Development
IMF	International Monetary Fund
IQR	Interquartilsbereiche
JIF	Journal Impact Factor
KI	Künstliche Intelligenz
KIS	Krankenhausinformationssystem
KMU	Klein- und Mittelunternehmen
QIA	Qualitative Inhaltsanalyse
QIF	Quality Implementation Framework
RE-AIM	Reach, Effectiveness/Efficacy, Adoption, Intervention, Maintenance
ROI	Return on Investment
SVS	Sozialversicherungsanstalt der Selbständigen
TAM	Technology Acceptance Model
TK	Techniker Krankenkasse
UTAUT	Unified Theory of Acceptance and Use of Technology
UX	User Experience
VR	Virtual Reality
WHO	World Health Organization
XR	Extended Reality

Abbildungsverzeichnis

Tabellenverzeichnis

Teil I
Einleitungsteil

1 Ausgangslage

Die Wissensgesellschaft unterliegt verschiedenen Megatrends sozialer Veränderungen (Burkhart & Hanser, 2018, S. 37). Einige dieser Trends wie der fortschreitende demografische Wandel, die zunehmende Globalisierung oder die allumfassende Technologisierung haben Auswirkungen auf sämtliche Lebensbereiche und stellen dabei nicht zuletzt das Gesundheitssystem vor neue Chancen und Herausforderungen.

Speziell vor dem Hintergrund des enormen Wachstums des globalen digitalen Gesundheitsmarkts, der seinen Wert laut dem Digital Health Global Market Report (2025, o. S.) von 271,5 Milliarden US-Dollar im Jahr 2024 auf schätzungsweise 595,5 Milliarden US-Dollar im Jahr 2029 steigern wird, zeigt sich das Potenzial des digitalen Gesundheitsbereichs. Rapide Fortschritte werden in diesem Sinne auch in Bezug auf die Verbreitung von digitalen gesundheitsfördernden Angeboten und Tools deutlich (Lee & Kim, 2024, S. 172; Liu et al., 2025, Abs. 1), die sowohl die individuelle, zeit- und ortsunabhängige Gesundheitsversorgung als auch das allgemeine Gesundheitsverständnis revolutionieren können (Cuff, 2023, Abs. 8). Übertragen auf den Unternehmenskontext und die Mitarbeitendengesundheit werden so auch die Gesundheitsförderungsmaßnahmen in der Arbeitswelt verstärkt digitalisiert (Schirrmacher et al., 2018, S. 317; Schmidt et al., 2024, S. 412), um die Zugänglichkeit, Kompatibilität und Anschlussfähigkeit im Arbeitsalltag sicherzustellen und die Angestellten auch in vernetzten Arbeitsumgebungen einzubinden (Treier, 2023, S. 233).

Im digitalen Zeitalter müssen laut Treier (2021, S. 2) speziell Gesundheitsthemen priorisiert werden, wonach in den nächsten Jahren davon auszugehen ist, dass sich das klassische analoge betriebliche Gesundheitsmanagement (BGM) hin zu einem digitalen betrieblichen Gesundheitsmanagement (dBGM) weiterentwickeln wird und sich Organisationen vermehrt mit der Integration von dBGM-Instrumenten auseinandersetzen müssen (Kaiser & Matusiewicz, 2018,

A. Wieser, *Erfolgsfaktoren für die Implementierung eines digitalen betrieblichen Gesundheitsmanagements*, https://doi.org/10.1007/978-3-658-51620-8_1

S. 1), zumal die digitale Transformation im Gesundheitswesen kein kurzfristiger, einmaliger Trend ist, sondern eine mittel- und langfristige Entwicklung darstellt (Fischer & Endter, 2023, S. 557), die eine nachhaltige Veränderungsbereitschaft erfordert (Polacsek-Ernst et al., 2024, S. 89).

Obgleich das dBGM oft als Zukunft des BGM beschrieben wird (Junker & Kaluza, 2018, S. 631) und die Bedeutung digitaler Gesundheitsanwendungen im betrieblichen Setting stetig zunimmt (Widmaier & Nürnberg, 2023, S. 271; Bente et al., 2024, Abs. 1), stehen die Forschungsarbeiten zur konkreten Implementierung und Umsetzung eines dBGM in Unternehmen noch am Anfang (Gericke, 2022, S. 237), wonach es gilt, neue Erkenntnisse im Bereich der dBGM-Implementierungsforschung zu eruieren und Unternehmen bei der Einführung eines dBGM zu unterstützen.

Problemstellung

2

Digitale Technologien können positive Effekte auf das Wohlbefinden von Angestellten haben, jedoch treten auch in Zeiten der Digitalisierung oftmals neue Formen von Arbeitsstress auf, die sich kontraproduktiv auf die Gesundheit der Belegschaft auswirken und eine Zunahme an psychischen und physischen Erkrankungen im Arbeitsalltag nach sich ziehen können (Dragano et al., 2021, S. 1118). Die daraus resultierende Abnahme der allgemeinen Mitarbeitendengesundheit spiegelt sich unter anderem durch einen starken Anstieg der Arbeitsunfähigkeitstage von durchschnittlich 12,9 Fehltagen je Versicherungsjahr im Jahr 2000 auf 19,1 Fehltage im Jahr 2024 wider (Techniker Krankenkasse, 2025, S. 11), wodurch sich Unternehmen mit einer Zunahme der Krankheitskosten je ArbeitnehmerIn konfrontiert sehen. Infolgedessen rückt der Stellenwert von gesunden und leistungsfähigen Angestellten vermehrt in den Mittelpunkt, da es gilt, die krankheitsbedingten Fehlzeiten zu reduzieren, das Leistungspotenzial und die Motivation der MitarbeiterInnen zu optimieren sowie insgesamt eine allgemein stärkere Wettbewerbsfähigkeit des jeweiligen Unternehmens zu garantieren (Kaminski, 2013, S. 29; Petzi & Kawinkel, 2016, S. 9; Habermann-Horstmeier, 2019, S. 52). Ein funktionierendes BGM kann die Gesundheit, Zufriedenheit und das Commitment der Angestellten steigern sowie zudem die Produktivität, die ArbeitgeberInnenattraktivität und die Arbeitsmotivation erhöhen (Klaffke & Bohlayer, 2021, S. 198–199), jedoch bedingen es die aktuellen und zukunftsträchtigen digitalen Veränderungsprozesse in der Arbeitswelt zunehmend, die damit einhergehenden Anforderungen in die Etablierung eines langfristig erfolgreichen dBGM einzubeziehen.

Besonders im Rahmen der COVID-19-Pandemie durchliefen digitale Gesundheitstechnologien in vielen Unternehmen einen Entwicklungsprozess (Vahteristo et al., 2025, Abs. 1) von einer potenziellen Möglichkeit hin zu einer unmittelbaren Notwendigkeit und trugen zur Sicherung der betrieblichen Existenz bei

A. Wieser, *Erfolgsfaktoren für die Implementierung eines digitalen betrieblichen Gesundheitsmanagements*, https://doi.org/10.1007/978-3-658-51620-8_2

(Fahy et al., 2021, S. 7). Obgleich Phänomene wie „Remote work" und „Homeoffice" mittlerweile zur Normalität geworden sind (Ng et al., 2022, Abs. 1; Lange et al., 2022, S. 19), erweist sich die praktische Implementierung eines dBGM im Unternehmensalltag nach wie vor als komplexes Unterfangen und es besteht in sämtlichen europäischen Ländern noch enormes Verbesserungspotenzial hinsichtlich der Einführung und Umsetzung digitaler gesundheitsfördernder Angebote (Fahy, 2021, S. 7). Während in großen Unternehmen häufig schon ein klassisches BGM-Konzept besteht, das die Erweiterung um dBGM-Angebote erleichtern kann, erweist sich die Umsetzung des (digitalen) BGM besonders in kleinen und mittleren Unternehmen (KMU) oft als komplexer (Pfannstiel & Mehlich, 2016, S. V). Denn obwohl Klein- und Mittelunternehmen das Rückgrat der österreichischen Wirtschaft bilden und 67 % aller Erwerbstätigen beschäftigen (KMU Forschung Austria, 2022, S. 9), hat BGM in KMU nur selten strategische Priorität (Treier, 2023, S. 96), zumal es meist an personellen, fachlichen und finanziellen Mitteln mangelt (Syed & Kubalski, 2016, S. 9) sowie an praxisnahen Implementierungskonzepten und spezifischen Kompetenzen zur Einführung eines (digitalen) BGM fehlt (Rothe et al., 2019, S. 247). In diesem Sinne könnten die dem dBGM inhärenten Potenziale wie Aktualität, Vielseitigkeit, Kosteneinsparungen, Flexibilität, Individualität und Vernetztheit (Treier, 2021, S. 55–58) zur Bündelung von Ressourcen beitragen und speziell für KMU bedeutsame, ressourcenschonende Alternativen zu klassischen BGM-Angeboten darstellen.

Digitale Gesundheitsinterventionen gelten als vielversprechende Instrumente zur Förderung von positiven gesundheitsbezogenen Verhaltensänderungen (Liu et al., 2025, Abs. 1) und ein dBGM vermag die Reichweite, Qualität, Effektivität, Effizienz, Zugänglichkeit und Nachhaltigkeit der Gesundheitsversorgung zu verbessern (Betz et al., 2018, S. 219; Hasselmann, 2018, S. 69), jedoch stellt die Implementierung eines dBGM auf Unternehmensebene bisher eine große Herausforderung dar, da sich zum einen laut Käfer & Niederberger (2020, S. 151) eine schwache wissenschaftliche Basis sowie eine verhaltene Nutzung von dBGM-Anwendungen in der Praxis zeigen und zum anderen unklar ist, welche konkreten Strategien und Erfolgsfaktoren dazu beitragen, gesundheitsfördernde dBGM-Angebote in die Arbeitsabläufe einer Organisation zu integrieren (Marwaha et al., 2022, Abs. 1).

3 Erkenntnisinteresse und Relevanz der Arbeit

3.1 Themenfelder

- Digitales Betriebliches Gesundheitsmanagement
- Klein- und Mittelunternehmen
- Implementierungsmaßnahmen
- Erfolgsfaktoren

Um die Forschungsthematik der vorliegenden Dissertation aus mehreren Perspektiven analysieren zu können, beschäftigt sich diese Arbeit mit verschiedenen Themengebieten zwischen denen diverse Interdependenzen und Schnittstellen bestehen. So behandelt die Arbeit neben den Ursprüngen und aktuellen Entwicklungen im digitalen betrieblichen Gesundheitsmanagement auch Konzepte aus der Erfolgsfaktorenforschung sowie Überlegungen zu zentralen Implementierungsmaßnahmen und untersucht die identifizierten Erkenntnisse vor dem Hintergrund der Besonderheiten von österreichischen Klein- und Mittelunternehmen.

3.2 Forschungsrelevanz

Das Themengebiet des digitalen betrieblichen Gesundheitsmanagements stellt ein vergleichsweise neues Forschungsfeld dar, das erst in den vergangenen Jahren und vor allem aufgrund der laufenden Digitalisierungsprozesse an größerer Bedeutung gewonnen hat (Hasselmann, 2018, S. 58). Obgleich das dBGM dementsprechend seit einiger Zeit eine erhöhte Forschungsrelevanz erfährt, zeigt die Sichtung aktueller wirtschaftswissenschaftlicher Literatur noch diverse Forschungslücken auf

A. Wieser, *Erfolgsfaktoren für die Implementierung eines digitalen betrieblichen Gesundheitsmanagements*, https://doi.org/10.1007/978-3-658-51620-8_3

(siehe Teil II, Abschnitt 6.3) und in Bezug auf die Forschungsfragen der vorliegenden Arbeit liefert die derzeitige Studienlage bisher noch keine spezifischen Lösungspotenziale.

Die wenigen vorzufindenden Beiträge, die die Einführung von e-Health (electronic Health) Angeboten untersuchen, zeichnen sich entweder durch einen fehlenden Aktualitätsbezug aus, fokussieren sich nicht auf gewinnorientierte KMU, sind nicht durch empirische Grundlagen gestützt und basieren lediglich auf theoretischen Hintergründen oder beinhalten verschiedene Stichprobenverzerrungen (siehe Teil II, Abschnitt 6.2).

So befassen sich zwar beispielsweise Ross et al. (2016), Schreiweis et al. (2019), Cremers et al. (2021), Lang & Hofer-Fischanger (2022), Marwaha et al. (2022), Bente et al. (2024), Kip et al. (2025) und Liu et al. (2025) mit Faktoren, die der positiven Umsetzung und Integration von e-Health Angeboten zuträglich sein könnten, jedoch ist bislang unklar, inwiefern sich diese Ergebnisse auf Klein- und Mittelunternehmen in Österreich übertragen lassen und welche konkreten Maßnahmen zur Eingliederung eines nachhaltigen dBGM beitragen.

Zudem gibt es noch keine Arbeiten, die sich im dBGM-Kontext mit empirischer Erfolgsfaktorenforschung auseinandersetzen. Demnach könnte die Dissertation durch die Ableitung wissenschaftlich gestützter Erfolgsfaktoren und Handlungsempfehlungen erstmals eine Entscheidungsbasis für KMU schaffen, die die Verantwortlichen bei der Auswahl Erfolg bringender dBGM-Maßnahmen unterstützt.

Die Forschungsrelevanz des dBGM und der Mehrwert der Dissertation lassen sich speziell dadurch begründen, dass nach derzeitiger Studienlage Forschungsdesiderate hinsichtlich der Implementierung, Umsetzung und der Erfahrungswerte im dBGM sowie den dazugehörigen e-Health Angeboten bestehen (Gericke, 2022, S. 237–240) und bis dato keine Übersichtsarbeiten existieren, die sich mit dem Implementierungsprozess eines dBGM befassen (Kaiser & Matusiewicz, 2018, S. 1). Überdies wurden in der betriebswirtschaftlichen Forschung insbesondere KMU lange nur unzureichend berücksichtigt, da ihnen keine wesentlichen Unterschiede zu Großunternehmen zugeschrieben wurden (Ihlau & Duscha, 2019, S. 3), weshalb die Arbeit nicht zuletzt vor diesem Hintergrund einen bedeutenden Nutzen für die Forschung bieten kann.

Abschließend könnte die Dissertation somit durch die Symbiose aus den ermittelten theoretischen und praktischen Ergebnissen wissenschaftlich haltbare Erkenntnisse zur dBGM-Implementierungsforschung generieren und Handlungsimplikationen zur Einführung eines dBGM in österreichischen KMU aufstellen.

3.3 Praxisrelevanz

Klein- und Mittelunternehmen stellten im Jahr 2021 mit rund 358.600 Unternehmen nahezu die Gesamtheit der marktorientierten Wirtschaftsakteure in Österreich dar (99,6 %) und bilden damit die zentrale Säule des heimischen Wirtschaftssystems (KMU Forschung Austria, 2022, S. 9). Der berufliche Alltag in KMU wird jedoch von digitalen und organisatorischen Wandlungsprozessen dominiert, zumal es der kompetitive Wettbewerb erfordert, sich ständig neu zu erfinden, Abläufe zu optimieren und die zur Verfügung stehende Zeit effizienter zu nutzen.

Diese Veränderungen in der Arbeitswelt haben oftmals einen erhöhten Termin- und Leistungsdruck zur Folge, der das Ungleichgewicht zwischen dem Umfang der Arbeit, den Qualitätsanforderungen und dem verfügbaren Zeitrahmen widerspiegelt (Ahlers & Serife, 2019, S. 2) und dadurch negative gesundheitliche Auswirkungen auf das Leistungspotenzial der Angestellten haben kann. Eine Fallstudie von Bretschneider et al. (2020, S. 11) unterstreicht diese Befunde, indem sie herausfanden, dass der digitalisierte und automatisierte Arbeitsalltag mit einem *„Bedeutungszuwachs psychosozialer Belastungen bei gleichzeitig hoher Krankheitslast aufgrund psychischer Erkrankungen"* einhergeht.

Dieser Zuwachs zeigt sich laut Mayrhuber & Bittschi (2022, S. 92) unter anderem auch in den Gesamtausgaben des österreichischen Gesundheitsbereichs für alle direkten und indirekten Kosten im Jahr 2021, die sich im Hinblick auf die Abwesenheiten der unselbständig Erwerbstätigen auf bis zu 4,4 % des gesamten damaligen Bruttoinlandprodukts (BIP) von 406,2 Milliarden € (statista, 2024, o. S.) beliefen. Eine Verminderung der krankheitsbedingten Fehlzeiten und eine Verbesserung der gesundheitlichen Situation von Angestellten würden infolgedessen sowohl die direkten und indirekten betriebs- und volkswirtschaftlichen Kosten reduzieren als auch das gesamte Gesundheitssystem kostenseitig entlasten (Mayrhuber & Bittschi, 2022, S. 92).

Da die zu Beginn dieses Kapitels bereits angedeutete Relevanz von KMU für den Wirtschaftsstandort Österreich demnach fundamental ist, sollten Organisationen und ihre Angestellten vor (gesundheitlichen) Risiken bestmöglich bewahrt werden (Deistler & Rentrop, 2020, S. 1047), wonach insbesondere einem funktionierenden dBGM eine tragende Rolle zukommt, zumal die Integration von geeigneten Maßnahmen in die Betriebliche Gesundheitsförderung (BGF) einen wichtigen Beitrag zur Gesunderhaltung von Beschäftigten leisten sowie zu einer Reduktion krankheitsbedingter Fehlzeiten und den damit verbundenen Kosten führen kann (Kreis & Bödeker, 2003, S. 39).

Der Erfolg der praktischen dBGM-Umsetzung hängt stark vom jeweiligen Implementierungskonzept ab (van Gemert-Pijnen, 2022, Abs. 1), wodurch diese Dissertation wissenschaftlich fundierte und praxiserprobte Maßnahmen zur Implementierung eines dBGM identifizieren sowie wesentliche Erfolgsfaktoren im Rahmen der Einführung und Umsetzung eines dBGM in österreichischen KMU herausarbeiten könnte.

Zielstellung der Dissertation 4

4.1 Haupt- und Teilzielstellungen

Obwohl der Megatrend der Digitalisierung in sämtliche Bereiche des Gesundheitswesens diffundiert (Treier, 2023, S. 228), sind nach wie vor nur Teile des BGM in Unternehmen digitalisiert (Schulze & Schäfer, 2018, S. 604). Dies kann auf den Umstand zurückgeführt werden, dass das dBGM ein vergleichsweise neuartiges Phänomen darstellt und bislang noch großteils unerforscht ist (Käfer & Niederberger, 2020, S. 151). Die vorliegende Dissertation soll daher einen Forschungsbeitrag leisten, um neue Erkenntnisse im Bereich des dBGM zu erarbeiten und österreichische Klein- und Mittelunternehmen bei der Implementierung digitaler Angebote unterstützen.

In den nachfolgenden Kapiteln werden nun die konkreten dissertationsrelevanten Zielstellungen sowie die erwarteten neuen Ergebnisse des Theorie-, Empirie- und Gestaltungsteils vorgestellt.

4.1.1 Hauptzielstellung

Hauptziel des Forschungsvorhabens ist es, durch die Beantwortung der Forschungsfragen einen bedeutenden Erkenntnisgewinn zu den Erfolgsfaktoren der Implementierung eines digitalen betrieblichen Gesundheitsmanagements zu leisten und explizite Handlungsempfehlungen für österreichische Klein- und Mittelunternehmen zu erstellen.

A. Wieser, *Erfolgsfaktoren für die Implementierung eines digitalen betrieblichen Gesundheitsmanagements*, https://doi.org/10.1007/978-3-658-51620-8_4

4.1.2 Theoriegeleitete Zielstellung

Auf der Basis einer Analyse forschungseinschlägiger Literatur gilt es, relevante Faktoren zur Implementierung eines digitalen betrieblichen Gesundheitsmanagements zu identifizieren und einen Überblick zu den dBGM-Initiativen und Angeboten in Österreich zu gewähren.

4.1.3 Empiriegeleitete Zielstellung

Die empiriegeleitete Zielstellung ist es, mithilfe einer eigenen empirischen Untersuchung herauszufinden, welche Faktoren der erfolgreichen Implementierung eines digitalen betrieblichen Gesundheitsmanagements in österreichischen Klein- und Mittelunternehmen dienlich sind.

4.1.4 Gestaltungsgeleitete Zielstellung

Im Rahmen des gestaltungsgeleiteten Ziels sollen auf Basis der durchgeführten empirischen Analyse Handlungsimplikationen zur Implementierung eines digitalen betrieblichen Gesundheitsmanagements in österreichischen Klein- und Mittelunternehmen abgleitet werden.

4.2 Erwartete neue Ergebnisse/Erkenntnisse

4.2.1 Erwartete neue Ergebnisse und Erkenntnisse der Dissertation insgesamt

Die Dissertation leistet einen Beitrag zur weiteren Schließung der Forschungsdesiderate im Hinblick auf die lückenhaften Erkenntnisse der Implementierung eines digitalen betrieblichen Gesundheitsmanagements und erarbeitet wissenschaftlich fundierte und praxiserprobte Maßnahmen, die österreichische Klein- und Mittelunternehmen bei der Einführung unterstützen sollen.

4.2.2 Erwartete neue Ergebnisse und Erkenntnisse des theoretischen Teils

Im Rahmen einer systematischen Literaturrecherche sollen die aktuellen wissenschaftlich relevanten Faktoren zu Implementierungsprozessen im Bereich des digitalen betrieblichen Gesundheitsmanagements analysiert und ein Überblick zu dBGM-Initiativen und Angeboten in Österreich dargestellt werden.

4.2.3 Erwartete neue Ergebnisse und Erkenntnisse des empirischen Teils

Obwohl die Digitalisierung im Gesundheitsmanagement noch großes Entwicklungspotenzial bietet, gibt es einige Unternehmen und ExpertInnen, die bereits praktische Erfahrungen mit erfolgreichen Implementierungsprozessen eines digitalen betrieblichen Gesundheitsmanagements in österreichischen Klein- und Mittelunternehmen gesammelt haben. Die empirische Untersuchung identifiziert daher durch die Kombination einer deduktiv-induktiv geleiteten empirischen Erhebung Erfolgsfaktoren, die die Einführung und Umsetzung unterstützen.

4.2.4 Erwartete neue Ergebnisse und Erkenntnisse des Gestaltungsteils

Aus der Symbiose der ermittelten theoretischen und praktischen Erkenntnisse werden praxisorientierte Handlungsempfehlungen aufgestellt, die Klein- und Mittelunternehmen in Österreich zur Implementierung eines digitalen betrieblichen Gesundheitsmanagements dienen sollen.

4.3 Inhaltliche Abgrenzung

Diese Dissertation setzt sich mit den Erfolgsfaktoren der Implementierung eines digitalen betrieblichen Gesundheitsmanagements in österreichischen Klein- und Mittelunternehmen auseinander. Auf der Basis einer empirischen Untersuchung werden ExpertInnen befragt, die bereits praktische Erfahrungen mit der Einführung und Umsetzung von digitalen gesundheitsfördernden Angeboten in österreichischen KMU gesammelt haben. Die Eingrenzung des Forschungsvorhabens erfolgt dahingehend, als dass sich die identifizierten Erfolgsfaktoren explizit auf die dBGM-Implementierungsprozesse österreichischer Klein- und Mittelunternehmen anwenden lassen, da es KMU – und dies, obwohl sie das Rückgrat der heimischen Wirtschaft sind (KMU Forschung Austria, 2022, S. 9) – im Vergleich zu Großunternehmen oftmals an praxisnahen Implementierungskonzepten, eigenen Ressourcen sowie spezifischen Kompetenzen zur Einführung eines dBGM fehlt (Rothe et al., 2019, S. 247) und die Integrationsprozesse digitaler Anwendungen im Gegensatz zu sehr kleinen und sehr großen Unternehmen nur unzureichend priorisiert werden (Schaff, 2018, S. 176–177). Angesichts der per definitionem großen Spanne der Beschäftigtengrößenklassen von Klein- und Mittelunternehmen (siehe Teil II, Abschnitt 9.1.1) sowie der damit einhergehenden Heterogenität werden für diese Forschungsarbeit nur Unternehmen betrachtet, die zwischen 10 und 49 Angestellte beschäftigen und deren Umsatz 50 Millionen € pro Jahr nicht übersteigt.

Des Weiteren erfolgt eine klare Abgrenzung zu Digitalen Gesundheitsanwendungen (DiGA) (siehe Teil II, Abschnitt 6.2), zumal diese Anwendungen vorrangig kurative und palliative Effekte verfolgen und nicht, wie die für die vorliegenden Forschungsfragen interessanten digitalen gesundheitsfördernden Angebote, auf Prävention oder Gesundheitsförderung ausgelegt sind (BfArM, 2025a, o. S.).

Die empirische Analyse bezieht sich explizit auf Österreich und nicht den gesamten deutschsprachigen Raum. Zwar ist es aufgrund der soziokulturellen, ökonomischen (deutsches kaufkraftbereinigtes BIP je EinwohnerIn liegt bei 72.600 US-Dollar; österreichisches kaufkraftbereinigtes BIP pro EinwohnerIn liegt bei 74.370 US-Dollar) (IMF, 2025, o. S.) und digitalisierungsbezogenen (Deutschland belegt im World Digital Competitiveness Ranking des International Institute for Management Development Platz 23, Österreich Platz 25) (IMD, 2024, S. 48) Äquivalenzen vorstellbar, dass sich die finalen Ergebnisse auch auf die 3,1 Millionen KMU in Deutschland (Destatis, 2025, o. S.) hochskalieren lassen, jedoch bedarf es hierbei der Prüfung durch eigenständige weitere Forschungsarbeiten. Ferner auszuschließen ist auch eine Übertragbarkeit der Erkenntnisse auf die Schweiz, da sowohl die wirtschaftlichen Rahmenbedingungen (schweizerisches kaufkraftbereinigtes BIP pro Kopf liegt bei 98.140 US-Dollar) (IMF, 2025, o. S.) als auch der digitale Vorsprung (Die Schweiz liegt auf Rang 2 im World Digital Competitiveness Ranking) (IMD, 2024, S. 48) sowie die damit verbundene Fähigkeit und Bereitschaft von Volkswirtschaften, digitale Technologien für den wirtschaftlichen und sozialen Wandel zu übernehmen, eine geringere Vergleichbarkeit zu Österreich suggerieren und sich die Grenzen der Generalisierbarkeit somit weiter verdichten.

5 Aufbau der Dissertation

Zu Beginn der Dissertation werden im Einleitungsteil ein Verständnis für die Ausgangslage vor dem Hintergrund der zunehmenden Digitalisierung im BGM geschaffen und die damit verbundenen Problemstellungen für Klein- und Mittelunternehmen dargelegt. Daraus resultieren das Erkenntnisinteresse in Bezug auf die wissenschaftliche und praktische Relevanz, die Haupt- und Teilzielstellungen der Arbeit sowie die inhaltliche Abgrenzung.

Der theoretische Teil der Arbeit startet mit einer systematischen Literaturrecherche, um den derzeitigen Stand der Forschung zum dBGM zu analysieren und die anschließende empirische Untersuchung mit fundierten theoretischen Vorüberlegungen zu flankieren. Aus dem Forschungsstand werden dann die Forschungslücke abgeleitet und die theoriegeleitete Fragestellung aufgestellt. Anschließend erfolgt eine umfassende Auseinandersetzung mit dem Konzept der Erfolgsfaktorenforschung und es werden die Grundlagen der Implementierungsforschung sowie vier der führenden Implementierungsmodelle vorgestellt. Im Rahmen der theoretischen Ausführungen werden erst die dissertationsrelevanten Begrifflichkeiten erläutert und danach zwei theoretische Modelle beschrieben, die sich zum einen mit der Einführung eines BGM in Klein- und Mittelunternehmen und zum anderen mit der Implementierung eines dBGM beschäftigen. Der Theorieteil schließt mit einem Überblick zu den dBGM-Initiativen und Angeboten in Österreich sowie einer abschließenden Konklusion, in der die erarbeiteten theoretischen Erkenntnisse rekapituliert werden, um die theoriegeleitete Fragestellung final zu beantworten und die empiriegeleitete Fragestellung zu begründen.

Im empirischen Teil werden am Anfang die Wahl des Forschungsdesigns sowie die methodische Vorgehensweise erläutert. Danach wird die Erstellung des Interviewleitfadens thematisiert und erklärt, wie sich die Stichprobenzusammensetzung hinsichtlich der ausgewählten dBGM-ExpertInnen ergibt. Darüber

A. Wieser, *Erfolgsfaktoren für die Implementierung eines digitalen betrieblichen Gesundheitsmanagements*, https://doi.org/10.1007/978-3-658-51620-8_5

hinaus werden das Vorgehen und der Ablauf der Datenerhebung und der Datenaufbereitung beschrieben.

Anschließend erfolgen die Auswertung, Darstellung, Interpretation und Diskussion der durch die empirische Erhebung gewonnenen Erkenntnisse in Bezug auf die Erfolgsfaktoren der Implementierung eines digitalen betrieblichen Gesundheitsmanagements in österreichischen Klein- und Mittelunternehmen. Danach werden das methodische Vorgehen kritisch betrachtet und die Einhaltung der Gütekriterien des qualitativen Vorgehens diskutiert. Zum Abschluss werden in der Konklusion die empiriegeleitete Fragestellung beantwortet und die gestaltungsgeleitete Fragestellung aufgestellt.

Der Gestaltungsteil führt die Erkenntnisse aus dem theoretischen und empirischen Teil zusammen, um neue Handlungsempfehlungen für die Forschung und die Praxis zu formulieren. Außerdem werden die relevanten Ergebnisse zusammengefasst und es folgt die Beantwortung der gestaltungsgeleiteten Fragestellung.

Im Schlussteil der Arbeit werden die wesentlichen Erkenntnisse in einem Fazit zusammengefasst und ihre Bedeutung für die wissenschaftliche Forschung und die unternehmerische Praxis erklärt. Zudem wird am Ende noch ein Blick auf künftige Entwicklungen und Notwendigkeiten des Forschungsgegenstands geworfen und dargelegt, inwiefern die Ergebnisse der Dissertation in weiterführenden Forschungs- und Praxisprojekten Berücksichtigung finden könnten.

Teil II
Theoretischer Teil

Stand der Forschung

6

6.1 Recherchevorgehen

Um eine wissenschaftlich fundierte Untersuchung des aktuellen Forschungsstands zu gewährleisten, wird in der vorliegenden Thesis die Methode der systematischen Literaturrecherche angewandt. Hierdurch soll es gelingen, forschungsrelevante (empirische) Studien zu identifizieren und im Hinblick auf die Forschungsthematik zu analysieren. Darüber hinaus kann durch die systematische Ermittlung themenspezifischer Literatur laut Heesen (2014, S. 34) der Nachweis erbracht werden, dass die aufgeworfene Fragestellung ein wissenschaftlich diskutiertes Thema aufgreift und der gewählte Fokus das Potenzial für neue Erkenntnisse bietet. Zumal der schrittweise Ablauf der Literaturrecherche durch eine systematisch nachvollziehbare Vorgehensweise und eine intersubjektive Nachvollziehbarkeit gekennzeichnet ist (Steinke, 2010, S. 324–325), kann somit auch die Validität der Analyseergebnisse sichergestellt werden. Da es unter anderem der begrenzte Umfang dieser Dissertation verlangt, die exemplarischen Ausführungen zur systematischen Literaturrecherche auf das Wesentliche zu komprimieren, wird an dieser Stelle auch auf die dahingehend weiterführenden Beiträge von Brink (2013), Sesink (2012) und Stickel-Wolf & Wolf (2009) verwiesen.

Im ersten Schritt einer themenbezogenen Basisrecherche wurden wichtige Keywords gesammelt, mit denen in verschiedenen Datenbanken (*Google Scholar, Google Books, ResearchGate, E-Library Springer-Verlag, Emerald Insight, EBSCO – Business Source Premier, E-Library Middlesex University, Hochschulbibliothek der Universität Salzburg*) und unter Verwendung von unterschiedlichen Kombinationen der Booleschen Operatoren „AND“ und „OR“, nach forschungsrelevanten Arbeiten gesucht wurde (Jonsson & Tarski, 1951, S. 891–892). Durch

A. Wieser, *Erfolgsfaktoren für die Implementierung eines digitalen betrieblichen Gesundheitsmanagements*, https://doi.org/10.1007/978-3-658-51620-8_6

die Verwendung diverser Datenbanken sollte auch die Wahrscheinlichkeit für das Auftreten eines unbeabsichtigten Publication Bias eingedämmt werden, nachdem eine Tendenz für die Veröffentlichung von Studien mit signifikanten Ergebnissen vorliegt und Arbeiten, die negative oder keine Erkenntnisse hervorbringen, in der Regel weniger oft oder gar nicht publiziert werden (Nair, 2019, S. 505; Stanley, 2005, S. 309).

Um sowohl nationale als auch internationale Suchergebnisse zu generieren, wurden deutsche und englische Suchbegriffe verwendet, die sich mit der Forschungsthematik in Bezug setzen lassen:

- Digitales Betriebliches Gesundheitsmanagement / digital corporate health management, occupational health management
- workplace health promotion, workplace health management
- e-Health
- Telemedizin / telehealth
- Implementierung / implementation
- Kleine und mittlere Unternehmen (KMU) / small and medium-sized enterprises (SMEs)
- Erfolgsfaktoren / key factors, success factors, relevant factors
- Chancen und Herausforderungen / opportunities and challenges
- Österreich / Austria

Die dadurch zwangsläufig entstehende große Vielzahl von mehr oder weniger relevanten Rechercheergebnissen wurde dann grob überflogen und anschließend sukzessive spezifiziert. Nachdem in Form einer überblicksmäßigen Basisliste rund 130 wichtig erscheinende Forschungsarbeiten in das Literaturverwaltungsprogramm Citavi eingepflegt wurden, galt es, die gefundenen Arbeiten schrittweise anhand von Titel, Inhaltsverzeichnis, Abstract, Volltext, Qualitätskriterien und Aktualitätsbezug bis auf für die Forschung wesentliche Beiträge zu reduzieren. In Form eines iterativen Prozesses, bei dem die Suchkriterien immer wieder adaptiert und die Verbindung der vorgefundenen Studien zur Forschungsfrage wiederholt überprüft wurden, gelang es, die vorerst nahezu unüberschaubar große Anzahl von unterschiedlich gut verwertbaren Quellen einzugrenzen und auf 27 für den Forschungsstand geeignete Studien zu fokussieren (siehe Tabelle 6.1). Die qualitative Hochwertigkeit der ausgewählten Beiträge beruht zum einen darauf, dass lediglich „peer-reviewed journals" in die finale Literaturliste aufgenommen wurden und zum anderen wird die wissenschaftliche Relevanz der Fachzeitschriften durch den Journal Impact Factor (JIF) garantiert. Dazu wurde das jeweilige

Ranking der ausgewählten Artikel über den aktuellen Journal Citation Report 2025 bzw. der Web of Science Plattform von Clarivate (2025, o. S.) ermittelt. Obgleich der JIF laut Marx & Bornmann (2012, S. 50) und Ali (2021, S. 790) speziell vor dem Hintergrund der Aussagekraft auf Artikelebene, der (fehlenden) Vergleichbarkeit unterschiedlicher Wissenschaftsfelder und Fachkategorien, der jährlichen Fluktuation sowie dem Fokus auf englischsprachige Artikel oftmals kritisch beäugt wird, stellt er dennoch ein probates Instrument dar, um die Relevanz und Popularität einer Zeitschrift zu bestimmen. Die Berechnung des JIF erfolgt, indem die Gesamtzahl der Zitierungen einer Zeitschrift im aktuellen Jahr durch die Anzahl der veröffentlichten und zitierbaren Artikel geteilt wird, die in der Zeitschrift in den vorangegangenen zwei Jahren publiziert wurden (Sullivan et al., 2024, S. 109). Wenn ein Journal beispielsweise in den Jahren 2022 und 2023 übergreifend 468 Artikel veröffentlicht hat und diese Beiträge im folgenden Jahr 2024 insgesamt 2370 Mal zitiert wurden, beträgt der JIF für das Jahr 2024 letztlich 5,1.

In den nachfolgenden Tabellen 6.1 und 6.2 werden die selektierten Publikationen, die dem Forschungsinteresse dienlich sind, samt Journal Impact Factor für das Jahr 2024 illustriert. Wenn den Journalen kein JIF zugewiesen wurde, deutet dies entweder darauf hin, dass sie zu jung sind und noch nicht die erforderlichen drei Jahre für eine JIF-Berechnung im Web of Science vertreten sein konnten (*BMC Digital Health* wurde erst 2023 gegründet), nie der Datenbank zugehörig waren (*Public Health Forum*) oder 2024 aus der Bewertung ausgeschieden sind (*Das Gesundheitswesen* und *Health Services Management*). Daher wurde bei diesen Fachzeitschriften speziell darauf geachtet, dass sie durch einen Peer-Review-Prozess geprüft wurden und sie überzeugten darüber hinaus aufgrund ihres hohen Bezuges zur Themenstellung sowie der methodischen Vorgehensweise. Damit die Heterogenität und Aktualität der verwendeten Quellen gewahrt werden, stammt der Großteil der betrachteten Arbeiten aus den Jahren 2020 bis 2025 und setzt sich aus mehreren Journalen, drei Sammelwerken, einem Policy Brief, einem Praxisbuch, einem Fachbuch, zwei DiGA-Reporten und einer Dissertation zusammen. Um darüber hinaus auch die Internationalität der ausgewählten Werke sicherzustellen, wurde ein spezieller Fokus daraufgelegt, internationale Forschungsliteratur in die Diskussion einzubinden und dadurch unterschiedliche Erkenntnisse aus verschiedenen Ländern abzubilden.

So schließt der Forschungsstand nicht nur Studien aus Österreich und Deutschland ein, sondern umfasst auch Arbeiten aus Großbritannien, den USA, Kanada, China, Finnland, Irland, Australien, den Niederlanden, der Schweiz und Dänemark (siehe Tabellen 6.1 und 6.2).

Obgleich die Studienlage demnach auch auf internationalen Ergebnissen basiert und daher sicherlich auch in die Beantwortung der theoriegeleiteten Fragestellung einfließen wird, ist an dieser Stelle anzuführen, dass nicht automatisch von einer allgemeinen Übertragbarkeit der Erkenntnisse auf Unternehmen aus weiteren Staaten ausgegangen werden kann, zumal die ökologischen, ökonomischen und soziokulturellen Unterschiede stets ausreichend Berücksichtigung finden müssen (siehe Teil I, Abschnitt 4.3).

Tabelle 6.1 Rangfolge der verwendeten Journale. (Quelle: Eigene Darstellung)

Journale (Erscheinungsort bzw. Studienort)	Impact Factor
BMC Digital Health (UK bzw. AUS)	–
Public Health Forum (DE)	–
Das Gesundheitswesen (DE)	–
Health Services Management (UK bzw. NED)	–
Prävention und Gesundheitsförderung (DE)	0,5
Health Informatics Journal (UK bzw. FIN)	2,3
BMC Health Services Research (UK bzw. IRL)	3,0
Journal of Public Health (UK bzw. AUT)	3,1
Journal of Telemedicine and Telecare (UK bzw. AUS)	3,2
Frontiers in Digital Health (CHE bzw. NED)	3,8
Journal of Medical Internet Research (CAN bzw. AUS/GER/NED/CHN)	6,0
Implementation Science (UK)	13,4
npj Digital Medicine (UK bzw. USA/CHE)	15,1

Tabelle 6.2 Sonstige wissenschaftliche Arbeiten. (Quelle: Eigene Darstellung)

Wissenschaftliche Arbeiten (Erscheinungsort)	Jahr
Sammelwerk Betriebliches Gesundheitsmanagement (DE)	2016
Sammelwerk Digitales Betriebliches Gesundheitsmanagement (DE)	2018
Sammelwerk Betriebliches Gesundheitsmanagement mit System (DE)	2020
Fachbuch Betriebliches Gesundheitsmanagement 4.0 im digitalen Zeitalter (DE)	2021
Policy Brief (DNK)	2021
Praxisbuch Betriebliche Gesundheitsförderung in der Arbeitswelt 4.0 (AUT)	2022
Dissertation Christian-Albrechts-Universität zu Kiel (DE)	2022
DiGA-Report 2022 der Techniker Krankenkasse (DE); DiGA-Report II der Techniker Krankenkasse (DE)	2022; 2024

6.2 Beschreibung des Forschungsstands

Auf Grundlage der im vorhergehenden Kapitel identifizierten forschungsspezifischen Arbeiten wird nun der aktuelle Stand im Forschungsgebiet rekapituliert und in Form einer kritischen Auseinandersetzung diskutiert. Hierbei ist anzuführen, dass diese Arbeit keineswegs den Anspruch stellt, eine vollumfängliche und ganzheitliche Darstellung der wissenschaftlichen Erkenntnisse im Bereich des (digitalen) BGM zu präsentieren, wonach an dieser Stelle auf forschungsbasierte Literaturreviews (Enam et al., 2018; Heinsch et al., 2021; Jacob et al., 2023; Schreiweis et al., 2019; Stark et al., 2022) verwiesen werden soll.

Im Rahmen des vorliegenden Forschungsinteresses gilt es vielmehr, die empirische Arbeit durch eine fundierte Literaturanalyse im wissenschaftlichen Diskurs zu verorten und unter anderem durch die Zuhilfenahme des CARS-Models von John M. Swales (1990) potenzielle Forschungsdesiderate auszuloten. In Anlehnung an das „Create a Research Space-Model" werden die ausgewählten Studien über eine deskriptive Beschreibung hinaus durch die Anwendung unterschiedlicher Strategien untersucht.

Dabei kann die Ermittlung einer Forschungslücke unter anderem durch die Einnahme einer argumentativen Gegenposition zu vorherrschenden Meinungen (*counter-claiming*), das Aufzeigen bis dato unbeachteter Aspekte (*indicting a gap*), das In-Frage-stellen (*question-raising*) bisheriger Thesen oder das Fortführen bestehender Forschungstraditionen (*continuing a tradition*) unterstützt werden (Swales, 1990, S. 6–8).

In der unten abgebildeten Synopse (Tabelle 6.3) werden die für den aktuellen wissenschaftlichen Diskussionsstand relevanten Studien grafisch in jährlich aufsteigender Reihenfolge dargestellt und in Bezug auf den Forschungsgegenstand (Ausgangssituation, Problemstellung, Forschungsfrage), den konzeptionellen Hintergrund, das Untersuchungsdesign (Erhebungsmethode, Analysemethode) sowie die zentralen Resultate respektive Limitationen diskutiert und miteinander in Verbindung gesetzt (Homburg & Schäfer, 2002, S. 12).

Tabelle 6.3 Ausgewählte Studien zum aktuellen Forschungsstand. (Quelle: Eigene Darstellung)

Referenz	Jahr	Forschungsgegenstand/ Methodik	Resultate
Sayed & Kubalski	2016	Beitrag zur Überwindung betrieblicher Barrieren für die Gestaltung eines BGM in Klein- und Mittelunternehmen u. a. durch die Betrachtung von deutschen Gesundheitsinitiativen.	In KMU scheitert die Umsetzung von BGM häufig aufgrund fehlender finanzieller und personeller Ressourcen. Die Bildung regionaler Gesundheitsnetzwerke könnte durch Synergieeffekte notwendige Strukturen schaffen.
Ross et al.	2016	Systematisches Review von 44 Beiträgen aus Nordamerika und Europa zur Identifizierung von Faktoren, die zur Implementierung von e-Health Angeboten beitragen.	Faktoren, die zur Implementierung von e-Health Angeboten beitragen: Gestaltung der e-Health Technologien, das äußere und innere Umfeld, die Individuen und der Prozess der Umsetzung.
Kaiser & Matusiewicz	2018	Beitrag zu den Auswirkungen der Digitalisierung auf das BGM durch Literaturrecherche, Experteninterviews und empirische Befragung (n = 353).	Es gibt wenige Erkenntnisse in Bezug auf die Verwendung von dBGM-Instrumenten. Die Bereitschaft, dBGM einzusetzen, ist vorhanden. Es gibt keine Übersichtsarbeiten zur Implementierung von dBGM.

(Fortsetzung)

Tabelle 6.3 (Fortsetzung)

Referenz	Jahr	Forschungsgegenstand/ Methodik	Resultate
Schreiweis et al.	2019	Expertenbefragung und systematische Literaturanalyse von Hindernissen und Begünstigungen zur Implementierung von e-Health Services.	Aus der Kombination beider Quellen ergaben sich 77 Hindernisse und 292 Begünstigungen für die Einführung und Umsetzung von elektronischen Gesundheitsdiensten.
Fischmann et al.	2020	Forschungs- und Entwicklungsprojekt zum BGM in einem digitalen Arbeitsumfeld, gestützt durch regionale KMU-Netzwerke und am Beispiel von 11 deutschen KMU.	Verstetigung und Aufrechterhaltung von BGM-Prozessen und Methoden durch die Initiierung eines Netzwerks. Abschließende Etablierung von BGM-Konzepten in den teilnehmenden Unternehmen gelang nicht.
Simmel & Graßl	2020	Beitrag zur Erstellung eines systematischen BGM, unterstützt durch Experteninterviews und praxiserprobte Good-Practice-Beispiele in deutschen KMU.	Modell zur bestmöglichen Umsetzung von BGM. Aktuelle Implementierungsansätze eines dBGM finden jedoch keinerlei Berücksichtigung.
Treier	2021	Fachbuch zum BGM 4.0 im digitalen Zeitalter, um die Konzeptualisierung und Implementierung eines dBGM zu unterstützen.	Es gibt drei Handlungsfelder im dBGM (Information, Kommunikation, Transaktion) und drei zentrale Schlüsselfaktoren (Qualität, Selbstwirksamkeit, Gesunde Führung).

(Fortsetzung)

Tabelle 6.3 (Fortsetzung)

Referenz	Jahr	Forschungsgegenstand/ Methodik	Resultate
Fahy et al.	2021	Policy Brief auf Basis von 22 ExpertInnen und Diskussionen im Rahmen eines mehrtägigen Kongresses zur Nutzung von digitalen Gesundheitsinstrumenten in Europa vor, während und nach der COVID-19-Pandemie.	Die COVID-19-Pandemie machte digitale Gesundheitswerkzeuge zu einer unmittelbaren Notwendigkeit. Jetzt müssen Strategien entwickelt werden, die ihren Mehrwert bewahren und die Rolle der Menschen, der Privatsphäre, der Ungleichheit und der Führung berücksichtigen.
Heinsch et al.	2021	Systematisches Review von 119 Studien zwischen 2009 und 2019, um Theorien zu untersuchen, die die Implementierung und Umsetzung von e-Health Angeboten unterstützen.	Es gibt 36 Theorien zur Erklärung von Implementierungsansätzen von e-Health Angeboten. Häufigste Nennungen: Technology Acceptance Model (TAM) (n = 33) und Unified Theory of Acceptance and Use of Technology (UTAUT) (n = 32).
Cremers et al.	2021	Literaturreview und Delphi-Studie mit 13 internationalen e-Health ExpertInnen zur Umsetzung von e-Health Interventionen im Gesundheitswesen.	5 Hauptkategorien und 23 dazugehörige Determinanten zur Implementierung von e-Health Angeboten im Gesundheitswesen. Fokus lag auf Gesundheitsdienstleistern, nicht auf regulären KMU.
Lang	2022	Mixed-Methods-Studie und Förderprojekt zu Digitalisierung, Gesundheitskompetenz und Gesundheitschancen in der Arbeitswelt 4.0 in KMU in Österreich.	Nach Abschluss des Projektzeitraumes gab es eine stärkere Verzahnung zwischen Digitalisierung und Gesundheit am Arbeitsplatz. In einigen Unternehmen erfolgte die Einführung konkreter dBGM-Tools.

(Fortsetzung)

Tabelle 6.3 (Fortsetzung)

Referenz	Jahr	Forschungsgegenstand/ Methodik	Resultate
Techniker Krankenkasse (TK)	2022;2024	Quantitative Befragung von 244 Versicherten der TK zur Nutzung und Zufriedenheit sowie der Anzahl der Verschreibungen von digitalen Gesundheitsanwendungen (DiGA) in Deutschland sowie Folgereport zur Situation zwei Jahre später.	Innerhalb von 15 Monaten wurden 19.025 Rezepte für DiGA ausgestellt. 62 % der Befragten gaben an, dass die Apps ihnen (eher) geholfen haben, 34 % sagten aus, dass DiGA ihnen (eher) nicht geholfen haben. 2024 ergab sich eine achtprozentige Steigerung der Verschreibungszahlen.
Gericke, T.	2022	Qualitative Studie mit 20 ExpertInnen zur Akzeptanz und Ablehnung von betrieblichem Gesundheitsmanagement.	Geld- und Sachleistungen führen nicht zu einer erhöhten Akzeptanz. Entscheidend sind die Kostenentwicklung und der Grad der Erreichbarkeit der Angestellten.
Winter & Riedl	2022	Literaturreview und qualitative Befragung von 7 ExpertInnen zu den Chancen und Herausforderungen eines dBGM.	Chancen: Das Ansprechen und die Erreichbarkeit einer breiteren Zielgruppe sowie Zeit- und Kostenersparnisse. Herausforderungen: Datenschutz und das Fehlen von standardisierten Kriterien und Gütesiegeln.
Stark et al.	2022	Scoping Review von 200 zwischen 2010 und 2020 erschienenen Publikationen über vorhandene Evidenz zur digitalen Gesundheitsförderung und Primärprävention in Settings.	Interventionen der Gesundheitsförderung sind sehr heterogen. Fokus liegt auf verhaltensbezogenen und nicht auf strukturellen Ansätzen. Hoher Bedarf an implementationsbezogenen dBGM-Forschungsarbeiten.

(Fortsetzung)

Tabelle 6.3 (Fortsetzung)

Referenz	Jahr	Forschungsgegenstand/ Methodik	Resultate
Lang & Hofer-Fischanger	2022	Mixed-Methods-Studie mit qualitativen Experteninterviews und einem quantitativen Onlinefragebogen (n = 192) zu den Faktoren der Implementierung gesundheitsfördernder Telearbeit nach dem ersten COVID-19-Lockdown.	Implementierung hing von Vorbereitung und Erfahrung ab. Voraussetzungen, auch weiterhin gesundheitsfördernde Telearbeit umzusetzen, waren die generelle Bereitschaft im Management und bereits bestehende Strukturen der betrieblichen Gesundheitsförderung.
Marwaha et al.	2022	Beitrag zu Einsatz, Einführung und Umsetzung von digitalen Gesundheitsinstrumenten in komplexen Systemen.	Es werden neun Überlegungen angestellt, die Organisationen helfen sollen, digitale Gesundheitstools strategisch zu identifizieren und zu implementieren.
Dai et al.; Dai	2022;2023	Retrospektive Studie und darauf aufbauender Folgebeitrag mit 27,980 mindestens 65-jährigen AustralierInnen aus dem Long Time Care Bereich zur Entwicklung von Telehealth-Angeboten während der Coronapandemie.	Telemedizin hat sich seit der COVID-19-Pandemie zwar als alternative Plattform für klinische Dienste etabliert, jedoch erfordert es speziell eine Änderung der traditionellen Denkweise, um einen nachhaltigen Paradigmenwechsel herbeizuführen.
Bente et al.	2024	Scoping Review von 35 zwischen 2018 und 2023 erschienenen Studien, die sich mit der e-Health Implementierung in Europa und den damit verbundenen Hindernissen und Begünstigungen beschäftigen.	e-Health Implementierung ist ein facettenreiches Feld, das rechtliche, ethische, finanzielle und technologische Aspekte berücksichtigen sollte. Zur nachhaltigen Aufrechterhaltung eines dBGM sollten alle Interessengruppen einbezogen werden.

(Fortsetzung)

Tabelle 6.3 (Fortsetzung)

Referenz	Jahr	Forschungsgegenstand/ Methodik	Resultate
Landers et al.	2024	Beitrag, der Best-Practice-Beispiele von verantwortungsvollen digitalen Gesundheitsinnovationen mithilfe der ECOUTER-Methode und über 1500 individuellen Inputs von 46 schweizerischen „Digital Health StakeholderInnen" untersucht.	Für verantwortungsvolle und ethisch vertretbare digitale Gesundheitsinnovationen braucht es integrative Mitgestaltungsmöglichkeiten für die Beteiligten, reaktions- und anpassungsfähige Regulierungsoptionen und eine wertorientierte Innovationausrichtung.
Fortune et al.	2024	Multiple Case Study und Durchführung von 40 halbstrukturierten Interviews zum Einsatz digitaler Technologien während der COVID-19-Pandemie.	Es gibt viele Hindernisse und Begünstigungen für die Implementierung von digitalen gesundheitsfördernden Anwendungen. Die COVID-19-Pandemie war ein Treiber für die Einführung, führte jedoch nicht automatisch zu einer erfolgreichen Implementierung.
Schmidt et al.	2024	Systematisches Literaturreview zur Wirksamkeit der digitalen betrieblichen Gesundheitsförderung (dBGF) in Zeiten von Home-Office.	DBGF fördert und unterstützt die Gesundheit. Die positiven Effekte hängen von der individuellen Gesundheitskompetenz ab und künftig müssen das Interesse und die Motivation der Angestellten zur persönlichen Gesundheitsförderung forciert werden.

(Fortsetzung)

Tabelle 6.3 (Fortsetzung)

Referenz	Jahr	Forschungsgegenstand/ Methodik	Resultate
Kip et al.	2025	Überarbeitete Roadmap zur Entwicklung, Umsetzung und Evaluation von e-Health Technologien auf der Basis praktischer Anwendungen, Literaturreviews, Diskussionen mit e-Health ForscherInnen und Implementierungsmodellen.	Die Implementierung von e-Health Technologien hängt von der Untersuchung des Kontexts, der Werte der StakeholderInnen und des Nutzens, des Designs, der Operationalisierung und der Evaluation ab, wobei alle Faktoren zyklisch und prozessual miteinander verbunden sind.
Vahteristo et al.	2025	Querschnittstudie zur e-Health Kompetenz junger Erwachsener zwischen 18 und 29 Jahren sowie ihrer Bereitschaft zur Nutzung von e-Health Angeboten.	Junge Erwachsene sind generell überzeugt von ihrer e-Health Kompetenz, jedoch schätzen Personen, die weder erwerbstätig noch in Aus- oder Weiterbildung sind, ihre Kenntnisse gegenüber anderen schlechter ein.
Liu et al.	2025	Systematisches Literaturreview zu Interventionsstrategien für digitale Gesundheitsmaßnahmen der letzten 25 Jahre, um etwaige Veränderungen zu untersuchen und die Wirksamkeit digitaler Gesundheitsmaßnahmen künftig zu verbessern.	Es konnten 173 relevante Strategien identifiziert werden, wobei die drei am häufigsten genannten Maßnahmen „Guidance", „Monitoring" und „Kommunikation" sind. Ergänzt werden diese Maßnahmen durch die Faktoren „Engagement" und „Support".

Eine der ersten Übersichtsarbeiten zum dBGM stellt das 2018 erschienene Sammelwerk von Matusiewicz & Kaiser dar. In einem Beitrag zu diesem Buch untersuchten die AutorInnen Kaiser & Matusiewicz (2018, S. 1) durch Literaturrecherche, Expertenbefragung und eine empirische Befragung (n = 353) die Effekte der Digitalisierung auf das BGM. Im Rahmen ihrer Studie wurde bereits während der Literaturrecherche deutlich, dass es an deutschsprachigen Publikationen (n = 8) zum dBGM mangelt. Darüber hinaus kommen sie zu dem Schluss, dass vonseiten der befragten ExpertInnen wenige Vorkenntnisse bezüglich der

Verwendung von dBGM-Anwendungen und Ansätzen zum dBGM bestehen. Obgleich die befragten TeilnehmerInnen durchaus Bereitschaft zeigen, digitale Instrumente in der BGF einzusetzen und neue Möglichkeiten durch Gesundheits-Apps, digitale Employee Assistance Programs (EAP) oder Wearables sehen, gibt es Widerstände hinsichtlich der Themen Datenschutz und Datensicherheit (Kaiser & Matusiewicz, 2018, S. 1).

In einem abschließenden Ausblick gelangen die AutorInnen zu der Ansicht, dass sich Unternehmen künftig bezüglich der Mitarbeitendengesundheit von einem klassischen BGM zu einem dBGM weiterentwickeln und dBGM-Instrumente Teil des beruflichen Alltags werden. Außerdem sehen sie eine Notwendigkeit in der Auseinandersetzung mit konkreten Umsetzungsfaktoren eines dBGM, da bislang keine Übersichtsarbeiten existieren, die sich mit dem Implementierungsprozess eines dBGM befassen (Kaiser & Matusiewicz, 2018, S. 1).

Dass auch zwei Jahre später, im Jahr 2020, der Fokus auf die Entwicklungen im Bereich des dBGM oftmals noch vernachlässigt wird, unterstreicht das Sammelwerk von Simmel & Graßl. Dieser Beitrag setzte sich auf der Basis von Experteninterviews und praxiserprobten Good-Practice-Beispielen mit der systematischen Erstellung eines BGM auseinander. Das Ergebnis stellt einen Praxisleitfaden für mittelständische Unternehmen in Deutschland dar, der sich auf den Säulen „Wertorientierte Führung", „Individuelles Gesundheitsmanagement", „Betriebsärztlicher Dienst" und „Arbeitsschutz und Prävention" gründet (Simmel & Graßl, 2020, S. 3). Zwar postulieren die Autoren, dass ihr Werk als Handbuch für PraktikerInnen fungieren soll, jedoch kann der Mehrwert ihrer Resultate dahingehend kritisiert werden, dass sie eher eine zusammenfassende Rekapitulation an bereits bekannten Erkenntnissen darstellen und aktuelle sowie zukunftsträchtige Einflüsse laufender Digitalisierungsprozesse auf bestehende BGM-Strukturen gänzlich unberücksichtigt bleiben.

Konträr zu dieser Studie ergeben insbesondere die aktuellen Entwicklungen im deutschen Gesundheitssystem ein gänzlich anderes Bild, zumal Deutschland als europaweiter Vorreiter im Hinblick auf digitale Gesundheitsanwendungen (DiGA) agiert. DiGA sind laut dem Bundesministerium für Arzneimittel und Medizinprodukte (BfArM) Apps oder browserbasierte Anwendungen, die als Medizinprodukte geringer (Klasse I), mittlerer (Klasse IIa) oder, seit dem Inkrafttreten des Digital-Gesetzes (DigiG) im März 2024, auch erhöhter (Klasse IIb) Risikoklassen zertifiziert werden (BfArM, 2025a, o. S.; GKV-Spitzenverband, 2025, S. 2). Da die 56 (Stand: Oktober 2025) (BfArM, 2025b, o. S.) derzeit in das DiGA-Verzeichnis aufgenommenen Tools vorrangig die Linderung und Behandlung von Krankheiten unterstützen sollen und per definitionem nicht die

Prävention oder Gesundheitsförderung forcieren (BfArM, 2025a, o. S.), sind sie klar von den für die Forschungsfrage relevanten digitalen gesundheitsfördernden Angeboten wie beispielsweise Wearables zur Fitnessüberwachung abzugrenzen. Dennoch bietet sich an dieser Stelle aufgrund der gegenwärtigen Relevanz ein kurzer Blick auf die bisherigen Erkenntnisse im Bereich der DiGA-Nutzung an, da die damit zusammenhängenden Qualitätskriterien in Zukunft wahrscheinlich den Standard in der Ausgestaltung der digitalen Gesundheitsversorgung darstellen werden (Zandtner, 2023, S. 33–35).

Durch das Ende 2019 verabschiedete Digitale-Versorgung-Gesetz (DVG) schaffte Deutschland als erstes europäisches Land eine gesetzliche Grundlage zur Zulassung und Kostenerstattung von DiGA (Lück, 2022, o. S.). Der DiGA-Report der Techniker Krankenkasse (TK) und der Universität Bielefeld in Kooperation mit Forschenden der Vandage GmbH liefert dabei erste Erkenntnisse zur Einführung von DiGA in Deutschland. Neben einer allgemeinen Erhebung der Verordnungszahlen wurden mittels einer quantitativen Befragung von 244 Versicherten der TK Daten zur Nutzung und Zufriedenheit von DiGA erhoben.

Die Ergebnisse zeigen, dass zwischen Oktober 2020 und Dezember 2021 vier Prozent aller der über 180.000 an der ambulanten vertragsärztlichen Versorgung in Deutschland beteiligten ÄrztInnen und PsychotherapeutInnen Rezepte für DiGA ausgestellt haben und 19.025 Verordnungen bei der TK für DiGA eingegangen sind (Techniker Krankenkasse, 2022, S. 103). Der Folgereport aus dem Jahr 2024, der die DiGA-Verschreibungen bis Juni 2023 untersucht, zeigt mit zwölf Prozent der nunmehr 185.000 teilnehmenden ÄrztInnen und PsychotherapeutInnen (Techniker Krankenkasse, 2024, S. 6) und 70.563 Verordnungen (Techniker Krankenkasse, 2024, S. 30) zudem sogar einen deutlichen Anstieg im Vergleich zum ersten Einführungszeitraum aus den Jahren 2020 und 2021.

Von den 244 befragten Versicherten, die zwischen Oktober 2020 und Dezember 2021 eine App verschrieben bekamen, gaben 84 Prozent an, DiGA zumindest einmal in der Woche zu nutzen, 10 Prozent verwendeten sie nur wenige Male im Monat. Mit einem Blick auf die Zufriedenheit bestätigten 19 Prozent der PatientInnen, dass DiGA zu einer Linderung der Beschwerden beigetragen haben, 43 Prozent stimmten eher zu und 34 Prozent der Befragten sagten aus, dass die DiGA ihnen nicht oder eher nicht geholfen haben (Techniker Krankenkasse, 2022, S. 109). Wenngleich noch einiges an Optimierungspotenzial im neuen digitalen Leistungsbereich besteht, stimmen die Erfahrungen der ersten DiGA-NutzerInnen positiv, da rund die Hälfte der Befragten angab, DiGA auf jeden Fall auch in Zukunft nutzen zu wollen, wenn eine Erkrankung vorliegt, ein Drittel dies für wahrscheinlich hielt und lediglich 11 Prozent eine zukünftige Nutzung eher oder gänzlich ausschlossen (Techniker Krankenkasse, 2022, S. 111).

Eine weitere interessante Betrachtung im Hinblick auf die aktuellen Entwicklungen im Bereich der digitalen Gesundheitsförderung stellt die Förderinitiative des Fonds Gesundes Österreich (FGÖ) von Lang (2022) dar. Im Rahmen eines einjährigen Förderprojekts wurde anhand von 41 österreichischen Betrieben eine Mixed-Methods-Studie zur Entwicklung innovativer Zugänge zum Thema *„Betriebliche Gesundheitsförderung in der Arbeitswelt 4.0: Digitalisierung, Gesundheitskompetenz und faire Gesundheitschancen"* durchgeführt (Lang, 2022). Mithilfe von leitfadengestützten telefonischen Interviews mit Projektverantwortlichen, Online-Befragungen und Workshops, in denen Beratung und Evaluation abgestimmt wurden, untersuchte Lang (2022) die Chancen und Herausforderungen der Digitalisierung, den Zusammenhang zwischen Digitalisierung und Gesundheit sowie die Entwicklung digitaler Tools.

Die Erkenntnisse zeigen, dass zu Beginn des Projektzeitraumes vor allen Dingen die Herausforderungen der Digitalisierung („Kein Interesse an digitaler Weiterentwicklung") im Mittelpunkt standen, wohingegen zum Ende der Studie hin, Themen wie die „Stärkung der digitalen Kompetenz der MitarbeiterInnen" als eine der wichtigsten Chancen betrachtet wurden. Darüber hinaus entstand mit fortlaufender Projektdauer eine stärkere und positivere Verbindung zwischen Digitalisierung und Gesundheit am Arbeitsplatz und es erfolgte in einigen Unternehmen auch die Einführung konkreter dBGM-Tools (Lang, 2022, S. 106).

Obwohl das Projekt von Lang (2022) teilweise zur Etablierung neuer dBGM-Tools innerhalb der analysierten Betriebe beitrug und neuartige Erkenntnisse zur digitalen betrieblichen Gesundheitsförderung in österreichischen Unternehmen liefert, fehlt es trotz vorgestellter Maßnahmenkataloge an konkreten Erfolgsfaktoren für weitere Implementierungsvorhaben. Außerdem ist zu bemängeln, dass keine tiefgreifendere Auseinandersetzung zu den vorherrschenden Bedenken bezüglich Digital Ethics- und Digital Responsibility Faktoren stattfindet.

Um genauer auf Digital Ethics- und Digital Responsibility Faktoren einzugehen, lohnt sich die Betrachtung der Arbeit von Landers et al. (2024), die Best-Practice-Beispiele für verantwortungsvolle digitale Gesundheitsinnovationen untersuchen. Dabei nutzen sie die ECOUTER-Methode von Murtagh et al. (2017, Abs. 3), die eine partizipative Form der qualitativen Forschung zur Analyse des Stakeholder Engagements darstellt und Mind-Mapping-Techniken verwendet, *„to ‚open up' engagement, iteratively and organically."* Nach der ECOUTER-Methode finden erst das Engagement und der Wissensaustausch statt, dann kommt es zur Analyse der Mindmap-Beiträge, anschließend wird ein konzeptionelles Schema entwickelt und zum Schluss werden Empfehlungen aufgestellt (Murtagh et al., 2017, Abs. 3). Nach dieser Vorgehensweise sammelten Landers et al. (2024) über 1500 individuelle Inputs von 46 schweizerischen „Digital Health

StakeholderInnen“ und identifizierten drei Cluster von Best-Practice-Beispielen für Governance und Innovation im Bereich der digitalen Gesundheitsinnovation. Demnach braucht es integrative Mitgestaltungsmöglichkeiten für sämtliche Beteiligte und Interessengruppen, reaktions- und anpassungsfähige Regulierungsoptionen sowie eine wertorientierte Innovationausrichtung, um sicherzustellen, dass digitale Innovationen weder durch Überregulierungen gebremst noch von unethischen Vorgangsweisen geprägt werden (Landers et al., 2024, Abs. 2).

Limitationen dieser Studie könnten sich einerseits durch die Auswahl der TeilnehmerInnen und andererseits durch die intensive Interaktion der Beteiligten untereinander ergeben. Daher ist zu beachten, dass die Ergebnisse lediglich die praktische Realität in der Schweiz abbilden und somit auch die jeweiligen sozioökonomischen und kulturellen Kontexte ausreichend Berücksichtigung finden müssen.

Eine der ersten Arbeiten, die sich konkreter mit Einflussfaktoren auf die Implementierung von e-Health Angeboten beschäftigt, ist die Studie von Ross et al. (2016). Im Rahmen eines systematischen Reviews von 44 systematischen Reviews aus Nordamerika und Europa wurden verschiedene e-Health Technologien und ihre Einsetzbarkeit in der Primärversorgung, der Sekundärversorgung und der häuslichen Pflege untersucht. Ross et al. (2016, Abs. 3) kamen zu der Erkenntnis, dass es, angelehnt an das Consolidated Framework for Implementation Research (CFIR) von Damschroder et al. (2009), fünf wesentliche Faktoren für die Umsetzung und Integration von e-Health Angeboten im Gesundheitswesen gibt: Die spezifische e-Health Technologie und die damit verbundenen Kosten, Komplexität und Anpassungsfähigkeit, das äußere Umfeld mit den jeweiligen rechtlichen Regelungen und (finanziellen) Anreizen, das innere Umfeld und das Zusammenpassen von e-Health Technologie und Organisation, die einzelnen Angehörigen/Zuständigen der Gesundheitsberufe mit ihrem Wissen, Vorstellungen und Charaktereigenschaften sowie der Prozess der Umsetzung inklusive Planung, Durchführung und Evaluation. Für Betriebe aus dem Health Care Bereich bieten diese Ergebnisse demnach spezifische Schlüsselfaktoren, die die Implementierung von e-Health Angeboten beeinflussen, jedoch muss bezweifelt werden, inwiefern sich die Erkenntnisse in die unternehmerische Praxis übertragen lassen, zumal die Studie nicht auf einer empirischen Basis beruht. Darüber hinaus betrachtet das Literaturreview von Ross et al. (2016) lediglich Beiträge, die im Zeitraum von 2009 bis 2014 veröffentlicht wurden, wonach die Aktualität der Ergebnisse kritisch gesehen werden muss.

Um die Umsetzung von e-Health Technologien im Health Care Sektor tiefgehender zu beleuchten, bietet sich eine aktuelle Studie von Kip et al. (2025) an. Aufbauend auf der erstmals durch van Gemert-Pijnen et al. (2011) publizierten

CeHRes (Centre for e-Health and Wellbeing Research) Roadmap aktualisierten sie dieses Modell zur Entwicklung, Umsetzung und Evaluation von e-Health Technologien auf die CeHRes Roadmap 2.0. Die Grundlage hierfür bildeten Erfahrungswerte aus praktischen Anwendungsbeispielen der letzten Jahre, Literaturreviews zu Entwicklungen im e-Health Bereich, Diskussionen mit e-Health ForscherInnen und neue Erkenntnisse aus Implementierungsmodellen und theoretischen Überlegungen (Kip et al., 2025, Abs. 1). Obgleich die CeHRes Roadmap 2.0 auf denselben fünf Phasen wie die erste Version aufbaut, werden die Faktoren zur e-Health Implementierung insoweit erweitert, als dass sie einen stärkeren Fokus auf die Verhaltensänderung, die Umsetzung und die Bewertung vor dem Hintergrund einer Prozessebene legen. Demnach bleiben die Säulen „Contextual Inquiry“, „Value Specification“, „Design“, „Operationalization” und „Summative Evaluation“ bestehen, jedoch sollten diese Phasen nun als fortlaufende, verflochtene und ganzheitliche Prozesse verstanden werden, bei denen Kontext, Mensch und Technologie miteinander in Verbindung stehen (Kip et al., 2025, Abs. 1). Zudem sollte der Implementierungsvorgang aus kontinuierlichen Evaluierungszyklen bestehen, damit eine aktive Beteiligung der Interessengruppen forciert werden kann, die auf interdisziplinärer Zusammenarbeit beruht (Kip et al., 2025, Abs. 7). Zum Abschluss argumentieren Kip et al. (2025, Abs. 48), dass es künftig weitere Studien und praktische Umsetzungsbeispiele braucht, die sich mit Implementierungsprozessen und der Anwendung von Implementierungsmodellen beschäftigen.

Die Ergebnisse von Kip et al. (2025) bieten zusammenfassend zwar einen aktuellen Einblick in die Entwicklung der e-Health Implementierung, jedoch bezieht sich die CeHRes Roadmap 2.0 wie das Ursprungsmodell von van Gemert-Pijnen et al. (2011) hauptsächlich auf die Entwicklung, Bewertung und Umsetzung von digitalen Gesundheitsmaßnahmen für Personen und Gesundheitsdienstleister. Obwohl die CeHRes Roadmap 2.0 laut Kip et al. (2025, Abs. 45) prinzipiell auch für die Entwicklung von digitalen Gesundheitsinterventionen für das (betriebliche) Gesundheitsmanagement anwendbar sein könnte, sollte ihr Wert für diese Bereiche noch genauer untersucht werden, wonach die Übertragbarkeit auf die vorliegenden Forschungsfragen skeptisch gesehen werden muss.

Eine weitere Arbeit, die die Implementierung von e-Health Interventionen im Health Care Sektor analysiert, stellt die Untersuchung von Cremers et al. im Jahr 2021 dar. Hinausgehend über ein Literaturreview führten sie zusätzlich noch eine Delphi-Studie mit 13 internationalen e-Health ExpertInnen durch. Im Rahmen einer Online-Umfrage bewerteten die ExpertInnen spezifische, auf Basis der Literaturrecherche ermittelte, Determinanten bezüglich e-Health Interventionen. Anhand der Mittelwerte und der Interquartilsbereiche (IQR) aus der Befragung kam es anschließend zu einem Konsens zwischen den ExpertInnen und es wurde ein Leitfaden mit fünf Hauptkategorien und 23 dazugehörigen Determinanten entwickelt, die der Implementierung von e-Health Angeboten im Gesundheitswesen zuträglich sind. Ähnlich der Ergebnisse von Ross et al. (2016) kamen die AutorInnen zu dem Ergebnis, dass im Zuge einer Implementierung von e-Health Interventionen im Health Care Bereich die Technologie der e-Health Tools, die Akzeptanz unter den Angestellten, die Finanzierung der Implementierung, die Organisation der Abläufe, sowie die datenschutzrechtlichen Fragen bezüglich Gesetzgebung & Politik von größter Bedeutung sind (Cremers et al., 2021, S. 269).

Obwohl die eruierten Implementierungsfaktoren auf Grundlage einer empirischen Forschung überprüft wurden, ist es dennoch fraglich, inwieweit diese fünf Kategorien auch auf andere Branchen oder privatwirtschaftlich ausgerichtete Klein- und Mittelunternehmen angewendet werden können, in denen die Umsetzung eines BGM meist an Ressourcenmangel (Meyer & Tirpitz, 2008, S. 54), Vorrang des Tagesgeschäfts und fehlendem Wissen zur Umsetzung scheitert (Sayed & Kubalski, 2016, S. 1).

Im Hinblick auf die besonderen Herausforderungen, mit denen sich Klein- und Mittelunternehmen bei der Einführung eines BGM konfrontiert sehen, setzten sich Sayed & Kubalski (2016) mit der Überwindung betrieblicher Barrieren für die Implementierung eines betrieblichen Gesundheitsmanagements in KMU auseinander. Dabei kamen die Autoren zu dem Schluss, dass sich Klein- und Mittelunternehmen auf die Bildung von regionalen Gesundheitsnetzwerken fokussieren sollten, um Gesundheitsmaßnahmen und -strukturen zu etablieren, für die ein einzelnes KMU nicht genügend Ressourcen aufbringen kann (Sayed & Kubalski, 2016, S. 10).

In diesem Sinne stellten Sayed & Kubalski (2016, S. 10) anhand der Betrachtung von verschiedenen Netzwerkansätzen und Gesundheitsinitiativen in Deutschland vier Erfolgsfaktoren vor, die als Basis für den erfolgreichen Strukturaufbau von Gesundheitsprojekten im KMU-Kontext dienen sollen. Demnach gilt es, die Vernetzung und den Austausch zwischen den KMU zu erhöhen, die Transparenz und Verbindlichkeit zwischen den Beteiligten zu gewährleisten, die Koordination und Umsetzung der BGM-Implementierung durch externe BGM-Dienstleister sicherzustellen sowie fachliche und finanzielle Unterstützung durch Angebote von Sozialversicherungsträgern wie Krankenkassen in Anspruch zu nehmen (Sayed & Kubalski, 2016, S. 10).

Abschließend lässt sich festhalten, dass die Synergieeffekte von Netzwerken eine ressourcenschonende Lösungsmöglichkeit für Klein- und Mittelunternehmen darstellen können, vorhandenes Wissen zur Etablierung eines BGM zu bündeln.

Gleichwohl muss jedoch auch angemerkt werden, dass sich die Ergebnisse von Sayed & Kubalski (2016) lediglich auf die Einführung eines klassischen BGM beziehen und die Besonderheiten bei der Implementierung von dBGM-Angeboten keine Berücksichtigung finden, wonach die Anwendbarkeit auf die vorliegende Forschungsarbeit nur in begrenztem Maß gegeben ist.

Nachdem sich in Bezug auf die breite Implementierung eines BGM jedoch speziell für Klein- und Mittelunternehmen die Zusammenarbeit in Unternehmensnetzwerken anbietet (Schäfer et al., 2016, S. 161), lohnt sich an dieser Stelle die Vorstellung des Forschungs- und Entwicklungsprojekts „RegioKMUnet" von Fischmann et al. (2020, S. 113), das sich mit der Netzwerkbildung in KMU beschäftigt und dabei einen Fokus auf psychische Belastungen am Arbeitsplatz, die Digitalisierung der Arbeit sowie den Einbezug von BetriebsärztInnen als arbeitsmedizinische ExpertInnen und „GesundheitsmanagerInnen vor Ort" legt (Fischmann et al., 2018, S. 144; Fischmann et al., 2019, S. 77).

Im Zeitraum von Jänner 2016 bis April 2019 wurden in diesem Verbundprojekt 11 Klein- und Mittelunternehmen in zwei regionalen Netzwerken organisiert, um ein Konzept für ein ganzheitliches und effektives Gesundheitsmanagement in KMU zu realisieren. Im Rahmen dessen wurden individuelle Maßnahmenkataloge für die teilnehmenden KMU entwickelt, der Ausbau der Netzwerkthemen forciert, ein Kommunikationsportal eingerichtet und die BetriebsärztInnen hinsichtlich relevanter BGM-Themen sensibilisiert.

Obgleich die AutorInnen am Ende der Projektlaufzeit zwar eine Verstetigung und Aufrechterhaltung von BGM-Prozessen und Methoden durch die Initiierung des Netzwerks erkannten (Fischmann et al., 2019, S. 78), gelang die abschließende Etablierung von BGM-Konzepten in den teilnehmenden Unternehmen nicht, wodurch der Erfolg des Projekts kritisch bewertet werden muss.

Um den Fokus wieder vermehrt auf die Betrachtung von dBGM-Implementierungsmöglichkeiten zu legen, bietet sich der Beitrag von Marwaha et al. (2022) an. Hier wurde der Einsatz von digitalen Gesundheitsinstrumenten in komplexen Systemen diskutiert und Überlegungen zur Einführung und Umsetzung von digitalen Gesundheitstools angestellt, die Organisationen dabei unterstützen sollen, digitale Gesundheitstools strategisch zu identifizieren und im Anschluss systematisch zu implementieren.

Für Marwaha et al. (2022) ergeben sich aus ihrer Arbeit neun entscheidende Faktoren: Der product-selection approach, der Return on Investment (ROI) und der klinische Wert des digitalen Tools, die Rolle von internen BefürworterInnen und leitenden AuftraggeberInnen, die für die Funktionalität erforderlichen Datenbestände, die Ausrichtung auf institutionelle Prioritäten sowie die Anforderungen für die Implementierung und der langfristige betriebliche Nutzen.

Zwar erfolgt eine wertvolle Weiterentwicklung der Implementierungsfaktoren von Ross et al. (2016) und Cremers et al. (2021) im Hinblick auf den ROI sowie den klinischen Wert und den langfristigen Nutzen, jedoch sollte die Tatsache kritisch gesehen werden, dass die methodische Herangehensweise des Artikels nicht auf einem systematisch-theoretischen oder empirischen Hintergrund fußt und die Übertragbarkeit der Ergebnisse damit hinterfragt werden kann.

An dieser Stelle soll auch eine aktuelle Arbeit von Liu et al. (2025) thematisiert werden, die sich mit den Interventionsstrategien für digitale Gesundheitsmaßnahmen aus den letzten 25 Jahren auseinandersetzt. Im Rahmen eines systematischen Literaturreviews wurden 885, zwischen dem 1. Jänner 1999 und 10. März 2024 erschienene, Studien analysiert. Ziel war es, Strategien zu eruieren, die in den vergangenen 25 Jahren bei digitalen Gesundheitsmaßnahmen eingesetzt wurden, Unterschiede und Veränderungen dieser Maßnahmen zu identifizieren und Ansätze für künftige Interventionsstrategien aufzustellen, um die Wirksamkeit digitaler Gesundheitsmaßnahmen zu erhöhen (Liu et al., 2025, Abs. 2). Die ForscherInnen konnten 173 relevante Strategien entdecken, wobei die drei am öftesten auftretenden Maßnahmen „Guidance", „Monitoring" und „Kommunikation" waren und um Faktoren wie „Engagement" und „Support" ergänzt wurden (Liu et al., 2025, Abs. 2). Damit zeigt sich laut Liu et al. (2025, Abs. 44), dass es wichtig ist, klare Anweisungen zu geben, Fortschritte zu verfolgen, die Kommunikation zu forcieren, die NutzerInnen zu beteiligen und den gesamten Interventionsprozess laufend zu unterstützen.

Obgleich Liu et al. (2025) eine umfassende Analyse der Erkenntnisse im Bereich der Interventionsstrategien für digitale Gesundheitsmaßnahmen vornehmen, ist die Anwendbarkeit ihrer Ergebnisse auf die vorliegenden Forschungsfragen eingeschränkt, da die analysierten Studien von einer großen Vielfalt in Bezug auf unterschiedliche untersuchte Populationen, Gesundheitsbereiche und Interventionsdesigns geprägt sind (Liu et al., 2025, Abs. 56).

Eine theoretisch fundierte Perspektive der Implementierungsforschung nimmt der Artikel von Heinsch et al. (2021) ein, der die Umsetzung und Akzeptanz von e-Health Interventionen mithilfe theoriegeleiteter Ansätze zu erklären versucht. Anhand eines systematischen Literaturreviews, in das Studien aus den Jahren 2009 bis 2019 einflossen, wurden 36 Theorien ermittelt, die zur Erklärung von Implementierungsansätzen im Bereich der elektronischen Gesundheitsdienste verwendet werden. Die am häufigsten verwendeten Ansätze waren das Technology Acceptance Model (TAM) (33 Nennungen) und die Unified Theory of Acceptance and Use of Technology (UTAUT) (32 Nennungen), welche die individuellen und interpersonellen Elemente der Akzeptanz von elektronischen Gesundheitsdiensten thematisieren. Da insbesondere das TAM von Davis (1989) seit jeher als eines der führenden Modelle zur Untersuchung von externen Einflussfaktoren auf die Akzeptanz und Nutzungsabsicht neuer Systeme bzw. Technologien gilt (King & He, 2006, S. 140; Elliot & Fu, 2008, S. 48), stehen die Resultate von Heinsch et al. (2021) im Einklang mit den vorherrschenden Erkenntnissen auf diesem Gebiet. Einen darüber hinausgehenden Mehrwert könnten jedoch speziell die in der Literatur bis dato weniger stark verbreiteten Theorien wie die Normalisierungsprozesstheorie (n = 17) und die Strukturierungstheorie (n = 6) bieten, die die verschiedenen ungeordneten sozialen Prozesse und strukturellen Dimensionen der Implementierung widerspiegeln und damit besonders gut auf die Umsetzung von elektronischen Gesundheitsdiensten in Gesundheitseinrichtungen angewendet werden könnten (Heinsch et al., 2021, Abs. 4).

Frei nach dem obig erwähnten TAM lohnt sich hier auch ein Blick auf die 2022 veröffentlichte Dissertation von Gericke, der zur Akzeptanz und Ablehnung von Maßnahmen des (klassischen) betrieblichen Gesundheitsmanagements aus der Sicht von ArbeitnehmerInnen forschte. In einer qualitativen Studie mit 20 Angestellten aus drei deutschen KMU kam er zu dem Schluss, dass reine Geld- und Sachleistungen nicht zu einer erhöhten Akzeptanz bei den Angestellten führten. Die Bereitschaft, an den Maßnahmen teilzunehmen, hing stark von der eigenen Motivation ab und ging damit einher, inwieweit die Maßnahmen persönlich als sinnvoll erachtet wurden und inwiefern sie zur eigenen Gesundheitserhaltung und Gesundheitswiederherstellung beitrugen (Gericke, 2022, S. 231). Generell wurde deutlich, dass aufgrund der Neuartigkeit des BGM und der BGF in der Wirtschaft neben gesundheitlichen Aspekten vor allen Dingen wirtschaftliche Überlegungen im Fokus stehen und die entscheidenden Faktoren bei der Einführung eines BGM die Kostenentwicklung und der Grad der Erreichbarkeit der Angestellten sind (Gericke, 2022, S. XI).

Obwohl sich seine Arbeit hauptsächlich mit Anreizstrukturen eines klassischen BGM beschäftigt, sieht Gericke (2022, S. 237–240) speziell im Hinblick auf die Neuheit und die künftigen Entwicklungen im dBGM große Forschungspotenziale hinsichtlich der Implementierung und Umsetzung von dBGM sowie den dazugehörigen e-Health Angeboten.

Interessant scheint in Bezug auf die Erkenntnisse von Gericke (2022) vor allem auch die Betrachtung einer aktuellen Studie von Vahteristo et al. (2025), die sich mit der e-Health Kompetenz junger Erwachsener zwischen 18 und 29 Jahren und ihrer Bereitschaft zur Nutzung von e-Health Angeboten auseinandersetzt. Durch eine Online-Umfrage wurden auf der Basis des Readiness and Enablement Index for Health Technology (READHY) von Jylhä & Turja (2023) 110 Personen in Finnland zu ihrer Kompetenz im Umgang mit e-Health Angeboten befragt. Es zeigte sich, dass junge Erwachsene allgemein überzeugt von ihren allgemeinen digitalen Fähigkeiten sind und sich relativ optimistisch geben, was ihre eHealth-Kenntnisse und ihre Bereitschaft zur Nutzung von e-Health Angeboten betrifft (Vahteristo et al., 2025, Abs. 34). Auffallend ist jedoch speziell die Tatsache, dass Befragte, die weder erwerbstätig noch in Aus- oder Weiterbildung sind (n = 21), ihre Kompetenz, sich aktiv mit digitalen Diensten und Gesundheitskonzepten beschäftigen zu können, deutlich geringer einschätzen als Personen, die einer Arbeit nachgehen oder sich in Ausbildung befinden (n = 89) (Vahteristo et al., 2025, Abs. 34). Demnach fordern die Autorinnen künftig bei der Ausgestaltung und nutzerzentrierten Entwicklung von e-Health Angeboten, die Besonderheiten von diversen Bevölkerungsgruppen und Ausbildungsniveaus zu berücksichtigen und e-Health als Teil der Gesundheitserziehung und der allgemeinen digitalen Fähigkeiten bereits in den Grundschulen zu integrieren (Vahteristo et al., 2025, Abs. 34).

Die Schwächen ihrer Arbeit liegen laut Vahteristo et al. (2025, Abs. 33) darin, dass es nicht gelang, eine genaue Stichprobenschätzung durchzuführen, da keine Informationen über die Gesamtanzahl der jungen Erwachsenen vorlagen und die Ergebnisse folglich nur auf der Grundlage einer begrenzten Anzahl von TeilnehmerInnen basieren.

Um an dieser Stelle wieder auf weitere Vorzüge und Schwierigkeiten eines dBGM einzugehen, bietet sich die Betrachtung des 2022 erschienenen Artikels von Winter & Riedl an. In Form eines Literaturreviews und sieben darauf aufbauenden Experteninterviews untersuchten sie die wesentlichen Chancen und Herausforderungen eines digitalen betrieblichen Gesundheitsmanagements. Die Resultate ergaben, dass Chancen eines dBGM-Tools vor allem das Ansprechen einer breiteren Zielgruppe, die zeitlich-örtliche Unabhängigkeit sowie Zeit- und Kostenersparnisse sind. Zu den Herausforderungen zählen datenschutzrechtliche Fragen sowie das Fehlen von standardisierten Kriterien und Gütesiegeln sowie der Umstand, dass die dBGM-Angebote analoge Strategien zwar unterstützen, aber nicht ersetzen können (Winter & Riedl, 2022, S. 9).

Darüber hinaus verweisen die AutorInnen auf die Resultate von Käfer & Niederberger (2020, S. 151), die dBGM als ein relativ neues Phänomen sehen, zu dem es derzeit nur wenige wissenschaftliche Studien und Erfahrungsberichte gibt und kommen zu dem Schluss, dass sich, ungeachtet der Einstellung von EntscheidungsträgerInnen zur Digitalisierung, der Einführung von dBGM-Tools künftig nicht mehr entzogen werden kann und die Ausgestaltung des Einsatzes auf der Basis einer Abwägung von Chancen und Herausforderungen erfolgen sollte (Winter & Riedl, 2022, S. 11).

Eine weiterführende Analyse zu konkreten Hindernissen und Erleichterungen im Kontext der Einführung von e-Health Services bietet hier die Arbeit von

Schreiweis et al. (2019). Auf der Grundlage von Expertenmeinungen, erhoben im Rahmen zweier europäischer Konferenzen zur Gesundheitsinformatik und einer anschließenden systematischen Literaturrecherche, konnten die AutorInnen insgesamt 77 Barrieren und 292 Begünstigungen für die Einführung und Umsetzung von e-Health Services identifizieren (Schreiweis et al., 2019, Abs. 4).

Die Resultate ergaben, dass Hemmnisse bei der Implementierung unter anderem durch begrenztes Wissen zu elektronischen Gesundheitsdiensten (z. B. mangelnde digitale Gesundheitskompetenz), einen Mangel an erforderlichen dBGM-Tools, Probleme bei der Finanzierung von dBGM-Tools, negative individuelle Motivation und fehlende Datenschutzbestimmungen entstehen. Potenziale für die Umsetzung eines dBGM stellen der Bedienkomfort, die Verbesserung der Kommunikation, die positive individuelle Motivation, die Einbeziehbarkeit sämtlicher Stakeholdergruppen, die permanente Verfügbarkeit der Ressourcen und die Benutzerfreundlichkeit dar.

Obwohl Schreiweis et al. (2019) einen wichtigen Beitrag zur dBGM-Implementierungsforschung leisten, wird die Aussagekraft der Ergebnisse durch zwei Faktoren limitiert. Zum einen fanden die Expertenworkshops nur in Europa statt, was möglicherweise in einer Unterrepräsentation von Ansichtsweisen amerikanischer, afrikanischer oder asiatischer ExpertInnen resultierte. Zum anderen ergab sich in der Literaturrecherche ein Selection Bias, da ausschließlich auf der englischsprachigen Datenbank PubMed veröffentlichte Artikel konsultiert wurden und sich somit Samples ergaben, die nicht als repräsentativ gelten können (Denrell, 2005, S. 114).

Hier eignet sich die Betrachtung eines weiteren Artikels von Bente et al. (2024), der sich auch mit der e-Health Implementierung und den damit verbundenen Hindernissen und Begünstigungen in Europa beschäftigt, überdies mehrere Datenbanken in die Analyse einbezieht sowie einen noch höheren Aktualitätsbezug aufweist. Im Rahmen eines Scoping Reviews wurden 7308 zwischen 2018 und 2023 erschienene Studien aus den Datenbanken PubMed, Scopus, Web of Science und ACM Digital Library analysiert und schlussendlich 35 Arbeiten in die finale Untersuchung aufgenommen.

Die Auswertung dieser Publikationen ergab, dass e-Health Implementierung ein facettenreiches Feld darstellt, das rechtliche, ethische, finanzielle und technologische Aspekte berücksichtigen sollte. Die rechtlichen Hindernisse betreffen Themen wie Datensicherheit und Vertraulichkeit, wodurch es vor allem nach einer Einführung klarer und zeitgemäßer gesetzlicher Vorgaben und Standards verlangt. Ethische Barrieren umfassen Zustimmungs-, Verantwortungs- und Haftungsfragen und erfordern robuste Rahmenwerke. Finanzielle Hindernisse ergeben sich aus unzureichender Finanzierung, wonach es (kommerzielle) Partnerschaften und

Geschäftsmodelle braucht. Zu den technologischen Problemen gehören mangelnde Interoperabilität und Integration sowie Fehlfunktionen. Hier benötigt es Strategien zur Erhöhung der Datenzuverlässigkeit und zur Verbesserung der Zugänglichkeit, um die Anpassung der e-Health Technologie an bestehende Systeme zu erleichtern. Der größte Erfolg bei der Implementierung von e-Health Angeboten wird erreicht, wenn alle Beteiligten mit ihrem spezifischen Fachwissen und Interessen bei der Entscheidungsfindung berücksichtigt werden, damit ein gleichmäßiger Übergang von der eigenständigen e-Health Anwendung hin zu einer integrierten digitalen Gesundheitsumgebung entstehen kann (Bente et al., 2024, Abs. 1). Abschließend unterstreichen Bente et al. (2024) die Neuigkeit und wachsende Bedeutung digitaler Gesundheitsanwendungen und erkennen große Forschungslücken in Bezug auf die rechtlichen, ethischen, finanziellen und technologischen Anforderungen bei der Implementierung von e-Health Angeboten. Da sich die Ergebnisse von Bente et al. (2024) auf den gesamten europäischen Kontext beziehen, ist es wichtig, regionenspezifische, rechtliche und regulatorische Unterschiede bei der Anwendung der Erkenntnisse auf konkrete Praxisbeispiele nicht zu vernachlässigen. Außerdem ist die Studie vor dem Hintergrund zu betrachten, dass die Implementierungsvorschläge nicht spezifisch für Unternehmen gelten, da die AutorInnen lediglich allgemeine Anweisungen auf der Basis eines umfassenden Scoping Reviews anführen.

Um nun eines der umfassendsten Fachbücher zur Digitalisierung im BGM vorzustellen, bietet sich die Publikation von Treier (2021) an. In seinem Werk präsentiert er Überlegungen zu digitalen Transformationsprozessen- und strategien im BGM, setzt sich mit der Konzeptualisierung eines dBGM auseinander und stellt Schlüsselfaktoren in Bezug auf das BGM 4.0 vor (Treier, 2021, S. V).

Es zeigte sich, dass es im dBGM drei zentrale Handlungsfelder gibt. Das Feld der Information zielt auf die Förderung der Gesundheitskompetenz ab, indem viele valide Informationsmöglichkeiten bestehen und die Form der Verfügbarkeit als Impuls zur eigenständigen und kompetenten Informationsbeschaffung dient (Treier, 2021, S. 20). Die zweite Säule bildet die Kommunikation. Dieses Handlungsfeld ist prozessbegleitend und behandelt Gesundheitskommunikation und Gesundheitsmarketing (Treier, 2021, S. 24). Im Rahmen des Austauschs verschmelzen synchrone und asynchrone Kommunikationsformate, wobei die zunehmende Vernetzung eine bessere zeitliche Abstimmung innerhalb des BGM begünstigt, wodurch die Mitarbeitenden orts- und zeitunabhängig erreicht werden können, um die Interaktion zu fördern (Treier, 2021, S. 21). Das dritte Handlungsfeld bezieht sich auf die Transaktion. Transaktionen im dBGM sind nach Treier (2021, S. 28) durch geringe Zugangshürden, gute Integrationsmöglichkeiten im Alltag, eine anwenderfreundliche Gestaltung sowie aktivierende und intuitive Funktionen geprägt (z. B. kurze Impulse durch Videos, Reminder oder gamifizierte, spielerische Elemente). Konträr zum klassischen BGM, in dem Transaktionen eine hohe Aufmerksamkeit sowie räumliche und zeitliche Bindung erfordern, findet die Gesundheitsbildung im dBGM flexibel und in kurzen, aufeinanderfolgenden Einheiten statt. Damit schafft dieses Lernkonzept ein vorteilhaftes Verhältnis zwischen Anreizen und Aufwand und erhöht die Teilnahmewahrscheinlichkeit (Treier, 2021, S. 28).

Als Schlüsselfaktoren im BGM 4.0 nennt Treier zudem die Qualität der digitalen Anwendungen, die Selbstwirksamkeit und die gesunde Führung. Die Vielfalt der digitalen Tools nimmt stetig zu, jedoch hinkt die Qualitätssicherung hinterher, wonach es technische und funktionale Klassifikationssysteme braucht (Treier, 2021, S. 41). Selbstwirksamkeit ist im dBGM als personale Ressource zu fördern und die Angestellten sollten bei ihrer Gesundheitsplanung je nach Abhängigkeit der Ausprägung ihrer Selbstkonkordanz durch digitale Angebote, die komfortabel und personalisierbar gestaltet sind, unterstützt werden (Treier, 2021, S. 50). Das Konzept der Selbstkonkordanz ist auf Sheldon & Elliot (1999) zurückzuführen und beschreibt das Ausmaß, in dem ein Ziel persönliche Interessen und Werte widerspiegelt und nicht das Ergebnis externer oder interner Verpflichtungen ist (Koestner et al., 2002, S. 231).

Gesunde Führung geht einerseits mit der Einnahme einer Vorbildfunktion, der Förderung von partizipativen Ansätzen sowie der aktiven Einbindung der Führungskräfte einher (Ruppi-Lang & Langer, 2018, S. 115–117). Andererseits gilt es, den Mitarbeitenden gezielte Maßnahmen zur Gesundheitsförderung zu bieten, da digitale Anwendungen den Handlungsspielraum der Führungskräfte erweitern können, indem sie vielfältigere Möglichkeiten bieten, regionale Gegebenheiten einbeziehen und zudem lokal verteilte Beschäftigte integrieren (Treier, 2021, S. 52).

Das Fachbuch von Treier (2021) stellt einen der wenigen ausführlichen Übersichtsbeiträge zum (digitalen) BGM und seinen Handlungsfeldern dar, jedoch verzichtet er vorsätzlich darauf, spezifische digitale Instrumente, Gesundheits-Apps oder Plattformen von (nicht-)kommerziellen Anbietern anzuführen (Treier, 2021, S. V), wodurch die Praxistauglichkeit in gewissem Maße eingeschränkt wird. Denn obwohl die Arbeiten grundsätzlich wertvolle Ansätze für die Praxisanwendung anführt, hätte es sich als hilfreich erwiesen, die Ergebnisse mit konkreten Best-Practice-Beispielen von Apps und Plattformen aus der Praxis zu untermauern, um Unternehmen bei der Auswahl des passenden dBGM-Angebots noch stärker zu unterstützen.

Dass digitale betriebliche Gesundheitsförderungsangebote grundsätzlich wirksam sind, belegt eine Studie von Schmidt et al. (2024). Im Rahmen einer systematischen Literaturrecherche in Fachdatenbanken wie PubMed, Livivo und der Cochrane Library identifizierten sie 17 Arbeiten, die einschlägig signalisieren, dass dBGF diverse positive Wirkungen auf die Gesundheit haben kann und Unternehmen dabei hilft, eine gesundheitsförderliche Arbeitsumgebung zu etablieren (Schmidt et al., 2024, S. 412). Diese positiven Wirkungen hängen dabei vor allem von der individuellen Gesundheitskompetenz der Beschäftigten ab, wodurch es auch künftig notwendig ist, speziell das Interesse und die Motivation der Angestellten hinsichtlich ihrer persönlichen Gesundheitsförderung zu forcieren.

Kritisch an den Erkenntnissen von Schmidt et al. (2024) muss lediglich die Tatsache gesehen werden, dass die Erkenntnisse nicht auf einer empirischen Grundlage basieren, wodurch die praktische Übertragbarkeit auf österreichische KMU zu einem gewissen Grad limitiert wird.

Zumal digitale Tools im BGM insbesondere durch die Coronapandemie eine starke Nachfrage und Weiterentwicklung erfahren haben (Faller, 2023a, S. 91–92), wird nun eine Studie von Fahy et al. (2021) thematisiert, die im Rahmen eines Policy Briefs des European Observatory on Health Systems and Policies eine Bestandsaufnahme des Einsatzes digitaler Gesundheitsinstrumente in Europa vor, während und nach der COVID-19-Pandemie vornimmt und sich mit damit einhergehenden Nutzungspotenzialen, Problematiken und Entwicklungsnotwendigkeiten auseinandersetzt.

Es wurde deutlich, dass vor Beginn der Pandemie zwar lange Zeit Anstrengungen unternommen wurden, die Umsetzung von dBGM in Europa voranzutreiben, die breite Anwendung in der Praxis jedoch aufgrund von individuell-, organisatorisch- und systemisch bedingten Hindernissen ausblieb. Während der COVID-19-Pandemie entwickelten sich viele digitale Gesundheitstools von einer potenziellen Möglichkeit hin zu einer unmittelbaren Notwendigkeit und unterstützten die Bereiche Kommunikation, Information, Überwachung und Kontrolle. Nach Überwindung der Coronapandemie gilt es, künftig auf der Dynamik des verstärkten Einsatzes digitaler Gesundheitsinstrumente aufzubauen, indem klare Rahmenbedingungen zur Nutzung und Finanzierung von dBGM-Tools etabliert werden, ohne dabei Spielraum für die individuelle Mitgestaltung digitaler Gesundheitslösungen durch die StakeholderInnen einzubüßen. Darüber hinaus sollte die dBGM-Tools innewohnende lokale Flexibilität mit den Möglichkeiten im Hinblick auf Überwachung und Bewertung kombiniert werden, um so ultimativ zur Erreichung umfassender Ziele des Gesundheitssystems beizutragen (Fahy et al., 2021, S. 5).

Mit Blick auf die Ergebnisse von Fahy et al. (2021) sind auch die Erkenntnisse von Fortune et al. (2024) relevant. Fortune et al. (2024) untersuchten den Einsatz digitaler Technologien zur Bereitstellung von Dienstleistungen für Menschen mit Behinderungen während der COVID-19-Pandemie. Sie kamen zu dem Schluss, dass der pandemiebedingte Druck zur Nutzung digitaler Gesundheitstools zwar hoch war, eine erfolgreiche strategische Einführung und Umsetzung dieser jedoch häufig an fehlenden zeitlichen und personellen Ressourcen scheiterte. Im Rahmen einer Multiple Case Study untersuchten Fortune et al. (2024) demnach drei Fälle auf der Grundlage der Merkmale der DienstleistungsnutzerInnen und der geografischen Reichweite der Dienstleistung und führten 40 halbstrukturierte Interviews mit DienstleistungsnutzerInnen und Dienstleistungsanbietern durch. Der Themenleitfaden und die Analyse orientierten sich an dem CFIR 2.0 von Damschroder et al. (2022), um verschiedene Hindernisse und Begünstigungen für die Implementierung von digitalen gesundheitsfördernden Anwendungen zu identifizieren.

Es zeigte sich, dass die Bereitschaft, Offenheit und Beharrlichkeit der UserInnen, die digitalen Services auch trotz etwaiger technischer Schwierigkeiten auszuprobieren sowie die Unterstützung von Anbieterseite bei auftretenden Problemen die langfristige Einführung der digitalen Angebote stark vorantrieben. Zu den Hindernissen der Einführung gehörten die hohe Komplexität des Zugangs und die schlechte Designqualität der Online-Plattformen sowie die Tatsache, dass die Dienstleistungsanbieter die persönliche Erbringung von Dienstleistungen im Präsenzformat oft stärker priorisierten als die Online-Services (Fortune et al., 2024, Abs. 3). Obwohl die Studie von Fortune et al. (2024) interessante Einblicke in die coronabedingten Entwicklungen im Feld der digitalen Anwendungen liefert, ist die Übertragbarkeit auf österreichische Klein- und Mittelunternehmen begrenzt, da die Studie zum einen nur in Irland stattfand und die Interviews zum anderen nicht aus der Sichtweise von Beschäftigten in KMU, sondern aus der Perspektive von Menschen mit Behinderungen, deren Familien und den jeweiligen digitalen Anbietern geführt wurden.

Weitere Erkenntnisse des dBGM im Kontext der Coronapandemie liefert die Studie von Lang & Hofer-Fischanger (2022). Sie untersuchten in ihrem Beitrag Faktoren und Beweggründe, die mit der Einführung von gesundheitsfördernder Telearbeit nach dem ersten COVID-19-Lockdown zusammenhängen. Im Rahmen eines Mixed-Methods-Designs erstellten sie auf Basis von Experteninterviews einen Onlinefragebogen und kontaktierten 1858 österreichische KMU und Großunternehmen, worauf insgesamt 192 Antworten von GeschäftsführerInnen und betrieblichen GesundheitsmanagerInnen folgten, die mittels deskriptiver und multivariater Statistik analysiert wurden.

Die Resultate zeigen, dass der Umsetzungsgrad und die Inanspruchnahme von gesundheitsfördernder Telearbeit während des ersten Lockdowns deutlich zunahmen und danach nicht mehr auf das Niveau vor der Pandemie absanken. Der generelle Implementierungswille der EntscheidungsträgerInnen hing dabei in erster Linie von der Vorbereitung und den bisherigen Erfahrungen ab. Voraussetzungen, um auch weiterhin gesundheitsfördernde Telearbeit in Unternehmen umzusetzen, waren die generelle Bereitschaft im Management und bereits bestehende Strukturen (Technik, Kommunikationskanäle etc.) der betrieblichen Gesundheitsförderung (Lang & Hofer-Fischanger, 2022, S. 2381–2382).

Vor dem Hintergrund dieser Ergebnisse ergeben sich jedoch auch einige Limitationen in Bezug auf die Repräsentativität, da die Unternehmen nicht nach dem Zufallsprinzip ausgewählt wurden, sondern bewusst nach ihren bisherigen und unterschiedlichen Erfahrungen mit gesundheitsfördernder Telearbeit. Aufgrund der relativ geringen Rücklaufquote der Studie und der ungleichen Verteilung der „telehealth-erfahrenen" Unternehmen können die Ergebnisse dieser Studie daher auch nicht direkt auf alle Unternehmen in Österreich übertragen werden (Lang & Hofer-Fischanger, 2022, S. 2383–2384). Des Weiteren weisen die AutorInnen zwar darauf hin, dass hinsichtlich der verschiedenen Unternehmensgrößen Unterschiede im dBGM bestehen, jedoch gehen sie in der Präsentation der Ergebnisse nicht weiter darauf ein, dass es insbesondere in KMU im Vergleich zu Großunternehmen oft an praxisnahen Implementierungskonzepten, eigenen Ressourcen und spezifischen Kompetenzen mangelt und Unternehmensentscheidungen nur auf Basis von Kostengründen getroffen werden, ohne eine nachhaltige gesundheitsförderliche Arbeitsgestaltung zu berücksichtigen (Rothe et al., 2019, S. 247).

Auch eine australische Arbeit von Dai et al. (2022), die sich mit der Entwicklung von telehealth-Angeboten während der Coronapandemie beschäftigte, bestätigt die Zunahme der digitalen gesundheitsfördernden Anwendungen im Zusammenhang mit den Lockdowns. In Form einer retrospektiven Kohortenstudie mit 27.980 mindestens 65-jährigen AustralierInnen aus dem Long Time Care Bereich konnte nachgewiesen werden, dass in Einrichtungen zur stationären Altenpflege vermehrt auf telefon- und videogestützte Beratungssitzungen gesetzt wurde.

Obwohl die AutorInnen herausfanden, dass persönliche Behandlungseinheiten nach wie vor stark bevorzugt und über 90 % der telehealth-sessions telefonisch abgewickelt wurden, zeigte sich, dass Menschen aus ländlichen Gebieten eine stärkere Abneigung gegenüber Videounterhaltungen aufweisen als Personen, die im städtischen Umfeld ansässig sind (Dai et al., 2022, Abs. 3).

Bezugnehmend auf diese Erkenntnisse und unter Einbeziehung der vergangenen Erfahrungen von PatientInnen, ÄrztInnen, Krankenschwestern und

Beschäftigten im Gesundheitswesen sieht Dai (2023) in einem Folgebeitrag künftig dennoch große Potenziale für telehealth. Wenn es gelingt, neben strukturellen Wandelprozessen auch eine Änderung der traditionellen Denkweise herbeizuführen und so einen nachhaltigen Paradigmenwechsel hin zur Telemedizin einzuleiten, könnten die Angebote wesentlich dabei unterstützen, Ungleichheit bei der Gesundheitsversorgung in Langzeitpflegeeinrichtungen zu verringern (Dai, 2023, Abs. 3).

Die retrospektiven Studien inhärenten Nachteile stellen sicherlich Erinnerungsverzerrungen dar, zumal die Erkenntnisse oftmals auf unvollkommenem Erinnerungsvermögen der Befragten basieren und so in der Gewinnung von irreführenden Informationen resultieren. Hinzu kommt, dass in die Untersuchung lediglich das Nutzungsverhalten mindestens 65-jähriger Menschen eingeflossen ist. So wird im Hinblick auf die aktuellen und zukünftigen Entwicklungen des dBGM-Feldes die Aufgeschlossenheit junger Erwerbstätiger gegenüber Digitalisierungspotenzialen (Walter & Mess, 2018, S. 75; Goos, 2019, S. 277) vernachlässigt und die Aussagekraft für die dissertationsrelevanten Fragestellungen eingeschränkt.

Um die Skizzierung des aktuellen Forschungsstands im Bereich des dBGM abzuschließen, eignet sich das Scoping Review von Stark et al. (2022). Ziel dieses Beitrags war es, eine Überblicksarbeit über die vorhandene Evidenz der bisherigen Forschungsergebnisse zur digitalen Gesundheitsförderung und Primärprävention in Settings zu erstellen und dabei mögliche Forschungslücken aufzuweisen sowie Empfehlungen für zukünftige Forschungsarbeiten zu unterbreiten. Das Scoping Review schloss empirische und nicht-empirische Publikationen in englischer oder deutscher Sprache ein, die zwischen 2010 und 2020 erschienen sind und inkludierte insgesamt 200 Veröffentlichungen.

Die Ergebnisse ergaben, dass sich die Forschungsfelder in Bezug auf digitale Gesundheitsförderung und Primärprävention als heterogen, komplex und breit gefächert darstellen. Hinzu kommt, dass die untersuchten Artikel einen starken Fokus auf verhaltensbezogene, nicht aber auf strukturelle digitale Gesundheitsförderungs- und Präventionsprozesse legen. Gleichzeitig wurde festgestellt, dass es an gültigen Definitionen relevanter Begriffe (z. B. digitale Settings) und Literatur zur strukturellen digitalen Gesundheitsförderung und Prävention in Settings mangelt. Es bleibt somit unklar, wie digitale Technologien zu strukturellen oder organisatorischen Veränderungen in Settings beitragen und Erfolg bringend eingesetzt werden können. Sollte sich die Durchdringung von dBGM-Tools ähnlich wie die Integrationsabläufe von digitalen Anwendungen im Allgemeinen verhalten, könnten zudem sehr kleine sowie sehr große Unternehmen eine Vorreiterrolle bei der dBGM-Implementierung einnehmen (Schaff,

2018, S. 176–177), wonach es gilt, durch die Identifizierung eines ganzheitlichen dBGM-Ansatzes die Qualität der Prozessberatung für Klein- und Mittelunternehmen künftig zu erhöhen (André, 2018, S. 168). Laut Stark et al. (2022, Abs. 5) sind demnach zwingend weitere Forschungsarbeiten zur Implementierung von digitalen Technologien im Rahmen der Gesundheitsförderung und Prävention in Organisationen erforderlich und, um die bestehenden Forschungslücken nachhaltig zu schließen, sollten in Zukunft Beiträge und Erfahrungen aus unterschiedlichen Wissenschaftsdisziplinen dahingehend gebündelt werden.

6.3 Forschungslücke

Aufgrund der Problemstellung, der Forschungsrelevanz und der Erkenntnisse aus den vorhergehenden Kapiteln werden hier die Forschungslücke respektive das Forschungsdesiderat im Bereich des Forschungsgegenstands dargestellt.

Nach der Sichtung forschungsrelevanter Literatur wurde deutlich, dass es bislang keine übertragbaren Ergebnisse zu den Erfolgsfaktoren für die Implementierung eines dBGM in österreichischen KMU gibt. Es bestehen Forschungslücken hinsichtlich konkreter dBGM-Implementierungsforschung (Bente et al., 2024, Abs. 1; Gericke, 2022, S. 237–240; Kaiser & Matusiewicz, 2018, S. 1; Stark et al., 2022, Abs. 5; Winter & Riedl, 2022, S. 8–11) und eine defizitäre wissenschaftliche Grundlage sowie eine zurückhaltende Nutzung von dBGM-Anwendungen in der Praxis (Käfer & Niederberger, 2020, S. 151).

Obgleich sich Treier (2021) in seiner Arbeit *„Betriebliches Gesundheitsmanagement 4.0 im digitalen Zeitalter"* mit digitalen Entwicklungen beschäftigt, geht er nicht verstärkt auf die Besonderheiten von KMU ein und verzichtet auf die Nennung von Gesundheits-Apps und Plattformen aus der Praxis, wodurch der praktische Erkenntnisgewinn teilweise eingeschränkt wird und auch diese Erkenntnisse nicht vollends zur Beantwortung der vorliegenden Forschungsfragen beitragen können. Des Weiteren setzen sich die Studien, die sich mit Gesundheitsmanagement in Klein- und Mittelunternehmen befassen, vorrangig mit analogen BGM-Konzepten auseinander und lassen die Spezifika, die mit der Einführung von dBGM-Angeboten einhergehen, weitgehend unberücksichtigt (Sayed & Kubalski, 2016; Fischmann et al., 2020; Simmel & Graßl, 2020; Gericke, 2022).

Zwar finden sich einige Arbeiten, die sich im weiteren Sinne mit der Implementierung von e-Health Angeboten befassen, jedoch sind diese Ergebnisse teilweise veraltet (Ross et al., 2016), beschränken sich auf theoretische Erklärungsversuche (Heinsch et al., 2021), sind durch einen Selection Bias geprägt

(Schreiweis et al., 2019), gewährleisten keine Übertragbarkeit auf privatwirtschaftlich ausgerichtete KMU (Cremers et al., 2021; Kip et al., 2025; Liu et al., 2025), vernachlässigen Digital Ethics- und Digital Responsibility Faktoren (Lang, 2022), beruhen nicht auf einer empirischen Basis (Marwaha et al., 2022; Schmidt et al., 2024) oder lassen die Tatsache außer Acht, dass die Coronapandemie lediglich als Treiber für die Verwendung von digitalen Gesundheitstools zu verstehen ist, ohne dass damit eine nachhaltig erfolgreiche Einführung einherging, zumal die erforderlichen zeitlichen und personellen Kapazitäten für eine strategische Umsetzung und Aufrechterhaltung oftmals nicht gegeben waren (Fortune et al., 2024). Darüber hinaus lassen sich auf Basis der aktuellen wissenschaftlichen Studienlage bis auf die vom Fonds Gesundes Österreich geförderte Untersuchung von Lang (2022) keine näheren Informationen zu den Erfolgsfaktoren der Implementierung digitaler gesundheitsfördernder Angebote in Österreich entnehmen. Obgleich dieses Praxisprojekt von Lang (2022) erste Erkenntnisse im Hinblick auf die geografische Verteilung von BGF in der Arbeitswelt 4.0 liefert, zeichnen sich auch diese Ergebnisse nur durch eine unzureichende Übertragbarkeit aus, da der Fokus auf Digitalisierung, Gesundheitskompetenz und fairen Gesundheitschancen lag und die Schlüsselfaktoren zur Einführung konkreter dBGM-Angebote nicht Hauptgegenstand der Betrachtung waren.

In Bezug auf die vorliegende Problemstellung besteht auf Basis des aktuellen Forschungsstands bislang noch Unklarheit über die konkreten Faktoren und Maßnahmen, die der Einführung und Umsetzung eines dBGM in österreichischen KMU zuträglich sind. Durch die Untersuchung von Erfolgsfaktoren kann für die Praxis somit ein direkter Nutzen abgeleitet werden, zumal es vielen Unternehmen an einer empirischen Entscheidungsgrundlage mangelt, auf deren Grundlage sie Investitionen in erfolgversprechende Strategien tätigen können (Schmalen et al., 2006, S. 351).

Demnach bietet das Forschungsvorhaben sowohl auf theoretischer als auch auf praktischer Ebene einen großen Forschungs- und Entwicklungsbedarf und die vorliegende Arbeit könnte einen innovativen Beitrag leisten, die bestehenden Forschungslücken in der dBGM-Implementierungsforschung zu schließen und erstmals Lösungsansätze für Klein- und Mittelunternehmen in Österreich präsentieren (Abbildung 6.1).

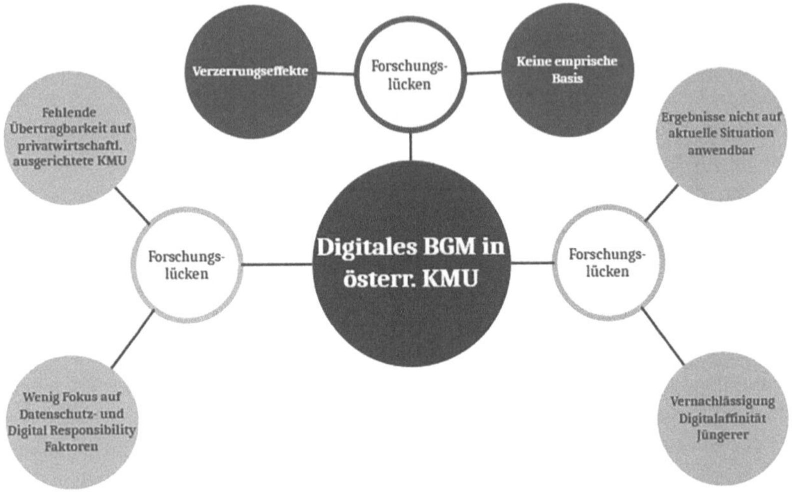

Abbildung 6.1 Forschungsgegenstand und Forschungslücken bestehender Studien. (Quelle: Eigene Darstellung)

6.4 Theoriegeleitete Fragestellung

Obwohl das dBGM unter anderem durch die fortschreitenden Digitalisierungsprozesse vermehrt an Bedeutung gewinnt, zeigt der aktuelle Forschungsstand, dass sich bislang nur wenige Studien konkret mit dem Forschungsfeld und der Implementierung eines dBGM auseinandersetzten. Infolgedessen sollen im Rahmen der bisherigen Literaturanalyse und der in den nächsten Kapiteln folgenden Auseinandersetzung mit Ansätzen zur Erfolgsfaktoren- und Implementierungsforschung sowie generellen theoretischen Ausführungen zum dBGM in österreichischen KMU relevante Forschungsarbeiten identifiziert werden, die einen Beitrag zur vorliegenden Dissertation leisten können, wonach sich die theoriegeleitete Fragestellung begründen lässt:

Welche Faktoren können nach derzeitigem Forschungsstand zur Implementierung eines digitalen betrieblichen Gesundheitsmanagements beitragen und wie gestaltet sich ein aktueller Überblick zu dBGM-Initiativen und Angeboten in Österreich?

Erfolgsfaktorenforschung 7

7.1 Grundlagen der Erfolgsfaktorenforschung

Unternehmerische Aktivitäten sind stets mit der Zielsetzung des Erfolgs verknüpft (Schmalen et al., 2006, S. 351), weshalb das Gebiet der Erfolgsfaktorenforschung die Ursachen von betrieblichem Erfolg und Misserfolg untersucht (Haenecke & Forsmann, 2006, S. 45; Heilmann, 2011, S. 20).

Obgleich der positive oder negative Unternehmenserfolg von vielen verschiedenen Einflussfaktoren abhängig ist, geht die Erfolgsfaktorenforschung davon aus, dass der Erfolgseintritt von einigen wenigen Faktoren bestimmt wird (Diller & Lücking, 1993, S. 1230; Fritz, 1993a, S. 2; Haenecke, 2002, S. 166). Das Hauptziel der Erfolgsfaktorenforschung ist demnach die Identifizierung dieser zentralen Einflussfaktoren (Röderstein, 2009, S. 33). Zusätzlich zu dem Begriff Erfolgsfaktor finden sich in wissenschaftlichen Publikationen außerdem Begriffe wie Einflussfaktor, Erfolgsposition, Erfolgskomponente, Erfolgsdeterminante, Schlüsselfaktor und Wettbewerbsfaktor wieder, die oft synonym verwendet werden (Müller, 1999, S. 7; Patt, 1988, S. 6).

Der Beginn der Erfolgsfaktorenforschung geht auf den ehemaligen McKinsey Berater Ronald Daniel (1961) zurück, der Managementinformationssysteme entwickelte, die Erkenntnisse über unternehmensrelevante Erfolgsfaktoren liefern sollten (Nicolai & Kieser, 2002, S. 580). Daraufhin entstand in den 1960er Jahren das PIMS-Programm (Profit Impact of Market Strategies), das die bis dato umfassendste Datensammlung zur empirischen Fundierung von Geschäftsbereichsstrategien darstellte (Meffert, 1994, S. 57). Im Rahmen dieses Programms wurden strategisch wichtige Merkmale von circa 3000 strategischen Geschäftseinheiten aus 250 Unternehmen unterschiedlicher Branchen und Länder erfasst, um auf dieser Grundlage allgemeingültige, branchenübergreifende Erfolgsfaktoren zu

A. Wieser, *Erfolgsfaktoren für die Implementierung eines digitalen betrieblichen Gesundheitsmanagements*, https://doi.org/10.1007/978-3-658-51620-8_7

identifizieren (Meffert, 1994, S. 57). Laut den Ergebnissen des PIMS-Programms hängt der Unternehmenserfolg grundsätzlich von der Produktqualität und dem Marktanteil ab (Fritz, 1993b, S. 1). Wurde in den ersten Ansätzen der Erfolgsfaktorenforschung noch versucht, Erfolgsfaktoren für konkrete Einzelfälle zu erarbeiten (Röderstein, 2009, S. 33), verlagerte sich das Erkenntnisinteresse nachfolgender Studien vermehrt auf ganze Branchen oder Unternehmen im Generellen (Nicolai & Kieser, 2002, S. 580).

Exemplarisch sei hier der Beitrag *„In Search of Excellence"* von Peters & Waterman (1982) genannt, die erstmals versuchen, allgemeine Erfolgsfaktoren einer Unternehmung zu ermitteln. In ihrer Studie kommen sie zu dem Ergebnis, dass sich der Erfolg einer Unternehmung auf acht elementare Faktoren reduzieren lässt (Peters & Waterman, 2003, S. 36–37). Trotz einiger Kritikpunkte – der Arbeit wird ein populärwissenschaftlicher Kern, eine Simplifizierung sowie eine unzureichende Problemlösung unterstellt (Wolff et al., 2004, S. 264; Fritz, 1989, S. 12) – erreichten Peters & Waterman (1982) eine große Popularität in der Praxis (Röderstein, 2009, S. 34) und ihr Werk stellt einen bis heute wichtigen Meilenstein in der Erfolgsfaktorenforschung dar.

7.2 Ansätze zur Systematisierung und Konzeptualisierung von Erfolgsfaktoren

Erfolg ist ein komplexes Konstrukt, das steter Veränderung unterliegt (Banerjee et al., 2020, S. 906) und von individuellen internen und externen Motivationsfaktoren geprägt wird (Wieden, 2012, S. 117). Es existiert somit auch keine allgemeine Definition für den Erfolgsbegriff (Heilmann, 2011, S. 22), da verschiedene AkteurInnen und Wissenschaftsdisziplinen unterschiedliche Ansichtsweisen und Interessen vertreten.

Um dennoch ein angemessenes und für die Dissertation erforderliches Erfolgsverständnis zu schaffen, werden im nachfolgenden Kapitel eine Systematisierung und Konzeptualisierung von Erfolg vorgenommen.

In der Betriebswirtschaft wird Erfolg oft als das Resultat der unternehmerischen Aktivitäten innerhalb einer bestimmten Geschäftsperiode (Abfalter, 2010, S. 197) angesehen und basiert meist auf der Grundlage von Unternehmenskennzahlen wie ROI, Liquidität, Finanzierung und Rentabilität. Nach der Analyse der Kennzahlen tritt Erfolg dann ein, wenn sich die Auswertung positiv gestaltet und ein Gewinn erreicht wird.

Da es neben dem monetären Erfolg jedoch noch viele weitere relevante Determinanten zur Erfolgsermittlung gibt, die nicht objektiv quantifizierbar sind

(Vertrauen, Kommunikation, Commitment etc.), bietet sich die Betrachtung von Erfolgsfaktoren an. Obwohl es auch in Bezug auf eine konkrete Begriffsbestimmung für das Konzept der Erfolgsfaktoren an einer homogenen Definition mangelt, sind grundsätzlich Merkmale, Strukturen oder Gegebenheiten innerhalb des Unternehmens gemeint, die positive Auswirkungen auf den betrieblichen Erfolg ausüben (Daschmann, 1994, S. 1).

Kreilkamp (1987, S. 176) definiert strategische Erfolgsfaktoren beispielsweise als zentrale Einflussgrößen, Bedingungen oder Determinanten, die maßgeblich dazu beitragen, ob unternehmerisches Handeln zum Erfolg oder Misserfolg führt. Ebenso findet in der Literatur häufig der Terminus „Kritische Erfolgsfaktoren" von Rockart (1979, S. 85) Anwendung, der die Wichtigkeit einiger zentraler erfolgsrelevanter Bereiche der Geschäftstätigkeit hervorhebt:

> *"Critical success factors are the limited number of areas in which results, if they are satisfactory, will ensure successful competitive performance for the organization. They are the few key areas where 'things must go right' for the business to flourish."*

Nachdem laut der angeführten Definitionsversuche demnach mehrere unterschiedliche Komponenten zum Erfolg beitragen, lassen sich auch verschiedene Klassifizierungsansätze von Erfolgsfaktoren identifizieren (siehe weiterführende Studien von Peters & Waterman, 1982; Nagel, 1986; Pümpin, 1986; Rehkugler, 1989; Kühn & Grüning, 1998; Kowallik, 2004), wobei in der Erfolgsfaktorenforschung prinzipiell jedoch zwei Forschungsansätze dominieren (Eisele, 1995, S. 3; Eisenbarth, 2003, S. 81).

Zum einen werden Elemente untersucht, die einen potenziellen Misserfolg nach sich ziehen können (negative Erfolgsfaktorenforschung oder Erfolgsfaktorenforschung i. w. S.), um diesem in der unternehmerischen Praxis vorzubeugen. Zum anderen werden Faktoren erforscht, die zum Unternehmenserfolg beitragen (positive Erfolgsfaktorenforschung oder Erfolgsfaktorenforschung i. e. S.) (Röderstein, 2009, S. 34). Die positiven Erfolgsfaktoren können weiter eingeteilt werden in Unternehmenserfolgsfaktoren, die den Erfolg der gesamten Unternehmung beeinflussen und in entscheidungsspezifische Erfolgsfaktoren, die sich auf den Erfolg einzelner Entscheidungskomplexe und Bereiche wie Produktinnovationen oder das Supply Chain Management auswirken (Fritz, 1993a, S. 2). Auf den entscheidungsspezifischen Erfolgsfaktoren gründet sich auch das Erkenntnisinteresse der vorliegenden Arbeit hinsichtlich der Implementierung eines dBGM. Abschließend lassen sich sowohl die Unternehmenserfolgsfaktoren als auch die entscheidungsspezifischen Erfolgsfaktoren noch in beeinflussbare und nicht beeinflussbare Faktoren spezifizieren (Fritz, 1993a, S. 2).

In Bezug auf die Konzeptualisierung von Erfolgsfaktoren anhand wirtschaftswissenschaftlicher Verfahrensansätze werden in der Literatur hauptsächlich der Zielansatz, der Systemansatz und der interessenpluralistische Ansatz genannt (Böing, 2001, S. 41; Fritz, 1995, S. 219).

Der Zielansatz wurde von Etzioni (1960) entwickelt und geht davon aus, dass Unternehmen dann erfolgreich sind, wenn sie ihre selbst definierten Ziele erreichen (Etzioni, 1964, S. 16). Die Höhe des Zielerreichungsgrades gilt als Indikator für den Erfolg der gesetzten Maßnahmen (Greiling, 2011, S. 62). Da beim Zielansatz vorausgesetzt wird, dass Betriebe klare Zielsetzungen haben und diese ernsthaft verfolgen, wird er teilweise kritisiert, zumal Organisationen oft keine Zielplanung betreiben und somit auch keine Auskunft über den Erfolg der umgesetzten Strategien geben können (Reichenbach, 2020, S. 81). Des Weiteren fokussiert der Zielansatz meist nur die Ziele, die vom Management vorgegeben wurden und vernachlässigt die Zielvorstellungen anderer Interessengruppen (Panten, 2005, S. 84).

Um diesem Kritikpunkt zu begegnen, eignet sich der interessenpluralistische Ansatz von Thompson (1967). Nach diesem Konzeptualisierungsansatz sind Unternehmen erfolgreich, wenn sie es schaffen, die internen Unternehmensziele sowie die externen Interessen von Kunden oder Angestellten zu befriedigen und damit möglichst alle Beteiligten einschließen (Fritz, 1995, S. 219). Obwohl es erstrebenswert erscheint, sämtliche StakeholderInnen in den Zielvorstellungen eines Unternehmens zu berücksichtigen, ist der interessenpluralistische Ansatz doch von einem nahezu utopischen Charakter geprägt, zumal es in der Praxis schlichtweg unrealistisch wirkt, den unterschiedlichen Zielen aller AkteurInnen gerecht werden zu können (Böing, 2001, S. 43).

Der Systemansatz von Yuchtman & Seashore (1967) stellt eine Erweiterung des Zielansatzes dar und definiert Erfolg über die Fähigkeit eines Unternehmens, langfristig in einer Wettbewerbssituation am Markt zu überleben (Yuchtman & Seashore, 1967, S. 896). Konträr zum Zielansatz bemisst sich Erfolg jedoch nicht am Erreichungsgrad der selbst aufgestellten Ziele, sondern an der Interaktion mit der Umwelt, der Akquise von Ressourcen und der Aufrechterhaltung der Systemstabilität (Yuchtman & Seashore, 1967, S. 891; Fritz, 1995, S. 219). Da die Erfolgsgröße beim Systemansatz nicht über den Zielerreichungsgrad operationalisierbar ist (Reichenbach, 2020, S. 82), würde diese *„zu einem mehrdimensionalen und abstrakten Konstrukt […], das allenfalls über ein System operational zu definierender Indikatoren gemessen werden kann“* (Haedrich et al., 1990, S. 212), wodurch sich der Ansatz häufig mit Kritik konfrontiert sieht, zumal er sich relativ kompliziert gestaltet.

Zum Abschluss lässt sich festhalten, dass der interessenpluralistische Ansatz und der Systemansatz eine breiter gefasste Perspektive bei der Erfolgskonzeptualisierung einnehmen als der Zielansatz, der vorrangig die Interessen der internen AkteurInnen des Unternehmens vertritt (Böing, 2001, S. 43). Aufgrund der hohen Komplexität des von dem System- und interessenpluralistischem Ansatz postulierten Erfolgsverständnisses sowie den damit einhergehenden Operationalisierungsschwierigkeiten der Erfolgsgrößen (Reichenbach, 2020, S. 82; Böing, 2001, S. 43), hat der Zielansatz in der Erfolgsfaktorenforschung die größte Bedeutung erlangt und gilt als angemessene Methode zur Konzeptualisierung von Erfolg (Böing, 2001, S. 43). Zumal der Zielansatz darüber hinaus konkret die Zielsetzungen und das Vorgehen der zu analysierenden Unternehmen forciert, weist er eine große Praxisnähe sowie forschungspraktische Relevanz auf (Fritz, 1995, S. 220) und erfüllt die Zweckrationalität der Betriebe (Jenner, 1999, S. 240; Panten, 2005, S. 84).

Übertragen auf das Erkenntnisinteresse der vorliegenden Dissertation stellt somit der Zielansatz eine geeignete und zweckmäßige Konzeptualisierung der Erfolgsfaktoren dar, da es das Ziel des Forschungsvorhabens ist, Erfolgsfaktoren der Implementierung eines digitalen betrieblichen Gesundheitsmanagements in österreichischen Klein- und Mittelunternehmen zu identifizieren. In diesem Sinne werden Maßnahmen als erfolgreich angesehen, wenn sie nach den Aussagen der befragten ExpertInnen einen Beitrag leisten, ein dBGM in österreichischen KMU zu integrieren und damit das Erreichen des selbst aufgestellten Unternehmensziels (Implementierung eines dBGM) unterstützen.

7.3 Operationalisierung von Erfolgsfaktoren

Die Beurteilung des Erfolgs der im Rahmen der Experteninterviews identifizierten Implementierungsstrategien- und maßnahmen ist ein grundlegendes Erfordernis, um in der Folge Handlungsempfehlungen aufstellen zu können (Mülder, 1984, S. 111), weshalb in den anschließenden Ausführungen eine konkrete Operationalisierung der Erfolgsfaktoren vollzogen wird.

Damit die Erfolgsfaktoren messbar werden, muss der Charakter der Messgröße in eine quantitative (z. B. Gewinn oder Rentabilität) oder qualitative (z. B. Kundenzufriedenheit oder Zielerreichungsgrad) Form übertragen werden (Schmalen et al., 2006, S. 352–353).

Wie bereits im vorhergehenden Kapitel angemerkt, wird in der Betriebswirtschaft häufig lediglich der finanzielle Gewinn als Maßstab für Erfolg verwendet

(Hinterhuber, 1992, S. 6). In der Regel erfolgt dann die Erhebung quantifizierter Unternehmensdaten, deren Beitrag zum Unternehmenserfolg anschließend mithilfe mathematisch-statistischer Verfahren analysiert wird (Jacobs, 1992, S. 31).

Da die vorliegende qualitative Arbeit die relevanten Unternehmenskennzahlen zum einen nicht ex ante identifizieren kann und zum anderen das Erkenntnisinteresse nicht auf die rein ökonomische Effizienz, sondern den Implementierungserfolg der angewandten Maßnahmen ausgerichtet ist, wird Erfolg nicht mittels quantitativer Merkmale gemessen.

Vielmehr erfolgt die Erfolgsbeurteilung nach qualitativen Erfolgsgrößen wie dem Zielerreichungsgrad des Implementierungsvorhabens, wodurch unter Erfolg, frei nach dem Zielansatz von Etzioni (1960), das Erreichen der Unternehmensziele verstanden wird (Etzioni, 1964, S. 16).

Das explorative Untersuchungsdesign beschäftigt sich mit qualitativen Aussagen und die Bewertung des Erfolgs erfolgt anhand der identifizierten Gemeinsamkeiten erfolgreicher Unternehmen (Schmalen et al., 2006, S. 355) und der Betrachtung von „weichen Faktoren" (Style, Staff, Skills, Shared Values) (siehe weiterführend das 7-S-Modell in Peters & Waterman, 1982), die keine quantifizierbare Kennzahlensystematik enthalten (Schawel & Billing, 2012, S. 312).

Durch die qualitative Vorgehensweise kann unter anderem berücksichtigt werden, dass viele Unternehmen heute nicht mehr nur monetäre Ziele verfolgen (Wegner, 2016, S. 62), sondern ein komplexes Zielbündel anstreben, das neben ökonomischen auch aus außerökonomischen Zielen besteht (Raffée & Fritz, 1991, S. 1211–1213; Fritz, 1995, S. 217; Göttgens, 1996, S. 118), wonach eine Erfolgsoperationalisierung stets auch unter Beleuchtung qualitativer Größen erfolgen sollte (Schmalen et al., 2006, S. 358).

Darüber hinaus eignen sich für Erfolgsfaktorenstudien, die nachhaltig wirksame Strategien analysieren, oftmals subjektive Einschätzungen von ExpertInnen besser als objektive Kennzahlen, die nur die kurzfristige Performance widerspiegeln (Albers & Clement, 2007, S. 303).

Zur Analyse von Erfolgsfaktoren gibt es laut Haenecke (2002, S. 168) grundsätzlich vier Methoden (Untersuchung von Erfolgen, Untersuchung von Misserfolgen, Untersuchung von Kontrastgruppen, Gesamtanalyse). In der vorliegenden empirischen Studie wurde eine Untersuchung von Erfolgen vorgenommen, indem die ExpertInnen zu erfolgreich umgesetzten Implementierungsprojekten befragt und die Aussagen danach auf Gemeinsamkeiten analysiert wurden, um aus den wiederholt auftretenden Antworten im Anschluss konkrete Erfolgsfaktoren zu identifizieren (Schmalen et al., 2006, S. 354).

Im Forschungsprozess wurde die Stichprobe nicht in verschiedene Kontrastgruppen eingeteilt (erfolgreiche und nicht erfolgreiche Implementierungen), da die einseitige Ergebnisorientierung davon ausgeht, dass Erfolge und Misserfolge auf den gleichen Ursachenkategorien basieren (z. B. Unternehmenskultur oder Produktqualität) (Schmalen et al., 2006, S. 354).

Obwohl Erfolg aufgrund der ihm inhärenten Multidimensionalität und Multikausalität dennoch nur schwer operationalisierbar ist und durch eine inhaltsanalytische Auseinandersetzung spezifiziert werden muss (Andritzky, 1976, S. 14), gehen Leidecker & Bruno (1984, S. 23–25) davon aus, dass er von wenigen Schlüsselgrößen determiniert wird.

Dieser Prämisse folgend wurden die ExpertInnen neben den Spezifika der dBGM-Tools sowie den internen und externen Rahmenbedingungen der Implementierung insbesondere zu den Kernprozessen der Einführung und Umsetzung eines dBGM befragt.

Außerdem wurde sich bei der Festlegung der Erfolgsindikatoren an den Ausführungen von Kirsch et al. (1978, S. 19–21) orientiert. Diese bezeichnen Implementierungsbemühungen als Erfolg, wenn ein funktionsfähiges und von den Beteiligten akzeptiertes System geschaffen wurde und einen Implementierungsprozess als Misserfolg, wenn ein Gestaltungsprozess abgebrochen wurde, zumal den aufgebrachten Ressourcen kein Nutzen gegenübersteht.

Da alle untersuchten Unternehmen die Implementierungsprozesse abgeschlossen haben, sind die angewendeten Maßnahmen und Strategien, die sie in ihrem Vorgehen unterstützten, als erfolgreich zu bewerten.

Auf der Grundlage der in diesem und dem vorhergehenden Kapitel dargelegten Ausführungen wurde Erfolg konzeptualisiert und operationalisiert und unter Berücksichtigung der Erkenntnisse des Forschungsstands (siehe Teil II, Abschnitt 6.2) sowie der vorgestellten Implementierungsmodelle (siehe Teil II, Abschnitt 8.2.–8.5.) im Interviewleitfaden in forschungsrelevante Themenbereiche und Fragestellungen umgewandelt, um die Zusammenhänge von erfolgreichen Implementierungsprozessen in österreichischen Klein- und Mittelunternehmen zu erforschen.

7.4 Kritische Betrachtung der Erfolgsfaktorenforschung

Mit der zunehmenden Relevanz und Aufmerksamkeit, die Erfolgsfaktorenstudien seit den 1980er Jahren erlangten, stieg auch die Kritik an der Erfolgsfaktorenforschung (Dömötör, 2011, S. 55).

So postulieren Nicolai & Kieser (2002, S. 582) beispielsweise, dass die Erfolgsfaktorenforschung grundsätzlich gescheitert ist und bislang kein einziges Ergebnis vorliegt, das als gesichert angesehen werden kann oder als Grundlage für allgemeingültige, normative Aussagen dient. Sie knüpfen damit an die Ausführungen von March & Sutton (1997, S. 702–704), die den BefürworterInnen der Erfolgsfaktorenforschung gar Heuchelei unterstellen, welche einerseits der Praxis und andererseits der Wissenschaft genügen möchten, obwohl es unmöglich sei, die Gründe für Erfolg oder Misserfolg durch eine wissenschaftlich vertretbare Vorgehensweise zu erfassen.

Die Kritikpunkte beziehen sich neben allgemeinen und inhaltlichen Beanstandungen unter anderem auf methodische Schwächen der Messmethoden. So werden speziell Mängel in Bezug auf die Definition und Konzeptualisierung von Erfolgsgrößen, die Operationalisierung der Erfolgsfaktoren sowie mögliche Messverzerrungen durch einen Key Informant Bias ausgemacht, die die Qualität der Ergebnisse verfälschen können (Kube, 1991, S. 56–58; Ernst, 2002, S. 33; Nicolai & Kieser, 2002, S. 584; Haenecke, 2002, S. 169).

Um diese Kritiken zu entkräften, wurde in der vorliegenden Arbeit ein großer Fokus auf eine theoretisch fundierte Konzeptualisierung und Operationalisierung des Erfolgskonstrukts sowie die damit einhergehende Erstellung des Interviewleitfadens gelegt und der Key Informant Bias dahingehend reduziert, als dass schon bei Expertenauswahl auf *„[…] deren Auskunftsmöglichkeiten, -fähigkeiten und vorbehalte"* geachtet wurde (Fritz, 2004, S. 26).

Weiter erkennen Nicolai & Kieser (2002, S. 584–585) im Rahmen der Erfolgsfaktorenforschung Probleme hinsichtlich Endogenität, Simultaneität, unbeobachteter Heterogenität und Vergangenheitsbezug. Die Endogenitätsproblematik besagt, dass unabhängige Variablen bei der Erfolgsmessung durch unbeobachtete Drittvariablen beeinflusst werden, wodurch ihre Aussagekraft eingeschränkt werden kann (Krummenerl, 2005, S. 27). Bauer & Sauer (2004, S. 631) argumentieren dagegen, dass es unmöglich sei, die komplexe Realität in einem Erfolgsmodell vollständig abzubilden und es vielmehr gilt, alle relevanten erfolgswirksamen Beziehungen zu erfassen.

Das Problem der Simultaneität beschreibt die Tatsache, dass früherer Erfolg oder Misserfolg einen Einfluss auf die getroffenen Strategien und Maßnahmen hat (Nicolai & Kieser, 2002, S. 584) und das Heterogenitätsproblem befasst sich mit der unzureichenden Bezugnahme auf die individuelle Unternehmenssituation. Generell kritisieren Nicolai & Kieser (2002, S. 592) außerdem, dass Erfolgsfaktoren lediglich auf einer simplifizierten Input-Output-Logik basieren und ohne Berücksichtigung des sozialen Kontexts sinn- und wertneutral auf andere Situationen übertragen werden.

Kube (1991, S. 5) sowie Trommsdorff & Binsack (1999, S. 111) schwächen diese Annahme insofern, als dass die aktuelle Erfolgsfaktorenforschung heute vermehrt nach Erfolgsfaktoren mittlerer Reichweite sucht und nicht mehr, wie beispielsweise das Werk von Peters & Waterman (1982), eine Allgemeingültigkeit der Ergebnisse beansprucht, die für alle Unternehmen in sämtlichen Branchen gilt. Außerdem stellen Endogenität, Simultaneität, unbeobachtete Heterogenität und Vergangenheitsbezug nicht bloß Schwierigkeiten der Erfolgsfaktorenforschung, sondern der gesamten empirischen Sozialforschung dar, wonach einige Unzulänglichkeiten unumgänglich sind und andere durch die korrekte Wahl und Umsetzung der Methode entkräftet werden können (Fritz, 2004, S. 624).

Ein weiterer Kritikpunkt von Nicolai & Kieser (2002, S. 588) behandelt die fehlende Ableitung von Handlungsempfehlungen, da viele Erfolgsfaktorenforschungsstudien lediglich mit allgemeinen Tendenzaussagen schließen und nur in Ausnahmefällen konkrete Handlungsanweisungen aufgestellt werden. Obwohl einige Studien dieser Forderung bereits folgen (z. B. Gruner & Homburg, 2000), ist es wichtig darauf zu achten, dass inhaltlich wertvolle Ergebnisse nicht zwingend eine Verallgemeinerung erfordern, sondern ein erhöhter Fokus auf einzelne Fragestellungen gelegt wird (Haenecke, 2002, S. 178). Die vorliegende Dissertation begegnet diesem Anspruch insofern, als dass aus der Symbiose der ermittelten theoretischen und praktischen Erkenntnisse praxisorientierte Handlungsempfehlungen abgeleitet werden, an denen sich Klein- und Mittelunternehmen in Österreich bei der erfolgreichen Implementierung eines digitalen betrieblichen Gesundheitsmanagements orientieren können.

Zusammenfassend lässt sich festhalten, dass es, auch wenn innerhalb der Erfolgsfaktorenforschung gewisse methodische Schwächen und *„Unterschiede in der empirischen Basis und den eingesetzten Erhebungs- und Analysemethoden"* bestehen (Fritz, 2004, S. 624), unmöglich ist, der Erfolgsfaktorenforschung kumulativen Erkenntnisgewinn abzusprechen (Homburg & Krohmer, 2004, S. 5).

Obgleich berechtigte Kritikpunkte hinsichtlich der Erfolgsfaktorenforschung bestehen, können durch die Anwendung von adäquaten Verfahrensweisen durchaus zielführende und valide Aussagen generiert werden (Wegner, 2016, S. 80). Neben dem wissenschaftlichen Erkenntnisanliegen nimmt die Erfolgsfaktorenforschung speziell in der betriebswirtschaftlichen Praxis und vor dem Hintergrund des Konzeptes der begrenzten Rationalität (Röderstein, 2009, S. 42) eine große Bedeutung ein, da sie die abstrakte Multidimensionalität des Erfolgskonstrukts auf wenige erfolgswirksame Größen zu reduzieren vermag und der Unternehmensführung so nützliches Praxiswissen leicht zugänglich machen kann (Herr, 2007, S. 7–8).

> *„Durch das Wissen um den Ursprung des Erfolgs ist für die Praxis ein direkter Nutzen ableitbar, da vielen Unternehmen eine empirische Entscheidungsgrundlage fehlt, auf deren Basis sie in Erfolg versprechende Maßnahmen investieren" (Schmalen et al., 2006, S. 351).*

In der unternehmerischen Praxis besteht bisher eine zurückhaltende Verwendung von dBGM-Anwendungen (Käfer & Niederberger, 2020, S. 151), jedoch gibt es einige KMU und ExpertInnen, die bereits praktische Erfahrungen mit den Implementierungsprozessen von dBGM-Angeboten gesammelt haben. Im Rahmen der Experteninterviews könnten demnach die konkreten Erfolgsfaktoren der Implementierung identifiziert werden, die in Form von Handlungsempfehlungen künftig österreichische Klein- und Mittelunternehmen bei der erfolgreichen Einführung und Umsetzung eines dBGM unterstützen.

8 Implementierungsforschung und Implementierungsmodelle

8.1 Grundlagen der Implementierungsforschung

Obwohl laut Meyers et al. (2012, S. 464) bereits ab Mitte der 1980er- und 1990er-Jahre zahlreiche empirische Studien (z. B. Abbott et al., 1998; Basch et al., 1985; Gottfredson et al., 1993; Grimshaw & Russell, 1993; Tobler, 1986) zeigten, wie wichtig die Qualität von Umsetzungsprozessen für das Erreichen von angestrebten Ergebnissen ist, erlang die Implementierungsforschung als Wissenschaftsdisziplin erst durch die wachsende Relevanz evidenzbasierter Praxis um das Jahr 2000 größere Bedeutung. Die Implementierungsforschung stellt somit ein vergleichsweise junges Forschungsfeld dar (Albers et al., 2020, S. 1; 4) und umfasst neben der Untersuchung von Umsetzungsprozessen und Interventionsanpassungen auch die Einflüsse auf das Verhalten von Individuen und Organisationen (Wilson & Kislov, 2022, S. 1).

Da die Betrachtung der Entwicklung und Umsetzung von Innovationen aus unterschiedlichen disziplinären Perspektiven wie den Politik- und Informationswissenschaften sowie des Gesundheits-, Sozial- und Bildungswesens (Albers et al., 2020, S. 5) erfolgen kann, finden sich in der wissenschaftlichen Literatur demnach auch diverse Definitionsansätze (Hochuli Freund et al., 2023, S. 61).

A. Wieser, *Erfolgsfaktoren für die Implementierung eines digitalen betrieblichen Gesundheitsmanagements*, https://doi.org/10.1007/978-3-658-51620-8_8

Nach der eher weit gefassten Begriffserklärung von Glasgow et al. (2013, S. 26) beschäftigt sich die Implementierungsforschung allgemein mit der Anwendung und Integration von Forschungserkenntnissen in Praxis und Politik. Um darüber hinaus auch noch die Notwendigkeit von konkreten systematisch belegten Methoden zu betonen, beschreiben Eccles et al. (2006, S. 1) die Implementierungsforschung als eine wissenschaftliche Ergründung von Verfahren, die darauf abzielen, Forschungsergebnisse und evidenzbasierte Praktiken systematisch in den Praxisalltag zu übertragen.

Für die vorliegende Forschungsarbeit soll abschließend der Definitionsansatz von Peters et al. (2013, S. 731) vorgestellt werden, da sich Implementierungsforschung mit sämtlichen Aspekten des Implementierungsprozesses befassen und im Gesundheitsbereich Gesetze, Unternehmen oder Individuen betreffen kann:

> *"Implementation science is the scientific inquiry into questions concerning implementation — the act of carrying an intention into effect, which in health research can be policies, programmes, or individual practices (collectively called interventions)."*

Um Implementierungsvorhaben systematisch umzusetzen, haben sich in der Vergangenheit viele theoretische Modelle und Ansätze entwickelt, die dazu dienen, eine konkrete Maßnahmenauswahl vorzunehmen, die Verallgemeinerbarkeit zu erhöhen und die Ergebnisse respektive zumindest das Verständnis hinsichtlich Implementierungsunternehmungen zu verbessern (Tabak et al., 2012, S. 337). Nach einem Scoping Review von Strifler et al. (2018) gibt es über 150 verschiedene Modelle, die sich alle in Art und Verwendungszweck unterscheiden, wodurch sich die Erstellung eines umfassenden Überblicks schwierig gestaltet (Nilsen, 2020, S. 8).

In diesem Sinne sollen in den nachfolgenden Kapiteln daher einige der am häufigsten verwendeten und führenden Implementierungsmodelle vorgestellt werden, die Implementierungsvorgänge aus unterschiedlichen Blickwinkeln analysieren.

Dabei wird zu Beginn das Generic Implementation Framework (GIF) von Moullin et al. (2015) erläutert, das Kernkomponenten enthält, die in jedem Implementierungsprozess berücksichtigt werden sollten. Anschließend wird das Quality Implementation Framework (QIF) von Meyers et al. (2012) betrachtet, das zum Verständnis der vier klassischen Schritte eines Implementierungsprozesses beiträgt. Danach wird das Consolidated Framework for Implementation Research (CFIR) von Damschroder et al. (2009) bzw. das CFIR 2.0 von Damschroder et al. (2022) beleuchtet, das eine Struktur für die Analyse von Kontextfaktoren sowie Begünstigungen und Hindernisse im Rahmen eines Implementierungsvorhabens liefert und zum Abschluss wird das RE-AIM Modell von Glasgow et al. (1999) beschrieben, das insbesondere der Evaluation von Implementierungsunternehmungen dient.

8.2 Generic Implementation Framework (GIF)

Das GIF von Moullin et al. (2015) entstand im Rahmen einer systematischen Literaturrecherche, in der Konzepte analysiert wurden, die sich mit der Implementierung von Innovationen im Gesundheitssektor auseinandersetzen und mit dem Ziel, ein einheitliches Implementierungsmodell zu erarbeiten, das die wesentlichen Kernpunkte eines jeden Implementierungsvorhabens abbildet.

Obwohl sich die unterschiedlichen untersuchten Implementierungsansätze allesamt voneinander unterschieden, kristallisierten sich bestimmte Inhalte heraus, die in sämtlichen Implementierungsprozessen enthalten sein sollten.

Diese wiederholt auftretenden Inhalte wurden zu einem generischen Implementierungsmodell (GIF) zusammengefasst, das die zentralen Kernkomponenten eines Implementierungsprozesses abbildet. Demnach sind diese elementaren Bestandteile der Umsetzungsprozess, der oft als eine Reihe von Phasen und/oder Schritten dargestellt wird, die umzusetzende Innovation, der Kontext, in dem die Umsetzung stattfinden soll und die damit einhergehenden Einflussfaktoren, Strategien sowie Evaluationen (Moullin et al., 2015, Abs. 36) (Abbildung 8.1).

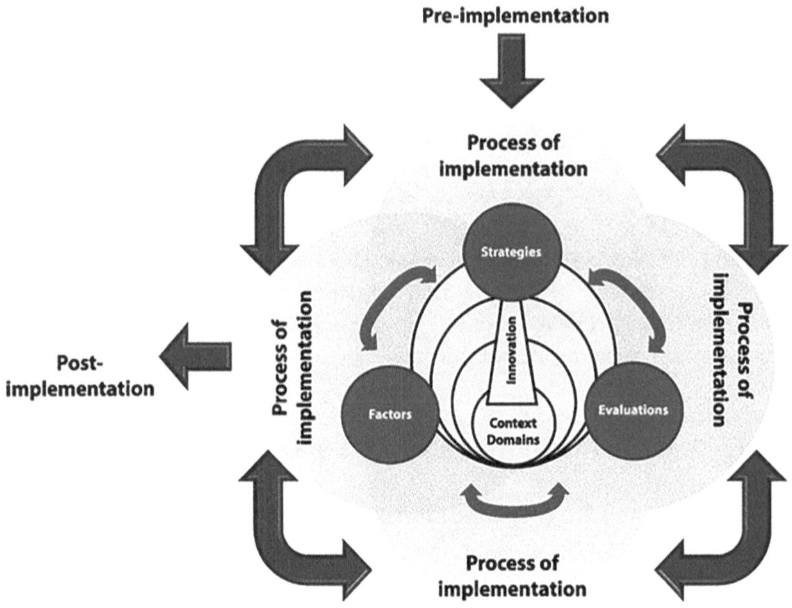

Abbildung 8.1 Generic Implementation Framework. (Quelle: Moullin et al., 2015, Abs. 38)

8.3 Quality Implementation Framework (QIF)

Oftmals beschreiben theoretische Modelle den zeitlichen und thematischen Verlauf von Implementierungsprozessen in vier Phasen (Hochuli Freund et al., 2023, S. 61), die nachfolgend exemplarisch am über 1500 Mal zitierten (Stand: Oktober 2025) Quality Implementation Framework (QIF) von Meyers et al. (2012) verdeutlicht werden.

Das QIF hat sich aus der Analyse von 25 Implementierungsmodellen verschiedener Disziplinen entwickelt und besteht aus 14 Schritten, die in vier Phasen aufgeteilt sind (Meyers et al., 2012, S. 462).

In der ersten Phase werden Überlegungen zum Kontext des Anwendungsbereichs angestellt, indem Strategien zur Bewertung der Ressourcen des Implementierungsortes, Entscheidungen zur eventuellen Anpassung der Innovation sowie Strategien für den Kapazitätsaufbau diskutiert werden (Hochuli Freund et al., 2023, S. 62; Meyers et al., 2012, S. 468).

Die zweite Phase setzt sich mit dem Strukturaufbau der Implementierung auseinander und konzentriert sich auf den Aufbau von Implementierungsteams und der Entwicklung eines Implementierungsplans (Hochuli Freund et al., 2023, S. 62; Meyers et al., 2012, S. 468).

Danach beginnt in Phase drei die zentrale Implementierung, in der es erforderlich ist, die erarbeiteten Strukturen durch Prozessevaluationen, technische Unterstützung, Coaching und Feedback langfristig aufrecht zu erhalten und nachhaltig zu festigen (Hochuli Freund et al., 2023, S. 62; Meyers et al., 2012, S. 468).

Abschließend befasst sich die vierte Phase des QIF mit Optimierungspotenzialen für künftige Implementierungsvorgänge, wonach aus den bisherigen Erfahrungen *Learnings* formuliert werden, die bei der nächsten Implementierung zu berücksichtigen sind (Hochuli Freund et al., 2023, S. 62; Meyers et al., 2012, S. 468) (Abbildung 8.2).

8.4 Consolidated Framework for Implementation Research (CFIR) und CFIR 2.0

Das ursprüngliche Consolidated Framework for Implementation Research (CFIR) von Damschroder et al. (2009) setzt sich mit den Kontextfaktoren einer erfolgreichen Implementierung und verschiedenen damit einhergehenden Begünstigungen und Hindernissen auseinander. Es besteht aus fünf Hauptbereichen mit dazugehörigen Komponenten und thematisiert die Eigenschaften der betreffenden Intervention (z. B. Kosten, Handhabung, Adaptierbarkeit, Evidenzstärke), die äußeren Umstände (z. B. gesetzliche und politische Rahmenbedingungen sowie Druck von anderen Institutionen), die inneren Umstände (z. B. soziale Strukturen in der Organisation, Unternehmenskultur und Arbeitsklima), die Merkmale der involvierten Personen (z. B. Kenntnisse, Einstellungen und Überzeugungen der Individuen) und den Prozess der Implementierung (z. B. Planung, Ausführung, Reflexion und Evaluation) (Damschroder et al., 2009, Abs. 12) (Abbildung 8.3).

Da das CFIR als eines der meistzitierten Implementierungsmodelle (Skolarus et al., 2017, Abs. 16) gilt, führten Damschroder et al. (2022) eine Folgestudie durch, in der sie auf Basis einer systematischen Literaturrecherche und einer Umfrage unter ForscherInnen, die das CFIR in ihren eigenen Arbeiten angewendet haben, Überlegungen zur Verbesserung des originalen CFIR anstellten. Obwohl die fünf originalen Hauptkomponenten des CFIR aus dem Jahr 2009 auch im neuen CFIR 2.0 bestehen bleiben und teilweise lediglich eine eher geringe Weiterentwicklung des ursprünglichen Konzeptes zu erkennen ist,

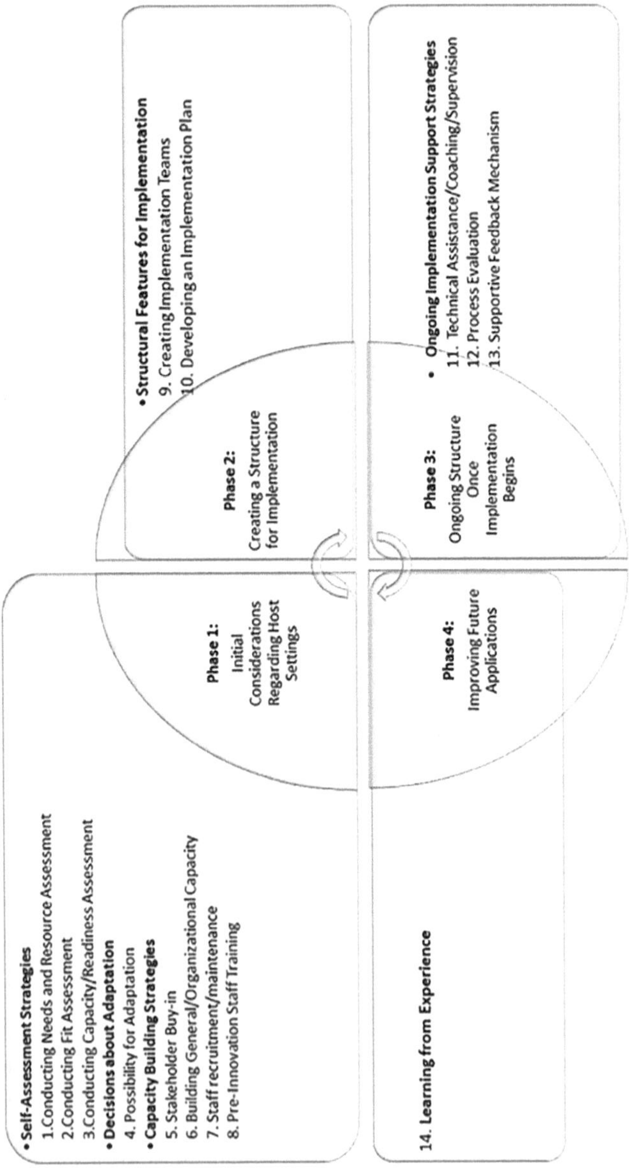

Abbildung 8.2 Quality Implementation Framework in Anlehnung an Meyers et al. (2012). (Quelle: Eboreime et al., 2019, S. 372)

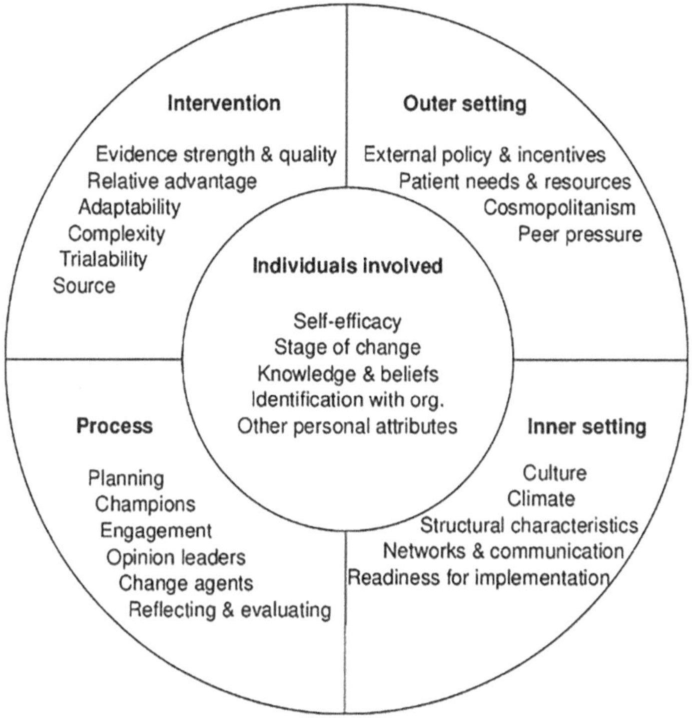

Abbildung 8.3 Consolidated Framework for Implementation Research in Anlehnung an Damschroder et al. (2009). (Quelle: Cullen et al., 2022, S. 181)

beinhalten die Aktualisierungen im Rahmen des CFIR 2.0 neben Überarbeitungen von bestehenden Inhalten sowie der Umbenennung einiger Hauptbereiche (z. B. wird *Intervention* zu *Innovation* bzw. *THE THING* und *Process* zu *Implementation Process*) auch das Hinzufügen, Entfernen oder Verschieben von bisherigen Komponenten. Außerdem werden bei der Umsetzung der Implementierung ein erhöhter Fokus auf die Chancengleichheit und Beteiligungsrate der betroffenen Individuen gelegt und die involvierten Personen im Implementierungsprozess stärker in den Mittelpunkt gerückt (Damschroder et al., 2022, Abs. 1) (siehe Abbildung 8.4).

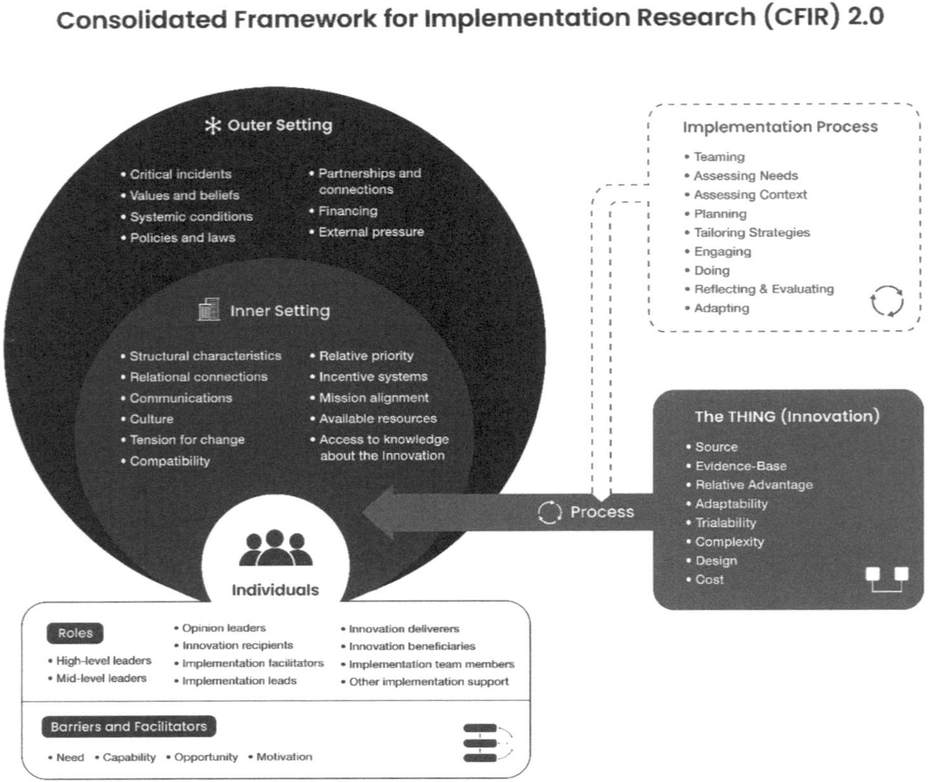

Abbildung 8.4 Consolidated Framework for Implementation Research 2.0 in Anlehnung an Damschroder et al. (2022). (Quelle: The Center for Implementation, 2023, o. S.)

8.5 RE-AIM Modell

Mit über 700 Publikationen, in denen das RE-AIM Modell für die Planung oder speziell die Bewertung von Implementierungsprozessen und Implementierungserfolgen verwendet wird (Holtrop et al., 2021, Abs. 8), gilt das Modell als einer der führenden Ansätze hinsichtlich qualitätsorientierter Implementierungsforschung (Wirtz et al., 2019, S. 88).

Entwickelt wurde es von Glasgow et al. (1999), um die Effizienz von Gesundheitsförderungsmaßnahmen zu verbessern, indem die Dimensionen berücksichtigt werden, die für die praktische Umsetzung in die reale Welt als am relevantesten erachtet werden (King et al., 2010, S. 2076). Aufbauend auf den Überlegungen von Abrams et al. (1996), die die Wirkung einer Intervention als das Produkt aus der Reichweite eines Programms (R) und seiner Effektivität (E) (I = R X E) definieren, erweitern Glasgow et al. (1999, S. 1323) das ursprüngliche Konzept um drei weitere Dimensionen (A, I und M).

So ergaben sich nun insgesamt fünf zentrale Dimensionen für die Implementierungsforschung, die das Akronym RE-AIM bilden. R (*Reach*) steht dabei für das Erreichen der Zielpopulation, E (*Effectiveness/Efficacy*) für die Effektivität und Wirksamkeit, A (*Adoption*) für die Anwendung im Setting, der Organisation und durch die Mitarbeitenden, I (*Intervention/Implementation*) für die Konsistenz und Kosten der implementierten Intervention und M (*Maintenance*) für die langfristige Aufrechterhaltung der Interventionseffekte (Glasgow et al., 1999, S. 1323–1324; Wirtz et al., 2019, S. 88) (Abbildung 8.5).

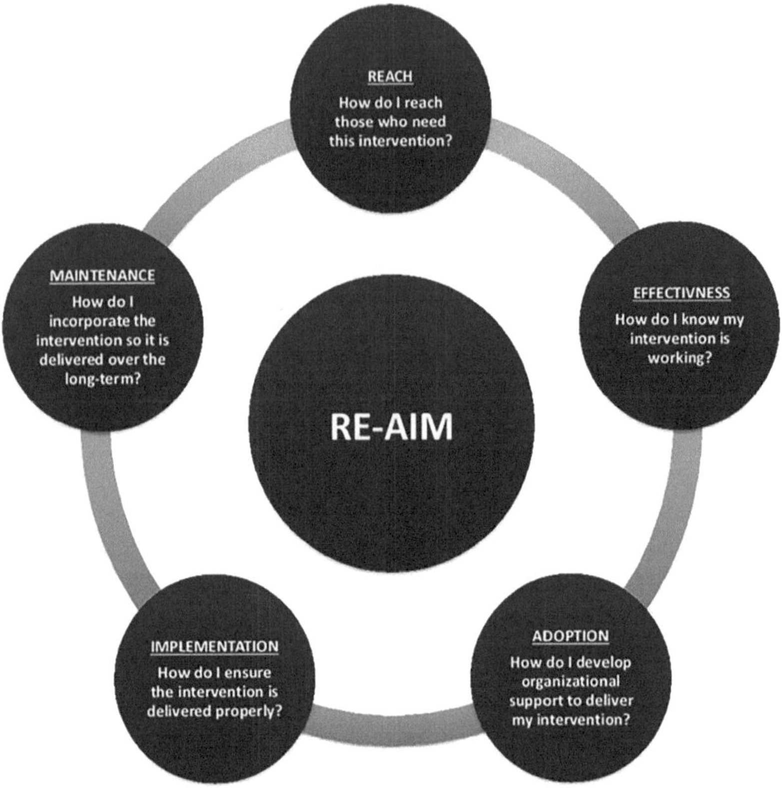

Abbildung 8.5 RE-AIM Modell in Anlehnung an Glasgow et al. (1999). (Quelle: Ory et al., 2014, Abs. 12)

8.6 Kritische Betrachtung der Implementierungsforschung

In den letzten 15 Jahren nahm neben dem Volumen von Studien und Modellen zu Implementierungsprozessen (Beidas et al., 2022, Abs. 2) auch die Zahl der (selbst-)kritischen Stimmen an der Implementierungsforschung zu (weiterführende Werke z. B. Boulton et al., 2020; Grimshaw et al., 2019; Rapport et al., 2019; Stange, 2020; Wensing & Grol, 2019; Wensing et al., 2020; Wilson & Kislov, 2022).

Einige dieser Kritiken beziehen sich auf die nicht gelingen wollende Schließung der Kluft zwischen Theorie und Praxis (Boulton et al., 2020, S. 379), die fehlenden theoretisch fundierten Einsichten zur Effektivität von Implementierungsprozessen (Schrader et al., 2020, S. 10) sowie den zu hohen Komplexitätsgrad bestehender Implementierungsstrategien (Beidas et al., 2022, Abs. 4).

Im Hinblick auf die Lücke zwischen Wissenschaft und Praxis bemängeln Lyon et al. (2020, S. 301) speziell, dass praktische Erfahrungen mit Implementierungen in theoretischen Modellen nur unzureichend berücksichtigt werden und umgekehrt wissenschaftliche Erkenntnisse im Praxiskontext kaum Eingang finden.

Die Schwierigkeit, eine nachhaltige Symbiose zwischen Forschung und Praxisimplementierung herzustellen, ergibt sich nicht zuletzt dadurch, dass in vielen Modellen die Zeitdauer von Veränderungsprozessen unbeachtet bleibt oder unterschätzt wird (Hochuli Freund et al., 2023, S. 70). Der Zeitraum von der Idee bis hin zur Überprüfung der Wirksamkeit eines Interventionsprogramms dauert je nach Reichweite der Implementierung oft zwischen fünf und 15 Jahren (Schein, 2010, S. 129) bevor die Implementierung im Anschluss daran in der Fläche initiiert werden kann (Roes, 2015, S. 54) und effektive Interventionen sowie fachliche Neuerungen langfristig verankert sind (Hochuli Freund et al., 2023, S. 70).

Dieser langwierige Prozess hat unter anderem zur Folge, dass sich auch die Implementierungsmodelle permanent weiterentwickeln, verfeinern und erweitern sollten (siehe zum Beispiel CFIR 2.0 von Damschroder et al., 2022), um zu verhindern, dass andere ForscherInnen auf eine antiquierte Version des aktuellen Modells zugreifen und dadurch unbeabsichtigt falsche Maßnahmen oder Schlussfolgerungen daraus ableiten (Holtrop et al., 2021, Abs. 3).

Im Zusammenhang mit der mangelnden Effektivität der Implementierungsforschung wird zudem oftmals die schwache Einbindung der AkteurInnen sowie das Fehlen von Rückkopplungsschleifen kritisiert (Hochuli Freund et al., 2023, S. 70). Obwohl die Notwendigkeit der Beteiligung aller involvierten Personen bei der Umsetzung von Veränderungsprozessen häufig diskutiert wird (Tippe, 2010, S. 204; Vahs, 2015, S. 403), erfahren die Beteiligten immer noch zu wenig Einbeziehung. Darüber hinaus kann es zu Widerständen führen, wenn die involvierten Personen beispielsweise aufgrund von verschiedenen Hierarchieebenen zu unterschiedlichen Zeitpunkten beteiligt werden (Heitger & Doujak, 2014, S. 336–340), wodurch es umso wichtiger ist, die AkteurInnen kontinuierlich und frühzeitig einzubinden und ihnen Möglichkeiten zur Partizipation, Mitbestimmung und Meinungsäußerung einzuräumen.

Grundsätzlich lässt sich festhalten, dass die unmittelbare Herausforderung für die Implementierungsforschung darin besteht, praktische Ergebnisse in die Konstruktion theoretischer Ansätze aufzunehmen und fundierte Forschungsergebnisse in der Praxis umzusetzen (Wilson & Kisolv, 2022, S. 29).

In diesem Sinne fließen auch die theoretischen Erkenntnisse, die anhand der Betrachtung der angeführten Implementierungsmodelle gewonnen wurden, in die Erstellung des Interviewleitfadens ein, der die Grundlage für die empirische Erhebung bildet.

So zeigt sich vor diesem Hintergrund einmal mehr die Relevanz der vorliegenden Dissertation, da auf Basis der vorgestellten theoretischen Implementierungsansätze sowie der anschließenden Befragung von ExpertInnen, die bereits praktische Erfahrung mit den Implementierungsprozessen eines dBGM in österreichischen Klein- und Mittelunternehmen gesammelt haben, neue Erkenntnisse und Handlungsempfehlungen ermittelt werden können, die sowohl der Theoriebildung als auch der Praxisumsetzung dienlich sein können.

Theoretische Ausführungen zum digitalen BGM in Klein- und Mittelunternehmen

9

9.1 Begriffe und Definitionen

9.1.1 Klein- und Mittelunternehmen (KMU)

Laut Haake (2002, S. 217) gab es in der Managementliteratur bereits im Jahr 2002 rund 200 unterschiedliche Definitionen für Klein- und Mittelunternehmen, da der Begriff von verschiedenen Operationalisierungsmöglichkeiten sowie der enormen Heterogenität der KMU geprägt ist (Clasen, 1992, S. 16). Obwohl auch nach heutigem Stand noch keine allgemeingültige und international anerkannte Begriffserklärung für den KMU-Begriff existiert, wird zur Abgrenzung zwischen KMU und Großunternehmen zunehmend die Kombination aus quantitativen und qualitativen Merkmalen herangezogen, denn *„a small business is not a little big business"* (Welsh & White, 1981, S. 18).

Die am häufigsten vorzufindenden KMU-Definitionen richten sich nach quantitativen Merkmalen (Schauf, 2009, S. 4) und beziehen sich vorrangig auf die Umsatz- und Bilanzsumme sowie die Anzahl der Beschäftigten. In diesem Sinne definiert die Europäische Kommission KMU als Unternehmen mit weniger als 250 MitarbeiterInnen und einer Umsatzsumme bis 50 Millionen € respektive einer Bilanzsumme bis 43 Millionen € (Europäische Kommission, 2003, L124/39). Die nachfolgende Abbildung 9.1 des Instituts für Mittelstandsforschung Bonn (IfM) verbildlicht die quantitativ ausgerichtete KMU-Definition laut der EU-Kommission.

A. Wieser, *Erfolgsfaktoren für die Implementierung eines digitalen betrieblichen Gesundheitsmanagements*, https://doi.org/10.1007/978-3-658-51620-8_9

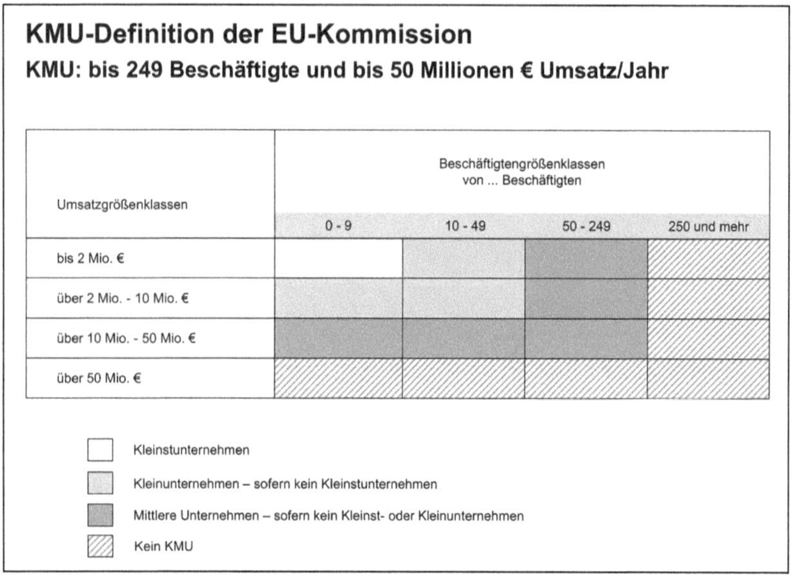

Abbildung 9.1 KMU-Definition der EU-Kommission. (Quelle: IfM, 2021, o. S.)

Konträr zu den quantitativen Merkmalen beziehen sich die qualitativen Kriterien von KMU auf *„ökonomische, gesellschaftliche und psychologische Faktoren"* (Reinemann, 2011, S. 2–3). In der wissenschaftlichen Literatur gibt es hierzu eine Vielzahl an Merkmalskatalogen (z. B. Mugler, 2008; Pfohl & Stölzle, 1997; Gantzel, 1962), die die Abgrenzung von KMU zu Großunternehmen unterstützen (Immerschitt & Stumpf, 2014, S. 20).

Dabei zeigen sich laut Reinemann (2011, S. 5) unterschiedliche Kriterien, mit denen die qualitativen Besonderheiten von KMU beschrieben werden können. Demnach zeichnen sich KMU speziell durch die enge Verbindung von Eigentum und Geschäftsführung sowie Risiko und Kontrolle aus. Zudem sind sie geprägt von flachen Hierarchien und einem Konsens zwischen Leitung und Personal. Darüber hinaus agieren sie unabhängig von Konzernen und es besteht meist eine persönliche Beziehung zwischen dem Unternehmen und seinem jeweiligen Umfeld.

Zwar ist es laut Mugler (2008, S. 27) eher eine Ausnahme, dass immer all die genannten qualitativen Merkmale in einem KMU vorzufinden sind, jedoch sollen die beschriebenen Charakteristika auch nicht als allgemeingültige Merkmale interpretiert werden, sondern vielmehr als Demonstration des Aufbaus, der Organisation und der Führungsstruktur von KMU fungieren (Rohlfing & Funck, 2002, S. 22).

Um das Zusammenspiel aus quantitativen und qualitativen Merkmalen zu verdeutlichen, werden beide Dimensionen in einer Matrix (siehe Abbildung 9.2) kombiniert. Nach der quantitativen Dimension wird die Einordnung in Bezug auf Unternehmensgröße, Umsatz und Beschäftigtenzahl gemessen und in qualitativer Hinsicht wird der Erfüllungsgrad der oben genannten qualitativen Kriterien geprüft (Reinemann, 2011, S. 7). Aus dieser Systematisierung ergeben sich vier Typen wirtschaftlicher Aktivität, wobei KMU von Unternehmen des Typs I gebildet werden und dabei sowohl quantitative als auch qualitative Kriterien erfüllen (Reinemann, 2011, S. 8).

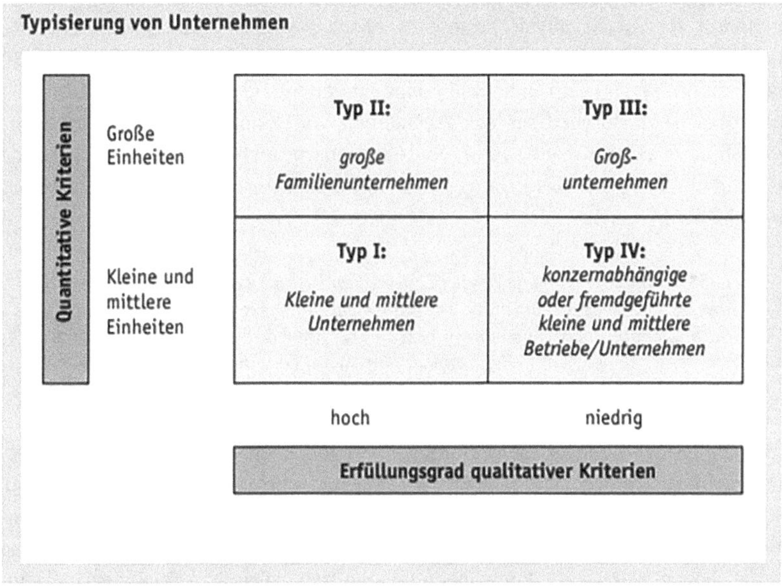

Abbildung 9.2 Typisierung von Unternehmen. (Quelle: Reinemann, 2002, S. 14)

Für die vorliegende Arbeit ergibt sich demnach abschließend, dass KMU als Untersuchungsgegenstand ausgewählt werden, die sich nach Abbildung 9.1 den Beschäftigtengrößenklassen zwischen 10 und 49 Beschäftigten sowie den

Umsatzgrößenklassen bis 50 Millionen € zuordnen lassen und dabei einen hohen Erfüllungsgrad qualitativer Kriterien aufweisen.

9.1.2 Gesundheit

Gesundheit ist ein überaus vielschichtiges Phänomen, das sich durch eine hohe Komplexität auszeichnet, schwer fassbar ist und bislang noch nicht einheitlich definiert wurde (Bengel et al., 2001, S. 16). Das Gesundheitskonstrukt ist von seinem interdisziplinären Charakter geprägt und hat in der Vergangenheit diverse Weiterentwicklungen erfahren.

So dominierte in der Gesundheitsforschung bis Anfang der 1940er Jahre beispielsweise eine rein biomedizinische Sichtweise (Franke, 2006, S. 24) und Gesundheit wurde vorrangig als *„Abwesenheit von Krankheit"* angesehen (Signitzer, 2013, S. 321). Da dieses Verständnis jedoch einem Abgrenzungskonzept gleichkam, das weder physische, noch seelisch-psychische und soziale Aspekte umfasste (Franzkowiak & Hurrelmann, 2018, S. 176), etablierte die World Health Organization (WHO) im Jahr 1948 eine erweiterte Gesundheitsdefinition, die Gesundheit nicht allein über das Ausbleiben von Krankheiten und Beschwerden definierte (Hurrelmann, 1994, S. 16), sondern auch darüber hinausgehende Faktoren einbezog und das Erlangen des Gesundheitszustandes als fundamentales Menschenrecht ansah:

> *„Health is a state of complete physical, mental and social well-being and not merely the absence of disease or infirmity. The enjoyment of the highest attainable standard of health is one of the fundamental rights of every human being without distinction of race, religion, political belief, economic or social condition […]"* (World Health Organization, 1948, S. 1).

Dennoch ist auch dieser Definitionsansatz kritisch zu sehen, da er einen statischen, idealistischen (Sting, 2008, S. 289) und perfektionistischen (Hörmann, 2009, S. 39) Anspruch stellt und vernachlässigt, dass es sich bei dem Konzept von Gesundheit um einen dynamischen Prozess handelt, der fortlaufend erlangt, bewahrt und zurückgewonnen werden muss. Darüber hinaus ist vollständiges soziales, physisches und psychisches Wohlbefinden lediglich ein relativer Zustand, der aus subjektiver Perspektive nicht in jedem Fall erreicht werden kann (Lippke & Renneberg, 2006, S. 8), wodurch die Gesundheitsdefinition der WHO mit ihrem *„utopischen Inhalt"* laut Eisele (1981, S. 415) gar als *„unbrauchbar"* angesehen wird.

Um daraufhin einen weiteren Paradigmenwechsel einzuleiten und sowohl die pathogenetisch orientierte Sichtweise (Entstehung von Krankheiten) als auch das utopisch wertende Gesundheitsverständnis weiterzuentwickeln, etablierte der Soziologe Aaron Antonovsky im Jahr 1979 in seinem Werk „Health, Stress and Coping“ das Salutogenesemodell. Dieser Ansatz beschäftigt sich mit der Entstehung von Gesundheit und definiert den Gesundheitsbegriff unter der Einbeziehung von Funktionalitäten wie Arbeits- und Leistungsfähigkeit, der Kompetenz zur Erfüllung gesellschaftlicher Rollen sowie der Anpassungsfähigkeit an sich wandelnde Umweltbedingungen (Rossmann, 2019, S. 5).

Nach der salutogenetischen Perspektive sollte sich die Begriffserklärung von Gesundheit nicht nur auf Personen beschränken, die *„vollständig körperlich, geistig und sozial gesund“* sind, sondern auch alle einbeziehen, die trotz gesundheitlicher Einschränkungen in der Lage sind, gewisse Aktivitäten durchzuführen, bestimmte Zielvorstellungen zu erreichen und in diesem Kontext als „gesund“ betrachtet werden können. Demnach spielt auch der utopische Charakter vollkommener Gesundheit eine untergeordnete Rolle, da Menschen trotz unterschiedlicher Belastungen, traumatischer Erfahrungen und multipler Stressoren sowohl körperlich als auch geistig verhältnismäßig gesund bleiben können (Antonovsky, 1987, S. 90).

Angelehnt an diesen funktionalistischen Ansatz empfehlen Hurrelmann & Richter (2013, S. 147), Gesundheit als Zustand zu definieren, der die objektive und subjektive Verfassung eines Individuums beschreibt und ein Gleichgewicht zwischen internen und externen Beanspruchungen darstellt:

> *„Gesundheit bezeichnet den Zustand des Wohlbefindens einer Person, der gegeben ist, wenn diese Person sich psychisch und sozial im Einklang mit den Möglichkeiten und Zielvorstellungen und den jeweils gegebenen äußeren Lebensbedingungen befindet […].“*

Laut dieser Auffassung ist Gesundheit ein dynamisches Gleichgewicht zwischen Risiko- und Schutzfaktoren, das stets neu ausgehandelt werden muss und bei positivem Gelingen Möglichkeiten für Lebensfreude und Sinnhaftigkeit birgt, welche die individuelle Entfaltung von Fähigkeiten und Potenzialen begünstigen sowie die Motivation zur gesellschaftlichen Teilhabe und zum Engagement erhöhen (Hurrelmann & Richter, 2013, S. 147).

Abschließend stellt Gesundheit somit ein multidimensionales Konzept dar, das neben physischem und psychischem Wohlbefinden auch Einflussfaktoren wie Leistungsfähigkeit, Selbstverwirklichung und Sinnfindung einbeziehen (Bengel et al., 2001, S. 16) und als grundlegendes Element des alltäglichen Lebens verstanden werden sollte (Ruckenbiel, 2016, S. 10).

9.1.3 Betriebliches Gesundheitsmanagement (BGM)

Nachdem die WHO im Jahr 1948 mit der ersten, umfassenden Definition von Gesundheit einen wesentlichen Beitrag zur Gesundheitserziehung leistete (Ruckenbiel, 2016, S. 10), folgte 1986 die Verabschiedung der Ottawa-Charta, die die bis dato bestehenden Regelungen des Arbeitsschutzes um das Konzept der Gesundheitsförderung erweiterte (Badura et al., 1999, S. 15) und Staaten dazu anhielt, gesundheitsfördernde Programme zu initiieren.

Die Ottawa Charta beschreibt Gesundheitsförderung als einen Prozess, der sämtlichen Menschen mehr Kontrolle und Selbstbestimmung über ihre eigene Gesundheit verleihen sollte und sie dadurch in die Lage versetzt, ihre Gesundheit selbstständig und aktiv zu stärken (World Health Organization, 1986, S. 1). Aufgrund der dadurch wachsenden gesellschaftlichen Bedeutung von Gesundheitsförderung hielten gesundheitsfördernde Strukturen folglich auch vermehrt in Unternehmen Einzug. So lässt sich der Übergang zur betrieblichen Gesundheitsförderung (BGF) nachzeichnen, die einen Teilbereich des betrieblichen Gesundheitsmanagements (BGM) darstellt und durch die Etablierung von Maßnahmen und Strategien auf eine gesunde und gesundheitsfördernde Gestaltung der Arbeit abzielt (Faller, 2017, S. 25).

Bezieht sich die BGF demnach eher auf eigenständige gesundheitsfördernde Aktionen, setzt es sich das BGM zum Ziel, Prozesse und Strukturen in einem Betrieb zu etablieren, um dadurch die BGF nachhaltig voranzutreiben (Badura et al., 1999, S. 17).

Dieser Definitionsansatz deckt sich auch mit der Begriffserklärung von Rudow (2004, S. 11), der BGM als langfristige und nachhaltige Entwicklung versteht, die darauf abzielt, gesundheitsförderliche Strukturen und Arbeitsbedingungen zu schaffen, um die individuellen Kompetenzen und Ressourcen der Beschäftigten im Umgang mit den zunehmenden Herausforderungen und Belastungen der modernen Arbeitswelt gezielt zu stärken.

Ein umfassendes BGM besteht dabei aus den Handlungsfeldern (1) Arbeits- und Gesundheitsschutz, (2) betrieblicher Prävention und Gesundheitsförderung (BGF), (3) gesundheitsrelevanter Personalarbeit und Organisationsentwicklung,

(4) gesundheitsorientierter Führung, (5) betrieblichem Eingliederungsmanagement (BEM), (6) betrieblichem Fehlzeitenmanagement (BFM) und (7) betrieblichem Versorgungsmanagement (BVM), wobei die ersten beiden Komponenten Kernkomponenten des BGM und die Komponenten drei bis sieben Spezialkomponenten, die sich aus der Praxis, der Gesetzgebung oder aus sachlichen Gründen ergeben, darstellen (Pfaff & Zeike, 2019, S. 4–5; Mayländer et al., 2019, S. 307).

So wird deutlich, dass BGM vor allem eine Führungsaufgabe der betrieblichen Prävention, Gesundheitsförderung und Versorgung darstellt, zumal im Regelfall speziell in KMU nur der Managementebene die notwendigen Kapazitäten zur Verfügung stehen, um *„gesundheitsrelevante Aktivitäten auszuwählen, zu planen, umzusetzen, zu bewerten und zu steuern"* und diese Maßnahmen so positiven Einfluss auf die Entwicklung der individuellen und kollektiven Gesundheit innerhalb ihres Unternehmens ausüben können (Pfaff & Zeike, 2019, S. 4).

> *„Betriebliches Gesundheitsmanagement ist die strategische, strukturelle und systematische Steuerung und Abbildung gesundheitsbezogener Maßnahmen auf der Verhaltens-, Verhältnis- und Kulturebene als koordiniertes Handeln in der Organisation. Der Managementzyklus von der Planung über die Umsetzung bis zum Controlling sichert Wirksamkeit und Nachhaltigkeit der Interventionen"* (Treier, 2023, S. 6).

9.1.4 Digitales Betriebliches Gesundheitsmanagement (DBGM)

Die jüngste Begriffserweiterung im BGM-Feld stellt das digitale betriebliche Gesundheitsmanagement (dBGM) dar (Hoppe, 2023, S. 9). Vor dem Hintergrund der vierten industriellen Revolution und der damit einhergehenden verstärkt digitalisierten Arbeitswelt (Tortorella et al., 2023, S. 1814) entwickelte sich das dBGM, das eine unterstützende Funktion für das klassische BGM einnimmt, um digitale gesundheitsfördernde Lösungspotenziale für die neuen Herausforderungen der oftmals zeit- und ortsunabhängigen Arbeit 4.0 zu identifizieren (Ducki, 2022, S. 192). DBGM ermöglicht somit eigenverantwortliches, personalisiertes und partizipatives Gesundheitshandeln auch unter den Bedingungen einer zunehmend flexibilisierten und digitalisierten Arbeits- und Lebenswelt (Treier, 2023, S. 229).

Das dBGM ist dabei eng mit dem Begriff e-Health (electronic Health) verbunden, der den Überbegriff für den Einsatz von digitalen Anwendungen wie Informations- und Kommunikationstechnologien zur Prävention, Diagnose, Behandlung, Überwachung und Verwaltung im Gesundheitsbereich beschreibt

(Konnopka, 2016, S. 328). e-Health lässt sich nach Treier (2023, S. 252) weiter aufschlüsseln in m-Health (mobile Health), wonach Angebote für mobile Endgeräte und Applikationen beschrieben werden, p-Health (personalized Health), das auf digitale Assistenten und Self-Tracking zur Überwachung der individuellen Bedürfnisse ausgerichtet ist, c-Health (connected Health), zum Teilen von personalisierten Gesundheitsinformationen beispielsweise in Form von Online-Coachings sowie i-Health (integrated Health), zur Schaffung von kollaborativen und integrierten Ansätze der Gesundheitsversorgung.

Obwohl in der Literatur bislang nur wenige Definitionsansätze zum dBGM existieren, herrscht Konsens dahingehend, dass sich mit dem Begriff des digitalen betrieblichen Gesundheitsmanagements die Verfügbarmachung von digitalen Gesundheitsanwendungen für Beschäftigte verbindet (Faller, 2023a, S. 87).

DBGM bezieht sich laut Kaiser & Matusiewicz (2018, S. 2) demnach auf den Einsatz von digitalen Methoden und Instrumenten wie Online-Coachings, Gesundheitsplattformen, Employee Assistance Programs (EAP), BGM-Komplettsysteme, Gesundheits-Apps und Wearables zur Unterstützung des klassischen BGM (Abbildung 9.3).

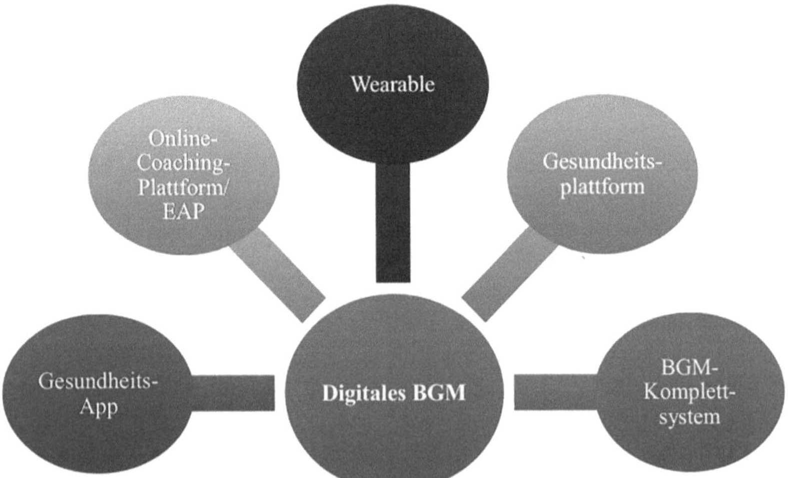

Abbildung 9.3 Digitale BGM-Instrumente. (Quelle: Kaiser & Matusiewicz, 2018, S. 3)

Grob lassen sich die dBGM-Instrumente somit abschließend in die drei Bereiche *Gesundheits-Apps, Gesundheitsportale und Wearables* einteilen (Walter &

Mess, 2018, S. 75). Bei der Verwendung von Gesundheits-Apps im betrieblichen Rahmen muss dabei eine klare Differenzierung zu den in Teil II, Abschnitt 6.2 angeführten DiGA vorgenommen werden, da diese als Medizinprodukte niedriger und höherer Risikoklassen zur Linderung und Behandlung von Krankheiten zertifiziert werden, wohingegen die für das dBGM relevanten Applikationen wie Lauf-, Meditations-, Ernährungs- oder Schrittzähler-Apps (Kaiser & Matusiewicz, 2018, S. 3–4) auf die Gesundheitsförderung oder Fitnessüberwachung abzielen (BfArM, 2025a, o. S.).

Gesundheitsportale können einerseits auf Basis firmeninterner Angebote stattfinden, indem zum Beispiel über das Intranet gesundheitsfördernde Maßnahmen kommuniziert werden und andererseits über firmenexterne Portale wie Websites, die Informationen zu Gesundheitsthemen liefern. Darüber hinaus gibt es auch dBGM-Angebote von externen Anbietern, die als Dienstleistungsunternehmen oftmals einen automatisierten dBGM-Komplettservice bereitstellen (Hanke & Mess, 2015, S. 495–496), damit sich die Unternehmen nicht mit zusätzlichen zeitaufwändigen Verwaltungsarbeiten aufhalten müssen und sich verstärkt auf ihre Kernaktivitäten konzentrieren können.

Wearables wie Smartwatches, Pulsgurte oder Datenbrillen stellen Computertechnologien dar, die direkt am Körper getragen werden, über Sensoren die Aktivitäten der TrägerInnen tracken und die dadurch gewonnenen Informationen dann beispielsweise über eine mobile App zugänglich machen (Chopra & Singhal, 2021, Abs. 1). Weiterführend bietet sich hier auch der Beitrag von Waldhör (2018) an, der untersucht, wie Smartwatches und Wearables im BGM Anwendung finden können. Obwohl spielerische Ansätze der Gesundheitsförderung im betrieblichen Setting noch am Anfang stehen (Dadaczynski & Schiemann, 2018, S. 276), setzen Wearables auch vermehrt auf gamifizierte Elemente wie Challenges, Levels, Rankings und Incentivesysteme, um durch die spielerische Herangehensweise die individuelle Motivation, den Lernerfolg sowie die Beteiligungsrate der Angestellten an den gesundheitsfördernden Maßnahmen zu steigern. Diese, durch Abt (1970) als *Serious Games* begründeten, Spielformen bieten neben der Unterhaltung spezielle Lerneffekte und sind laut Zyda (2005, S. 26) *„more than just story, art, and software, however. […] They involve pedagogy: activities that educate or instruct, thereby imparting knowledge or skills. This addition makes games serious.“*

9.2 Betriebliches Gesundheitsmanagement in KMU nach dem 6-Phasen-Modell

Obwohl ein BGM zur Erhaltung der Leistungs- und Beschäftigungsfähigkeit der Belegschaft beitragen kann, verringert sich mit der Größe des Unternehmens auch der Anteil der Betriebe, die ein BGM etabliert haben (Sayed & Kubalski, 2016, S. 3; S. 8). Wenn im Bereich von KMU ein BGM implementiert ist, dann beschränken sich diese Konzepte auf ein Minimum und sind lediglich in *„gedrosselter“* Form vorhanden (Uhle & Treier, 2019, S. 62). Dieser Umstand ist laut Rothe et al. (2019, S. 247) oftmals den Schwierigkeiten geschuldet mit denen sich KMU konfrontiert sehen (Ressourcenmangel, fehlende Kompetenzen, Vorrang des Tagesgeschäfts etc.) und doch liegen in eben diesen Herausforderungen auch große Chancen, die der Umsetzung von Implementierungsprozessen in KMU überaus zuträglich sein können, denn Klein- und Mittelunternehmen zeichnen sich durch flache Hierarchien und Strukturen, kurze Entscheidungswege (Meggeneder et al., 2005, S. 182) und eine hohe Flexibilität aus. Zudem birgt die fortschreitende digitale Vernetzung enorme Vorteile wie die kostengünstige Erschließung neuer Märkte (Becker et al., 2020, S. 274) und die Synergieeffekte von Netzwerken bieten ressourcenschonende Lösungsmöglichkeiten, um vorhandenes Wissen zur Etablierung eines BGM zu bündeln.

Um aus den genannten positiven Faktoren einen größtmöglichen Nutzen zu ziehen und ein BGM langfristig in KMU zu implementieren, findet sich in der wissenschaftlichen Literatur neben den bereits vorgestellten Implementierungsmodellen in Teil II, Abschnitt 8.2–8.5 häufig auch das 6-Phasen-Modell von Sayed und Kubalski (2016, S. 8) wieder (Abbildung 9.4).

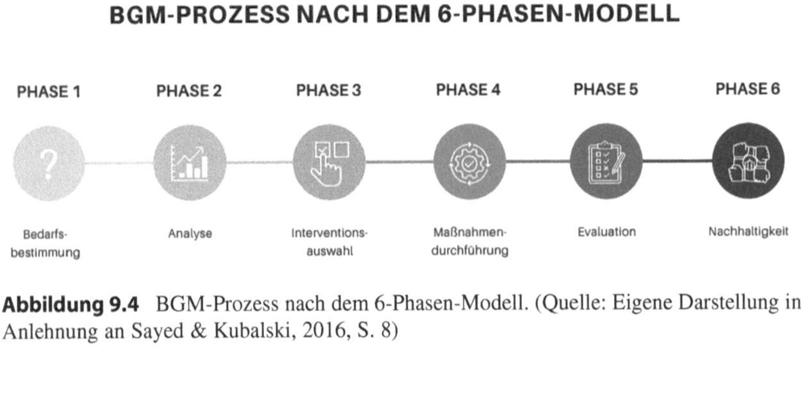

Abbildung 9.4 BGM-Prozess nach dem 6-Phasen-Modell. (Quelle: Eigene Darstellung in Anlehnung an Sayed & Kubalski, 2016, S. 8)

Nach diesem Modell startet ein idealtypischer Implementierungsprozess eines BGM in KMU mit einer Bedarfsbestimmung, in der der IST-Zustand samt gesundheitsrelevanter Probleme und Potenziale innerhalb des Unternehmens identifiziert werden (Habermann-Horstmeier, 2019, S. 46) und Gesundheitsziele formuliert werden (Kuhn et al., 2018, S. 37). Anschließend werden auf Basis einer umfassenden Analyse (Befragungen, Zahl der Krankenstandstage etc.) die Strukturen des Betriebs untersucht und verschiedene betriebswirtschaftliche Kennzahlen zu Unternehmensdaten erhoben, um die Einführung für die umzusetzenden gesundheitsfördernden Maßnahmen abschätzen zu können und die Effizienz- und Effektivitätsmessung in der späteren Evaluationsphase zu unterstützen (Sayed & Kubalski, 2016, S. 9).

Danach werden die Ziele konkretisiert, die Interventionen ausgewählt und die gesundheitsfördernden Maßnahmen durchgeführt. Im Hinblick auf die Planung und Durchführung sollten die antizipierten Effekte zudem transparent und offen mit den Angestellten geteilt werden, da dies für eine erhöhte Akzeptanz und Teilnahmebereitschaft sorgt (Nagel et al., 2018, S. 352). Im besten Fall findet anschließend die Phase der Evaluation im Rahmen einer Strukturevaluation (vor der Implementierung), einer Prozessevaluation (während der Implementierung) und einer Ergebnisevaluation (nach der Implementierung) statt (Sayed & Kubalski, 2016, S. 9). Um die Effizienz (Kosten-Nutzen-Analyse) und Effektivität (Zielerreichung) der eingeführten Strukturen zu bewerten, sollte eine aussagekräftige Wirtschaftlichkeitsprüfung zur Kosten-Effektivität und dem Nutzen der gesundheitsfördernden Maßnahmen durchgeführt werden. Häufig wird dazu der Return on Investment (ROI) angewendet, welcher das Verhältnis zwischen erzieltem Nutzen und investiertem Kapital darstellt (Lüngen & Galler, 2018, S. 835). Laut einem Review von Baxter et al. (2014, S. 347), das 39 Studien analysierte, die die Effekte der klassischen betrieblichen Gesundheitsförderung und Prävention untersuchten, geht ein durchschnittlicher ROI von 2,7 hervor, wonach ein aufgewendeter Euro zu einer Ersparnis von 2,7 € führt.

Obwohl das oberste Ziel des BGM stets die Förderung der Mitarbeitendengesundheit ist, sollte sich die Einführung eines BGM auch in einer Erhöhung der Profitabilität des Unternehmens bemerkbar machen (Emmermacher, 2008, S. 14). Dabei zielt die Profitabilität des Betriebs nicht nur darauf ab, dauerhaft Geldgewinne zu erzielen, sondern äußert sich auch in einer verringerten Fluktuationsrate, einer erhöhten Leistungsfähigkeit der Angestellten oder einer gesteigerten Arbeitsmotivation.

Nach dem Abschluss der Evaluation startet in der letzten Phase der Nachhaltigkeit die Stabilisierung und Verfestigung des Implementierungsprozesses (Treier & Uhle, 2019, S. 38). Hier gilt es, die Maßnahmen langfristig in eine gesundheitsorientierte Unternehmenskultur zu integrieren (Junker & Kaluza, 2018, S. 640), die Durchdringung auf sämtlichen Unternehmensebenen über eine erhöhte Partizipation und Mitbestimmung der Angestellten zu gewährleisten (Baxheinrich & Hessler, 2018, S. 308) und die Entwicklungen im Bereich der eingeführten BGM-Maßnahmen kontinuierlich an alle Beteiligten zu kommunizieren (Kuhn et al., 2018, S. 38).

Der Einführung eines nachhaltigen BGM sollte zwar stets eine zyklische und steuerbare Vorgehensweise wie die des 6-Phasen-Modells zugrunde gelegt sein (Siegemund, 2018, S. 193), jedoch erfordert dieser schematische Ablauf auch einen enormen Einsatz von Ressourcen, den die Unternehmensstrukturen von Klein- und Mittelunternehmen oftmals nicht stemmen können.

Denn den KMU innewohnenden Vorteilen wie flexiblen Strukturen, flachen Hierarchien und kurzen Kommunikationswegen stehen auch einige Hindernisse gegenüber. So ist die Ausgestaltung eines BGM in KMU häufig alleine von den Einstellungen und der Führungskompetenz der Geschäftsführung abhängig (Kuhn et al., 2018, S. 39), die durch den unternehmerischen Druck bedingten kurzfristigen Planungshorizonte obstruieren die Einführung eines langfristigen BGM (Kuhn et al., 2018, S. 89) und es ist vorab meistens unklar, ob sich ein positiver ROI zur Analyse des finanziellen Mehrwerts betrieblicher Gesundheitsförderungsmaßnahmen ergeben kann (siehe weiterführend in Kramer & Bödeker, 2008, S. 5–7).

Um diesen Herausforderungen entgegenzuwirken, könnten neben der Etablierung von regionalen Netzwerken, der Unterstützung durch Sozialversicherungsträger oder der kommunalen Zusammenarbeit mit anderen Unternehmen vor allem die kostengünstigen und skalierbaren technologischen Innovationen von digitalen Anwendungen Lösungspotenziale im klassischen BGM von KMU darstellen, da sie durch moderne Gesundheitsformate neue Möglichkeiten für ein gesundheitsbezogenes Lernen anbieten, das unabhängig von Ort und Zeit und ohne invasive Methoden erfolgt (Treier, 2023, S. 97; S. 252).

Die in diesem Kapitel vorgenommene Auseinandersetzung mit (klassischem) BGM in KMU kann zwar auch als Unterstützung zur Einführung eines dBGM in KMU dienen, jedoch müssen vor dem Hintergrund der dBGM-Anforderungen neben den internen und externen Rahmenbedingungen der KMU vor allem die Spezifika der dBGM-Anwendungen und die beteiligten Individuen mit ihren persönlichen Einstellungen berücksichtigt werden.

9.3 Digitales Betriebliches Gesundheitsmanagement nach dem Digitalmodell

Obgleich digitale Anwendungen im BGM nachhaltige Entwicklungen begünstigen und zur Prozessintegration beitragen können (Hasselmann et al., 2019, S. 190), ist der gezielte, umfassende und planmäßige Einsatz digitaler Instrumente im BGM bisher eine Ausnahme respektive nur im Ansatz realisiert (Betz et al., 2018, S. 214). Die wenigen Unternehmen, die sich für ein digital gestütztes BGM entscheiden, prüfen zudem selten ihre Voraussetzungen und starten direkt mit Gesundheitsmaßnahmen im digitalen Raum (Treier, 2023, S. 239). Folglich bleiben viele gesundheitsfördernde Angebote nur Einzelmaßnahmen, die keine Berücksichtigung in den alltäglichen Unternehmensstrukturen finden und somit auch keinen positiven langfristigen Beitrag zur Etablierung einer gesunden Unternehmenskultur leisten können. Um einen prozesshaften Ablauf der Implementierung eines digitalen Modells im BGM zu veranschaulichen, bietet sich das achtstufige Digitalmodell von Treier (2023, S. 239) in Abbildung 9.5 an.

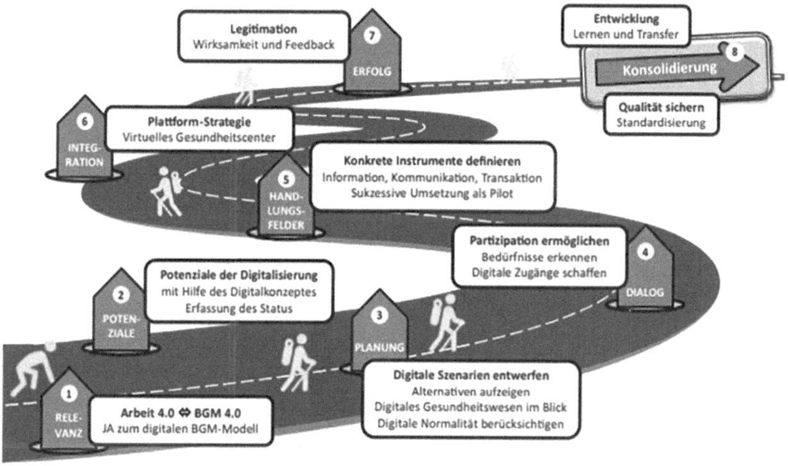

Abbildung 9.5 Digitalmodell im BGM. (Quelle: Treier, 2023, S. 240)

Demnach sollten im ersten Schritt, noch vor der eigentlichen Einführung der digitalen Anwendung, schon die Bedeutung und die Notwendigkeit des dBGM abgeklärt werden, damit die beteiligten AkteurInnen von Beginn an hinter der geplanten Intervention stehen. Darauffolgend werden eine Bestandsaufnahme und Bedarfsermittlung vorgenommen sowie die Digitalisierungspotenziale der Organisation identifiziert. Hierbei gilt es, die vielen Vorteile des dBGM wie die hohe Reichweite, Aktualität und Vielseitigkeit den bestehenden Bedenken bezüglich Datenschutz, Datensicherheit und der Qualität der digitalen Angebote gegenüberzustellen (Treier, 2021, S. 53).

Anschließend werden in der Planungsphase verschiedene digitale Szenarien abgeleitet, da sich das digitale Gesundheitswesen ständig weiterentwickelt und die digitalen Transformationsprozesse rapide voranschreiten:

> „*Our economy is now on Moore's law and digital transformation has become the new normal*" (Iansiti & Lakhani, 2016, S. 2).

Im vierten Schritt wird die Partizipation der Mitarbeitenden forciert, indem diese aktiv dazu eingeladen werden, sich am organisationalen Gesundheitsgeschehen zu beteiligen. Generell setzt das dBGM noch stärker auf einen partizipativen Ansatz, zumal durch digitale Anwendungen die Interaktion mit Mitarbeitenden trotz räumlicher Entkopplung und Flexibilität in Echtzeit sowie wechselseitig erfolgen kann (Treier, 2023, S. 239).

Danach werden die konkreten digitalen Instrumente definiert und anhand der drei Handlungsfelder Information, Kommunikation und Transaktion (siehe Treier (2021) in Teil II, Abschnitt 6.2) sukzessive im Unternehmen umgesetzt.

Nach den ersten Umsetzungsprozessen empfiehlt sich in der Integrationsphase die Entwicklung einer Plattformstrategie in Form eines virtuellen Gesundheitscenters, das kollaborative, organisatorische, motivationale und monitoringspezifische Funktionen bereitstellt (Treier, 2021, S. 40). Ziel ist es, den steigenden Anforderungen an Verwaltung, Steuerung und Management sowie den erhöhten Beteiligungs- und Interaktionsbedarfen der Arbeitswelt 4.0 adäquat zu begegnen (Treier, 2023, S. 240). Hier können neben HR-Beauftragten beispielsweise auch externe Online-GesundheitskoordinatorInnen individuelle Lösungen konzipieren und als Guides fungieren (Treier, 2021, S. 39–40).

In der siebten Phase wird der Erfolg der digitalen Maßnahmen bewertet, denn zur Legitimation von dBGM-Maßnahmen gilt es, deren Wirksamkeit und Nutzen nachzuweisen. Dies kann entweder mithilfe eines Wirkungsmodells aufgezeigt werden, indem Einflussfaktoren über frühe Verhaltens- und Kompetenzindikatoren mit Spätparametern als Erfolgskriterien in Verbindung gesetzt werden (Treier, 2023, S. 256) oder über eine gesundheitsökonomische Evaluation und die Kosteneffektivität des ROI (siehe Teil II, Abschnitt 9.2).

Abschließend finden im letzten Schritt des Implementierungsvorhabens in der Konsolidierungs- und Standardisierungsphase regelmäßige Lern- und Transferprozesse statt, um eine gesundheitsfördernde (Weiter-)Entwicklung des Unternehmens zu gewährleisten.

Obwohl die Digitalisierung im BGM in den vergangenen Jahren verstärkt an Relevanz gewonnen hat (Sayed & Kubalski, 2018, S. 568), zeigt sich in der unternehmerischen Praxis nach wie vor eine mangelhafte wissenschaftliche Fundierung sowie eine verhaltene Verwendung von dBGM-Anwendungen (Käfer & Niederberger, 2020, S. 151). Das Digitalmodell von Treier (2023, S. 239) stellt eines der ersten Modelle dar, das Implementierungserkenntnisse aus dem klassischen BGM auf die Anforderungen eines dBGM überträgt und als Orientierungshilfe zur Beantwortung der theoriegeleiteten Fragestellung dienen kann. Es fußt jedoch nicht auf einer empirischen Basis und erfordert nach dem idealtypischen Ablauf, ähnlich wie das 6-Phasen-Modell aus dem vorhergehenden Kapitel, einen relativ großen Einsatz von Ressourcen, der die Kapazitäten von Klein- und Mittelunternehmen häufig übersteigt.

In diesem Hinblick könnte die vorliegende Arbeit mit der Befragung von ExpertInnen, die Erfahrungswerte im Bereich der Implementierung eines dBGM in KMU aufweisen, demnach dazu beitragen, neue empirische Erkenntnisse im dBGM-Forschungsfeld zu identifizieren und als praktische Unterstützungshilfe für österreichische Klein- und Mittelunternehmen fungieren.

9.4 Überblick zu digitalen BGM-Initiativen und Angeboten in Österreich

Laut dem Bundesministerium für Soziales, Gesundheit, Pflege und Konsumentenschutz (BMSGPK, 2024, S. 5) zeichnet sich das österreichische Gesundheitswesen durch eine hohe Funktionalität aus, wird durch eine bewährte e-Health Infrastruktur ergänzt und bietet damit ein Fundament für den Einsatz digitaler Lösungen. Da es bislang jedoch noch an einer konsolidierten, bundesweiten Vorgehensweise für digitale Transformationsprozesse im Bereich Gesundheit und Pflege mangelt, begründet die e-Health Strategie Österreich verschiedene Zielsetzungen, Maßnahmen und Strategien für den Zeitraum 2024 bis 2030, mit der Entwicklungen im Digitalisierungsbereich initiiert, koordiniert und reflektiert werden (BMSGPK, 2024, S. 5).

Die Erarbeitung der e-Health Strategie für Österreich zeigt, dass digitalen gesundheitsfördernden Technologien von diversen AkteurInnen aus Politik und Wirtschaft sowie auch von Anwenderseite auf nationaler und internationaler

Ebene viel Potenzial zugesprochen wird (Albrecht, 2016, S. 2). So gibt es in Österreich darüber hinaus zum Beispiel seit 2017 die Digitalisierungsoffensive *KMU.DIGITAL* des Bundesministeriums für Arbeit und Wirtschaft (BMAW) in Kooperation mit der Wirtschaftskammer Österreich, die explizit Klein- und Mittelunternehmen bei der Konzipierung, Umsetzung und Marktüberführung von Digitalisierungsprojekten unterstützt (kmudigital, 2025, o. S.). Durch dieses Programm wurden mittlerweile über 25.000 Digitalisierungsinitiativen gefördert und 25 Millionen € an Zuschussmitteln gewährt (kmudigital, 2025, o. S.).

Außerdem existieren in Österreich mit dem *Netzwerk BGF,* das als Unternehmensservice der österreichischen Kranken- und Unfallversicherungsträger und der Sozialpartner fungiert sowie der gesetzlich verankerten Initiative der Bundesregierung *fit2work* zwar noch weitere vielseitig geförderte BGM-Unterstützungsprogramme der Sozialpartner und Krankenkassen (Simonitsch et al., 2018, S. 265), jedoch befindet sich die Etablierung von dBGM-Angeboten noch im Anfangsstadium (Braun & Nürnberg, 2018, S. 425).

Eines der wenigen Praxisprojekte, das sich im weiteren Sinne mit dBGF in der Arbeitswelt 4.0 beschäftigt, stellt die in Teil II, Abschnitt 6.2 thematisierte Förderinitiative des FGÖ von Lang (2022) dar. Im Rahmen dieser österreichweiten Studie gelang es zum einen, in den Beispielunternehmen eine stärkere Verzahnung zwischen Digitalisierung und Gesundheit am Arbeitsplatz herzustellen und zum anderen, konkrete dBGM-Anwendungen zu implementieren. So wurde beispielsweise von den Austrian Airlines das SkyPad eingeführt, das praktische Lösungen für mobiles Gesundheitsmanagement im Arbeitsalltag bietet (Lang, 2022, S. 28) und das Hilfswerk Kärnten (Lang, 2022, S. 40–41) investierte in neue leistungsfähigere EDV-Geräte sowie Smartphones, wodurch die digitale Wund- und Pflegedokumentation erleichtert werden konnte.

Um den Umgang mit neuen digitalen Tools auch für weniger technikaffine MitarbeiterInnen zu ermöglichen, wurden die Angestellten zum Beispiel im Wiener Unternehmen Care Systems (Lang, 2022, S. 36–37) in Form von Smartphone-Schulungen unterstützt und das Thermenresort Loipersdorf (Lang, 2022, S. 78–79) entwickelte eine eigene (Gesundheits-)App, die eine Nachrichtenfunktion sowie Informationen zu Veranstaltungen, Lauftreffs, Yogaterminen oder Unterweisungen in puncto Arbeitssicherheit inkludiert.

Die Entwicklung zielgruppenspezifischer dBGM-Maßnahmen stellt insbesondere KMU aufgrund der hohen Kosten und der oftmals wenigen zur Verfügung stehenden Beschäftigten vor Herausforderungen (Sayed & Brandes, 2021, S. 24), weshalb sich zunehmend umfassende dBGM-Frameworks (App und Webportal) von eigenständigen Gesundheitsanbietern etablieren. Da viele dieser unregulierten Angebote jedoch Mängel in Bezug auf Qualität, Datenschutzbestimmungen und ethische Standards aufweisen (Dhingra & Dabas, 2020, S. 356), konnten sich bislang nur wenige Anbieter im Markt für dBGM durchsetzen (Widmaier & Nürnberg, 2023, S. 271). Eine Auswahl der erfolgreichen Anbieter, die Unternehmen bei der Implementierung eines dBGM unterstützen, werden nachfolgend als Good-Practice-Beispiele vorgestellt.

In Österreich sei hier neben Anbietern wie *movevo* und *Mavie* exemplarisch das Unternehmen *moveeffect* mit Sitz in Linz genannt, das in Form der *moveeffect*-App ein sowohl umfassendes als auch adaptierbares digitales betriebliches Gesundheitsmanagementkonzept entwickelt hat. Die App bietet den Angestellten direkt über das Smartphone Zugriff auf gesunde Routinen, Bewegungsimpulse und Terminanmeldungen sowie diverse Aktivitäten zur Gesundheitsförderung (moveeffect, 2025, o. S.). Dabei setzt die Anwendung unter anderem in Form von Level- und Incentivesystemen auf gamifizierte Elemente (siehe weiterführend u. a. Buckley et al., 2018; Tolks & Sailer, 2021; Dadaczynski & Schiemann, 2018; Sailer et al., 2017) zur Erhöhung der individuellen Motivation und der Beteiligungsrate der NutzerInnen. Darüber hinaus bietet die App auch ein Ranking-System, wonach Teams gebildet und Vergleiche zu anderen KollegInnen angestellt werden können, um das soziale Engagement der UserInnen zu steigern. Zur Steuerung, Organisation, Planung und Evaluation der gesundheitsfördernden Maßnahmen gibt es zudem für die jeweiligen BGM-Verantwortlichen noch das Corporate Health Cockpit, das Kennzahlen, Reportings und Analysen zur Beteiligungsquote der MitarbeiterInnen enthält (moveeffect, 2025, o. S.). Die Kosten für moveeffect variieren je nach Unternehmensgröße sowie den gebuchten Zusatzleistungen und werden in der Regel komplett vom Betrieb übernommen.

Ein weiteres Beispiel, das verdeutlicht, wie sich dBGM-Anwendungen in das unternehmenseigene BGM einführen lassen, liefert der *EGYM Wellpass* des Unternehmens *EGYM*. Der *EGYM Wellpass* fokussiert speziell die Synergiemöglichkeiten von dBGM-Anwendungen und stellt mit mehr als 150.000 Mitgliedern in 4.000 Unternehmen und über 10.000 Partnerstudios, Gesundheitseinrichtungen und Sportmöglichkeiten in Österreich und Deutschland eines der führenden Sport- und Wellnessnetzwerke für Firmenfitness dar (egym-wellpass, 2025, o. S.). Zur Nutzung des *Wellpass*-Angebots bezahlen die Betriebe einen monatlichen Mitgliedsbeitrag und die Angestellten übernehmen einen unternehmensintern festgelegten Selbstbehalt, der in 98 % der teilnehmenden Studios alle nutzbaren Leistungen abdeckt.

Mit der *EGYM Wellpass*-App können die Angestellten dabei unbegrenzt alle Partnerstudios nutzen und je nach individueller Präferenz zwischen einem flächendeckenden Angebot aus Fitnessstudios, Yogastunden, Schwimm- und

Freizeitbädern, Kletter- und Boulderhallen, Wellnesseinrichtungen, Meditationszentren, Ernährungscoachings sowie einer breiten Palette aus Live- und On-Demand-Online Kursen auswählen. Zudem können Mitarbeitende eine zusätzliche Person außerhalb ihres Unternehmens mit demselben Nachnamen oder Hauptwohnsitz einladen, durch die Entrichtung einer Zusatzgebühr auch im *Wellpass*-Netzwerk zu trainieren. Darüber hinaus kann die App mit kompatiblen Fitnessapps und Wearables wie Apple Health, Fitbit, Garmin, MapMyFitness und Strava verknüpft werden, um die persönlichen Aktivitäten zu tracken und mit anderen Geräten zu synchronisieren (egym-wellpass, 2025, o. S.).

Zum Abschluss wird an dieser Stelle noch ein Unternehmen vorgestellt, das einen Gegenentwurf zu dem im Bereich der digitalen Gesundheitsanbieter weitverbreiteten On-Demand-Prinzip darstellt und bewusst auf die Nutzung einer *„weiteren Fitness-App"* verzichtet (windhund, 2024, o. S.)

Da durch die Coronapandemie die analogen Gesundheitstage in den Unternehmen ausfielen, reagierte die Salzburger Firma *Windhund* und etablierte ein digitales Gesundheitsprogramm, in dem sie einmal im Monat ein Live-Event mit führenden ExpertInnen aus diversen Gesundheitssparten (ProfisportlerInnen, ÄrztInnen, NeurowissenschaftlerInnen, PsychologInnen, Mentalcoaches etc.) veranstaltet und den klassischen Präsenz-Gesundheitstag *„ohne die technischen Hürden einer App"* direkt per Livestream in die Unternehmen bringt (windhund, 2024, o. S.). Hier lässt sich laut *Windhund* der große Mehrwert begründen, da *„ein Termin viel höheres Commitment"* unter den Zielpersonen schafft als ein On-Demand-Angebot, das lediglich abhängig vom individuellen Motivationszustand in Anspruch genommen wird (windhund, 2024, o. S.). Das Bezahlmodell ist sehr einfach gehalten und besteht aus einer monatlichen Pauschale für die Unternehmen, die abhängig von den erwarteten Zugriffen per Event ist.

10 Konklusion Theoretischer Teil

10.1 Konklusion und Beantwortung der theoriegeleiteten Fragestellung

Ziel des theoretischen Teils war es, auf der Basis einer Analyse forschungseinschlägiger Literatur, die wesentlichen Faktoren zur Implementierung eines digitalen betrieblichen Gesundheitsmanagements zu identifizieren und einen Überblick zu den dBGM-Initiativen und Angeboten in Österreich zu gewähren.

Dabei wurde deutlich, dass das dBGM eine vergleichsweise junge Disziplin darstellt, die einerseits zwar von großer Aktualität und Relevanz geprägt ist, andererseits jedoch auch noch einige Forschungslücken im Hinblick auf die vorliegenden Fragestellungen aufweist.

So wurden zur Erreichung der theoriegeleiteten Zielstellung sowohl Arbeiten einbezogen, die sich mit allgemeinen Implementierungsmodellen sowie Implementierungsansätzen hinsichtlich eines dBGM auseinandergesetzt haben, als auch Studien, die die Einführung eines klassischen BGM und die ressourcenbedingten Herausforderungen von Klein- und Mittelunternehmen untersucht haben.

Im Rahmen der theoretischen Auseinandersetzung konnten einige dBGM-Angebote und Initiativen in Österreich identifiziert werden. Als Beispiel sei hier neben der *e-Health Strategie Österreich* vom BMSGPK die Digitalisierungsoffensive *KMU.DIGITAL* genannt, die speziell Klein- und Mittelunternehmen bei Digitalisierungsprojekten unterstützt oder auch das *Netzwerk BGF*, das als Unternehmensservice der österreichischen Kranken- und Unfallversicherungsträger und der Sozialpartner fungiert. Darüber hinaus gibt es noch die gesetzlich verankerte Initiative *fit2work* der Bundesregierung sowie das vom FGÖ geförderte Praxisprojekt *„Betriebliche Gesundheitsförderung in der Arbeitswelt 4.0“*

A. Wieser, *Erfolgsfaktoren für die Implementierung eines digitalen betrieblichen Gesundheitsmanagements*, https://doi.org/10.1007/978-3-658-51620-8_10

von Lang (2022), das sich mit Digitalisierung, Gesundheitskompetenz und fairen Gesundheitschancen in österreichischen Unternehmen beschäftigt.

Außerdem gelang es, eine Auswahl von erfolgreichen dBGM-Angeboten eigenständiger externer Gesundheitsanbieter in Österreich vorzustellen, die umfassende dBGM-Frameworks bereitstellen und Unternehmen bei der Implementierung eines dBGM unterstützen. Die beispielhaft angeführten Anbieter (*movevo, Mavie, moveeffect, EGYM Wellpass, Windhund*) verfolgen allesamt heterogene Ansätze und offerieren neben Apps und Webportalen auch digitale Gesundheitstage in Form von monatlichen Live-Events sowie Synergiemöglichkeiten, indem sie Partnerschaften mit unterschiedlichsten Sport- und Wellnesseinrichtungen eingehen. Gemein ist den genannten Anbietern allen jedoch, dass sie sich durch eine qualitätsorientierte, innovative und zielgerichtete Vorgehensweise auszeichnen und Datenschutzbestimmungen, ethische Standards und Qualitätsanforderungen berücksichtigen.

Obwohl es im Bereich der dBGM-Implementierungsforschung noch einige Forschungslücken gibt, konnten nach der aktuellen wissenschaftlichen Studienlage mehrere relevante Faktoren ermittelt werden, die zur Implementierung eines digitalen betrieblichen Gesundheitsmanagements beitragen können. Im Sinne der Beantwortung der theoriegeleiteten Fragestellung werden diese Faktoren in der nachfolgenden Tabelle 10.1 aufgelistet.

Demnach kommt es unter anderem auf die Ausgestaltung der digitalen Instrumente und Anwendungen, die gesetzlichen und ethischen Regelungen, die finanziellen Rahmenbedingungen, die Offenheit der Unternehmenskultur und ein gutes Arbeitsklima, die Einstellungen der beteiligten AkteurInnen und ihre Partizipationsmöglichkeiten sowie die Ökonomisierung des betrieblichen Gesundheitsmanagements und eine fundierte Berechnung des ROI an. Zudem sollten Kommunikations- Informations- und Transaktionsmöglichkeiten zur Förderung der Gesundheitskompetenz geboten, die Bildung von Netzwerken zur Bündelung von Ressourcen priorisiert sowie die Konsultierung von externen dBGM-Anbietern erwogen werden. Neben der Abwägung von Chancen und Herausforderungen sollte abschließend noch ein konkreter Plan zur Durchführung des Implementierungsprozesses bestehen.

Die beschriebenen und in Tabelle 10.1 angeführten Faktoren können laut dem derzeitigen Forschungsstand zwar zur Implementierung eines dBGM beitragen, jedoch gibt es bislang keine empirisch belegten Studien in Bezug auf die Vollständigkeit der genannten Aspekte respektive ihrer Anwendbarkeit auf österreichische Klein- und Mittelunternehmen. Hier lässt sich der Mehrwert der vorliegenden Dissertation begründen, indem durch die empirische Erhebung ExpertInnen befragt werden, die bereits praktische Erfahrung mit erfolgreichen Implementierungsprozessen eines dBGM in österreichischen KMU gesammelt haben. Somit können zum einen darüber hinausgehende Einflussfaktoren identifiziert werden sowie zum anderen explizit die Spezifika von Klein- und Mittelunternehmen in das Erkenntnisinteresse einfließen.

Tabelle 10.1 Relevante Faktoren zur Implementierung eines digitalen BGM. (Quelle: Eigene Darstellung)

Relevante Faktoren zur Implementierung eines digitalen BGM
Ausgestaltung der digitalen Anwendungen
Gesetzliche Regelungen
Ethische Regelungen
Finanzierung
Förderprogramme, Initiativen und Kooperationen
Ökonomischer Nutzen
Bestehende technische Strukturen im Unternehmen
Offene Unternehmenskultur und gutes Arbeitsklima
Persönliche Überzeugungen der AkteurInnen
Individuelle Motivation der Beteiligten
Einbindung und Verhalten der Führungskräfte
Partizipation der Angestellten
Kommunikation
Information
Transaktion
Bildung von Netzwerken zur Bündelung von Ressourcen
Konsultierung von externen dBGM-Anbietern
Abwägung von Chancen und Herausforderungen
Implementierungsprozess

10.2 Empiriegeleitete Fragestellung

Es ist bislang weitgehend unerforscht, welche konkreten Strategien und Erfolgsfaktoren dazu beitragen, gesundheitsfördernde dBGM-Angebote in die Arbeitsabläufe einer Organisation zu integrieren (Marwaha et al., 2022, Abs. 1). Hinzu kommt, dass (d)BGM speziell in KMU eine geringe strategische Priorität einnimmt und häufig vernachlässigt wird (Treier, 2023, S. 96). Dennoch gibt es in Österreich einige ExpertInnen und Klein- und Mittelunternehmen, die bereits praktische Erfahrungen mit den Implementierungsprozessen eines digitalen betrieblichen Gesundheitsmanagements gesammelt haben, wodurch in der empirischen Erhebung die folgende Fragestellung untersucht werden soll:

Welche Faktoren haben zur erfolgreichen Implementierung eines digitalen betrieblichen Gesundheitsmanagements in österreichischen Klein- und Mittelunternehmen beigetragen?

Teil III
Empirischer Teil

Forschungsdesign 11

11.1 Untersuchungen

Die Generierung wissenschaftlich fundierter Ergebnisse erfordert die Anwendung von bestimmten Methoden der empirischen Sozialforschung (Becker et al., 2003, S. 5), da diese die Standards für Datenerhebung, Theorieanbindung und Auswertung definieren (Baur & Blasius, 2022, S. 1). Diese Methoden bezeichnet Atteslander (2000, S. 5) als systematische Erfassung und Deutung sozialer Erscheinungen, wobei unter systematisch eine regelgeleitete Durchführung der Forschung und ordnungsgemäße Befolgung der zuvor festgelegten Richtlinien verstanden wird. In der sozial-/kulturforschenden Wissenschaft kann grundsätzlich zwischen zwei paradigmatischen Erkenntnis- und Forschungspositionen unterschieden werden, die jeweils einer ausdifferenzierten Theorietradition folgen: dem quantitativen und dem qualitativen Forschungsansatz (Raithel et al., 2007, S. 179–181; Kelle, 2008, S. 25–26; Braun & Clarke, 2013, S. 3–4; Hug et al., 2020, S. 106–107).

Quantitative Forschungsmethoden basieren auf der systematischen Aggregation von Daten (z. B. durch standardisierte Fragebögen) und zielen darauf ab, replizierbare sowie generalisierbare Ergebnisse zu erzielen, um soziale Entwicklungen, gesellschaftliche Wandlungsprozesse und die durch Kultur und Gesellschaft geprägte Realität erklärbar zu machen (Raithel, 2008, S. 11).

Qualitative Ansätze ermöglichen einen Einblick in subjektive Lebenswelten, indem sie die Perspektiven der handelnden Personen erfassen und persönliche Werte, Bedeutungszuschreibungen, Ansichten sowie Handlungsabläufe nachvollziehbar machen (Flick, 1998, S. 7; Flick et al., 2008, S. 14) und eine umfassende Repräsentation komplexer sozialer Wirklichkeiten darstellen (Kruse & Lenger, 2014, S. 110), um diese Sachverhalte zu verstehen und nicht zwangsläufig

A. Wieser, *Erfolgsfaktoren für die Implementierung eines digitalen betrieblichen Gesundheitsmanagements*, https://doi.org/10.1007/978-3-658-51620-8_11

zu erklären. Ihr Interesse liegt darin, die Bedeutung eines Phänomens für die Beteiligten aufzudecken und zu verstehen, wie Menschen ihre Erfahrungen interpretieren, ihre Welt konstruieren und welche Bedeutung sie ihren Erfahrungen beimessen (Merriam & Tisdell, 2016, S. 5–6).

Die Wahl der geeigneten methodischen Vorgehensweise wird aus der konkreten Forschungsproblematik, der jeweiligen Forschungslücke und den damit einhergehenden Forschungsfragen abgeleitet. Obwohl zur Bearbeitung explorativer Forschungsproblematiken grundsätzlich sowohl qualitative als auch quantitative Methoden genutzt werden könnten, überwiegen im Hinblick auf die vorliegende Fragestellung die Vorteile einer qualitativen Vorgehensweise (Döring & Bortz, 2016, S. 149).

Da das Forschungsproblem ein entscheidendes Auswahlkriterium bei der Wahl der Forschungsmethodik darstellt (Mruck & Mey, 2009, S. 31) und hinsichtlich der Implementierung eines dBGM in KMU noch relativ wenig Vorwissen besteht, bietet sich für die Exploration dieses weitestgehend unbearbeiteten Forschungsgegenstands (Merkens, 2019, S. 295) demnach ein qualitativer Forschungsansatz an (Dooley, 2001, S. 254; Diekmann, 2018, S. 34; Mayring, 2020, S. 11), zumal sich durch die Offenheit qualitativer Methoden unbekannte Strukturen abbilden und bislang unerforschte Wirkungen entdecken lassen (Bortz & Döring, 2002, S. 295–297). Quantitative Ansätze wie standardisierte Befragungen bergen hingegen das Risiko, dass durch die vorab festgelegten Antwortmöglichkeiten keine neuen Ergebnisse in Bezug auf die Implementierungsmaßnahmen eines dBGM identifiziert werden können und so ein Erkenntnisgewinn im Rahmen dieses bislang relativ unerforschten Forschungsgegenstands weiter ausbleibt. Aufgrund dessen erfährt das vorliegende Forschungsdesign eine qualitative Ausrichtung, die den Informationsgewinn in Bezug auf die Beantwortung der explorativen Fragestellungen maximieren soll.

Um die systematische Regelgeleitetheit der einzelnen empirischen Entscheidungsschritte des Forschungsvorhabens beginnend mit der Festlegung der Forschungsfrage bis zur Ableitung und Darlegung der Ergebnisse abschließend zu verdeutlichen, werden die einzelnen durchzuführenden Untersuchungseinheiten in der nachfolgenden Abbildung 11.1 dargelegt.

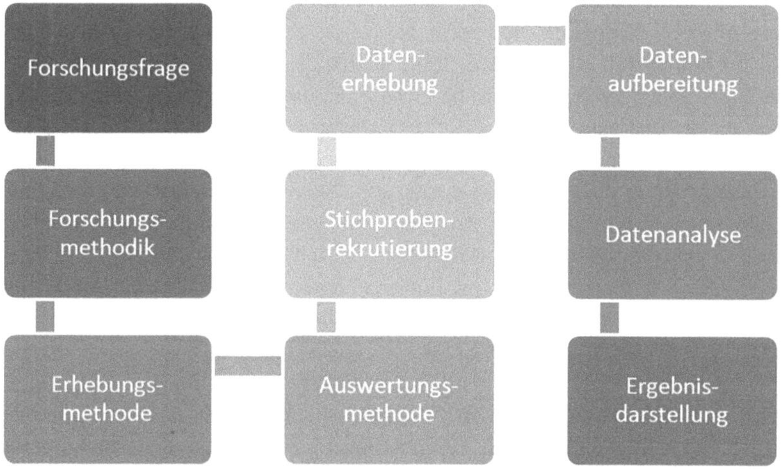

Abbildung 11.1 Empirische Entscheidungsreihe. (Quelle: Eigene Darstellung, angelehnt an Homburg, 2020, S. 275; Flick, 2019, S. 473, zit. in Leicht, 2022, S. 132)

11.2 Methodisches Vorgehen und Methodenauswahl

11.2.1 Erhebungsmethode

Aufgrund der Neuheit der dBGM-Implementierungsforschung (Gericke, 2022, S. 237) und der begrenzten empirischen Datenlage wird in dieser Arbeit mittels qualitativer Einzelinterviews die Generierung neuartiger Erkenntnisse vorangetrieben. Obwohl es in der empirischen Sozialforschung weitere zentrale qualitative Primärdatenerhebungsmethoden wie Gruppendiskussionen oder die teilnehmende Beobachtung gibt (Lamnek & Krell, 2016, S. 302), überwiegen im Hinblick auf die vorliegende Forschung die Vorteile von Interviews. So ermöglichen Gruppendiskussionen zwar die Artikulation individueller Meinungen, eignen sich jedoch nicht für Forschungsfragen, bei denen einzelne Personen und deren spezifische Erfahrungen im Mittelpunkt stehen, zumal in diesem Format mehrere Teilnehmende gleichzeitig befragt werden und sich das Individuelle nicht in seiner Eigenständigkeit erfassen lässt, sondern lediglich im Kontext des kollektiven Geschehens und der gruppendynamischen Interaktionen (Przyborski & Riegler, 2020, S. 406).

Weiter steht zum Beispiel die teilnehmende Beobachtung in enger Verbindung mit der Ethnografie und stellt das zentrale Verfahren zur Untersuchung sozialer Lebenswelten dar, wodurch sie sich nach Thomas (2020, S. 298) eher auf Fragestellungen fokussiert, bei denen Sozialstrukturen, Weltbilder, Wertehaltungen, Interaktionen, Denkweisen, Diskurse, Emotionen, Biografien und Handlungsweisen interessieren.

Zudem wurde auch die Überlegung zur Durchführung einer Fallstudie verworfen, zumal diese zwar eine detaillierte Analyse eines komplexen Einzelfalls leisten kann, jedoch auch die Möglichkeit besteht, einen zufälligen Extremfall auszuwählen, bei dem die dBGM-Implementierung erfolgreich war, ohne eine darüber hinausgehende Generalisierbarkeit für andere Unternehmen gewährleisten zu können (Gomm et al., 2009, S. 98).

Da es in dieser Dissertation das Ziel ist, Erfolgsfaktoren für die Implementierung eines digitalen betrieblichen Gesundheitsmanagements in österreichischen Klein- und Mittelunternehmen zu identifizieren, muss bei der Auswahl der Erhebungsmethode deshalb vor allem bedacht werden, inwiefern sich forschungsrelevante Erfahrungswerte von dBGM-ExpertInnen erheben lassen.

Demnach bietet sich vor dem Hintergrund der Forschungsfrage speziell die Anwendung von qualitativen Experteninterviews an (Lamnek & Krell, 2016, S. 302), die sich in der empirischen Sozialforschung als etabliertes und vielfach eingesetztes Erhebungsinstrument zur Gewinnung tiefergehender Informationen bewährt haben (Meuser & Nagel, 2009a, S. 465) und bei denen es sich laut Gläser & Laudel (2010, S. 13) um Untersuchungen handelt:

> *„in denen [...] Situationen oder Prozesse rekonstruiert werden sollen, um eine sozialwissenschaftliche Erklärung zu finden. [...] Die Experteninterviews haben in diesen Untersuchungen die Aufgabe, dem Forscher das besondere Wissen der in die Situationen und Prozesse involvierten Menschen zugänglich zu machen.“*

Experteninterviews werden grundsätzlich durch einen Leitfaden gestützt und als teilstandardisierte Interviews durchgeführt (Gläser & Laudel, 2010, S. 43; Meuser & Nagel, 2009b, S. 51; Helfferich, 2022, S. 888), da diese Vorgehensweise einen relativ flexiblen, aber dennoch regelgeleiteten Raum für die Schilderung eigener Ansichten und Meinungen bietet und dabei gleichzeitig das Forschungsproblem und das Erkenntnisinteresse fokussiert (Mayring, 2016, S. 66). In der qualitativen Forschung sind leitfadengestützte Interviews eine häufig angewandte, fundierte und methodisch gut entwickelte Vorgehensweise zur Gewinnung qualitativer Daten (Helfferich, 2022, S. 875).

Dabei definieren sich Experteninterviews im Vergleich zu anderen Erhebungsmethoden weniger über die konkrete methodische Vorgehensweise, als vielmehr über die spezifische Auswahl der InterviewpartnerInnen (Helfferich, 2019, S. 669). So kommt speziell den Befragten eine tragende Rolle zu, zumal sie auf dem jeweiligen Forschungsgebiet exklusives Expertenwissen bzw. *„Sonderwissen“* (Sprondel, 1979, S. 141) vorweisen (Wassermann, 2015, S. 52) und somit neue Einblicke in ansonsten schwer zugängliche Wissensbereiche liefern können. Zwar gibt es in der wissenschaftlichen Literatur eine kontroverse Diskussion hinsichtlich einer einheitlichen Begriffsdefinition des Expertenbegriffs, jedoch besteht Einigkeit darüber, dass der Expertenstatus stets auf das jeweilige Forschungsinteresse und die spezifische Fragestellung der Forschungsarbeit begrenzt ist (Meuser & Nagel, 1991, S. 443).

Für die vorliegende Arbeit sollen zwei Definitionsversuche bemüht werden, die unterschiedliche Aspekte des vielschichtigen Expertenkonstrukts beleuchten.

Nach Przyborski und Wohlrab-Sahr (2014, S. 133) weisen ExpertInnen spezielles Rollenwissen in bestimmten Bereichen auf, wodurch ihnen eine spezifische Fachkompetenz zugeschrieben wird, die sie für sich persönlich in Anspruch nehmen können. Des Weiteren definieren Bogner et al. (2014, S. 13) ExpertInnen als Personen:

> *„[...] die sich – ausgehend von einem spezifischen Praxis- oder Erfahrungswissen, das sich auf einen klar begrenzbaren Problemkreis bezieht – die Möglichkeit geschaffen haben, mit ihren Deutungen das konkrete Handlungsfeld sinnhaft und handlungsleitend für Andere zu strukturieren.“*

In Bezug auf dieses Forschungsvorhaben sind demnach ExpertInnen relevant, die bereits praktische Erfahrungen mit den Implementierungsprozessen eines dBGM in österreichischen Klein- und Mittelunternehmen gesammelt haben.

Im Rahmen des konkreten Datenerhebungsprozesses zeichnen sich Experteninterviews vor allem durch das Zusammenspiel von Offenheit und Teilstandardisierung aus.

Der Begriff „offen“ bedeutet in diesem Kontext, dass den befragten ExpertInnen die Freiheit und der Raum geboten werden, ihre Meinungen und Ansichten uneingeschränkt zu äußern (Helfferich, 2022, S. 878). Dabei können sie stets ausdrücken, welche Inhalte ihnen in Bezug auf die Thematik wichtig erscheinen und die gestellten Interviewfragen zwängen sie nicht in ein vorgegebenes Antwortschema (Lamnek & Krell, 2016, S. 327), damit sich die Interviews als offene Kommunikationsprozesse gestalten (Mayring, 2023, S. 61).

Die zweite Besonderheit der „Teilstandardisierung“ hängt mit der Befragungsweise des oder der Interviewenden zusammen (Mayring, 2002, S. 66). Demnach muss das Interview nicht starr nach einer festgelegten Reihenfolge durchgeführt werden, sondern vielmehr dienen die im Vorhinein formulierten Fragen als Orientierung und Leitfaden, wonach die Fragereihenfolge abhängig von der Entwicklung des Gesprächs ist und dem oder der Forschenden überlassen bleibt (Misoch, 2019, S. 123). Während der Befragung liegt dieser Leitfaden mit den Fragen lediglich bei und fungiert als unterstützendes Hilfsmittel für die InterviewerInnen, sollte das Gespräch zum Erliegen kommen oder einige wichtige Gesichtspunkte noch nicht berücksichtigt worden sein.

Da die Interviews oftmals in Form von Videokonferenzen oder Telefonaten durchgeführt werden und somit Einflussfaktoren physischer Anwesenheit und Nähe ausbleiben, ist es umso wichtiger, einen „weichen Kommunikationsstil“ zu etablieren, um Authentizitätsverlusten vorzubeugen sowie ein wohltuendes Gesprächsklima zu schaffen.

> *„Weich ist ein Interview, wenn der Interviewer versucht, ein Vertrauensverhältnis zum Befragten zu entwickeln, indem er der Person des Befragten (nicht den Antworten) seine Sympathie demonstriert“* (Grunow, 1978, S. 786, zit. in Lamnek, 2005, S. 343).

Durch die Herstellung einer natürlichen und gelassenen Atmosphäre und eines vertrauten Rahmens wird dann versucht, möglichst viele, in Bezug auf die Forschungsfrage verwertbare, Informationen aus dem Gespräch zu erlangen (Lüdders, 2016, S. 29) ohne die ExpertInnen in ihrem Gesprächsfluss zu unterbrechen und ihre Antworten in eine bestimmte Richtung von (erhofften) Aussagen zu leiten.

Obwohl einige AutorInnen wie Flick et al. (2000) und Liebold & Trinczek (2009) das Experteninterview lediglich als eine Variante des halbstrukturierten Leitfadeninterviews und somit als Subtyp von Leitfadeninterviews klassifizieren, argumentieren Meuser und Nagel (2009a, S. 466), dass Experteninterviews eigenständige Verfahren darstellen, da sie einerseits auf die Identifizierung einer spezifischen Form von Wissen ausgerichtet sind und andererseits die Besonderheiten dieses Wissens auch nach der Verwendung einer spezifischen Methodik verlangen. Misoch (2019, S. 127) erkennt das Experteninterview ebenfalls als eigenständiges Verfahren an, betont jedoch, dass dies nur gilt, wenn der Expertenbegriff klar definiert ist und sich ExpertInnen auf Personen beziehen, die spezielles Fachwissen besitzen, das eng mit ihrer beruflichen Rolle und ihrer institutionellen Kompetenzverankerung verbunden ist. Um diese Voraussetzungen zu erfüllen, werden die Auswahlkriterien und der Expertenbegriff in der vorliegenden Arbeit genau definiert (siehe oben und Teil III, Abschnitt 11.4). Zudem stehen in Anlehnung an Misoch (2019, S. 127) nicht die befragten Personen als Einzelpersonen im Mittelpunkt, sondern vielmehr werden sie als RepräsentantInnen einer speziellen Gruppe mit besonderem Fachwissen im Hinblick auf die dBGM-Implementierung in österreichischen KMU betrachtet. Durch die gezielte Erhebung und strukturierte Auswertung dieses spezifischen Wissens erweisen sich Experteninterviews somit als methodisch sinnvolles Vorgehen.

11.2.2 Analyse- / Auswertungsmethode

Im Rahmen der Datenauswertung werden die qualitative Inhaltsanalyse in Anlehnung an Mayring (1982 – 2023) und die *Qualitative Data Analysis Software* MAXQDA von Kuckartz & Rädiker (2020 – 2024) bzw. Rädiker & Kuckartz (2019) angewendet, mit der die Transkription, Kodierung und Kategorisierung des Datenmaterials erleichtert werden sollen.

Dabei stellt die qualitative Inhaltsanalyse (QIA) ein Verfahren zur systematischen Auswertung und Interpretation von Textmaterial dar, das im Zuge sozialwissenschaftlicher Forschungsarbeiten generiert wird (Mayring & Brunner, 2007, S. 670). Nach einer bibliometrischen Untersuchung von Titscher et al. (2000) findet sie zudem häufiger Anwendung als andere textanalytische Ansätze wie die Grounded Theory, die wissenssoziologische Hermeneutik, die Biographieforschung oder auch die Ethnografie (Mayring & Fenzl, 2022, S. 691). Als Mitbegründer der QIA gilt Philipp Mayring, der mit seinem 1982 veröffentlichten Werk „Qualitative Inhaltsanalyse" den Grundstein für die Etablierung und Verwendung im deutschsprachigen Raum legte. Dass dieses Buch 40 Jahre später 2022 schon in der 13. Auflage erscheint, zeigt laut Mayring (2010, S. 7), *„dass sich die darin beschriebenen Auswertungstechniken im sozialwissenschaftlichen Methodeninventar etablieren konnten."* Obwohl die QIA unterschiedliche Weiterentwicklungen durch verschiedene AutorInnen erfahren hat, bietet die Vorgehensweise in Anlehnung an Mayring den klaren Vorteil, dass sie sehr strukturiert und theoriegeleitet abläuft, wohingegen beispielsweise die QIA in Anlehnung an Kuckartz (2016, S. 25) eher am Material und offen arbeitet (Schreier, 2014, Abs. 2).

Als kodierendes Auswertungsverfahren verfolgt die qualitative Inhaltsanalyse von Mayring das Ziel, das vorliegende Ausgangsmaterial durch eine strenge Regelgeleitetheit systematisch zu analysieren (Mayring, 2019, S. 3; Mayring,

2022, S. 13) und in Form einer kategoriegeleiteten Vorgehensweise intersubjektiv nachvollziehbare Ergebnisse in der empirischen Sozialforschung zu generieren.

Dennoch ist die QIA dabei laut Mayring (2010, S. 49) kein Standardverfahren mit immer gleicher Vorgehensweise, sondern muss individuell auf den jeweiligen Forschungsgegenstand und die spezifische Fragestellung zugeschnitten werden. Grundsätzlich folgt die QIA in dieser Arbeit dem in Abbildung 11.2 dargestellten inhaltsanalytischen Ablaufmodell von Mayring (2015, S. 62), das als Vorlage für die nachfolgend vorgestellten Untersuchungsschritte dienen soll.

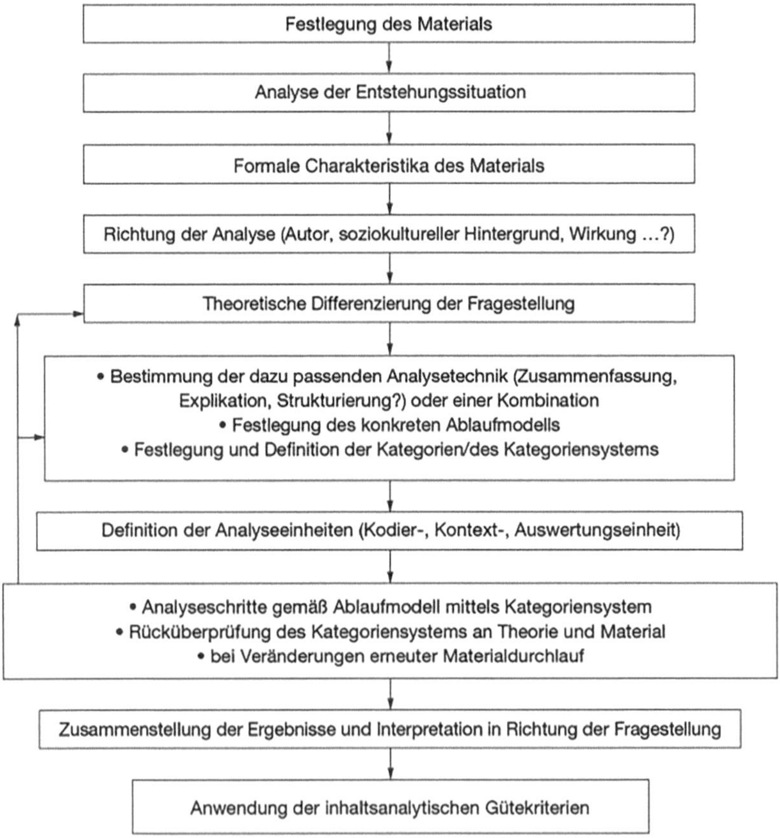

Abbildung 11.2 Inhaltsanalytisches Ablaufmodell. (Quelle: Mayring, 2015, S. 62)

Frei nach dem inhaltsanalytischen Ablaufmodell von Mayring stehen zu Beginn der Analyse die *Festlegung des Materials* (Textkorpora der Interviews), die *Analyse der Entstehungssituation* (Bedingungen der Interviewsituation) sowie die *formalen Charakteristika* (Transkripte der Interviews) des Forschungsprozesses im Mittelpunkt.

Nachdem für diese Dissertation hautsächlich die Textkorpora der Interviews interessant sind und die Bedingungen der Interviewsituation einen eher untergeordneten Stellenwert einnehmen, werden die während der Gespräche aufgezeichneten Audiodateien mittels Transkription verschriftlicht (siehe Teil III, Abschnitt 11.5.2).

Anschließend werden Richtung und Ziel der Analyse sowie die theoretische Differenzierung bestimmt, indem auf Basis von präzisen Forschungsfragen und theoretischen Vorüberlegungen festgelegt wird, welche Erkenntnisse aus den Experteninterviews gewonnen werden sollen und worauf sich die Analyse bezieht (Interviewtext, AutorIn, soziokultureller Hintergrund etc.).

Im nächsten Schritt gilt es, aus den drei Grundformen des Interpretierens die passende Analysetechnik der qualitativen Inhaltsanalyse auszuwählen. Diesbezüglich lässt sich zwischen *Zusammenfassung, Explikation und Strukturierung* differenzieren (Mayring, 2015, S. 67; Mayring & Fenzl, 2022, S. 695–696).

Bei der zusammenfassenden Analysetechnik wird das Textmaterial insoweit reduziert, als dass die grundlegenden Inhalte dargestellt werden und so eine prägnante Zusammenfassung der Inhalte geboten wird, die nach wie vor das Originalmaterial widerspiegelt (Mayring, 2003, S. 58; Mayring, 2023, S. 98). Die explizierende Inhaltsanalyse zielt darauf ab, unklare Textpassagen durch zusätzliche Materialien verständlich zu machen, wohingegen die strukturierende Inhaltsanalyse einzelne Aspekte aus den Experteninterviews herausfiltert und den Inhalt vor dem Hintergrund der theoretischen Sicht einordnet (Bortz & Döring, 2002, S. 332–333).

Die geeignete Analysetechnik sollte auf der Grundlage der Forschungsfrage, des Ausgangsmaterials sowie der Art der Kategorienbildung (induktiv oder deduktiv) ausgewählt werden (Mayring, 2015, S. 67). Im Rahmen der zusammenfassenden Analysetechnik findet eine induktive Kategorienbildung statt, wonach die Kategorien durch einen Verallgemeinerungsprozess direkt aus dem Material entstehen und eine gegenstandsnahe Betrachtung des Ausgangsmaterials bieten sowie die Voreingenommenheit des Forschenden einschränken (Mayring, 2015, S. 86). Bei der strukturierenden Inhaltsanalyse leiten sich die Kategorien deduktiv aus einem bestehenden Theoriekonzept ab und das Textmaterial wird vor diesem Hintergrund bewertet. Die Schwächen der induktiven Kategorienbildung liegen darin, dass die intersubjektive Überprüfbarkeit der gebildeten Kategorien oft nicht gegeben ist (Ruin, 2017, S. 130) und andere ForscherInnen möglicherweise zu anderen Kategorien kommen würden. Der Nachteil der deduktiven Kategorienbildung zeigt sich, indem der theoretische Rahmen starr vorgegeben ist und die Generierung neuartiger Erkenntnisse dadurch praktisch ausgeschlossen wird, was im Kontrast zum heuristischen Charakter qualitativer Forschung steht, die explizit auf die Gewinnung unerwarteter oder ungewöhnlicher Ergebnisse ausgerichtet ist (Kelle & Kluge, 2010, S. 32).

In dieser Arbeit wird daher eine Mischform aus deduktiver und induktiver Vorgehensweise gewählt, indem ein erstes theoriegeleitetes deduktives Kategoriensystem um induktive Kategorien erweitert wird.

So wird zum einen das theoretische Vorwissen durch das Aufstellen deduktiver Kategorien expliziert und reflektiert sowie zum anderen aufgrund der Bildung induktiver Kategorien auf die spezifischen Merkmale des Analysematerials eingegangen (Ruin, 2017, S. 129).

Die Kombination aus deduktiv-induktiver Kategorienbildung vereint damit die Vorzüge beider Varianten und ist als regelgeleitetes Verfahren charakteristisch für die qualitative Inhaltsanalyse (Kuckartz, 2014, S. 69).

Für den Forschungsablauf bedeutet dies, dass die Interviewaussagen zuerst in Anlehnung an die deduktiv ausgerichtete strukturierende Inhaltsanalyse und im Hinblick auf die vorab festgelegten deduktiven Kategorien bewertet werden. Dazu wird in einem Kodierleitfaden festgehalten, welche Bestandteile unter eine Kategorie fallen sollen (Definition der Kategorien), welche konkreten Satzteile als Ankerbeispiele der Kategorie dienen und welche Kodierregeln es gibt, um die Textstellen eindeutig verorten zu können (Mayring, 2010, S. 106). Bei der Auswahl der konkreten Analysetechnik wird die Vorgehensweise der inhaltlichen Strukturierung angewendet, nach der die zu erarbeitende Struktur an Themen, Inhalten und Aspekten des Gesamtmaterials ausgerichtet wird (Mayring, 2003, S. 89). Im ersten Analysevorgang wird überprüft, ob die definierten Kategoriendefinitionen auf das Material angewendet werden können. Dabei werden die Fundstellen, die sich den deduktiven Kategorien zuordnen lassen zu Beginn lediglich markiert und erst in einem nächsten Schritt extrahiert und kodiert. Im Rahmen dieses Probedurchgangs erweist sich, inwieweit das Kategoriensystem angepasst oder abgeändert werden muss, um ein entsprechendes Abbild der Materialstruktur zu schaffen. Nach der Adaption des Kategoriensystems finden anschließend die erneute Kodierung des Materials und die Zuordnung zur jeweiligen Kategorie statt.

Oft gibt es nach Abschluss der strukturierenden Inhaltsanalyse übriggebliebenes Material, das nicht den vorab bestimmten deduktiven Kategorien zugeordnet werden kann, weshalb diese Textstellen im Anschluss in Anlehnung an das

Ablaufmodell der zusammenfassenden Inhaltsanalyse induktiv kodiert werden (siehe Abbildung 11.3).

Abbildung 11.3 Ablaufmodell zusammenfassender Inhaltsanalyse. (Quelle: Mayring, 2015, S. 70)

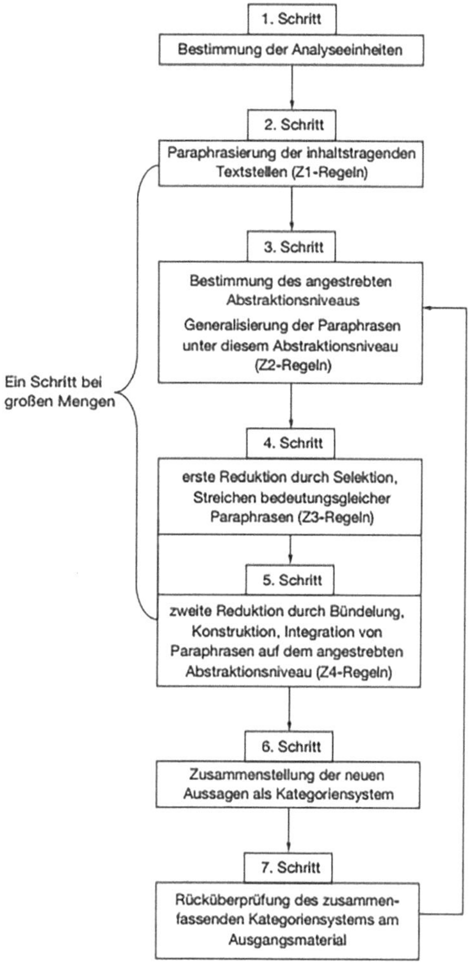

Grundlegend ist hierbei laut Mayring (2015, S. 69) die Unterscheidung zwischen aufsteigender (textbasierter) und absteigender (schemabasierter) Analyse sowie die Entwicklung von Reduktionsoperatoren (Auslassen, Generalisation,

Konstruktion, Integration, Selektion, Bündelung), damit die Zusammenfassung immer abstrakter und die Abstraktionsebene schrittweise verallgemeinert wird.

Im ersten Schritt des inhaltsanalytischen Ablaufmodells werden die konkreten Analyseeinheiten bestimmt. Dabei legt die Kodiereinheit den kleinsten zu kodierenden Textbestandteil (z. B. ein einzelnes Wort) fest, der einer Kategorie zugeordnet werden kann. Die Kontexteinheit bestimmt den größten zu kodierenden Textbestandteil (z. B. vollständige Antwort) und die Auswertungseinheit definiert, welche Textteile nacheinander kodiert werden (z. B. Experteninterviews) (Mayring, 2015, S. 61).

Anschließend werden die transkribierten Interviews im zweiten bis fünften Schritt nach den Interpretationsregeln (Z-Regeln) der zusammenfassenden Inhaltsanalyse analysiert (siehe Abbildung 11.4).

Demnach werden im Rahmen der Paraphrasierung ausschmückende Redewendungen weggestrichen, um die Auswertungseinheiten auf eine einheitliche Sprachebene zu bringen (Z1-Regel). Dann wird das Material durch eine Generalisierung soweit verallgemeinert, dass eine höhere Abstraktionsebene erreicht wird (Z2-Regel) und am Schluss werden in einer ersten Reduktion bedeutungsgleiche Paraphrasen gestrichen (Z3-Regel) sowie im Rahmen der zweiten Reduktion ähnliche Paraphrasen zusammengefasst und gebündelt (Z4-Regel). Bei großen Textmengen empfiehlt Mayring (2015, S. 71), mehrere Analyseschritte zu bündeln und die relevanten Textpassagen direkt auf das gewünschte Abstraktionsniveau umzuwandeln.

Im sechsten Schritt erfolgt die Zusammenstellung der neu gewonnenen Aussagen als Kategoriensystem und zum Schluss findet eine Rücküberprüfung des zusammenfassenden Kategoriensystems am Ausgangsmaterial statt. Hier muss geprüft werden, ob die neu gebildeten induktiven Aussagen im Rahmen des Kategoriensystems das ursprüngliche Datenmaterial weiterhin adäquat abbilden und ob sämtliche ursprünglichen Paraphrasen aus der ersten Analysephase ausreichend berücksichtigt wurden (Mayring, 2015, S. 71).

Als Endresultat ergibt sich aus dem Zusammenspiel der strukturierenden Inhaltsanalyse und der zusammenfassenden Inhaltsanalyse dann ein deduktiv-induktiv erstelltes Kategoriensystem mit Textpassagen zu einem Thema, das sich im Hinblick auf die vorliegenden Fragestellungen interpretieren und diskutieren oder auch vor dem Hintergrund quantitativer Analysen bewerten lässt (Mayring, 2015, S. 87).

Z1:	**Paraphrasierung**
Z1.1:	Streiche alle nicht (oder wenig) inhaltstragenden Textbestandteile wie ausschmückende, wiederholende, verdeutlichende Wendungen!
Z1.2:	Übersetze die inhaltstragenden Textstellen auf eine einheitliche Sprachebene!
Z1.3:	Transformiere sie auf eine grammatikalische Kurzform!
Z2:	**Generalisierung auf das Abstraktionsniveau**
Z2.1:	Generalisiere die Gegenstände der Paraphrasen auf die definierte Abstraktionsebene, sodass die alten Gegenstände in den neu formulierten impliziert sind!
Z2.2:	Generalisiere die Satzaussagen (Prädikate) auf die gleiche Weise!
Z2.3:	Belasse die Paraphrasen, die über dem angestrebten Abstraktionsniveau liegen!
Z2.4:	Nimm theoretische Vorannahmen bei Zweifelsfällen zu Hilfe!
Z3:	**Erste Reduktion**
Z3.1:	Streiche bedeutungsgleiche Paraphrasen innerhalb der Auswertungseinheiten!
Z3.2:	Streiche Paraphrasen, die auf dem neuen Abstraktionsniveau nicht als wesentlich inhaltstragend erachtet werden!
Z3.3:	Übernehme die Paraphrasen, die weiterhin als zentral inhaltstragend erachtet werden (Selektion)!
Z3.4:	Nimm theoretische Vorannahmen bei Zweifelsfällen zu Hilfe!
Z4:	**Zweite Reduktion**
Z4.1:	Fasse Paraphrasen mit gleichem (ähnlichem) Gegenstand und ähnlicher Aussage zu einer Paraphrase (Bündelung) zusammen!
Z4.2:	Fasse Paraphrasen mit mehreren Aussagen zu einem Gegenstand zusammen (Konstruktion/Integration)!
Z4.3:	Fasse Paraphrasen mit gleichem (ähnlichem) Gegenstand und verschiedener Aussage zu einer Paraphrase zusammen (Konstruktion/Integration)!
Z4.4	Nimm theoretische Vorannahmen bei Zweifelsfällen zu Hilfe!

Abbildung 11.4 Interpretationsregeln zusammenfassender Inhaltsanalyse. (Quelle: Mayring, 2015, S. 72)

11.3 Operationalisierung

11.3.1 Kurzfragebogen

Im Vorfeld der Interviews wurden in Form eines Kurzfragebogens die demografischen Daten wie Alter, Geschlecht und höchster Bildungsabschluss der Teilnehmenden erhoben und Fragen zur Berufsbezeichnung- und position sowie dem allgemeinen Erfahrungswert mit dBGM in österreichischen Klein- und Mittelunternehmen gestellt (siehe Anlagen, Kapitel 2), um sicherzustellen, dass die Befragten die Kriterien für die Expertenstellung erfüllen (Reinders, 2012, S. 105).

Durch diese Voraberhebung ließen sich zum einen die späteren Interviewantworten der Befragten besser einordnen und zum anderen konnte die effektive Zeitdauer der eigentlichen Interviews minimiert werden.

11.3.2 Interviewleitfaden

Der Interviewleitfaden (siehe Anlagen, Kapitel 3) ist nach Helfferich (2022, S. 876) eine im Vorfeld definierte und strukturiert eingesetzte Orientierungshilfe für den Ablauf des Interviews und dient der Organisation und Explikation des zu erfragenden Wissens (Mey & Mruck, 2020, S. 327). Er übersetzt das Forschungsproblem in für die ExpertInnen nachvollziehbare, verständliche und sich beantworten lassende Interviewfragen (Kaiser, 2014, S. 52).

Laut Gläser & Laudel (2010, S. 144–145) sollte er sich über maximal zwei Seiten erstrecken, übersichtlich gestaltet sein, ungefähr acht bis fünfzehn Hauptfragen umfassen und nach inhaltlich abgestimmten Themenbereichen sortiert werden, um sicherzustellen, dass sämtliche wichtige Aspekte im Laufe des Gesprächs angesprochen werden und das Interview nicht von der eigentlichen Forschungsthematik abkommt (Lamnek & Krell, 2016, S. 347).

So ist der Leitfaden zentral für die Strukturierung des Kommunikationsprozesses, listet alle forschungsrelevanten Themenkomplexe auf, die im Rahmen des Interviews angesprochen werden müssen und garantiert durch seine thematische Rahmung und Fokussierung eine höhere Vergleichbarkeit der erhobenen Daten (Misoch, 2019, S. 66).

Als *„unbürokratisch und flexibel"* (Meuser & Nagel, 2009b, S. 54) gehandhabtes Erhebungsinstrument entwickelt sich der Leitfaden für die Dissertation aus der empiriegeleiteten Fragestellung und den Ergebnissen der theoriegeleiteten Forschungsfrage heraus (Leicht, 2022, S. 140), wonach er sich durch eine deduktiv-induktive Entstehungsweise beschreiben lässt (Reinders, 2011, S. 94–97). Demnach werden den ExpertInnen jedoch nicht die konkreten Forschungsfragen gestellt, sondern ihre „Übersetzungen", um dadurch einen maximalen Informationsgewinn zu erzielen. Im Hinblick auf die vorliegende Forschung wurde das Konzept der Erfolgsfaktoren operationalisiert (siehe Teil II, Abschnitt 7.3) und unter Berücksichtigung der Erkenntnisse des Forschungsstands (siehe Teil II, Abschnitt 6.2) sowie der vorgestellten Implementierungsmodelle (siehe Teil II, Abschnitt 8.2–8.5) in forschungsrelevante Themenbereiche und Fragestellungen umgewandelt, damit der Leitfaden als Verbindung zwischen Forschungsfrage, theoretischen Ergebnissen, Datenerhebung und finalem Erkenntniszugewinn fungiert (Leicht, 2022, S. 140).

Die konkrete Vorgehensweise zur Konstruktion der Interviewfragen orientiert sich an der SPSS-Methode (Sammeln-Prüfen-Sortieren-Subsumieren) nach Helfferich (2011, S. 182–186; 2022, S. 884), indem erst in einem Brainstorming Fragen gesammelt werden, die dann im zweiten Schritt einer Prüfung und Strukturierung unterzogen werden. Im Rahmen dieser Durchsicht werden die Fragen vor allem auf ihre Verständlichkeit sowie Sinnhaftigkeit geprüft und etwaige Suggestivfragen entfernt (Helfferich, 2011, S. 108). Danach werden die Fragen abhängig vom Forschungsinteresse nach unterschiedlichen Themengebieten sortiert, und abschließend in Form einer prägnanten Erzählaufforderung oder Fragestellung zu jedem Themengebiet subsumiert und ausformuliert.

11.3.3 Pretest

Laut Weichbold (2022, S. 443) stellt der Pretest ein Verfahren zur möglichen Optimierung von Datenerhebungen noch vor ihrer eigentlichen Durchführung dar. Dabei eignet sich das Pretest-Verfahren dazu, die Schwierigkeit und Länge der Fragen, die Effekte der Fragenanordnung, die Aufmerksamkeit, das Verständnis und das Interesse der teilnehmenden Person hinsichtlich der formulierten Fragen sowie eventuell entstehende Belastungs- oder Drucksituationen zu untersuchen (Schnell et al., 2018, S. 317).

In der vorliegenden Dissertation wurde das Pretest-Verfahren angewendet, um den erstellten Interviewleitfaden auf seine Anwendbarkeit, Folgerichtigkeit, Verständlichkeit und seinen Erkenntnisgehalt zu prüfen und etwaige Anpassungen noch vor der Primärdatenerhebung vorzunehmen.

Der Pretest wurde mit einem dem Autor persönlich bekannten Experten aus dem dBGM-Feld durchgeführt und trug hauptsächlich dazu bei, Mängel in Bezug auf missverständlich formulierte Fragestellungen zu identifizieren. Nachdem geringfügige Adaptionen und Änderungen vorgenommen wurden, kamen die Beteiligten nach einem weiteren Durchlauf zu dem Schluss, dass sämtliche Fragen eindeutig, verständlich und nachvollziehbar sind, zur Beantwortung der Forschungsfragen beitragen und der Interviewleitfaden keiner weiteren Überarbeitung mehr bedarf.

Das im Rahmen des Pretests aufgezeichnete Datenmaterial wurde nicht in die Datenauswertung aufgenommen, zumal der befragte Experte nun beide Versionen des Interviewleitfadens kannte und seine Antworten in einem erneuten Interviewdurchgang entsprechend anpassen hätte können. Dadurch hätte sich eine geringere Vergleichbarkeit zu den Antworten der restlichen ExpertInnen ergeben, da diesen lediglich einmal die finalen Interviewfragen gestellt wurden.

11.4 Stichprobe

Die Stichprobe der empirischen Untersuchung schließt ExpertInnen ein, die Erfahrung mit den Implementierungsprozessen eines dBGM in österreichischen Klein- und Mittelunternehmen haben. Im Rahmen der Stichprobenzusammenstellung wurde sich dabei an den Überlegungen von Eisenhardt und Graebner (2007, S. 28) orientiert, die für die Bearbeitung eines explorativen Forschungsunterfangens und die Eindämmung möglicher Verzerrungseffekte empfehlen, Personen aus verschiedenen hierarchischen Ebenen, Tätigkeiten und Funktionen sowie darüber hinaus auch unabhängige externe ExpertInnen in die Untersuchung einzubeziehen. Demnach wurden sowohl AkteurInnen (GeschäftsführerInnen, GesundheitsmanagerInnen und Führungskräfte) aus österreichischen Klein- und Mittelunternehmen, in denen ein dBGM erfolgreich eingeführt wurde, befragt, als auch ExpertInnen von eigenständigen dBGM-Anbietern, die österreichische KMU bei der Implementierung eines dBGM beraten und begleiten, um einerseits den Bias zu reduzieren und andererseits eine gesteigerte Heterogenität in Bezug auf die Informationsgewinnung zu erzielen.

In den nächsten beiden Kapiteln wird nun genau erläutert, vor welchen theoretischen Hintergründen sich die Auswahl und Anzahl der rekrutierten ExpertInnen begründet.

11.4.1 Sampling-Methode

Obschon der Umfang und die Art der Stichprobe eine wesentliche Rolle in der Qualität der qualitativen Forschungsergebnisse spielen (Misoch, 2019, S. 199–200), wird die Zusammensetzung der Stichprobe in vielen Forschungsarbeiten oftmals nur unpräzise erläutert (Reed et al., 1996, S. 153), weshalb in den nachfolgenden Absätzen die konkrete Vorgehensweise in Bezug auf die Sampling-Methode vorgestellt wird.

Der Sampling-Prozess umfasst die gezielte Auswahl von Personen, die anhand spezifischer Merkmale eine Teilmenge der zu untersuchenden Grundgesamtheit repräsentieren (Misoch, 2015, S. 185). In dieser Dissertation wird die Grundgesamtheit von ExpertInnen gebildet, die Angaben über die erfolgreiche Implementierung eines dBGM in österreichischen Klein- und Mittelunternehmen machen können. Da es nicht möglich ist, sämtliche Personen mit den relevanten Kriterien zu befragen, wird eine Stichprobe gezogen. Dabei werden im

Rahmen eines Auswahlverfahrens gezielt jene ExpertInnen aus der Grundgesamtheit ausgewählt, die hinsichtlich der gewünschten Merkmalsausprägungen für die Datenerhebung relevant sind (Misoch, 2015, S. 185).

In der quantitativen Forschung zielt dieser Selektionsprozess auf statistische Repräsentativität (Merkens, 1997, S. 104) und Generalisierbarkeit ab. Das qualitative Forschungsparadigma hingegen zeichnet sich laut Corbin & Strauss (2015, S. 136–137) durch seinen explorativen Charakter aus, strebt eine inhaltliche *„Repräsentativität der Konzepte"* (Strauss & Corbin, 1996, S. 161; Muckel, 2011, S. 337) an und stellt das analysierte Forschungsobjekt mit seinem prozeduralen Wissen (Handlungswissen) in den Mittelpunkt der Stichprobenzusammenstellung (Mayer, 2006, S. 38).

Um nun aus einer unüberschaubar großen Fülle an möglichen Daten forschungsrelevante Analyseobjekte auszuwählen (Akremi, 2022, S. 405), bieten sich die für die qualitative Forschung charakteristischen Auswahlverfahren des *Selective Samplings* (Schatzmann & Strauss, 1973) und des *Theoretical Samplings* (Glaser & Strauss, 1967; Strauss, 1987) an.

Die Stichprobenziehung beim Selective Sampling erfolgt nach bestimmten Kriterien, die bereits vor der Datenerhebung und -analyse sowie unabhängig vom tatsächlichen Untersuchungsmaterial festgelegt werden und auf Annahmen über typische Eigenschaften und deren Verteilung im Forschungsfeld basieren (Flick, 2007, S. 155–156). Voraussetzung für selective Samplingstrategien ist gemäß Misoch (2019, S. 208), dass bereits vorab Kenntnisse über die forschungsrelevante Merkmalsverteilung und die Dimension der Grundgesamtheit bestehen.

Das Theoretical Sampling ist ein Verfahren, das der flexiblen und ergebnisoffenen Natur explorativer Forschungsansätze gerecht wird (Dimbath et al., 2018, S. 3) und orientiert sich bei der Zusammenstellung der Stichprobe an den bisherigen Auswertungsergebnissen der Datenanalyse. Bei diesem Vorgehen wird die Auswahl der Stichprobe nicht im Vorhinein bestimmt, sondern entwickelt sich sukzessive auf der Grundlage der zuvor identifizierten Informationen und der vorläufigen Analyse, wodurch die Resultate der ersten Erhebungen somit die weiteren Sampling-Entscheidungen beeinflussen (Misoch, 2019, S. 204–205). Am Anfang des Forschungsprozesses ist das Theoretical Sampling dabei offen und wird im Verlauf immer zielgerichteter und fokussierter (Strauss & Corbin, 1996, S. 153). Demnach werden in einem iterativen Prozess des *„ständigen Vergleichens"* (Strübing, 2022, S. 594) so lange Daten gesammelt, bis eine weitere Datenerhebung keine zusätzlichen neuen Erkenntnisse mehr liefern würde (Strübing et al., 2018, S. 90), da nach einem theoretischen Verständnis ein

Sättigungspunkt erreicht wurde (Kelle & Kluge, 2010, S. 49; Strübing, 2014, S. 32–33).

Im Hinblick auf das Forschungsvorhaben findet bei der Stichprobenbestimmung eine kombinierte Anwendung der beiden Samplingverfahren statt (Nagl-Cupal, 2013, S. 21–22), zumal bezogen auf die Anforderungen des Selective Samplings und durch die unbekannte Größe der Grundgesamtheit eine Vorabbestimmung der Samplinggröße nicht möglich ist (Leicht, 2022, S. 148–149). So beschränkt sich die Zusammenstellung der Stichprobe zum einen auf ExpertInnen, die bereits praktische Erfahrungen mit den Implementierungsprozessen eines dBGM in österreichischen Klein- und Mittelunternehmen gesammelt haben und stützt sich zum anderen auf die offene Vorgehensweise und das Erkenntnisinteresse des Theoretical Samplings.

Die Größenbestimmung der Stichprobe bei qualitativen Interviews ist in der wissenschaftlichen Literatur ein viel diskutierter Gegenstandsbereich. So werden zum Beispiel 30 Interviews im Rahmen der evaluativen qualitativen Inhaltsanalyse als wenig befunden (Kuckartz & Rädiker, 2022, S. 165) und Saunders et al. (2019, S. 317) schlagen unabhängig der Methodik bei homogenen Gruppen zwischen vier und zwölf sowie bei heterogenen Gruppen zwischen zwölf und 30 Interviews vor. In Bezug auf eine generelle empirische Sättigung kann bei gewissen Untersuchungen laut Strübing (2018, S. 210) auch die Analyse eines Falles zu einer empirischen Sättigung führen, wenngleich das Untersuchungsobjekt anspruchsvoll und das dadurch gewonnene Material reichhaltig genug sein muss.

In der vorliegenden Dissertation ergab sich die Anzahl der durchzuführenden Interviews durch den Eintrittszeitpunkt der theoretischen Sättigung, indem in den Antwortinhalten der ExpertInnen zunehmend Redundanzen zu erkennen waren (Lincoln & Guba, 1985, S. 202) und so auch eine erneute Datenerhebung nicht zwangsläufig neue Ergebnisse geliefert hätte (Breuer et al., 2019, S. 159). Während der Datenerhebung traten demnach ab dem zehnten Interview vermehrt Wiederholungen hinsichtlich der Beantwortung der forschungsrelevanten Fragestellungen auf, die sich dann ab dem 14. Interview klar verfestigten.

Das Eintreten der theoretischen Sättigung nach 14 Interviews deckt sich sowohl mit den Erfahrungswerten anderer ähnlich angelegter Forschungsprojekte als auch den Ausführungen von Guest et al. (2006, S. 66), die davon ausgehen, dass 12 Interviews durchzuführen sind, bis eine fast vollständige theoretische Sättigung eingetreten ist.

„*An appropriate sample size for a qualitative study is one that adequately answers the research question*" (Marshall, 1996, S. 523).

11.4.2 Rekrutierung der Stichprobe

Die Stichprobenrekrutierung erfolgte über eine Internetrecherche, in der nach dBGM-Anbietern und Initiativen in Österreich gesucht und deren Verantwortliche kontaktiert wurden. Entscheidend war hierbei in Bezug auf das Forschungsvorhaben speziell, dass sich die Unternehmen auch mit österreichischen Klein- und Mittelunternehmen beschäftigten und die Anbieter nicht nur Großkonzerne in ihren Portfolios betreuten.

Des Weiteren wurden die Websites der dBGM-Anbieter nach Kundenbewertungen von betreuten österreichischen KMU ergründet und die jeweiligen Kontaktpersonen angeschrieben sowie unter *netzwerk-bgf.at* und *fit2work.at* nach Beispielen guter Praxis gesucht, die ein dBGM erfolgreich in ihren KMU umgesetzt haben.

Darüber hinaus wurde teilweise das Schneeballverfahren angewendet, das üblicherweise bei der Rekrutierung schwer zugänglicher Personengruppen Verwendung findet (z. B. bei Schaefer et al., 2021; Gabler, 1992; Pawelz, 2018; König et al., 2017), indem die InterviewpartnerInnen um weitere Kontakte gebeten wurden, auf die die genannten Auswahlkriterien zutreffen und dadurch unbekannte Personen für die Befragung zu gewinnen. Obgleich durch dieses Verfahren ohne erheblichen Aufwand und in einem vergleichsweise kurzen Zeitraum eine große Anzahl von gesprächsbereiten ExpertInnen rekrutiert werden können (Misoch, 2019, S. 207), besteht das Risiko, dass das Interviewmaterial eine starke Homogenität sowie fehlende Repräsentativität (Roth, 2008, S. 70) aufweist, weitere relevante Inhalte unentdeckt bleiben und der Prozess der Informationsmaximierung eingeschränkt wird. Außerdem könnten sich die Befragten aufgrund ihres persönlichen Vertrauensverhältnisses über das Forschungsprojekt austauschen und somit die Varianzmaximierung reduzieren (Reinders, 2005, S. 141–142; Merkens, 1997, S. 102), weshalb lediglich eine kleine Anzahl der InterviewteilnehmerInnen nach dem Schneeballprinzip ausgewählt wurde.

Grundsätzlich wurde auch bei der Rekrutierung der ExpertInnen der bereits in Teil III, Abschnitt 11.4 erwähnten Empfehlung von Eisenhardt und Graebner (2007, S. 28) nachgekommen, um die Verzerrungseffekte maximal einzudämmen:

> *„A key approach is using numerous and highly knowledgeable informants who view the focal phenomena from diverse perspectives. These informants can include organizational actors from different hierarchical levels, functional areas, groups, and geographies, as well as actors from other relevant organizations and outside observers such as market analysts."*

Im ersten Schritt der Kontaktaufnahme wurde eine E-Mail mit einem Einladungsschreiben inklusive Aufklärung über die Datenschutz-Grundverordnung (DSGVO) und der Wahrung der Anonymität sowie der Notwendigkeit einer Audioaufzeichnung (siehe Anlagen, Kapitel 1) an die potenziellen InterviewpartnerInnen gesendet und, blieb eine Rückmeldung aus, nach ein paar Tagen im zweiten Schritt telefonisch nachgefasst. Reagierten die ExpertInnen auf den Anruf und erklärten sie sich bereit zur Interviewteilnahme, wurde zeitnah ein Gesprächstermin vereinbart, wobei den TeilnehmerInnen die Entscheidung frei stand, das Interview telefonisch, per Videokonferenz oder, sollte es die geografische Entfernung zugelassen haben, in Form eines Präsenztreffens zu führen.

Auf diese Weise wurden insgesamt 15 potenzielle InterviewpartnerInnen kontaktiert, von denen sich 14 ExpertInnen damit einverstanden zeigten, an der Untersuchung teilzunehmen. Die Teilnahmequote von 93,75 % ist im Vergleich zu anderen Forschungsarbeiten als sehr hoch einzuschätzen und laut einer im Nachgang des Interviews getätigten Aussage des Experten G möglicherweise auf den Umstand zurückzuführen, dass das Forschungsthema ein *„sehr spannendes und hochaktuelles Thema ist, das noch nicht ganz im gesellschaftlichen Bewusstsein angelangt ist und eine Teilnahme für ihn deshalb selbstverständlich war, weil er dabei unterstützen möchte, das Thema weiter in Theorie und Praxis hinauszutragen."*

11.5 Vorgehen und Ablauf

11.5.1 Datenerhebung

Zwischen März und Juni 2024 wurden insgesamt 14 leitfadengestützte Interviews mit ExpertInnen durchgeführt, die Erfahrungen mit der Implementierung eines dBGM in österreichischen Klein- und Mittelunternehmen gesammelt haben. Die nachfolgende Tabelle 11.1 veranschaulicht die Verteilung der GesprächsteilnehmerInnen.

Tabelle 11.1 TeilnehmerInnen der empirischen Erhebung. (Quelle: Eigene Darstellung)

ExpertIn	Position im Unternehmen	Interviewsituation	Erfahrung im dBGM
Expertin A	Gesundheitsmanagerin	Präsenztreffen	Seit 2009
Experte B	Geschäftsführer	Videotelefonie	Seit 2012
Experte C	Geschäftsführer	Telefonat	Seit 2017
Experte D	Geschäftsführer	Telefonat	Seit 2017/2018
Expertin E	Führungskraft	Videotelefonie	Seit 2019
Expertin F	BGM-Expertin	Telefonat	Seit 2009
Experte G	Führungskraft	Telefonat	Seit 2022
Experte H	Führungskraft	Videotelefonie	Seit 2018
Expertin I	Geschäftsführerin	Videotelefonie	Seit 2019
Experte J	Geschäftsführer	Videotelefonie	Seit 2020
Experte K	Führungskraft	Telefonat	Seit 2022
Experte L	Geschäftsführer	Videotelefonie	Seit 2017/2018
Expertin M	Gesundheitsmanagerin	Videotelefonie	Seit 2018
Experte N	Führungskraft	Telefonat	Seit 2021

Von den 14 Erhebungen wurde ein Gespräch im Rahmen einer physischen Unterhaltung abgehalten, sieben Interviews per Videotelefonie und sechs Konversationen im Zuge von Telefonaten durchgeführt. Die Interviews wurden mithilfe einer Software zur Sprachaufzeichnung aufgenommen und anschließend transkribiert (siehe Teil III, Abschnitt 11.5.2). Das kürzeste Interview dauerte 25 Minuten und das längste Interview nahm 37 Minuten in Anspruch, wonach die mittlere Gesprächslänge ca. 28 Minuten ausmachte. Dabei ist anzumerken, dass die weniger lange dauernden Interviews nicht mit einer niedrigeren Informationsfülle gleichzusetzen sind, da die forschungsrelevanten Antworten lediglich innerhalb eines kürzeren Gesprächszeitraums auftraten.

Um vor der Durchführung der eigentlichen Datenerhebung noch die datenschutzrechtlichen Aspekte der empirischen Erhebung abzuklären, wurde, nachdem die ExpertInnen bereits vorab in der E-Mail Einladung über die Einhaltung der DSGVO informiert wurden (siehe Teil III, Abschnitt 11.4.2), die Einwilligungserklärung in mündlicher Form eingeholt. Laut Benner und Löhe (2019, S. 353) ist die *„mündliche Form der informierten Einwilligungserklärung als Tonbandaufnahme nicht nur eine adäquate Alternative zur Schriftform, sondern hält auch Vorteile gegenüber der schriftlichen Einwilligung bereit, da ein höherer*

Grad an Reflexivität erreicht wird und eine umfassendere Information und ein tieferes Verständnis ermöglicht werden.“ Zudem kann die Wahrscheinlichkeit einer positiven Interviewzusage erhöht werden, da die ExpertInnen vor dem Gespräch keine eigene DSGVO-Vorlage ausfüllen müssen und ihnen so ein zusätzlicher Arbeitsaufwand abgenommen wird. Wichtig ist bei der informierten mündlichen Einwilligung jedoch vor allem, dass genügend Informationen zum Forschungszweck bereitgestellt werden und die InterviewpartnerInnen auf der Grundlage dieser Informationen *„eine freiwillige und informierte Entscheidung über die Teilnahme treffen können“* (Watteler & Kinder-Kurlanda, 2015, S. 515). So wurden die Aufnahme gestartet und die Interviewten in Anlehnung an die DSGVO mündlich darüber informiert, dass ihre *„Teilnahme völlig freiwillig ist und das Interview jederzeit ohne Angabe von Gründen abgebrochen werden kann, dass alle preisgegebenen Informationen streng vertraulich behandelt und ausschließlich für Forschungszwecke verwendet werden, dass die gegebenen Antworten aufgezeichnet, transkribiert und analysiert werden, dabei jedoch vollkommen anonymisiert und nicht mit ihrer persönlichen Identität verknüpft werden, dass die Ergebnisse der Untersuchung in wissenschaftlichen Zeitschriften, Berichten oder Präsentationen veröffentlicht werden können und hier aber stets darauf geachtet wird, dass sie identifizierende Informationen nicht veröffentlicht werden, um ihre Privatsphäre zu schützen.“*

Zeigten sich die Interviewten mit der Einwilligungserklärung einverstanden, antworteten sie am Schluss mit: „Ja, ich bin einverstanden“ und diese mündliche Zustimmung wurde durch die darauffolgende Transkription verschriftlicht (siehe Interviewtranskripte in den Anlagen der Dissertation, Kapitel 4).

Anschließend startete das Interview mit einer Einstiegsfrage, auf die die vorbereiteten deduktiv-induktiv erarbeiteten Fragestellungen aus dem Interviewleitfaden folgten. Je nach Gesprächsverlauf und Informationsgehalt wurden diese Fragen durch relevante Rückfragen ergänzt, bis der gewünschte Erkenntnisgewinn erzielt wurde.

Im Nachgang an die Interviews erfolgten eine Zusammenfassung des Interviews, ein erneuter Dank für die Teilnahme und Informationen über die Auswertung der Ergebnisse. In den meisten Gesprächen erhielt der Forschende direkt nach dem Aufnahmestopp noch zusätzliche Anregungen oder weiterführende Fragen in Bezug auf das Forschungsprojekt, wonach wahrscheinlich davon ausgegangen werden kann, dass eine entspannte und konstruktive Atmosphäre herrschte und die TeilnehmerInnen ein großes Interesse an der Forschungsarbeit zeigten.

11.5.2 Datenaufbereitung

Im Rahmen der Datenaufbereitung gilt es, die aufgezeichneten Audiodateien mittels Transkription zu verschriftlichen. Den Transkriptionsvorgang definiert Mayring (2002, S. 89) als *„die Übertragung von gesprochener Sprache in eine schriftliche Form"*, um audio(-visuell) gespeicherte Daten in Textdaten umzuschreiben und diese einer Analyse zuzuführen (Misoch, 2019, S. 263) (siehe Teil III, Abschnitt 12.1).

Da dieser Vorgang mit einem großen Zeitaufwand verbunden ist und abhängig von der Wahl des Transkriptionsverfahrens vom *„fünf- bis zehnfachen der Interviewdauer als Transkriptionszeit inklusive Korrekturlesen"* ausgegangen werden muss (Dresing & Pehl, 2010, S. 726), wird der Transkriptionsmodus von MAXQDA angewendet, der einen integrierten Player für Audiodateien inklusive automatischer Rückspulfunktion enthält und einen Editor zur Textbearbeitung anbietet, mit dem sich die Aufzeichnungen praktisch, unkompliziert und mit einer deutlichen Zeitersparnis in ein Dokument übertragen lassen. Obwohl MAXQDA auch einen AI Assist zur Verfügung stellt, der mithilfe von KI-Technologie Audiodateien automatisch transkribiert, entschied sich der Verfasser gegen die Inanspruchnahme dieses Angebots und führte alle Transkriptionen manuell durch. Zum einen fällt die maschinelle Transkription bei den unterschiedlichen österreichischen Dialekten der InterviewpartnerInnen teilweise nur wenig präzise aus und zum anderen bietet die eigenhändige Transkription die Chance, sich zeitnah nach den Interviews noch einmal genau mit den Aussagen der ExpertInnen auseinanderzusetzen, den theoretischen Samplingprozess zu verfeinern (siehe Teil III, Abschnitt 11.4.1) und bereits vorab ein tieferes Verständnis für die spätere Analyse des Interviewmaterials zu schaffen.

Es gibt in der qualitativen Sozialforschung viele verschiedene Transkriptionssysteme wie beispielsweise das zusammenfassende-, das journalistische- oder das wissenschaftliche Transkriptionsverfahren (Fuß & Karbach, 2019, S. 18–19). Die Entscheidung für die Eignung des entsprechenden Systems bestimmen die jeweilige Forschungsfrage, die Datentiefe (Misoch, 2019, S. 266) und die Erkenntniserwartung.

Da das Erkenntnisinteresse der vorliegenden Arbeit auf thematisch und inhaltlich relevanten Aussagen zum dBGM in österreichischen KMU liegt, wurde sich zur Datenaufbereitung an das vereinfachte Transkriptionssystem von Dresing und Pehl (2018, S. 20–22) angelehnt (siehe Transkriptionsregeln in den Anlagen, Kapitel 5), das auch als inhaltlich-semantische Transkription oder geglättete Transkription bezeichnet wird. Nach diesem Verfahren wird das Audiomaterial wörtlich transkribiert und zur besseren Verständlichkeit und Lesbarkeit *„geglättet“* in ein grammatikalisch korrektes Standarddeutsch übertragen (Mayring, 2002, S. 91; Kegel, 2018, S. 89). Dadurch wird der Fokus einerseits auf den (semantischen) Inhalt des Redebeitrags gesetzt (Kuckartz et al., 2008, S. 27) und andererseits können die Interviews mit den aus Österreich stammenden ExpertInnen im Dialekt geführt werden, wodurch eine möglichst authentische Gesprächsatmosphäre bei gleichzeitig großer Informationsgewinnung geschaffen wird.

Die vollständigen Transkripte (siehe Anlagen, Kapitel 4) werden jeweils in Tabellenform dargestellt und die abwechselnden Sprecherbeiträge fortlaufend mit Positionsangaben nummeriert, um bei der Darlegung der Ergebnisse (siehe Teil III, Abschnitt 12.3) konkrete Querverweise anführen zu können sowie die Nachvollziehbarkeit und Auffindbarkeit der zitierten Textstellen sicherzustellen.

Ergebnisse 12

12.1 Auswertung der Ergebnisse

Nun wird der genaue Prozess der Datenauswertung dargelegt und erklärt, da eine präzise und gut nachvollziehbare Darstellung der Vorgehensweise in der Forschungspraxis häufig ausbleibt (Kuckartz & Rädiker, 2024, S. 22). Die Datenanalyse lehnte sich an die qualitative Inhaltsanalyse von Mayring an und wurde mit der computergestützten Software MAXQDA durchgeführt. Dabei wurde die Vorgehensweise der strukturierenden Inhaltsanalyse mit der Ablaufstruktur der zusammenfassenden Inhaltsanalyse kombiniert, um neben der deduktiven auch die induktive Form der Kategorienbildung einzubinden (siehe Teil III, Abschnitt 11.2.2). Zu Beginn des Analyseprozesses erfolgte die Festlegung der Analyseeinheiten, um die Genauigkeit und Nachvollziehbarkeit der Inhaltsanalyse zu gewährleisten (Mayring, 2015, S. 61). Demnach sollte die Kodiereinheit mindestens einige Wörter umfassen, die Kontexteinheit sollte maximal aus einer vollständigen Interviewantwort bestehen und die Auswertungseinheit ergab sich vor dem Zeitpunkt der Interviewdurchführung, nachdem mit Interview A begonnen und der Analysevorgang in alphabetischer Reihenfolge fortgesetzt wurde. Nach der Bestimmung der Analyseeinheiten wurden in Anlehnung an die strukturierende Inhaltsanalyse deduktive Kategorien entwickelt (siehe Abbildung 12.1), die auf den theoretischen Ergebnissen des Forschungsstands, der empiriegeleiteten Fragestellung sowie der Konstruktion des Interviewleitfadens basierten.

A. Wieser, *Erfolgsfaktoren für die Implementierung eines digitalen betrieblichen Gesundheitsmanagements*, https://doi.org/10.1007/978-3-658-51620-8_12

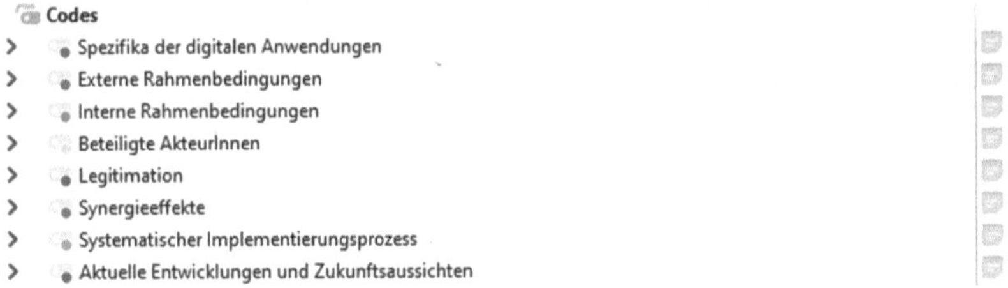

Abbildung 12.1 Deduktive Hauptkategorien. (Quelle: Screenshot aus MAXQDA)

Um ein einheitliches und nachvollziehbares Verständnis für den folgenden Kodierungsprozess zu schaffen, wurde während der Kodierung sukzessive ein Kodierleitfaden erstellt, um die Textstellen systematisch den Kategorien zuordnen zu können. Der Kodierleitfaden liefert eine Beschreibung der Kategorie sowie ein konkretes Ankerbeispiel und definiert, welche Regeln erfüllt werden müssen, um eine Textstelle in einer Kategorie zu verorten. In MAXQDA erfolgt die Darstellung des Kodierleitfadens über die Funktion „Code-Memo" (siehe Abbildung 12.2) respektive die Erstellung des „Codebuchs" (siehe Anlagen, Kapitel 6), in dem sämtliche Definitionen der einzelnen Kategorien aufgelistet werden.

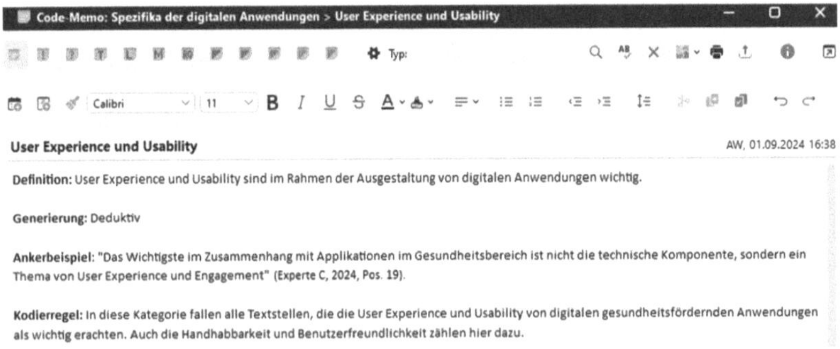

Abbildung 12.2 Beispielhaftes Code-Memo während des Analysevorgangs. (Quelle: Screenshot aus MAXQDA)

Nach der vorläufigen Konstruktion des Kodierleitfadens wurden die transkribierten Interviews zur konkreten Datenanalyse in MAXQDA eingespeist und die Fundstellen beim ersten Materialdurchlauf markiert sowie anschließend bearbeitet, extrahiert und kodiert.

Durch wiederholte Materialdurchläufe wurde zudem überprüft, ob die Kategoriendefinitionen und der Kodierleitfaden auf die Experteninterviews angewendet werden können oder ob noch etwaige Adaptionen erforderlich sind. Nach einigen Modifikationen des Kategoriensystems sowie des Kodierleitfadens wurde ein finaler Materialdurchlauf vorgenommen, in dem die forschungsrelevanten Textstellen erneut analysiert und kodiert wurden bis eine Vielzahl an Textstellen den deduktiven Kategorien zuordenbar waren. Die nachfolgende Abbildung 12.3 stellt den genauen Ablauf der deduktiven Kategorienanwendung schematisch dar.

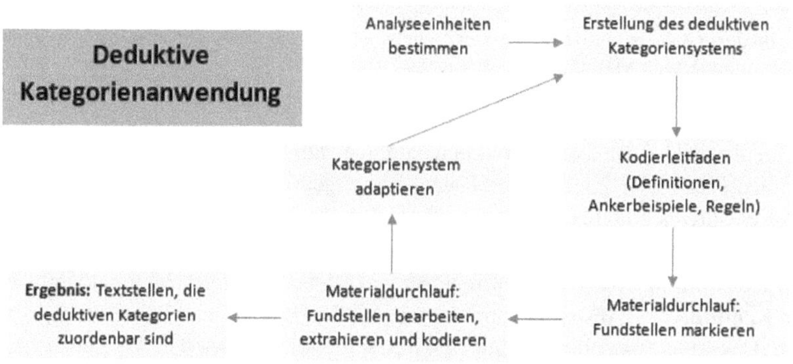

Abbildung 12.3 Ablaufmodell der deduktiven Kategorienanwendung in Anlehnung an die strukturierende Inhaltsanalyse nach Mayring. (Quelle: Eigene Darstellung)

Da es nach diesem Analysevorgang jedoch immer noch einige Textelemente gab, die nicht den vorab thematisch bestimmten deduktiven Kategorien zugeordnet werden konnten, wurden diese Textstellen dann in Anlehnung an die zusammenfassende Inhaltsanalyse untersucht. Dabei galt es die spezifischen Zitate auf die zentralen inhaltsrelevanten Aussagen zu reduzieren, ohne den Inhalt des Textes zu verfälschen (siehe Auszug in Abbildung 12.4 und vollständige Analyse in den Anlagen, Kapitel 7).

Experte J

Position	Zitat	Generalisierung	Paraphrasierung	Reduktion
39	Die kommende Generation Z schaut mittlerweile nicht mehr vorrangig auf das Gehalt, sondern da werden auch andere Faktoren wie Work-Life-Balance und Wellbeing immer wichtiger [...].	Der Generation Z ist nicht nur Geld wichtig, sondern auch die Work-Life-Balance und Wellbeing.	Es ist wichtig, auf die Bedürfnisse der Generation Z einzugehen.	Generation Z

Abbildung 12.4 Induktive Kategorienbildung in Anlehnung an die zusammenfassende Inhaltsanalyse nach Mayring. (Quelle: Eigene Darstellung)

Im Anschluss an diese Reduktion konnten die abstrahierten Textstellen nun den neu entstandenen induktiven Kategorien zugeordnet werden. Nachdem sämtliche entsprechende Textelemente aus den Interviews auf diese Weise analysiert wurden, wurde überprüft, ob das dadurch entstandene Kategoriensystem das Ausgangsmaterial noch angemessen repräsentiert und ein weiterer Materialdurchlauf zur Kontrolle des Abstraktionsprozesses und der Kategorienbildung vorgenommen. Das Ablaufmodell der induktiven Kategorienbildung wird in Abbildung 12.5 beispielhaft veranschaulicht.

Zum Abschluss wurde das gesamte Material unter Berücksichtigung des mittlerweile nun deduktiv-induktiven Kategoriensystems wiederholt überarbeitet, gleichwertig analysiert und vollumfänglich evaluiert (Gläser & Laudel, 2010, S. 204), um die Kodierung final zu kontrollieren und eventuelle Änderungen vorzunehmen. Durch diese Rücküberprüfung sollte sichergestellt werden, dass das Kategoriensystem ein valides und prägnantes Abbild des Datenmaterials darstellt und eine solide Grundlage für die Darlegung und Diskussion der Ergebnisse sowie die Beantwortung der Forschungsfragen bietet. Im Rahmen dessen wurde parallel dazu auch die Ausgestaltung des Kodierleitfadens und des Codebuchs verfeinert, damit die probate Durchführung der Intercoder-Reliabilitätsprüfung (Teil III, Abschnitt 13.2) gewährleistet werden kann und die Codebeschreibungen möglichst eindeutig ausfallen.

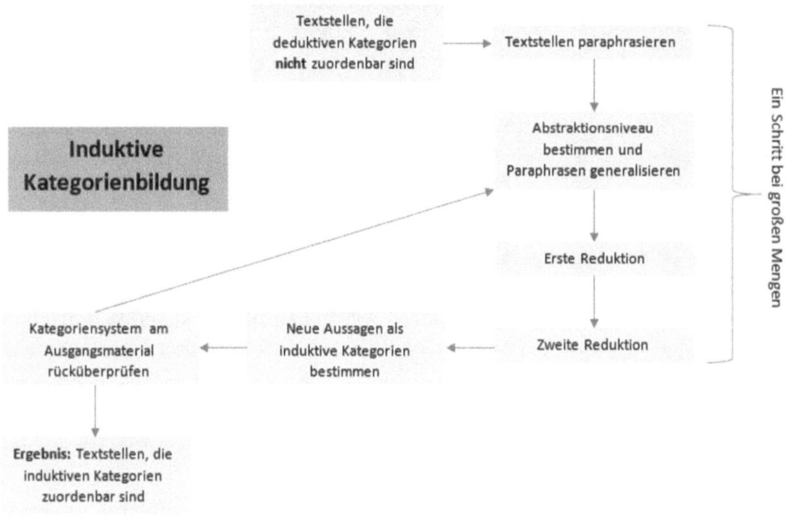

Abbildung 12.5 Ablaufmodell der induktiven Kategorienbildung in Anlehnung an die zusammenfassende Inhaltsanalyse nach Mayring. (Quelle: Eigene Darstellung)

12.2 Kurzbeschreibung der befragten ExpertInnen

Die im Rahmen der qualitativen Interviews befragten ExpertInnen weisen Erfahrungswerte mit österreichischen KMU auf, in denen ein dBGM erfolgreich eingeführt wurde. Um jedoch auch eine möglichst heterogene Beantwortung der Interviewfragen sicherzustellen, wurde darauf geachtet, dass die TeilnehmerInnen unterschiedliche Positionen bekleiden (GeschäftsführerInnen, GesundheitsmanagerInnen, Führungskräfte, BGM-ExpertInnen) und die forschungsrelevanten Fragestellungen somit aus verschiedenen Perspektiven zu beleuchten. So decken die Kenntnisse der InterviewpartnerInnen diverse dBGM-Angebote ab und erstrecken sich von der 24-Stunden-Herzratenvariabilitätsmessung (HRV) über Livestream-Gesundheitsevents, Wearables, Online-Plattformen, Online-Live-Kurse und Gesundheits-Apps bis hin zu digitalen EAP. Das nachfolgende Kapitel liefert demnach eine Kurzbeschreibung der GesprächspartnerInnen, um einen Überblick über die diversen Erfahrungswerte der InterviewteilnehmerInnen zu bieten.

Die Expertin A befasst sich seit 2009 mit dem Thema dBGM und sammelte bei ihrem ersten Arbeitgeber nach dem Studium Erfahrungen mit der Messmethode der 24-Stunden-HRV. Die HRV ist eine nicht-invasive Messmethode, die über die Auswertung der Herzschlagintervalle physiologische Parameter wie Stress und Erholung aufzeichnet und im Arbeitsalltag neben der Gesundheitsüberwachung vor allem präventiv zur Burnout-Prophylaxe eingesetzt wird. Anfangs waren für die Durchführung der HRV-Messung ein externer Experte oder eine externe Expertin erforderlich, mittlerweile haben sich die Geräte jedoch so vereinfacht, dass die Auswertung individuell durch Wearables und Apps erfolgen kann. Grundsätzlich ist die Expertin A der Meinung, dass es für KMU bei der Einführung eines dBGM essenziell ist, sich nach Fördermöglichkeiten und externen Unterstützungsangeboten zu erkundigen und eine vertrauensvolle Unternehmenskultur entscheidend ist, um die Partizipation der Mitarbeitenden zu erhöhen. Außerdem sollte die Geschäftsführung das Thema leidenschaftlich vorantreiben sowie kontinuierlich kommunizieren und es braucht positive Beispiele und MultiplikatorInnen aus dem Unternehmen, um auch andere Mitarbeitende zur Teilnahme zu motivieren.

Der befragte Experte B setzt sich seit 2012 mit dBGM auseinander und gründete 2013 einen eigenständigen dBGM-Anbieter samt App, die NutzerInnen dabei unterstützt, ein gesünderes Leben zu führen. Die App ist von einer intuitiven Bedienbarkeit geprägt und bietet ein breites Spektrum an Funktionen zur Förderung eines gesunden Lebensstils. Darunter fallen Aktivitätstracking, Gamification-Elemente, Challenges sowie Impulse zu Ernährungs-, Bewegungs- und Mentalübungen. Über anonymisierte Analysen können die Unternehmen die Nutzung und Akzeptanz der App sowie die Erreichung verschiedener Zielgruppen evaluieren. Der Implementierungsprozess sollte laut Experte B idealerweise von der Geschäftsführung angestoßen werden und in enger Abstimmung mit einer Ansprechperson respektive ExpertIn erfolgen. Dabei ist es wichtig, bestehende BGM-Aktivitäten zu integrieren und das digitale Angebot nahtlos in den Arbeitsalltag einzubinden. Zudem sind ein durchdachter Kommunikationsplan, kontinuierliche Erfolgsmessungen und die Bereitstellung ausreichender zeitlicher und finanzieller Ressourcen entscheidend für eine nachhaltige Implementierung. Insgesamt liegt der Schlüssel zum Erfolg für den Experten B in einem hybriden Ansatz, der die Vorteile digitaler und analoger Maßnahmen miteinander verknüpft, damit das dBGM seine maximale Wirksamkeit entfalten kann.

Der Interviewteilnehmer C hat bereits im Jahr 2017 erste Erfahrungen mit dBGM gesammelt. Anfangs fokussierte er sich auf den B2C (Business to Consumer)-Bereich, später erkannte er jedoch, dass das Thema dBGM im B2B (Business to Business)-Bereich noch relevanter ist. Seit einem Jahr ist der Experte

C nun als Geschäftsführer in einem Unternehmen tätig, das seinen Schwerpunkt auf mentale Gesundheit legt und einen hybriden Ansatz verfolgt, der sowohl rein digitale als auch digital unterstützte und analoge Maßnahmen umfasst. Datenschutz und Anonymität sind für ihn zentrale Themen, zumal die Vertraulichkeit der Mitarbeiterdaten gewährleistet sein muss und er sieht große Potenziale in gesetzlichen Initiativen oder Förderprogrammen, die zusätzliche Ressourcen bereitstellen können. Laut dem Experten C liegt die größte Herausforderung des dBGM darin, die MitarbeiterInnen tatsächlich zur Nutzung zu motivieren und auch weniger aktive KollegInnen einzubinden. In diesem Sinne nennt Experte C die Pokémon-Go-App als Beispiel, die vor allem im Zeitraum ihrer erstmaligen Einführung 2016 viele Leute zur Aktivität animierte, die normalerweise *„nur in ihrem Wohnzimmer oder vielleicht sogar Kinderzimmer gewesen sind"* (Experte C, 2024, Pos. 44). Daher empfiehlt er vor allem digitale Angebote, die den sozialen Austausch und das Gemeinschaftsgefühl fördern und schlägt für den KMU-Kontext vor, ein möglichst automatisiertes, selbsterklärendes und servicearmes Angebot anzubieten, das die Budgets nicht übermäßig belastet.

Experte D ist seit 2017/2018 im Bereich des dBGM tätig. Ausgehend von seiner Leistungssportkarriere sowie seinem damit verbundenen persönlichen Interesse an Bewegung und einer gesunden Lebensweise erkannte er, dass der größte Bedarf im Bereich der Arbeitsplatzgesundheit liegt und entwickelte daraufhin digitale Gesundheitsangebote für Unternehmen und deren MitarbeiterInnen. Dazu gehört zum einen ein großer jährlicher digitaler Gesundheitstag, an dem bis zu 700 Unternehmen teilnehmen können. Darüber hinaus hat sich eine monatliche digitale Eventreihe etabliert, bei der ExpertInnen zu verschiedenen Gesundheitsthemen eingeladen werden und Firmen digital an den Veranstaltungen teilnehmen können. Dem Experten D zufolge sind in KMU oft noch keine etablierten BGM-Strukturen vorhanden und es finden höchstens einzelne Maßnahmen wie Teamevents oder Firmenläufe statt. Für die nachhaltige Einführung eines dBGM sind daher meist die Geschäftsführung oder die Personalabteilung verantwortlich und die Kommunikation (vor allem über den Kalender) der digitalen Angebote ist ein wichtiger Erfolgsfaktor, um die Teilnahmequote der Angestellten zu steigern. Insgesamt sieht der Experte D großes Potenzial im dBGM, da es Unternehmen ermöglicht, Beschäftigte orts- und zeitunabhängig zu erreichen und reine Präsenzangebote beispielsweise Angestellte, die im Homeoffice arbeiten, ausschließen. Abschließend kritisiert er die Art von digitalen Angeboten, die lediglich außerhalb der Arbeitszeit stattfinden können, weil dann wieder nur die Personen erreicht werden, die sowieso Sport machen würden und das gesamte Unternehmen dadurch nicht unbedingt gesünder wird.

Die Gesprächspartnerin E befasst sich seit 2019 mit dBGM und betreut B2B-Unternehmen bei der Implementierung von digitalen gesundheitsfördernden Anwendungen. Ihre Expertise bezieht sich vor allem auf eine native App mit Bewegungsvideos, Gesundheitsroutinen und Challenges. Der Fokus liegt dabei auf individuellen, ganzheitlichen Inhalten zur Förderung von Bewegung, Ernährung, Achtsamkeit und mentaler Gesundheit. Die App ist intuitiv und niederschwellig gestaltet, um möglichst viele Mitarbeitende zu erreichen und zur Auswertung werden Nutzungsdaten, Vorher-Nachher-Befragungen und anonymisierte Berichte für die Unternehmen erstellt. Die Kosten für Unternehmen sind pauschal gestaffelt, eine Förderung ist teilweise möglich, aber oft mit einem großen Aufwand verbunden. Das dBGM-Angebot der Expertin E lässt sich gut in den Arbeitsalltag integrieren und erreicht hohe Beteiligungsquoten, insbesondere bei zeitlich begrenzten Challenges. Zusammenfassend sieht die Befragte großes Potenzial für digitale, individualisierte und ganzheitliche Gesundheitsangebote, die physische und digitale Elemente kombinieren und betont dabei, dass der Gesundheitsgedanke in die gesamte Unternehmensstrategie einbezogen und auch in Jours fixes regelmäßig priorisiert werden sollte.

Die Expertin F berichtet, dass sie erstmals 2009 mit dem Thema dBGM in Berührung kam, als die ersten Gesundheitsmaßnahmen bereits über digitale Tools koordiniert wurden. Bei der Auswahl einer dBGM-Anwendung sind laut Expertin F vor allem die leichte Handhabbarkeit und Intuitivität wichtig, da nicht nur technikaffine, sondern auch technikaverse MitarbeiterInnen damit umgehen können müssen. Eine große Hürde stellt oft schon die Registrierung dar, da Mitarbeitende gegenüber den ArbeitgeberInnen bezüglich Datenschutz und Anonymität von Anfang an skeptisch sind. Obwohl Kennzahlen und Reportings zur Nutzungsanalyse für die Befrage F sehr wichtig sind, werden sie in der Praxis nicht immer systematisch erhoben, wodurch die Wirksamkeit nicht ausreichend legitimiert wird. Als Vorteile von dBGM-Angeboten nennt die Expertin F die vereinfachte Kommunikation, die Vernetzung verschiedener Angebote und die höhere Flexibilität, gerade in Zeiten von Homeoffice. Meist sind vor der Einführung von dBGM-Angeboten schon gewisse bestehende BGM-Strukturen in den Unternehmen vorhanden, jedoch agieren KMU bei der Einführung konträr zu Großunternehmen oft noch eher zurückhaltend. Als wichtige Erfolgsfaktoren für die Implementierung in KMU sieht Expertin F die Unterstützung der Geschäftsführung, die Bereitstellung von Ressourcen und die Benennung einer zuständigen Person. Abschließend sieht die Expertin dBGM als sinnvolle Ergänzung zum analogen BGM, betont aber, dass vor allem hybride Angebote wichtig sind, um alle Mitarbeitenden zu erreichen.

Der Interviewpartner G erläutert, dass er als Experte für eine digitale App verantwortlich ist, mit der Unternehmen zu einem großen Sportnetzwerk in Österreich und Deutschland Zutritt erlangen. Bei der Ausgestaltung der App ist es wichtig, dass sie intuitiv und benutzerfreundlich ist und datenschutzrechtliche Fragen abgeklärt sind. Die steuerlichen Rahmenbedingungen in Österreich stellen für die einführenden Betriebe eine Herausforderung dar, da es keinen Steuerfreibetrag für sportliche Inhalte im Rahmen der BGF gibt. Deshalb hat das Unternehmen ein Modell entwickelt, bei dem ein Teil der Kosten vom Unternehmen und der andere Teil von den Mitarbeitenden getragen wird. Erste Nutzungsergebnisse der App zeigen, dass der Krankenstand um bis zu sechs Tage pro Jahr reduziert und die Produktivität sowie Motivation der Mitarbeitenden gesteigert werden können. Für den Implementierungsprozess ist es wichtig, dass das Angebot selbsterklärend ist, damit kein zusätzlicher Aufwand für die Unternehmen entsteht und insgesamt sieht der Experte G das größte Erfolgskriterium darin, das Commitment der Mitarbeitenden aufrechtzuerhalten, da die bloße Bereitstellung des Angebots nicht ausreicht, um eine dauerhafte Nutzung zu gewährleisten.

Der Befragte H setzt sich seit 2018 mit dBGM auseinander und beschäftigt sich speziell mit einer App, die Zugang zu einem Netzwerk aus Sportanbietern in Österreich, Deutschland, der Schweiz, den Beneluxstaaten, Frankreich, Italien und Spanien bietet. Die App zeichnet sich durch eine benutzerfreundliche und flexible Gestaltung, eine datenschutzkonforme Verwaltung der Nutzerdaten sowie eine zielgruppengerechte Kommunikation und Einbindung der Mitarbeitenden aus. Neben der Einfachheit der Nutzung spielen vor allem die Möglichkeit der individuellen Sportauswahl und -buchung sowie die Förderung des Teamzusammenhalts durch gemeinsame Sportaktivitäten eine wichtige Rolle. Entscheidend für die erfolgreiche Einführung eines dBGM-Angebots sind nach dem Experten H die Unterstützung der Geschäftsführung und die Bereitstellung von Ressourcen. Besonders im Hinblick auf die oftmals limitierten Mittel von KMU stellen dBGM-Lösungen eine kostengünstige und flexible Alternative dar, die neben den positiven gesundheitlichen Aspekten auch die ArbeitgeberInnenattraktivität merklich erhöhen kann. Eine nachhaltige Implementierung erfordert eine individuelle Herangehensweise, eine kontinuierliche Kommunikation über sämtliche Unternehmensbereiche hinweg und die Bereitstellung eines leicht zugänglichen Angebots für alle Mitarbeitenden.

Die Expertin I ist seit 2019 im Bereich des dBGM tätig und hat, angetrieben von der COVID-19-Pandemie, eine digitale Lösung für ein EAP konzipiert, das auf KMU mit 2–50 Mitarbeitende ausgelegt ist. Da sich EAP normalerweise an Großunternehmen ab 100 Angestellte richten, wurde eine webbasierte Plattform entwickelt, die Online-Kurse, Videos, Podcasts und Online-Workshops zur psychischen Gesundheitsförderung bereitstellt und so orts- und zeitunabhängigen Zugriff für die Nutzenden ermöglicht. Die Handhabung und Nutzung der Plattform ist laut der Expertin sehr intuitiv und benutzerfreundlich gestaltet. Für Unternehmen, die das Angebot buchen, gibt es Nutzungsauswertungen, jedoch ohne dass dabei Rückschluss auf einzelne NutzerInnen gezogen werden könnte, da der Datenschutz einen hohen Stellenwert einnimmt und die Mitarbeitenden ihre Zugangsdaten und Nutzungsverläufe selbstständig verwalten. Die Kosten für KMU bis 50 Mitarbeitende variieren je nach Paket, werden aber grundsätzlich vollständig vom Unternehmen getragen. Die Interviewte I sieht das dBGM als sinnvolle Ergänzung, aber nicht als vollständigen Ersatz für reale Begegnungen an und betont, dass eine erfolgreiche und nachhaltige Implementierung nur funktionieren kann, wenn das Unternehmen auch wirklich dahintersteht und es nicht nur als *„Mascherl“* (Expertin I, 2024, Pos. 52) respektive Anhängsel ansieht. Erfolg versprechend ist es zudem, wenn der Betrieb vom Mehrwert des Angebots überzeugt ist und eine offene Unternehmenskultur herrscht, da dadurch auch die Inanspruchnahme und Teilnahmequote erhöht werden.

Der Gesprächspartner J nutzte bereits seit einigen Jahren privat die Meditationsapp „Headspace“ und beschloss, in seiner Position als Geschäftsführer eines österreichischen KMU im Jahr 2020 aufgrund der Coronapandemie eine ähnliche digitale Plattform auch in seinem Unternehmen einzuführen. Die ausgewählte dBGM-App bietet den Mitarbeitenden neben mentalen Übungen auch ein breites Spektrum an Bewegungs- und Ernährungsangeboten. Bei der Auswahl der App wurde besonders auf Nutzerfreundlichkeit, Datenschutz und Transparenz geachtet. Die Kosten für das Angebot werden vollständig vom Unternehmen übernommen, wobei der Geschäftsführer die fehlenden steuerlichen Anreize und Fördermöglichkeiten in Österreich kritisiert. Experte J sieht auch große Herausforderungen im dBGM hinsichtlich Corporate Social Responsibility oder Digital Ethics Fragen und fordert, dass klare rechtliche Regelungen eingeführt werden, die Unternehmen bei diesen Governance-Prozessen unterstützen. Abschließend erkennt er im dBGM seines Betriebs jedoch auch einen positiven Einfluss auf das Arbeitsklima sowie die ArbeitgeberInnenattraktivität und nennt als zentrale Erfolgsfaktoren für eine erfolgreiche Implementierung in KMU die Einfachheit des Angebots, die Vorbildfunktion der Führungskräfte sowie die Integration in die Unternehmenskultur.

Der Befragte Experte K lernte das Thema dBGM speziell durch die Einführung einer digitalen gesundheitsfördernden App in seinem Unternehmen kennen. Die App, die ihm sein Unternehmen zur Verfügung stellt, bietet Zugang zu einem Netzwerk aus verschiedensten Sportanbietern in Österreich und Deutschland sowie mentale Übungen und Ernährungstipps. Wichtig sind für den Experten K die intuitive Bedienbarkeit, der Schutz der Privatsphäre und dass die Kosten für die dBGM-Anwendung vom Unternehmen getragen werden, obgleich die Angestellten für zusätzliche Leistungen einen Selbstbehalt zahlen müssen. Die Einführung der App wurde vom Geschäftsführer forciert, der das Angebot auf einer Messeveranstaltung kennengelernt hatte und zuvor gab es bloß vereinzelte BGM-Maßnahmen wie einen alljährlichen Gesundheitstag. Etwa 50 % der Belegschaft nutzen die App regelmäßig und die Belegschaft schätzt es sehr, dass der Arbeitgeber ein solches Angebot bereitstellt. Künftig sieht er große Potenziale im Bereich von Extended Reality-Anwendungen, wenngleich er auch zunehmend Stressfaktoren erkennt, die mit übermäßiger Digitalisierung einhergehen können. Für die erfolgreiche Implementierung in KMU sind laut Experte K die Unterstützung der Führungsebene, positive Beispiele unter den Mitarbeitenden sowie die Ansprache von weniger aktiven Personen zentral.

Der Interviewteilnehmer L erklärt, dass sein Unternehmen bereits im Jahr 2017/2018 erste Erfahrungen mit dBGM-Angeboten gesammelt hat, indem die vormaligen gesundheitsfördernden Präsenzkurse digital über Online-Kurse für die MitarbeiterInnen im Außendienst angeboten wurden. Diese ersten digitalen Angebote wurden durch den Ausbruch der Coronapandemie deutlich beschleunigt und mittlerweile umfasst das dBGM-Angebot des Unternehmens eine eigene Plattform mit Live- und Onlinevideos. Zudem bietet das Unternehmen umfangreiche Analyse- und Reportmöglichkeiten, sowohl für die Teilnehmenden selbst als auch für die Unternehmen. Die Einbindung der dBGM-Angebote ins Tagesgeschäft ist eine Herausforderung, wobei sich die Ausübung der Bewegungsangebote im Homeoffice oder in Pausen am Arbeitsplatz als erfolgreich erwiesen hat. Der Experte L sieht großes Potenzial für die Zukunft des dBGM, speziell durch die Anwendung von Künstlicher Intelligenz (KI) zur individuellen Anpassung der Inhalte und Programme. Erfolgsfaktoren für eine nachhaltige Implementierung eines dBGM in KMU sind die Unterstützung der Führungsebene, geeignete Werbe- und Promotionsmaßnahmen im Unternehmen, die flexible Anpassung an den individuellen Bedarf sowie die kontinuierliche Kommunikation von Erfolgen.

Die Expertin M beschäftigt sich aufgrund ihres damaligen Masterstudiums schon seit dem Jahr 2018 mit dem Thema dBGM. In ihrem aktuellen Unternehmen wurde ein dBGM 2022 nach der COVID-19-Pandemie eingeführt, da viele MitarbeiterInnen in dieser Zeit von psychischen Problemen berichteten. Das digitale Angebot umfasst eine Online-Plattform zur Förderung des mentalen Wohlbefindens mit Online-Kursen, eine Informationsbibliothek und die Möglichkeit, online mit ausgebildeten PsychologInnen zu sprechen, ohne dass es zu langen Wartezeiten kommt. Das Unternehmen erhält anonymisierte Nutzungsstatistiken, um das Angebot zu evaluieren, die individuellen Daten bleiben jedoch streng vertraulich. Bei der Einführung des dBGM war die Expertin M die treibende Kraft, da es zuvor keine etablierten BGM-Strukturen im KMU gab. Generell gibt es seitens der Mitarbeitenden durchweg positive Rückmeldungen zur Einführung der digitalen App. Außerdem wird die Unternehmenskultur seitdem als offener wahrgenommen, da mentale Gesundheit nicht mehr so sehr als Tabuthema angesehen wird und die Angestellten berichten von einer allgemein gesteigerten Zufriedenheit. Abschließend sieht die Expertin M große Potenziale in der Entwicklung von dBGM-Angeboten, insbesondere in Bezug auf New Work Formen und die Generation Z. Für eine erfolgreiche Implementierung in KMU sind laut Expertin M die Unterstützung der Geschäftsführung, eine aktive Kommunikation sowie die Eigenverantwortung der Mitarbeitenden entscheidend. Zudem hängt die Akzeptanz eines dBGM auch von der individuellen Einstellung der Angestellten ab und inwiefern die Angebote persönlich als sinnvoll und zweckmäßig erachtet werden.

Der Interviewpartner N nutzt in seinem Unternehmen seit 2021 eine externe dBGM-Plattform, die verschiedene Funktionen zur Förderung eines gesunden Lebensstils anbietet. Die App ist intuitiv und anwenderfreundlich gestaltet, was insbesondere für ältere und weniger technikaffine Mitarbeitende wichtig ist. Nutzungsanalysen und Aktivitätsreports bekommt er direkt von der App zugesendet und über gamifizierte Elemente wie Punktesysteme und Ranglisten kann er sehen, wie er sich im Vergleich zu anderen schlägt. Die Entscheidung zur Implementierung eines dBGM-Angebots ging von den beiden Geschäftsführern aus, die beide sehr engagiert sind und auch selbst einen gesundheitlichen Lebensstil propagieren. Dies zeigt sich, indem es schon zuvor jährliche Gesundheitstage gab und einmal im Quartal Supervisionen angeboten werden, in denen mit externen ExpertInnen Probleme aus dem beruflichen oder privaten Alltag diskutiert werden können. Die digitalen Angebote sind in den Arbeitsalltag integrierbar und werden von den Mitarbeitenden gut angenommen. Positive Auswirkungen zeigen sich unter anderem in Form von reduzierten Krankenstandstagen und die erfolgreiche Implementierung eines dBGM in KMU führt der Experte N vor allem auf die Schaffung gesundheitsförderlicher Rahmenbedingungen, die Einbindung der Führungskräfte sowie die Unterstützung durch externe Anbieter zurück, die dem Unternehmen zusätzlichen Arbeitsaufwand abnehmen können.

12.3 Darlegung der Ergebnisse

In den nachfolgenden Abschnitten erfolgt eine deskriptive Darlegung der im Rahmen der Experteninterviews identifizierten Faktoren, die der erfolgreichen Implementierung eines digitalen betrieblichen Gesundheitsmanagements in österreichischen Klein- und Mittelunternehmen zuträglich sind.

Die Kapitelstruktur der Ergebnisdarstellung basiert auf dem in Anlehnung an die qualitative Inhaltsanalyse nach Mayring erarbeiteten deduktiv-induktiven Kategoriensystem (siehe Teil III, Abschnitt 12.1). Um einen Überblick des finalen Kategoriensystems zu gewähren, listet die Tabelle 12.1 die entstandenen acht Hauptkategorien sowie die jeweils dazugehörenden Subkategorien zusammenfassend auf.

Tabelle 12.1 Haupt- und Subkategorien der Experteninterviews. (Quelle: Eigene Darstellung in Anlehnung an das exportierte Codesystem aus MAXQDA)

Spezifika der digitalen Anwendungen (Hauptkategorie)
User Experience (UX) und Usability
Komplexität
Administration
Feedback- und Supportmöglichkeiten
Personalisierung
Adaptierbarkeit
Flexibilität
Analyse- und Steuerungsmöglichkeiten
Gamification
Kosten
Einheitliche Qualitätsanforderungen
Externe Rahmenbedingungen (Hauptkategorie)
Finanzierung durch staatliche Initiativen, Förderprogramme oder Krankenkassen
Zeitgemäße rechtliche Regelungen
Steuerliche Anreize
Datenschutz

(Fortsetzung)

Tabelle 12.1 (Fortsetzung)

Interne Rahmenbedingungen (Hauptkategorie)
Bestehende BGM-Strukturen
Flexible Arbeitsweisen
Offene Unternehmenskultur und positives Arbeitsklima
Bonifizierung und Incentivierung
Integration in den Arbeitsalltag
Zielgruppen im Unternehmen
Ressourcen
Größenvorteile von KMU
Kommunikation
Information
Transaktion
Beteiligte AkteurInnen (Hauptkategorie)
Einbindung der Führungskräfte
ImpulsgeberInnen
Vorbildwirkung der Opinion Leader
Commitment
AnsprechpartnerInnen im Unternehmen
Partizipation der Mitarbeitenden
Positive MultiplikatorInnen
Akzeptanz und persönliches Sinnempfinden
Eigenverantwortung
Legitimation (Hauptkategorie)
Nutzungsanalysen für das Unternehmen
Nutzen für das Unternehmen
Beteiligungsquote
Evidenzbasierte Wirksamkeitsnachweise
Synergieeffekte (Hauptkategorie)
Vernetzung und Austausch
Kooperationen und kommerzielle Partnerschaften
Konsultierung von externen dBGM-Anbietern

(Fortsetzung)

Tabelle 12.1 (Fortsetzung)

Systematischer Implementierungsprozess (Hauptkategorie)
Bedarfsbestimmung
Strategie
Interventionsauswahl
Partizipation forcieren
Interventionsvorstellung
Multichannel-Kommunikationskampagne
Pilotprojekte
Maßnahmendurchführung
Evaluation und Learnings
Akzeptanz von Rückschlägen
Nachhaltigkeit
Aktuelle Entwicklungen und Zukunftsaussichten (Hauptkategorie)
Abwägung von Chancen und Herausforderungen
New Work Ansätze
Generation Z
Künstliche Intelligenz (KI)
Extended Reality (XR) Anwendungen
Digitaler Stress
Hybride Ansätze
Corporate Digital Responsibility (CDR) und Digitale Inklusion

12.3.1 Spezifika der digitalen Anwendungen

Die Spezifika der digitalen Anwendungen stellen für die befragten ExpertInnen einen wesentlichen Faktor bei der erfolgreichen Einführung eines dBGM in österreichischen Klein- und Mittelunternehmen dar. Die Anwendungen sollen dabei unterschiedliche Facetten abdecken und neben einer ausgereiften User Experience (UX) und Usability auch Kostenaspekte sowie die Schaffung von einheitlichen Qualitätsanforderungen berücksichtigen.

12.3.1.1 User Experience (UX) und Usability

Bei der Ausgestaltung der digitalen Anwendungen spielen für die Interviewten vor allem die **User Experience** und die **Usability** eine elementare Rolle (Experte

B, 2024, Pos. 17; Experte C, 2024, Pos. 19; Expertin F, 2024, Pos. 19; Experte G, 2024, Pos. 15; Experte H, 2024, Pos. 17; Experte K, 2024, Pos. 17; Experte L, 2024, Pos. 19; Expertin M, 2024, Pos. 17). Obwohl es an einer allgemeingültigen Definition für UX mangelt, fallen darunter grundsätzlich die ergonomischen, kognitiven und emotionalen Nutzungserfahrungen sowie Interaktionselemente zwischen UserInnen und Systemen (Berni & Borgianni, 2021, S. 1627). Ein positives Nutzungserlebnis ist elementar für die schlussendliche Nutzung von digitalen gesundheitsfördernden Angeboten und laut Experte C (2024, Pos. 19) sogar noch bedeutender als die technische Umsetzung: *„Das Wichtigste im Zusammenhang mit Applikationen im Gesundheitsbereich ist nicht die technische Komponente, sondern ein Thema von User Experience und Engagement."*

Um ein möglichst hohes Engagement unter den NutzerInnen zu erzielen, stellt zudem die **Komplexität** der digitalen Anwendungen einen weiteren Schlüsselfaktor dar. Die ExpertInnen sind sich demnach einig, dass es vor dem Hintergrund von Usability-Faktoren speziell ein benutzerfreundliches und intuitiv ausgestaltetes Angebot braucht, das möglichst selbsterklärend ist (Experte C, 2024, Pos. 46; Expertin E, 2024, Pos. 16; Expertin F, 2024, Pos. 19; Experte G, 2024, Pos. 15; Experte H, 2024, Pos. 17; Expertin I, 2024, Pos. 18; Experte J, 2024, Pos. 19; Experte K, 2024, Pos. 17; Experte L, 2024, Pos. 17; Expertin M, 2024, Pos. 17; Experte N, 2024, Pos. 15). *„Das ist so eine der wichtigsten Sachen, weil das Angebot kann super und richtig cool sein, aber wenn die NutzerInnen es nicht nutzen können, weil es zu kompliziert ist, dann bringt auch das beste Angebot nichts"* (Experte H, 2024, Pos. 17).

Des Weiteren ist nach den Experten G (2024, Pos. 49) und Experte L (2024, Pos. 57) auch die **Administration** überaus wichtig, da für die Unternehmen kein zusätzlicher Arbeitsaufwand entsteht und die NutzerInnen selbstständig und intuitiv mit den Anwendungen umgehen können sollten. Wenn es dennoch Unklarheiten oder Schwierigkeiten gibt, dann sind vor allem integrierte **Feedback- und Supportmöglichkeiten** sinnvoll. *„Und dann wäre es auch immer gut, wenn man den Support gleich erreicht, falls es mal Probleme gibt. Da sind wir mit [Firma anonymisiert] sehr zufrieden, weil da wirklich eine Nachricht oder ein Anruf genügt, wenn was nicht funktioniert"* (Experte J, 2024, Pos. 20).

Da digitale Anwendungen unter anderem die Möglichkeit zur Bereitstellung von individualisierten Formaten bieten, identifizieren die Befragten auch große Potenziale hinsichtlich der Bereiche **Personalisierung** (Expertin E, 2024, Pos. 34; Experte J, 2024, Pos. 15; Experte L, 2024, Pos. 17), **Adaptierbarkeit** (Expertin E, 2024, Pos. 34; Experte K, 2024, Pos. 19; Experte L, 2024, Pos. 61) und **Flexibilität** (Experte C, 2024, Pos. 46; Experte G, 2024, Pos. 35; Experte H, 2024, Pos. 39). Die Expertin E (2024, Pos. 34) berichtet beispielsweise, dass das Thema

Individualisierung immer wichtiger wird und sie über die Gesundheits-App in ihrem Unternehmen personalisierte Inhalte für die Präferenzen der jeweiligen Mitarbeitenden generieren können, die regelmäßig angepasst werden und sich über analoge Angebote in dieser Form nicht realisieren lassen würden. Generell sind laut dem Experten H (2024, Pos. 39) für eine erfolgreiche Etablierung eines dBGM flexible und multidimensionale Konzepte notwendig, um unterschiedliche Angestellte zu erreichen und verschiedene Interessensbereiche abzudecken: *„Oft haben Unternehmen in der Vergangenheit zum Beispiel mit einem Fitnessstudio kooperiert und gesehen, dass es irgendwie niemand nutzt. Und durch die neuen Angebote sehen sie, dass einfach viel, viel flexiblere Konzepte notwendig sind, damit möglichst viele Mitarbeitende angesprochen werden können. Das ist auf jeden Fall, was wir auch sehen. Der Trend geht in die Richtung eines flexiblen dBGM-Angebots."*

Darüber hinaus sollten die digitalen Anwendungen auch **Analyse- und Steuerungsmöglichkeiten** beinhalten (Experte C, 2024, Pos. 21; Experte K, 2024, Pos. 19; Experte N, 2021, Pos. 21), die die UserInnen selbstständig und privat verwalten können, um ihre Aktivitäten und Fortschritte zu analysieren, ohne dass die Unternehmen dabei Einsicht erhalten. Diesen Aspekt hebt speziell Experte N (2024, Pos. 21) hervor, indem er von den Funktionen der App berichtet, die in seinem Unternehmen integriert wurde: *„Und zum anderen kannst du über eine Funktion genau deine Aktivitäten auswerten lassen und bekommst Kennzahlen zur durchschnittlichen Nutzung und Evaluationen, die sich mit den vergangenen Monaten vergleichen lassen. Also da sieht man wirklich ziemlich genau, was so die Fortschritte sind."*

Ein weiteres Phänomen, das die Kontinuität der Nutzungsrate deutlich erhöhen kann, stellt **Gamification** dar (Experte C, 2024, Pos. 44; Experte G, 2024, Pos. 15; Expertin E, 2024, Pos. 36; Experte N, 2024, Pos. 21). Durch den Einsatz von gamifizierten und spieltypischen Elementen wie Punktesystemen, Preisen und Ranglisten werden die Mitarbeitenden zur Nutzung der digitalen Anwendungen motiviert und oftmals eben genau die Personen angesprochen, die sonst einen eher weniger gesundheitsorientierten Lebensstil führen. Auch wenn das nachfolgende von Experte C (2024, Pos. 44) angeführte Beispiel nicht als gesundheitsfördernde Anwendung im betrieblichen Kontext verstanden werden darf, nennt der Experte ein treffendes Exempel für einen Gamification-Effekt: *„Bei Pokémon Go werden jedes Jahr 10 Milliarden Schritte gegangen, von einer Zielgruppe von Leuten, die sonst nur in ihrem Wohnzimmer oder vielleicht sogar Kinderzimmer gewesen sind. Die hatten vorher einen solitary lifestyle und sind vor dem Computer abgehangen* *und plötzlich sind sie nach draußen gegangen, um zu spielen. Nicht um zu laufen, nicht um zu gehen, nicht um Schritte zu zählen, nicht um Kilometer zu zählen, sondern um zu spielen.“*

12.3.1.2 Kosten

Der **Kostenaspekt** von digitalen Anwendungen nimmt für sämtliche GesprächspartnerInnen einen hohen Stellenwert bei der Implementierung eines dBGM ein und ist aus verschiedenen Perspektiven zu betrachten, zumal KMU stets auch den begrenzten Ressourcenhintergrund berücksichtigen müssen.

Die Erfahrungswerte der meisten ExpertInnen beziehen sich auf digitale Angebote, die von externen dBGM-Anbietern bereitgestellt werden und gründen sich auf einem Pauschalpreis pro Monat (Experte B, 2024, Pos. 23; Experte C, 2024, Pos. 23; Expertin E, 2024, Pos. 20; Expertin F, 2024, Pos. 29; Expertin I, 2024, Pos. 14; Experte J, 2024, Pos. 23; Expertin M, 2024, Pos. 21; Experte N, 2024, Pos. 23), der auf der Unternehmensgröße und Mitarbeitendenzahl sowie dem ausgewählten Leistungspaket basiert und demnach modular gestaffelt ist. Beispielhaft ist hier die Aussage des Experten B (2024, Pos. 23) zu nennen: *„Das hängt von zwei Faktoren ab. Einerseits von der Größe des Unternehmens und welche Leistungspakete möchte ich genau beziehen. Es gibt Module, wo ich genau sagen kann, was ich brauche und was nicht. Und je nachdem, was ich dann auswähle, kommt dann ein anderer Preis heraus. Die niedrigste Schwelle bei einem Unternehmen unter zehn MitarbeiterInnen bin ich pauschal bei 200 € im Jahr, für einen Riesenkonzern mit tausenden MitarbeiterInnen wird es natürlich entsprechend teurer. Wenn ich jetzt von dem Praxisbeispiel mit 30 MitarbeiterInnen ausgehe, kostet die Minimalvariante ca. 500 € pro Jahr. Wenn ich ein großes Paket nehme, wo ich viele Zusatzleistungen nutzen kann, liege ich bei 4000 €.“*

In Bezug auf das Zustandekommen dieser Kosten geben die Experten C (2024, Pos. 46) und Experte D (2024, Pos. 60) zu bedenken, dass schon bei den kleinen Paketen mit durchschnittlich mindestens 500 € bis 1000 € pro Jahr für die Betriebe zu rechnen ist, weil sich für die externen dBGM-Anbieter die hohen Akquise- und Onboardingkosten sonst schlichtweg nicht lohnen würden.

Andere Befragte (Experte G, 2024, Pos. 21; Experte H, 2024, Pos. 25; Experte K, 2024, Pos. 23) setzen in ihrem Unternehmen hingegen auf ein Pay-Per-Use System, indem lediglich die Angebote bezahlt werden, die auch wirklich genutzt werden. Zwar übernimmt das Unternehmen immer noch einen gewissen Pauschalbetrag für die generelle Nutzung der digitalen Anwendungen, jedoch fällt dieser im Vergleich geringer aus, da die Angestellten für darüber hinausgehende Angebote oder Zutritte zu Kooperationsdienstleistern einen Selbstbehalt bezahlen müssen (Experte K, 2024, Pos. 23). Abschließend erklären einige ExpertInnen noch, dass die größten Kosten, die auf die Betriebe im Rahmen der Durchführung von dBGM-Inhalten zukommen, oft gar nicht durch die dBGM-Anwendungen oder dBGM-Anbieter entstehen, sondern mit den zeitlichen und personellen Aufwendungen der Unternehmen zusammenhängen: *„Ich würde in den meisten Fällen meinen, dass die mit Abstand höchsten Kosten die sind, die dadurch anfallen, dass eben Leute andere Dinge tun als arbeiten im Sinne von der klassischen Arbeitsleistung im Unternehmen"* (Experte L, 2024, Pos. 23). Diese Aussage deckt sich auch mit den Erfahrungen der Expertin A (2024, Pos. 21): *„Kosten müssen auch komplex betrachtet werden, weil Kosten sind nicht nur Hardware, Material oder die ExpertInnen, sondern die Zeit im Unternehmen ist der Kostenfaktor. Immer wenn du Leute in einem Workshop oder einem Seminar abstellen musst, verliert ja das Unternehmen effektiv produktive Arbeitszeit. Du brauchst bei der Kostendiskussion also nicht nur die ExpertInnen oder die Workshops, sondern das Zeitkontingent, dass sich der oder die Mitarbeitende eine Stunde rausnehmen kann, um dieses Coaching durchzuführen."*

12.3.1.3 Einheitliche Qualitätsanforderungen

Da es auf dem Markt für dBGM eine Vielzahl an unregulierten Angeboten gibt, sind die Befragten Experte J (2024, Pos. 19) und Expertin M (2024, Pos. 33) der Meinung, dass es **einheitliche Qualitätsstandards** für digitale gesundheitsfördernde Anwendungen im betrieblichen Kontext braucht, um die Unternehmen bei der Auswahl einer passenden digitalen Anwendung zu unterstützen und anzuleiten. Insbesondere der Vergleich zu den DiGA in Deutschland wird hier gerne bemüht, zumal diese als Medizinprodukte niedriger und höherer Risikoklassen zertifiziert sind und übergeordneten Qualitätsanforderungen unterliegen. Wenn sich eine ähnliche Form der Zertifizierung auch für digitale gesundheitsfördernde Anwendungen umsetzen ließe und die Angebote von unabhängigen Instanzen legitimiert werden würden, könnte den Unternehmen die schwierige Entscheidung abgenommen werden, ein qualitativ hochwertiges Produkt auf der Basis von begrenzter Expertise auswählen zu müssen. *„Und die App an sich muss natürlich gewisse Qualitätsanforderungen erfüllen. Am besten wäre es, wenn es da auch Zertifikate geben würde, wo das alles einheitlich geregelt ist wie bei den DiGA in Deutschland. Weil erstens kennen sich viele Unternehmen bei der Entscheidung über die Qualität eh nicht wirklich aus und zweitens könnte man ihnen damit einiges ersparen"* (Experte J, 2024, Pos. 19).

12.3.2 Externe Rahmenbedingungen

Bei der Implementierung eines dBGM in österreichischen Klein- und Mittelunternehmen heben die ExpertInnen die Relevanz der externen Rahmenbedingungen hervor. Hierunter fallen neben der Finanzierung durch staatliche Initiativen, Förderprogramme oder Krankenkassen auch die Etablierung von zeitgemäßen rechtlichen Regelungen, steuerliche Anreize und datenschutzrechtliche Themen.

12.3.2.1 Finanzierung durch staatliche Initiativen, Förderprogramme oder Krankenkassen sowie zeitgemäße rechtliche Regelungen

Um die Implementierung eines dBGM speziell in KMU voranzutreiben, sehen die ExpertInnen große Potenziale in der Ausweitung von **staatlichen Initiativen und finanziellen Förderprogrammen.** So nennt Experte B (2024, Pos. 39) das von den **Krankenkassen** initiierte *BGF-Netzwerk* oder den *Fonds Gesundes Österreich*, die Gesundheitsprojekte in Österreich fördern und speziell kleinere Betriebe mit limitierten Ressourcen bei der Einführung eines dBGM unterstützen können. Obgleich solche staatlichen Förderprogramme für die Betriebe sehr nutzbringend sein können, gilt es laut den Erfahrungen von Expertin E (2024, Pos. 20) auch zu beachten, dass diese subventionierten Projekte teilweise mit einem erhöhten bürokratischen Arbeitsaufwand verbunden sind und nach dem Förderungszeitraum oftmals nicht mehr weitergeführt werden. *„In Österreich gibt es den Fonds Gesundes Österreich, der Gesundheitsprojekte fördert, wobei wir das einmal abgewickelt haben und das relativ viel Aufwand auch für die KundInnen war. […] Aber ich weiß nicht, ob das jetzt nur ein Negativbeispiel war, aber es war mit sehr viel Aufwand verbunden, sodass wir das dann eigentlich nicht mehr aktiv beworben und angeboten haben. Und wir haben auch gesehen, dass dann Unternehmen kommen, die dBGM-Angebote nur umsetzen, weil sie ein Budget und eine Förderung dafür kriegen und sobald das Projekt dann einmal durchlaufen ist, wird es schwierig das aufrechtzuerhalten, weil sie dann im Budget eigentlich gar keinen Platz für das Thema haben.“*

Wie im vorhergehenden Kapitel wird auch in diesem Punkt oft ein Vergleich zwischen den Rahmenbedingungen in Österreich und den Voraussetzungen in Deutschland angestellt, zumal in Bezug auf die DiGA beispielsweise schon die komplette Finanzierung von den Krankenkassen übernommen wird und die Abläufe obendrein relativ unkompliziert gestaltet werden: *„Aber ich denke, dass wir da in Österreich grundsätzlich noch ein bisschen hinterherhinken im internationalen Vergleich. Speziell wenn man Deutschland hernimmt mit den Entwicklungen* *im DiGA-Bereich, die schon gesetzliche Rahmenbedingungen für digitale gesundheitsfördernde Anwendungen geschaffen haben, die Qualitätsstandards eingeführt haben und wo auch die Krankenkassen ganz unkompliziert die Finanzierung übernehmen und so. Das sind auf jeden Fall positive Beispiele, an denen auch wir uns in Österreich orientieren sollten, wenn wir die Entwicklungen im dBGM weiter vorantreiben möchten" (*Expertin M, 2024, Pos. 33).

Daher wird eine Orientierung am Vorbild Deutschland postuliert, das eine Vorreiterrolle in der Förderung des digitalen Gesundheitsbereichs einnimmt, denn Deutschland hat bereits gewisse **rechtliche Regelungen** und **steuerliche Anreize** für Unternehmen durchgesetzt, die (digitale) betriebliche Gesundheitsförderungsmaßnahmen umsetzen, wohingegen Österreich im direkten Vergleich noch hinterherhinkt: *„Wenn man da zum Beispiel Deutschland hernimmt, da hat betriebliche Gesundheitsförderung einfach viel mehr Priorität und die fördern auch die Unternehmen, die das anbieten, viel mehr. Der Steuerfreibetrag zur betrieblichen Gesundheitsförderung liegt da [in Deutschland; Anmerk. d. Verf.] bei 600 € pro Jahr pro MitarbeiterIn. [...] Bei uns [in Österreich; Anmerk. d. Verf.] gibt es zwar auch gewisse Voraussetzungen, dass man gesundheitsfördernde Angebote steuerfrei anbieten kann, aber es braucht einfach viel mehr steuerliche Anreize und gesetzliche Regelungen in die Richtung, dass das auch für die Arbeitgeber attraktiver wird"* (Experte J, 2024, Pos. 23).

Um die im obigen Zitat von Experte J (2024, Pos. 23) genannten „gewissen Voraussetzungen" zu erfüllen und somit gesundheitsfördernde Inhalte in Österreich steuerfrei anbieten zu können, müssen die Angebote laut der Sozialversicherungsanstalt der Selbständigen (SVS) (2025, o. S.) *„zielgerichtet, wirkungsorientiert, vom Leistungsangebot der gesetzlichen Krankenversicherung umfasst, von qualifizierten Anbietern erbracht sowie allen ArbeitnehmerInnen oder einer bestimmten Gruppe gewährt"* werden.

Ein Beispiel zur Instrumentalisierung dieser Rahmenbedingungen liefert der Experte G (2024, Pos. 21), indem die digitale gesundheitsfördernde Anwendung seines Unternehmens diese Voraussetzungen erfüllt und die ArbeitgeberInnen steuerseitig entlastet werden:

„Wir haben in unserer App spezielle digitale Inhalte. Das ist jetzt nicht besonders umfangreich dieses Paket, aber sie entsprechen auch den Richtlinien der Salutogenese in Österreich. Das heißt, das Angebot muss zielgerichtet und wirkungsorientiert sein. Die Inhalte müssen von qualifizierten Anbietern erbracht werden. Und ganz wichtig für das Unternehmen ist, du musst es allen MitarbeiterInnen zur Verfügung stellen. [...] Und in Abhängigkeit von der Unternehmensgröße verrechnen wir dann den Unternehmen einen Pauschalbetrag. [...] Das Unternehmen bezahlt

praktisch die Prävention, die sachbezugsfrei angeboten werden darf und der Mitarbeitende, wenn er mehr haben will, wenn er zum Sportpartner gehen will und wenn er Zugriff auf das komplette digitale Paket hat, dann bezahlt er das aus den Augen des Gesetzgebers im Prinzip selber mit seinem Eigenanteil."

12.3.2.2 Datenschutz

Die Befragten sind einhellig der Meinung, dass die **Datenschutzthematik** bei der Nutzung von digitalen gesundheitsfördernden Anwendungen eine enorm hohe Priorität hat und obwohl laut Expertin F (2024, Pos. 21) *„viele Menschen sehr unbedarft mit vielen persönlichen Angaben umgehen, herrscht, speziell wenn es über die Arbeitgeber geht, oft eine gewisse Skepsis."* In diesem Kontext wird auch der Begriff „Gläserner Mensch" angeführt, nachdem die digitalen gesundheitsfördernden Angebote des Unternehmens häufig als Eingriff in die Privatsphäre der ArbeitnehmerInnen aufgefasst werden und nur zur Überwachung der Angestellten dienen würden: *„Sonst heißt es, der Gläserne Mensch und jetzt will das Unternehmen das auch noch alles wissen von mir"* (Expertin A, 2024, Pos. 41).

Um diese Vorbehalte bestmöglich zu entkräften, heben die GesprächspartnerInnen Faktoren wie Datensouveränität, Vertraulichkeit sowie Datensicherheit hervor und legen großen Wert darauf, dass die digitalen Anwendungen, die sie in ihren Unternehmen verwenden, diese Anforderungen erfüllen. Nach dem Prinzip der Datensouveränität haben die NutzerInnen die Kontrolle über die Verwaltung ihrer persönlichen Daten und können die Zugriffsrechte selbständig steuern. Das Unternehmen kann keine Einsicht in die individuellen Nutzungsdaten nehmen und bekommt lediglich anonymisierte und aggregierte Auswertungen von der gesamten Belegschaft: *„Prinzipiell haben es die MitarbeiterInnen komplett selbst in der Hand, was mit den Daten passiert. Das Unternehmen kriegt nicht die Einzeldaten, sondern nur anonyme Reports von allen MitarbeiterInnen gesammelt. Die MitarbeiterInnen selber können ihre Daten jederzeit löschen, sie können selber auch entscheiden, wer was sehen darf"* (Experte B, 2024, Pos. 25).

Der Datenschutz wird vor allem durch die Datensicherheit gewährleistet, nach der organisatorische oder technische Maßnahmen ergriffen werden, die die Sicherheit der Daten gewährleisten sollen. Die Unternehmen sollten daher schon bei der Auswahl der dBGM-Anwendungen darauf achten, dass die Anbieter datenschutzkonform agieren, durch gewisse Normen zertifiziert sind und europäische Serverstandorte aufweisen. So ist die dBGM-App im Unternehmen von Expertin M (2024, Pos. 23) beispielsweise *„nach der ISO-Norm zertifiziert und erfüllt die gesetzlichen Anforderungen an die Informationssicherheit"* und der Betrieb von Experte J (2024, Pos. 25) hat bereits vor der Zusammenarbeit mit einem dBGM-Anbieter die datenschutzrechtlich relevanten Fragen abgeklärt:

„Also wie schon gesagt haben wir eben bei der Auswahl der App schon darauf geachtet, dass wir da mit einem transparenten Anbieter arbeiten, der vertrauenswürdig ist und wo auch die Datenschutzthemen klar geregelt sind. Im ersten Beratungsgespräch haben wir schon darüber gesprochen, wo die Server liegen bzw. ob die Daten für keinen anderen zugänglich sind."

Abschließend identifizieren der Experte L (2024, Pos. 27) und die Expertin M (2024, Pos. 23) jedoch auch noch datenschutzrechtliche Vorteile bei der Nutzung von digitalen Anwendungen, da gewisse Angebote wie Online-Fitnessaktivitäten oder Videoberatungen vollkommen anonym durchgeführt werden können. *„Und wenn man es jetzt kontrastiert mit den analogen Diensten, dann muss man natürlich sagen, dass der digitale Service ja wesentlich geschützter und anonymer ist, weil das ja selten in einem Gruppensetting passiert. Weil wenn du analoge Kurse machst in einem Unternehmen, dann ist für alle möglichen Leute, die dort zufällig präsent sind, natürlich nachvollziehbar, wer dort teilnimmt"* (Experte L, 2024, Pos. 27).

12.3.3 Interne Rahmenbedingungen

Die internen Rahmenbedingungen des Unternehmens, in dem ein dBGM implementiert wird, nehmen für die Interviewten einen hohen Stellenwert ein, zumal neben den betrieblichen Strukturen auch die Unternehmenskultur, die verschiedenen Zielgruppen, die zur Verfügung stehenden Ressourcen sowie die Kommunikation zwischen den AkteurInnen eine Rolle spielen.

12.3.3.1 Strukturen im Unternehmen

Laut den InterviewteilnehmerInnen werden in den meisten Unternehmen, die mit der Implementierung von dBGM-Angeboten starten, bereits **zuvor gewisse Maßnahmen** durchgeführt, die der betrieblichen Gesundheitsförderung zuzuordnen sind (Expertin A, 2024, Pos. 27; Expertin F, 2024, Pos. 39; Experte J, 2024, Pos. 29; Experte K, 2024, Pos. 31). Dies sind jedoch häufig nur *„lose Aktionen und kleinere Sachen wie ein Teamevent, Businesslauf oder Yogakurs"* (Experte B, 2024, Pos. 31) und es bestehen *„in den allermeisten Fällen keine richtig etablierten BGM-Prozesse, die durchstrukturiert sind und wo es jemanden gibt, der sich darum kümmert, da in einem kleineren Unternehmen meist einfach die Ressourcen nicht da sind"* (Experte D, 2024, Pos. 36). Generell hat *„Gesundheitsmanagement meistens nicht wirklich ein starkes System im Unternehmen wie zum Beispiel, wenn man sagt, es gibt in jedem Unternehmen eine gewisse Struktur für Personalgewinnung und Recruiting […] aber wenn es um Gesundheit geht, dann merkt man halt immer noch bei den Unternehmen, dass das ein relativ vernachlässigtes Thema ist,* *wo sie dann oftmals sagen, es hat jetzt vielleicht nicht so die Priorität"* (Experte H, 2024, Pos. 31).

Obgleich sich die Unternehmen bei der Etablierung nachhaltiger betrieblicher Gesundheitsstrukturen zweifelsohne mit einigen Herausforderungen konfrontiert sehen, gibt es auch einige Musterbeispiele, denen dies gelang. Diese, in der vorliegenden Arbeit untersuchten Betriebe, zeichnen sich unter anderem durch ihre agilen, **flexiblen** und technisch versierten **Arbeitsweisen** aus, die speziell die Implementierung von dBGM-Konzepten begünstigen: *„Wir haben grundsätzlich flache Hierarchien und sehr flexible Arbeitsweisen bei uns, sodass eigentlich fast jeder entscheiden kann, ob er im Homeoffice oder im Büro arbeiten möchte und so haben sich diese Strukturen natürlich auch für ein dBGM angeboten muss man sagen. Also jeder ist relativ technikaffin, dann haben eigentlich alle Firmenlaptops oder Firmenhandys"* (Experte K, 2024, Pos. 31).

Außerdem sind die Unternehmen, in denen ein dBGM erfolgreich implementiert werden konnte, laut den ExpertInnen von einer **offenen Unternehmenskultur sowie einem positiven Arbeitsklima** geprägt (Expertin A, 2024, Pos. 23; Expertin I, 2024, Pos. 52; Experte J, 2024, Pos. 29; Expertin M, 2024, Pos. 29; Experte N, 2024, Pos. 29), wodurch sich die Akzeptanz unter den Angestellten gegenüber dBGM-Prozessen erhöhen lässt und eine nachhaltige Eingliederung in die Unternehmensstrukturen unterstützt wird. So ist Expertin A (2024, Pos. 23) zufolge *„die Kultur im Unternehmen extrem wichtig, damit der oder die Mitarbeitende überhaupt den Mut fasst, Maßnahmen anzunehmen und auszuführen"* und die Befragte Expertin I (2024, Pos. 52) sagt, *„es hängt sehr stark auch mit der Unternehmenskultur zusammen. Wenn es eine sehr offene Unternehmenskultur ist, wird es sicher sehr wohlwollend aufgenommen."*

Um die Beteiligung der Belegschaft weiter zu steigern, könnten teilweise auch **Bonifizierungs- und Incentivierungskonzepte** sinnvolle Ansätze darstellen, weil *„wenn ich möchte, dass meine Leute das machen, sollte ich schon noch irgendwelche Anreize schaffen"* (Expertin F, 2024, Pos. 41) und *„das könnte zum Beispiel in Form einer Bonifizierung geschehen, dass die Angestellten mehr Motivation entwickeln sich zu beteiligen"* (Experte J, 2024, Pos. 41).

Überdies ist es auch wichtig, dass sich die Nutzung der digitalen gesundheitsfördernden Anwendungen zumindest teilweise in den **Arbeitsalltag integrieren** lässt (Experte D, 2024, Pos. 70; Expertin E, 2024, Pos. 26; Experte N, 2024, Pos. 31), da sonst lediglich die Angestellten erreicht werden, die sowieso von sich aus selbst in der Freizeit aktiv werden würden: *„Natürlich kann ich in der Freizeit meinen MitarbeiterInnen alles anbieten, aber wer nimmt das dann wirklich an? Das nehmen die SportlerInnen an, die sowieso gerne Sport machen [...] Aber wie viel gesünder wird mein Unternehmen dadurch?"* (Experte D, 2024, Pos. 70).

Ein dBGM zielt jedoch darauf ab, die Gesundheit der gesamten Organisation zu verbessern, wodurch **speziell die Personengruppen** erreicht werden sollten, die bislang noch eher weniger gesund respektive interessiert an ihrer individuellen Gesundheitsförderung sind (Experte H, 2024, Pos. 35). *„Man hat im Wesentlichen vier große Zielgruppen im Unternehmen. Das sind die einen, die schon gesund und interessiert sind. Dann gibt es die, die gesund sind, aber nicht interessiert sind. Und dann gibt es die Nicht-gesunden, die interessiert sind und die Nicht-gesunden, die nicht interessiert sind. Und natürlich will man gerade die Nicht-gesunden stark erreichen und oft mit klassischen Maßnahmen im BGM erreicht man eben nur die Gesunden, die eh schon was tun wollen"* (Experte B, 2024, Pos. 19).

Obgleich sich zur Erreichung möglichst aller Angestellten demnach insbesondere dBGM-Angebote anbieten, die während der Arbeitszeit genutzt werden können, sollte beachtet werden, dass die eigentliche Arbeitsleistung dennoch erfüllt wird: *„Grundsätzlich sollte Gesundheit immer gelebt werden, aber es ist natürlich auch nicht gewollt, dass man von den acht Stunden Arbeitszeit sechs Stunden an der Gesundeitsapp verbringt. Das Arbeitspensum muss erledigt werden […]. Aber wenn jemand zwei bis drei Mal diesen Impulsen und Nachrichten von der App folgt, ist das natürlich erwünscht"* (Experte J, 2024, Pos. 31).

12.3.3.2 Ressourcen und Größenvorteile von KMU

Die verfügbaren finanziellen, personellen und zeitlichen **Ressourcen** eines Unternehmens sind laut den ExpertInnen ein zentrales Thema bei der Einführung und Umsetzung eines dBGM. Im betrieblichen Alltag stehen die Betriebe permanent vor der Herausforderung eine möglichst effiziente Ressourcenallokation zu betreiben, um die zur Verfügung stehenden Mittel so zu verteilen, damit die spezifischen Unternehmensziele erreicht werden können. Bei der Zuweisung dieser Ressourcen wird das (d)BGM zumeist nicht sehr stark priorisiert, da nach dem Experten B (2024, Pos. 51) in der Regel kein großes Bewusstsein für die Bedeutung und den Mehrwert von Investitionen in die betriebliche Gesundheitsförderung herrscht: *„Es ist noch nicht verstanden worden, dass ich die Ressourcen, die ich einsetze, wieder durch andere wirtschaftliche Faktoren, die mir die Gesundheitsförderung bringen, zurückbekomme. Wer sagt, er hat zu wenige Ressourcen dafür, steht schon mal nicht ganz hinter dem Thema. Sowohl zeitliche als auch budgetäre Ressourcen."* Obwohl die Ressourcenverteilung in sämtlichen Organisationen eine wichtige Rolle spielt, sehen sich außerdem insbesondere Klein- und Mittelunternehmen oftmals mit limitierten Mitteln konfrontiert: *„Wir sind kein riesiger Konzern und haben jetzt auch nicht unbegrenzt Ressourcen für die Gesundheitsförderung frei. Da haben Großunternehmen sicher oft mehr Kapazitäten"* (Experte K, 2024, Pos. 51).

Abgesehen von der Ressourcenproblematik identifizieren die befragten ExpertInnen jedoch auch einige **Vorteile hinsichtlich der Größenverhältnisse von KMU.** Im Gegensatz zu Großunternehmen ergeben sich aufgrund der überschaubaren Beschäftigtenzahl zum einen deutlich bessere Quoten bei der Erreichbarkeit und dem Engagement der Angestellten und zum anderen verkürzen sich die Entscheidungswege, *„weil der Entscheidungsprozess viel einfacher ist"* (Experte G, 2024, Pos. 35). Die Expertin M (2024, Pos. 45) fasst dies abschließend sehr prägnant zusammen: *„Es stimmt, oft fehlen die Ressourcen, aber die Größe kann genauso gut eine Chance sein. Weil ich tue mir ja viel leichter, dass ich 40 Leute erreiche in meiner Gesundheitskampagne, als 3000 in einem Riesenkonzern. Außerdem kennen sich die Angestellten im kleinen Unternehmen tendenziell alle auch persönlich, wodurch es einfacher ist, sich gegenseitig zu motivieren und auch ein Zugehörigkeitsgefühl zu entwickeln."*

12.3.3.3 Kommunikation, Information und Transaktion

Die **Kommunikation** ist einer der Hauptfaktoren bei der Implementierung eines dBGM in Klein- und Mittelunternehmen, denn *„es steht und fällt alles mit der Kommunikation"* (Experte D, 2024, Pos. 54). Auch Experte H (2024, Pos. 43) betitelt die *„Kommunikation und die Bereitstellung des Angebots als den Nummer eins Erfolgsfaktor"* bei der erfolgreichen Einführung und Umsetzung von dBGM, damit einerseits möglichst alle Angestellten über die Neuerungen im Gesundheitsmanagement informiert werden und andererseits Mitarbeitende, die erst zu einem späteren Zeitpunkt von dem Angebot erfahren, einfach und unkompliziert darauf zugreifen können. Im Rahmen dieser Kommunikationsprozesse ist vor allem die Erfolgskommunikation relevant, indem die positiven Auswirkungen des dBGM-Angebots kontinuierlich in den Unternehmenskanälen kommuniziert werden sollten, weil *„wenn man wirklich will, dass es weitergeht und dass es gut funktioniert, dann sollten natürlich auch diese Erfolge permanent kommuniziert werden, damit es dann sozusagen längerfristig rollt"* (Experte L, 2024, Pos. 61).

Neben der Kommunikation sind auch **Informationsaspekte** und Wissensvermittlung überaus wichtig, damit die Angestellten bei der Ausbildung ihrer individuellen Gesundheitskompetenz unterstützt werden (Experte D, 2024, Pos. 26) und das Thema Gesundheitsförderung für die Mitarbeitenden eine größere Bedeutung bekommt. So bietet die Gesundheits-App in dem Unternehmen von Experte J (2024, Pos. 47) *„einiges an selbstständigen Informationsmöglichkeiten und Möglichkeiten, dass man sich selber mit Inhalten auseinandersetzen und weiterentwickeln kann"* und auch Expertin M (2024, Pos. 17) hebt die Option hervor, dass über die dBGM-Anwendung *„im Selbststudium gesundheitsfördernde mentale Angebote genutzt werden können, die die eigene Gesundheitskompetenz und*

Gesundheitsbildung fördern." Als abschließendes Beispiel dient hier die App des Unternehmens von Expertin E (2024, Pos. 14), die explizite Zusatzinformationen durch spezifische Experteninputs zur Verfügung stellt: *„Und wenn ich sage, ich wähle jetzt 30 Tage „Gesunder Rücken" aus, dann bekomme ich jeden Tag von einem Experten oder einer Expertin Input dazu. Eine konkrete Übung aber auch Hintergrundwissen, warum ich eigentlich Rückenschmerzen habe und was ich dagegen tun kann. Das ist wie ein Microlearning-Kurs und auch so eine Vorher-Nachher-Erhebung, wo ich danach sehe, dass, wenn man sich 30 Tage mit seinem Rücken beschäftigt, es zwangsläufig so ist, dass er sich verbessert."*

In Bezug auf den eben von Expertin E (2024, Pos. 14) genannten *„Microlearning-Kurs"* sind speziell die **Transaktionseffekte** von dBGM-Angeboten und ihre Auswirkungen auf die Gesundheitsbildung interessant, da diese niederschwellig und in Form von täglichen Impulsen und wiederkehrenden Remindern auftreten: *„Es gibt jeden Tag eine Tageschallenge, einen kurzen Reminder als Bewegungsimpuls per Video"* (Expertin E, 2024, Pos. 14). Durch Phänomene wie Gamification und Nudging (Ein Nudge ist nach der Definition von Thaler & Sunstein (2008, S. 6) *„any aspect of the choice architecture that alters people's behaviour in a predictable way without forbidding any options or significantly changing their economic incentives"*) findet das Gesundheitslernen zudem über die digitalen Anwendungen somit relativ unbewusst und eher spielerisch statt, sodass die NutzerInnen den Lernprozess nicht mit einem zusätzlichen zeitlichen oder kognitiven Aufwand verbinden und dennoch auf subtile Art und Weise ihr Gesundheitsverhalten verändern: *„Ich habe super tolle Möglichkeiten die Leute zu motivieren, sei es jetzt mit Gamification, Nudging und Co und kann die Leute dadurch niederschwellig zum Gesundheitsverhalten animieren"* (Experte B, 2024, Pos. 43).

12.3.4 Beteiligte AkteurInnen

Die erfolgreiche Einführung und Umsetzung eines dBGM hängt entscheidend von den beteiligten AkteurInnen im Unternehmen ab. Dabei sollten die verschiedenen Rollen und Positionen innerhalb der Organisation beachtet und sowohl Führungskräfte als auch Angestellte in den dBGM-Prozess einbezogen werden.

12.3.4.1 Einbindung der Führungskräfte

Die **Einbindung der Führungskräfte** ist laut den ExpertInnen eine Grundvoraussetzung, um ein dBGM in den Unternehmen einzuführen. *„Bullet Point Nummer eins ist, dass die Führung will und unterstützt. Das ist ganz wichtig"* (Experte

L, 2024, Pos. 61). Insbesondere *„im Falle eines KMU funktioniert BGM allgemein nur, wenn es ganz stark von der Geschäftsführung gelebt wird“* (Experte C, 2024, Pos. 44), da die dBGM-Implementierung ohne die Unterstützung des Managements nicht funktionieren wird: *„Ich brauche einen Geschäftsführer, der das wirklich will. Wenn der nicht an Bord ist, kann ich es gleich vergessen“* (Expertin A, 2024, Pos. 43).

Die Wichtigkeit der Einbindung der Führungskräfte hängt naturgemäß von den damit einhergehenden Entscheidungsrechten ab, indem das Management laut Experte B (2024, Pos. 29) oftmals als **ImpulsgeberInnen** für die Einführung eines dBGM fungieren: *„Speziell bei KMU bis 50 Personen ist es meistens ein Top-down-Vorgehen. Das geht von der Geschäftsführungsebene aus, die auch meistens die Entscheidungsebene ist.“* Obgleich die Expertin F (2024, Pos. 35) *„erfahrungsgemäß auch eher eine Top-down-Einführung“* erkennt, in der die Unternehmensentscheidungen nur von der höchsten Führungsebene getroffen werden, nennt sie auch Beispiele, in denen es *„Bottom-up passiert“* (Expertin F, 2024, Pos. 37). In diesen Unternehmen wird den Mitarbeitenden nicht nur ein Mitspracherecht bei den dBGM-Entscheidungen eingeräumt, sondern es geht sogar die erste Initiative direkt von den Angestellten aus. Exemplarisch seien hierzu auch die Erfahrungen der Expertin E (2024, Pos. 24) angeführt: *„Da haben wir oft schon gesehen, dass MitarbeiterInnen neu in ein Unternehmen gekommen sind und es [dBGM-Anwendung; Anmerk. d. Verf.] im alten Unternehmen schon genutzt haben und das im neuen Unternehmen dann aktiv eingebracht haben, dass sie sowas möchten.“*

Des Weiteren nehmen die Führungskräfte oftmals eine besondere **Vorbildfunktion** im Unternehmen ein und können in ihrer Rolle als **Opinion Leader** (Experte K, 2024, Pos. 53) Veränderungsprozesse nachhaltig beeinflussen. Der Experte J (2024, Pos. 47) führt in seiner Position als Geschäftsführer dazu aus: *„Dann ist es elementar, dass die Unternehmensführung den gesunden Lebensstil vorlebt. Ich denke doch, dass sich meine Leidenschaft und Einstellung zur Gesundheitsförderung auch auf meine Angestellten übertragen und ich als positives Beispiel auch eine Verantwortung und Vorbildwirkung einnehmen sollte. Ich kann nicht von meinen Mitarbeitenden erwarten, dass sie das dBGM-Angebot nutzen, wenn ich es selber nicht mache. Da muss man einfach authentisch sein, weil nur so hat das auch positive Effekte auf andere Leute in der Firma, wenn sie sehen, dass das vom Management ehrlich gemeint und priorisiert wird.“* Wenn es gelingt, die Personen, deren Meinung innerhalb des Betriebs Gewicht hat, von dem dBGM-Angebot zu überzeugen, dann übertragen sich diese positiven Effekte auch eher auf den Rest der Belegschaft. *„Wenn ich ein paar, ich sage jetzt mal MeinungsführerInnen, habe,* *die ihre KollegInnen dazu motivieren, mal zum Sport mitzukommen, dann habe ich gewonnen"* (Experte K, 2024, Pos. 53).

Abschließend braucht es laut dem Experten D (2024, Pos. 54) *„von den Führungskräften das* ***Commitment****, dass die das priorisieren. Dann kann das erfolgreich werden. Unabhängig vom jeweiligen digitalen Produkt."* Das dürfen *„nicht nur Lippenbekenntnisse"* (Experte B, 2024, Pos. 51) sein, sondern es müssen budgetäre und zeitliche Ressourcen freigesetzt werden, um dBGM-Programme nachhaltig umzusetzen. Demnach bedarf es auch **AnsprechpartnerInnen** respektive einer *„Person, die die Unterstützung hat seitens der Geschäftsführung, die wirklich Ressourcen hat, sich diesen Dingen anzunehmen. Es braucht irgendjemanden, der was weiß darüber. Ich glaube, das ist ganz essenziell, dass da jemand da ist, der sich drum kümmern darf, drum kümmern möchte, der Ansprechperson ist"* (Expertin F, 2024, Pos. 75; Pos. 77).

12.3.4.2 Partizipation der Mitarbeitenden

Neben der Einbindung der Führungskräfte sollte auch unbedingt die **Partizipation der MitarbeiterInnen** forciert werden, da die aktive Beteiligung der Belegschaft das Engagement für dBGM-Angebote wesentlich erhöhen kann: *„Also es ist ganz wichtig ein hohes Engagement zu haben und der Schlüssel dazu ist, dass man versucht, wirklich alle Leute in das Ganze einzubinden"* (Experte C, 2024, Pos. 44). In diesem Sinne können speziell die Angestellten als **positive MultiplikatorInnen** im Unternehmen agieren und andere KollegInnen zur Nutzung der digitalen Anwendungen animieren, denn *„oft ist es in so kleinen Unternehmen nicht die Führungskraft, sondern eine Person, deren Meinung Gewicht hat und dass man es schafft, die da aktiv miteinzubinden, weil die alle anderen mitzieht"* (Expertin E, 2024, Pos. 38). Auch den Einschätzungen der Expertin A (2024, Pos. 25) zufolge *„brauchst du so Best-Practice-Beispiele aus dem Unternehmen. [...] weil dann fängt das an zu leben und der andere wird neugierig und sagt, ich möchte das auch probieren [...] So funktioniert das in KMU. Sehr viel über Mundpropaganda und positive Beispiele. Positive Multiplikatoren."*

Um die Beteiligungsrate der Angestellten darüber hinaus zu steigern, ist besonders die intrinsische Motivation der Beschäftigten von Relevanz, zumal sich die **Akzeptanz** gegenüber dBGM-Angeboten erhöhen lässt, wenn die Personen die Angebote als **sinnvoll empfinden** und daraus einen persönlichen Nutzen ziehen können. *„Wenn die Leute in dem Angebot einen Sinn sehen und merken, dass es ihnen persönlich wirklich etwas bringen kann, dann stehen sie dahinter und sind motiviert, das anzunehmen"* (Expertin M, 2024, Pos. 45).

Bei all den Maßnahmen, die seitens des Unternehmens getroffen werden sollten, ist nicht zuletzt die **Eigenverantwortung** der MitarbeiterInnen zentral. *„Als*

Unternehmen kann man die allerbesten Angebote bereitstellen und die Leute überall wo es nur geht unterstützen, aber wenn die Leute nicht selbst auch einen Funken Eigenverantwortung übernehmen und sich dem Gesundheitsgedanken gegenüber völlig verschließen, dann bringen alle Bemühungen seitens des Managements nichts. Es müssen einfach beide Seiten Verantwortung übernehmen und bis zu einem gewissen Grad auch wollen und offen sein" (Expertin M, 2024, Pos. 45).

12.3.5 Legitimation

Die **Legitimation** des dBGM ist für die ExpertInnen von grundlegender Bedeutung für die Implementierung, Aufrechterhaltung und Akzeptanz der entsprechenden Maßnahmen. Vor diesem Hintergrund bieten speziell die digitalen Anwendungen neue und effiziente Lösungen, die Wirksamkeit und den Nutzen eines dBGM darzulegen, wonach der zentrale Vorteil von dBGM-Angeboten für die InterviewpartnerInnen demnach in der einfachen Bereitstellung von **Nutzungsanalysen** liegt: „*Aber das ist eben auch der große Vorteil von den digitalen Anwendungen, dass sehr skalierend gearbeitet werden kann und diese Analysen alle automatisiert erstellt werden, ohne dass es eigens jemanden braucht, der das wieder mühsam auswerten und aufbereiten muss*" (Experte K, 2024, Pos. 21). Darüber hinaus wird auch die damit verbundene Möglichkeit als vorteilhaft angesehen, dass genau identifiziert werden kann, welche Inhalte genutzt und welche Gruppen des Unternehmens erreicht wurden: „*Die KundInnen bekommen dann anonymisierte und aggregierte Analysen. […] Dadurch können sie dann schauen, welche Dinge mehr oder weniger genutzt werden, was wird nachgefragt, welche Teile der Belegschaft erreiche ich überhaupt. Sind das eher die Sportlichen oder gerade die eher Nicht-Sportlichen?*" (Experte B, 2024, Pos. 19).

Durch die Betrachtung der Nutzungsanalysen wird laut den ExpertInnen auch der konkrete **Nutzen** von dBGM-Anwendungen **für das Unternehmen** und seine Mitarbeitenden deutlich. So berichtet der Experte L (2024, Pos. 55), „*dass die MitarbeiterInnen gesünder und zufriedener sind*", der Experte G (2024, Pos. 39) konnte im Rahmen von „*Messungen und Rückmeldungen von den Unternehmen, eine Steigerung der Produktivität und Motivation [der Angestellten; Anmerk. d. Verf.]*" nachweisen und eine im Unternehmen von Expertin M (2024, Pos. 35) durchgeführte anonyme Mitarbeiterbefragung zeigte, dass sich die Mitarbeitenden „*durch die Bank weniger gestresst fühlen und eine allgemein höhere Zufriedenheit verspüren und das nicht nur im Job, sondern auch generell im Alltag.*"

Ein weiterer positiver Faktor des dBGM spiegelt sich im Employer Branding des Unternehmens wider. „*Das Employer Branding umfasst ein Maßnahmenbündel zur Konzeption, Kreation und Entwicklung einer erfolgreichen Arbeitgebermarke"* (Christa, 2019, S. 133) und die Unternehmen entscheiden sich oftmals auch aufgrund einer erhofften Steigerung der ArbeitgeberInnenattraktivität für die Einführung eines dBGM. *„Und abgesehen von den bestehenden MitarbeiterInnen macht so ein digitales Angebot auch auf potenzielle BewerberInnen einen guten Eindruck. Das soll nicht heißen, dass das der alleinige Grund für die dBGM-Entscheidung war, aber ich würde lügen, wenn ich sage, dass es nicht auch ein Stück weit die Arbeitgeberattraktivität erhöht"* (Experte J, 2024, Pos. 39). Ähnlich sieht es Experte H (2024, Pos. 37), der das Thema Employer Branding als sehr relevant einstuft: *„Also dieses Employer Branding ist gerade sehr, sehr aktuell und prägnant in der jetzigen Zeit, weil natürlich die Unternehmen auch damit kämpfen, die Leute zu halten und neue Leute zu bekommen. Das ist mittlerweile so eine Kombinationsgeschichte aus dBGM und Arbeitgeberattraktivität, weil das natürlich auch etwas ist, was die Leute sehr anspricht."*

Neben dem Employer Branding nimmt naturgemäß auch die wirtschaftliche Rechtfertigung des dBGM eine große Bedeutung ein. Meist wird hier die reduzierte Anzahl an Krankenstandstagen berücksichtigt, die dem Unternehmen einen Großteil der damit einhergehenden Ausfallkosten ersparen kann: *„Was ich den Firmen immer kommuniziere, dass eine realistische Chance besteht, dass der Krankenstand eines Angestellten um sechs Tage pro Jahr reduziert werden kann. Das ist absolut greifbar"* (Experte G, 2024, Pos. 39).

Die ökonomische Legitimation lediglich anhand der Fehlzeiten festzumachen, greift jedoch zu kurz, da beispielsweise auch das Phänomen des Präsentismus (Präsentismus tritt nach Widera et al. (2010, S. 1244) auf, *„when an employee goes to work despite a medical illness that will prevent him or her from fully functioning at work")* mit großen Produktionsverlusten und Folgekosten einhergeht, wie auch die Aussage der Expertin M (2024, Pos. 39) zeigt: *„Und das ist jetzt oft gar nicht nur an reduzierten Fehlzeiten abzulesen, sondern auch an den Tagen, wo Leute in die Arbeit gehen, obwohl sie nicht voll leistungsfähig sind. Also das Phänomen des Präsentismus. Das kostet die Unternehmen oft sehr viel Geld, obwohl es an den reinen Krankenstandstagen so gar nicht abzulesen ist."* Um Präsentismus vorzubeugen, gilt es erneut, eine offene Unternehmenskultur und ein positives Arbeitsklima (siehe Teil III, Abschnitt 12.3.3.1) zu schaffen, indem den Mitarbeitenden die Möglichkeit gegeben wird, sich bei Krankheit eine Auszeit zu nehmen: *„Wenn keine Vertrauenskultur da ist, sagen die MitarbeiterInnen nicht, dass es ihnen nicht gut geht, sie sagen nicht, dass die Arbeitslast zu groß ist und sie eigentlich mal eine Pause brauchen. Wenn die Mitarbeitenden glauben, sie werden dadurch am nächsten Tag gekündigt, werden sie diese Sachen nicht aussprechen"* (Expertin A, 2024, Pos. 41).

Einen weiteren großen Kostenfaktor stellen auch die Fluktuationskosten dar, die sich durch Maßnahmen des dBGM vorbeugen lassen, da *„die Mitarbeitenden dann einfach zufriedener mit dem Arbeitgeber sind“* (Experte H, 2024, Pos. 37) und *„weniger wechselanfällig sind und das den Unternehmen natürlich auch sehr viel Geld spart“* (Expertin M, 2024, Pos. 39).

Nachdem nun auf den Nutzen des dBGM-Angebots für die Unternehmen eingegangen wurde, soll der Fokus auf die Beteiligungsquote gelegt werden, da sich der Erfolg des dBGM-Angebots auch an der Akzeptanz und Nutzungsrate ablesen lässt. Den ExpertInnen zufolge variiert die **Beteiligungsquote** an dBGM-Programmen, da sie speziell von der Beschäftigtenzahl, der Kommunikation und dem Gewerbe abhängt, in dem das Unternehmen tätig ist. In diesem Sinne profitieren insbesondere KMU von ihren Strukturen und Größenvorteilen (siehe auch Teil III, Abschnitt 12.3.3.2): *„Wenn die Betriebe stark gewerblich oder mit Produktion sind, liegt der Schnitt [der Beteiligungsquote; Anmerk. d. Verf.] ein bisschen niedriger bei ca. 25 %. Das liegt aber im Wesentlichen an der Kommunikation und nicht an der Applikation oder dem Thema, sondern die kriegen es einfach nicht mit, weil die Kommunikation schwieriger ist. Wenn man rein von den KMU bis 50 Personen ausgeht, sind die Quoten deutlich besser, die liegen bei 60–70 %, weil die sich viel leichter tun, die Angestellten zu erreichen“* (Experte B, 2024, Pos. 41). Ähnlich gestaltet sich die Situation laut dem Experten H (2024, Pos. 35), der die durchschnittliche Teilnahmequote in KMU bis 49 Personen mit 30–40 % angibt und in den positiven Unternehmensbeispielen eine Beteiligungsrate von 50–60 % erkennt. Diese Werte beziehen sich vor allem auf längere Nutzungszeiträume, wohingegen zeitlich begrenzte Aktionen wie Pilotprojekte und Challenges (siehe Teil III, Abschnitt 12.3.7.3) noch deutlich höhere Nutzungsraten erzielen können: *„Wenn Challenges und so stattfinden, machen wirklich fast alle mit. Ich würde mal sagen so gut 90–95 %“* (Experte J, 2024, Pos. 37). Laut der Expertin E (2024, Pos. 32) erreichen *„Unternehmen bis 10 MitarbeiterInnen [im Rahmen einer Challenge; Anmerk. d. Verf.] eine Beteiligungsquote von 100 %. Bei Unternehmen bis 50 Angestellte beteiligen sich oft auch 70–80 %, also wirklich fast alle. Bei bis 100 Mitarbeitenden sind wir so bei 45–50 %, was auch noch gut ist und je größer das Unternehmen wird, desto schwieriger wird es, alle zu erreichen. Bei den ganz großen Unternehmen sind es vielleicht 25 % und das ist ein sehr guter Wert.“*

Um das dBGM auch künftig noch stärker zu legitimieren, braucht es laut den ExpertInnen mehr **evidenzbasierte Wirksamkeitsnachweise**, damit die Unternehmen *„gewisse Nachweise erhalten, was das Ganze jetzt eigentlich gebracht hat“* (Expertin M, 2024, Pos. 19). Problematisch ist oftmals jedoch, dass die konkreten Effekte des dBGM schwer messbar sind und zum Beispiel eine Reduktion der Fehlzeiten auch auf andere Faktoren zurückgeführt werden könnte

(Experte N, 2024, Pos. 37). Hier postuliert der Experte J (2024, Pos. 39), dass es einem systematischen Einsatz von standardisierten Messinstrumenten bedarf und sowohl qualitative als auch quantitative Faktoren bei der Evaluation eines dBGM berücksichtigt werden sollten: *„Da braucht es einfach mehr standardisierte Instrumente wie qualitative Befragungen und quantitative ROI-Messungen, die alle im Zusammenspiel betrachtet werden, damit man da eine aussagekräftige Evaluation durchführen kann."*

12.3.6 Synergieeffekte

Da sich insbesondere KMU oftmals mit begrenzten Mitteln konfrontiert sehen, schlagen die ExpertInnen vor, Synergien zur Bündelung von Ressourcen einzugehen und von den damit einhergehenden **Vernetzungs- und Austauschmöglichkeiten** zu profitieren. Speziell die dBGM-Anwendungen inhärenten Potenziale, *„dass ich auf verschiedene Angebote vernetze und dass ich auch breiter aufgestellt bin und eine größere Palette an Angeboten habe"* (Expertin F, 2024, Pos. 31), bieten hier zahlreiche Chancen für die Unternehmen.

Die Vorteile von Netzwerkeffekten werden auch von dem Experten H (2024, Pos. 15) und dem Experten K (2024, Pos. 51) thematisiert, da ihre Unternehmen dBGM-Plattformen nutzen, die mit unterschiedlichen Sportanbietern kooperieren und damit auf verschiedene Präferenzen ihrer Angestellten eingehen können: *„Deshalb bietet sich für Unternehmen in unserer Größe eben genau [dBGM-Anwendung anonymisiert] so gut an, weil hier auch kleine Unternehmen Zugang zu riesigen Sportnetzwerken bekommen. Sonst hat man vielleicht mal eine Kooperation mit einem Fitnessstudio in der Nähe des Standortes des Unternehmens, aber da erreiche ich nur einen kleinen Teil der Angestellten, die sich überhaupt für ein Fitnessstudio interessieren und dann ist für den Rest wieder nichts dabei. Also das ist halt der große Vorteil vom [dBGM-Anwendung anonymisiert], weil da echt eigentlich für alle irgendetwas dabei ist"* (Experte K, 2024, Pos. 51).

Als Beispiel für die Schaffung von Austauschmöglichkeiten kann das Unternehmen von Expertin I (2024, Pos. 38) genannt werden, das zusätzlich zum EAP vierteljährliche Austauschrunden durchführt, um unterschiedliche Erfahrungswerte miteinander zu teilen und KMU in einer ressourcenschonenden Form zu vernetzen: *„Und neben diesem Angebot, das wir haben, dass es quasi einmal im Quartal ein Webinar gibt zu einem Thema der mentalen Gesundheit, gibt es, sobald dieses Produkt des EAP angekauft ist, auch einmal im Quartal einen Austausch. Das ist eine von uns moderierte Austauschrunde mit Verantwortlichen aus unterschiedlichen Unternehmen, unterschiedlichen Branchen, unterschiedlichen Größen* *zu einem speziellen Thema. Das hilft natürlich kleinen Unternehmen sehr, die sonst wahrscheinlich weder Zeit noch Ressourcen hätten, so etwas zu besuchen.“*

Obgleich private **Kooperationen und kommerzielle Partnerschaften** mit verschiedenen Sportanbietern die Bereitstellung eines diversen dBGM-Angebots unterstützen können, ergibt sich für die Unternehmen oftmals ein nicht zu unterschätzender zusätzlicher Mehraufwand, weshalb viele Betriebe **externe dBGM-Anbieter** konsultieren, um neben der Etablierung eines dBGM-Programms auch weiterhin genügend Ressourcen für die Bewältigung des Tagesgeschäfts aufwenden zu können: *„Wir haben uns auch für den externen dBGM-Anbieter entschieden, weil er uns vieles an Arbeit abnimmt und wir uns so vollkommen auf das Tagesgeschäft konzentrieren können“* (Experte J, 2024, Pos. 47).

Ähnlich sehen es Expertin I (2024, Pos. 46), für die digitale Angebote von externen Anbietern *„eine einfache Möglichkeit darstellen, das Thema betriebliche Gesundheit zu bespielen, ohne selbst als Verantwortlicher zu viel Arbeit zu haben“* und der Experte G (2024, Pos. 13), nachdem es die Zusammenarbeit mit externen dBGM-Anbietern *„für die Unternehmen einfach macht, weil die sich um nichts kümmern müssen.“*

Abgesehen von der Entlastung hinsichtlich des reduzierten Arbeitsaufwands zeichnen sich die externen Anbieter naturgemäß auch durch ihre spezifischen Kenntnisse und Erfahrungen in Bezug auf dBGM-Angebote aus, da sie *„sehr einfach und schnell ein Mega-Jahresprogramm etablieren, das man selbst einfach so nicht auf die Beine stellen könnte“* (Experte D, 2024, Pos. 26).

12.3.7 Systematischer Implementierungsprozess

Ein systematischer Implementierungsprozess ist elementar, um die Einführung und Umsetzung eines dBGM in österreichischen Klein- und Mittelunternehmen erfolgreich zu gestalten. Angefangen mit der strategischen Bedarfsbestimmung über die Interventionsauswahl, die Einbeziehung aller AkteurInnen, die Interventionsvorstellung, eine Multichannel-Kommunikationskampagne, die Durchführung von Pilotprojekten und den konkreten Maßnahmen bis hin zur laufenden Evaluation, der Formulierung von Learnings, der Akzeptanz von Rückschlägen und der nachhaltigen Eingliederung in die Unternehmenskultur, stellt die Systematik des Implementierungsprozess einen grundlegenden Erfolgsfaktor dar.

12.3.7.1 Bedarfsbestimmung und Strategie

Bevor die Entscheidung hinsichtlich der Implementierung eines dBGM getroffen wird, *„sollte man unbedingt mal vorab eine* ***Bedarfsanalyse*** *durchführen“*

(Experte J, 2024, Pos. 19). In ihrer Position als Gesundheitsmanagerin hat die Expertin M (2024, Pos. 27) beispielsweise *„speziell durch die Nachwirkungen der Coronapandemie gemerkt, dass viele unserer MitarbeiterInnen gestresst waren durch die Lockdowns, die Isolation und die Unsicherheit. Dann haben wir eine klassische Onlinerecherche betrieben und nach Möglichkeiten gesucht, um unsere MitarbeiterInnen bei ihren persönlichen Herausforderungen zu unterstützen. Da der Grundtenor war, dass es sich mehr um psychische als physische Probleme handelte, suchten wir speziell nach einem Angebot zur mentalen Gesundheitsförderung, das am besten orts- und zeitunabhängig realisierbar ist.“*

Darüber hinaus sollte genau abgeschätzt werden, welche Ressourcen im Unternehmen zur Verfügung stehen und es bedarf dem Aufstellen einer konkreten (langfristigen) **Strategie**, in der die **Potenziale und Ziele** der Organisation erfasst sind: *„Also wichtig ist, dass es schon konkrete Ziele gibt im BGM, dass da schon eine Strategie da ist. Das muss zuerst da sein. Ich brauche einen strategischen Prozess, wie ich das BGM evaluiere, messe und verbessere. […] Und dann braucht es einen fortlaufenden Jahresplan, wo ich schaue, was genau gemacht wurde und gemacht werden soll“* (Experte B, 2024, Pos. 49).

Neben einem grundlegenden Konzept ist es ebenso wichtig, eine gesundheitsfördernde Unternehmenskultur zu etablieren und Gesundheit regelmäßig in Gesprächen und Meetings zu priorisieren, um die Relevanz der Thematik hochzuhalten. *„Also wir sind da in unserem Unternehmen schon sehr fortschrittlich, weil die generelle Kultur gesundheitsfördernd ist und die Gesundheitsthematik auch in den jährlichen Mitarbeitergesprächen ein wesentlicher Punkt ist. Bei uns wird Gesundheit einfach immer wieder auf die Tagesordnung geschrieben, damit es allgegenwärtig ist. […] Es ist wichtig, gesundheitsförderliche Gesamtrahmenbedingungen zu schaffen. Gesundheit muss in allen Unternehmensentscheidungen präsent sein und ständig auf die Agenda gesetzt werden, damit das nicht im Sand verläuft“* (Experte N, 2024, Pos. 29; Pos. 43).

Um eine erfolgreiche Einführung eines dBGM zu gewährleisten, sollte außerdem schon bei der **Interventionsauswahl** darauf geachtet werden, dass die digitale Anwendung mit den Bedürfnissen und Strukturen des Unternehmens übereinstimmt, da *„der wichtigste Faktor ist, dass die Unternehmen sich für ein Angebot entscheiden, dass wirklich Sinn für sie macht. Wenn es nur gekauft wird, weil es ein Mascherl [Anhängsel; Anmerk. d. Verf.] ist, dann funktioniert es nicht“* (Expertin I, 2024, Pos. 52). Das Angebot sollte laut Expertin M (2024, Pos. 17) *„zu den individuellen Bedürfnissen der Organisation passen“* und *„da muss man vorab schon auch schauen, dass das alles stimmig ist.“*

Damit die Akzeptanz nach der Auswahl der Intervention möglichst hoch ist, gilt es, die MitarbeiterInnen in den Entscheidungsprozess einzubeziehen und ihre

Partizipation zu forcieren. Die Unternehmen sollten demnach *„mit den Mitarbeitenden sprechen, was die sich denn so wünschen. Ich glaube, dadurch erhöht sich auch die Teilnahmebereitschaft nachher um einiges"* (Experte J, 2024, Pos. 19). Nach dieser Vorgehensweise wurden beispielsweise im Unternehmen des Experten K (2024, Pos. 47) *„alle MitarbeiterInnen einmal zusammen versammelt und alle konnten ihre Meinungen offen teilen und neue Ideen einbringen"*, um bereits vor der Einführung zu eruieren, wie die Angestellten zu dem geplanten dBGM-Angebot stehen und ihnen die Möglichkeit zu geben, etwaige Anregungen, Vorschläge und Überlegungen vorzubringen.

12.3.7.2 Interventionsvorstellung und Multichannel-Kommunikationskampagne

Die **Vorstellung der Intervention** ist ein nächster relevanter Schritt in einem idealtypischen dBGM-Implementierungsprozess. Laut den ExpertInnen sollte die Interventionsvorstellung als *„Initialzündung"* (Expertin I, 2024, Pos. 50), *„Kick-off"* und *„gemeinsamer Startschuss"* (Expertin F, 2024, Pos. 69) fungieren, um alle beteiligten AkteurInnen von Beginn an zu integrieren. Hier stellen für den Experten L (2024, Pos. 23) vor allem *„Events und interne Werbemaßnahmen"* probate Mittel dar, die zum einen die Interventionsvorstellung unterstützen und zum anderen die Akzeptanz der MitarbeiterInnen steigern können. Im Unternehmen des Experten J (2024, Pos. 43) wurde das dBGM-Angebot beispielsweise aufgrund der damals andauernden Coronapandemie *„in einer Videokonferenz allen Angestellten vorgestellt und dabei konnten alle ihre Fragen stellen und Unklarheiten wurden beantwortet."* Wenn die Voraussetzungen der Unternehmenssituation es zudem erlauben, die gesamte Belegschaft zu einem Präsenztermin zu versammeln, bieten sich speziell physische Events und Schulungen an, weil sich dadurch die Beteiligungsquote erheblich erhöhen lässt (Expertin E, 2024, Pos. 38). Vor diesem Hintergrund erlangen erneut die Größenvorteile von Klein- und Mittelunternehmen Bedeutung, da die Beschäftigtenzahl und die lokale Verteilung der Angestellten meist überschaubarer sind: *„Wir haben uns daraufhin dann entschieden, alle Angestellten zu einem Termin zu versammeln und die Plattform vorzustellen und zu erklären. Das geht natürlich speziell bei unserer Unternehmensgröße gut muss man sagen. Und im Rahmen von diesem Termin konnten dann alle möglichen Fragen gestellt werden und es herrschte wirklich auch da schon eine neugierige Stimmung unter den Beteiligten"* (Expertin M, 2024, Pos. 43).

Mögliche weitere Beispiele für gemeinsame Einführungstermine können *„alljährliche Gesundheitstage"* (Experte N, 2024, Pos. 27), *„Businessruns"* (Expertin E, 2024, Pos. 30), *„Teambuilding-Events"* oder *„Sommerfeste"* (Expertin E, 2024,

Pos. 36) sein, damit sich die Interventionsvorstellung mit bestehenden Veranstaltungen verknüpfen lässt und kein eigener zusätzlicher Termin anberaumt werden muss. Abschließend sind sich die ExpertInnen einig, dass die Interaktion und Beteiligungsrate bei physischen Treffen Erfolg versprechender sind als bei digitalen Versammlungen: *„Wenn die Möglichkeit besteht, dass man mal möglichst viele Mitarbeitende zu einem Termin versammeln kann, dann mache ich es natürlich gerne live, weil da die, sage ich einmal, die Interaktion noch viel besser ist wie in Onlineform. Das funktioniert aber auch. Aber live funktioniert eigentlich aus meiner Sicht am Anfang alles besser. Und wenn das Unternehmen das gewährleisten kann, dass so ein Live-Termin zustande kommt, dann kommen wir ins Haus. Mitarbeitende freuen sich meistens schon alle, sie haben ihre speziellen Fragen und da kann man meistens alle Themen, die unklar sind oder die erklärungsbedürftig sind, denen gut vermitteln"* (Experte G, 2024, Pos. 41).

Mit der Interventionsvorstellung gilt es, auch einen klaren Kommunikationsplan aufzustellen und genau zu identifizieren, welche **verschiedenen Kommunikationskanäle** im spezifischen Unternehmenskontext am besten funktionieren. Es braucht *„eine klare Ausarbeitung des Kommunikationsplans. Wie erreiche ich die Leute gut, was sind Medien oder Kanäle, die gut funktionieren? Wie muss ich unterschiedliche Zielgruppen adressieren? Da braucht es einen genauen Plan, weil es da sehr häufig scheitert"* (Experte B, 2024, Pos. 49). Kommunikationsprozesse stellen einen elementaren Erfolgsfaktor dar und müssen auf die Bedürfnisse und Strukturen der jeweiligen Betriebe abgestimmt sein, um ihre maximal positiven Wirkungseffekte zu entfalten. *„Natürlich ist das Allerwichtigste, solche Maßnahmen dann auch wirklich gut zu kommunizieren. […] und das besprechen wir natürlich schon im Vorhinein mit den verantwortlichen Personen, wie man da am besten kommuniziert mit den MitarbeiterInnen. Welche Kanäle werden da genutzt? Das ist ja auch oftmals sehr verschieden bei den Unternehmen. Das eine Unternehmen ist eher altmodischer, bei denen kommt es am besten an, wenn man das einmal in der Runde vorstellt in einem Meeting. Das andere Unternehmen ist moderner veranlagt, die machen das über bestimmte Channels, also wie jetzt zum Beispiel Slack oder andere Chats. Und wenn man das dann dort platziert, dann erreicht man sehr viele damit. Das heißt, da muss man natürlich auch recht individuell herangehen an die Unternehmen, weil sie ja oftmals ein anderes Environment haben intern"* (Experte H, 2024, Pos. 41).

In Bezug auf die Erhöhung der Beteiligungsquote durch die Verwendung der richtigen Kommunikationskanäle hat der Experte D (2024, Pos. 50) beispielsweise sehr gute Erfahrungen damit gemacht, Ankündigungen über den Kalender der Angestellten einzuspielen: *„Da empfehle ich den Unternehmen, sie sollen die*

Ankündigung über den Outlook-Kalender einspielen. Stellt das als optionalen Termin rein mit der Beschreibung des Events und den Link dazu. […] Ich kann ein cooles Angebot schaffen, aber ich muss sicherstellen, dass das Angebot auch im Unternehmen ankommt. Da eignet sich der Kalender einfach sehr gut und ich sehe auch in den Teilnehmerzahlen, dass Unternehmen, die das über den Kalender kommunizieren, fünffach höhere Teilnahmequoten haben, als wenn sie das nur über E-Mail oder Internet ausschicken.“

Obwohl sich die Kommunikationsstrategie grundsätzlich an der individuellen Unternehmensausrichtung orientieren sollte, kann es darüber hinaus auch in modernen, digitalisierten Organisationen vorteilhaft sein, *„wenn man die Angebote am Anfang der Einführung physisch und analog kommuniziert, sprich alles was raussticht und nicht in einem Newsletter oder einer 0815 digitalen Flut untergeht […]. Wir haben zum Beispiel Plakate aufgehängt, Goodies und Sticker verteilt und die Teilnahmequote war dadurch viel höher“* (Expertin E, 2024, Pos. 36). Generell ist es nach den erstmaligen Kommunikationsprozessen sehr wichtig, die Bedeutung der Thematik permanent aufrechtzuerhalten, indem die dBGM-Angebote wiederholt über diverse Kanäle kommuniziert werden: *„Als die Nutzung dann startete, war es uns ganz wichtig, dass wir die Möglichkeiten der Plattform regelmäßig kommunizieren, damit das nicht einfach im Sand verläuft. Wir haben Newsletter verschickt, es in Sitzungen oder Monatsgespräche aufgenommen, einfach wirklich auf die stetige aktive Kommunikation geachtet, um möglichst alle Angestellten zur Teilnahme zu motivieren“* (Expertin M, 2024, Pos. 43).

12.3.7.3 Pilotprojekte und Maßnahmendurchführung

Ein **Pilotprojekt** oder eine Pilotstudie ist laut Arnold et al. (2009, S. 69) *„a small feasibility study designed to test various aspects of the methods planned for a larger, more rigorous, or confirmatory investigation“* und bietet sich an, um potenziell auftretenden unnötigen Aufwand und Ressourcenverschwendung zu minimieren (In, 2017, S. 605) sowie die *„Akzeptanz, die Wirtschaftlichkeit, das Marktpotential und die technische Optimierung im Feldversuch […] zu erproben“* (Fellbaum, 1981, S. 88). Auch im Rahmen einer dBGM-Einführung sollten laut den ExpertInnen demnach die Möglichkeiten von Pilotprojekten ausgeschöpft werden, indem die Testläufe beispielsweise in Form von zeitlich begrenzten Challenges abgehalten werden. *„Eine Challenge dabei ist gut. Dass einmal auf eine gewisse Zeit irgendwie mal eine Challenge läuft und da viel kommuniziert wird nebenbei und begleitet wird und erst dann auch ein Horizont darüber hinaus geschaffen wird“* (Expertin F, 2024, Pos. 73).

In der Praxis empfiehlt sich auch die Teilnahme an Firmenchallenges (z. B. die österreichische Firmenchallenge von SPORTS.Selection, die über die STRAIDE-App begleitet wird) (Experte D, 2024, Pos. 40), um vorab zu testen, wie das Angebot bei der Belegschaft ankommt respektive ob es auch im Unternehmensalltag realisierbar ist: *„Anschließend bekamen alle ihren individuellen App-Zugang und wir starteten mit einer gesundheitlichen Unternehmenschallenge in die Testphase. Da wurde halt auch nochmal geschaut, wie das dann in der Praxis wirklich ankommt und ob das auch so durchführbar ist"* (Experte N, 2024, Pos. 41).

Die Expertin E (2024, Pos. 30) hebt auch die Vorteile von Challenges und Events in Bezug auf die Abschätzung des voraussichtlichen Ressourcenaufwands hervor, der speziell für Klein- und Mittelunternehmen von großer Relevanz sein kann: *„Und da sieht man auch, dass viele Unternehmen sowas in Anspruch nehmen, weil es ein Event oder eine Challenge ist. […] Von dem her sind diese digitalen Events bei uns speziell für kleine Unternehmen interessant und kommen gut an, weil die oft noch nicht für das ganze Jahr Ressourcen haben oder eben erst noch überlegen, ein dBGM zu integrieren. Also dass sie einfach Zeit haben, das Angebot zu testen und dann eine Entscheidung treffen können."*

Dieser idealtypische Ablauf lässt sich am Unternehmensbeispiel des Experten N (2024, Pos. 41) exemplifizieren, in dem erst auf die abgeschlossene Testperiode sowie eine anschließende Evaluation die konkrete **Ein- und Durchführung der Maßnahmen** folgte: *„Und nach der Testphase gab es nochmal ein Treffen, in dem die Ergebnisse besprochen wurden und da die positiv ausfielen, wurde die App komplett eingeführt in der Firma. Also wir haben da wirklich einen Monat eben diese Testphase gemacht, dann das Gute und Schlechte analysiert und erst dann wirklich mit der konkreten Einführung begonnen. Das war schon alles sehr systematisch."*

12.3.7.4 Evaluation, Learnings und Akzeptanz von Rückschlägen

Mit und nach der Einführung des dBGM sollten laufende **Evaluationsprozesse** abgehalten werden, um diverse Optimierungspotenziale zu identifizieren und eventuelle Änderungen vorzunehmen, da gewisse Herausforderungen und Verbesserungsmöglichkeiten erst im Laufe des eigentlichen Umsetzungsprozesses deutlich werden. *„Das heißt, man findet ja oft erst on the go heraus, was in dem Unternehmen wirklich gut funktioniert und was nicht. Ja und das heißt, man muss dann möglicherweise das Trainerpersonal oder die Inhalte, die man wirklich will, anpassen"* (Experte L, 2024, Pos. 61). Grundsätzlich geht es laut dem Experten B (2024, Pos. 51) demnach darum, *„das Ganze kontinuierlich zu verbessern. Nicht zu sagen, wir haben jetzt da einmal ein Programm und das ist jetzt für die nächsten zehn Jahre in Stein gemeißelt. Sondern man sollte sich auch ruhig trauen, zu schauen,* *was gut funktioniert hat und was weniger gut funktioniert hat und daraufhin dann Änderungen einleiten.“*

Wenn sich im Laufe der Zeit Probleme mit dem dBGM ergeben, sollten die Unternehmen zudem nicht vorschnell das gesamte Projekt abbrechen, sondern **aus ihren Fehlern lernen,** etwaige **Rückschläge akzeptieren** und diese als Chance sehen, gestärkt aus der Situation hervorzugehen: *„Generell sollte man sich aber auch wegen einer etwas niedrigeren Teilnahmequote nicht gleich verunsichern lassen und einfach weitermachen. Viele Unternehmen machen den Fehler, dass sie nach so kleinen Rückschlägen sofort aufgeben und die Programme beenden. Das ist auf lange Sicht nicht zielführend, da muss man einfach dranbleiben, aus den Fehlern lernen, weitere Maßnahmen setzen und dann kann es besser werden. Es ist wichtig, einfach nicht gleich aufzugeben, wenn es gerade mal nicht so läuft“* (Experte J, 2024, Pos. 37).

Die Expertin E (2024, Pos. 14) betont in diesem Sinne auch die Rolle von externen dBGM-Anbietern, die *„nicht nur Applieferant sind, sondern die Unternehmen beim gesamten Prozess betreuen. Von der ersten Idee her, dass ich sowas machen möchte, bis hin zu den Implikationen und den Analysen, wo man schaut, was da eigentlich rausgekommen ist und wir weiter vorgehen können.“* Obgleich eine permanente Begleitung durch die externen dBGM-Anbieter theoretisch wünschenswert wäre, sind hier in der Praxis doch vor allem meist die Unternehmen selbst angehalten, Akzente zu setzen, zumal es speziell die *„Margen der Anbieter für Klein- und Mittelunternehmen [...] mit hohen Akquisekosten und einem niedrigen annual contract value und dementsprechend einem niedrigen lifetime value [...] nicht hergeben“*, eine anhaltende Betreuung zu gewährleisten (Experte C, 2024, Pos. 42; Pos. 46). Laut dem Experten C (2024, Pos. 46) muss es *„im KMU-Kontext extrem automatisiert, self-service und selbsterklärend sein. Im Enterprise-Segment ist es insofern anders, dass man höhere Vertragsvolumina und höhere Preise hat und man kann dann ein individuelles Onboarding, eine individuelle Unterstützung in der Implementierungsweise und auch laufende Evaluationen machen.“* Dass es jedoch auch in KMU möglich ist, kontinuierliche Evaluationen ohne externe Unterstützung vorzunehmen, zeigt das Exempel des Experten N (2024, Pos. 41), indem die Potenziale der dBGM-Angebote auch im Rahmen von Gesprächen laufend bewertet werden: *„Also da gibt es schon eine fortlaufende Auseinandersetzung und auch Gespräche, in denen man Verbesserungsvorschläge oder Feedback vorbringen kann. Da ist man auch vom Unternehmen her bestrebt, das laufend zu überarbeiten und anzupassen, dass das Angebot auch sinnbringend ist und verbessert werden kann.“*

12.3.7.5 Nachhaltigkeit

Nachhaltigkeit im dBGM-Implementierungsprozess bedeutet nach den befragten ExpertInnen eine Konsolidierung der umgesetzten Maßnahmen und eine langfristige Einbindung in die Unternehmenskultur. Insbesondere die wiederholten Konfrontationen mit der Etablierung von gesunden Verhaltensweisen tragen demnach im besten Fall zur Verfestigung einer nachhaltigen, gesundheitsorientierten Grundeinstellung bei den Mitarbeitenden bei: *„Was aus unserer Sicht sehr gut funktioniert, ist, wenn Leute in einen bestimmten Rhythmus kommen. Sei es im Homeoffice oder im Office, dass sie wissen, zu bestimmten Zeiten passiert etwas. Und wenn das einmal in Fleisch und Blut übergegangen ist, ja, dann kann man davon ausgehen, dass ein gewisser Wiederholungsfaktor eintritt und das ist letztendlich aus meiner Sicht auch notwendig, um nachhaltig Gesundheitseffekte auszulösen"* (Experte L, 2024, Pos. 45).

Das regelmäßige Praktizieren von gesundheitsfördernden Aktivitäten führt zudem nicht nur zur positiven Steigerung der individuellen Gesundheitseinstellung, sondern die Wirkungen verbreiten sich laut Experte J (2024, Pos. 47) in weiterer Folge auch auf die gesamten Unternehmensstrukturen: *„Und wenn die Leute das dann so annehmen und da stetig dranbleiben, dann kommen sie selbst in gesunde Routinen und das überträgt sich dann wiederum auch in ihren Arbeitsalltag. Die tragen das praktisch weiter und so findet das automatisch Einzug in die Unternehmenskultur und dann hat das wirklich nachhaltige Effekte."*

Gelingt es überdies noch, dass die beteiligten AkteurInnen ihre individuellen, positiven Erfahrungen stetig mit anderen KollegInnen teilen, dann lassen sich die Wirkungseffekte des dBGM-Angebots maximieren und nachhaltige gesundheitsfördernde Veränderungen in der Unternehmenskultur erzielen: *„Alleine schon weil sie dann alle ihre positiven Erfahrungen mit dem dBGM-Angebot teilen und das einfach zu einem relevanten Thema in der Arbeit wird, alleine dadurch erhöhe ich die Chancen drastisch, dass das wirklich funktionieren kann und dass das wirklich positive, nachhaltige Veränderungen im gesamten Unternehmen nach sich zieht"* (Expertin M, 2024, Pos. 45).

12.3.8 Aktuelle Entwicklungen und Zukunftsaussichten

Im Rahmen der Interviews identifizieren die ExpertInnen einige aktuelle und künftige Entwicklungen im Bereich des dBGM. Die Überlegungen erstrecken sich dabei von der Abwägung von Chancen und Herausforderungen des dBGM, New

Work Phänomenen sowie der Generation Z über Künstliche Intelligenz, Extended Reality-Anwendungen und Digitalen Stress bis hin zu hybriden Ansätzen und Corporate Digital Responsibility Faktoren.

12.3.8.1 Abwägung von Chancen und Herausforderungen

DBGM bietet laut den ExpertInnen zahlreiche **Chancen und Herausforderungen** für österreichische Klein- und Mittelunternehmen. So sieht der Experte L (2024, Pos. 57) *„eine Menge an Zukunft für das dBGM"*, indem die Aktivitäten administrativ betreut und die TeilnehmerInnen individuell unterstützt werden können. Weitere Vorteile eines dBGM erkennt der Experte B (2024, Pos. 43) in der Skalierbarkeit, der zeit- und ortsunabhängigen Erreichbarkeit sowie den Gamification- und Nudgingeffekten (siehe auch Teil III, Abschnitt 12.3.3.3): *„Und die digitale Ebene bietet die Riesenchance, dass ich sehr skalierend arbeiten kann. Man sieht das in den Unternehmen. Die können viele Leute auf einmal erreichen, egal wo sie sind, egal wann sie was machen sollen. Ich habe super tolle Möglichkeiten die Leute zu motivieren, sei es jetzt mit Gamification, Nudging und Co und kann die Leute dadurch niederschwellig zum Gesundheitsverhalten animieren."*

Außerdem ist die Hemmschwelle, neue Dinge auszuprobieren, bei digitalen Anwendungen niedriger als bei analogen Angeboten, was möglicherweise durch den überschaubaren Aufwand und das geringere Verpflichtungsgefühl zu erklären ist: *„Und was wir während Corona gesehen haben, dass uns viele Unternehmen berichtet haben, dass viele ihrer Angestellten, die nie zu einem präsenten Yogakurs gekommen wären, beim Online-Programm dabei waren, weil sie das Angebot ganz unkompliziert mit einem Klick nutzen konnten und wenn es ihnen nicht gefällt auch wieder aussteigen können. Also diese Hemmschwelle ist auch einfach geringer"* (Expertin E, 2024, Pos. 32). Der Experte H (2024, Pos. 39) ist generell der Ansicht, dass ein dBGM mittlerweile in sämtlichen Unternehmen integriert sein sollte und das BGM-Thema simplifiziert werden muss, um den Angestellten unkomplizierte Möglichkeiten zu bieten, ihre Gesundheit zu stärken: *„Ich denke, dass das [dBGM; Anmerk. d. Verf.] etwas ist, was jeder Arbeitgeber eigentlich heutzutage schon anbieten sollte. Und dass das BGM Thema generell ein bisschen verkompliziert wird und man es viel einfacher gestalten sollte für die Belegschaft, sich bewegen zu können. Ich glaube, man müsste die Einfachheit mehr forcieren."*

Die Herausforderungen in Bezug auf ein dBGM werden speziell durch die Aussagen des Experten C (2024, Pos. 42), verdeutlicht, indem er Limitationen im Engagement und der Teilnahmequote aufzeigt: *„Ich glaube, Limitierungen in dem Bereich sind sehr real. Es gibt tausende Apps, nicht nur im B2B-Kontext, auch im B2C-Kontext. Es gibt Millionen von Videos auf YouTube, denen man folgen könnte und sie alles zeigen sehr geringes Engagement und sehr geringe Teilnehmerraten.*

Das ist etwas, das solche Sachen irgendwo immer begleitet. Ich glaube, die digitale Applikation, die wirklich einen riesigen Unterschied machen kann, muss noch gefunden werden. Also eine der Hauptherausforderungen der digitalen Anwendungen ist, dass sie sich am Engagement beweisen müssen."

Im Kontext des Engagements nennt der Experte C (2024, Pos. 42) ein Beispiel aus seiner eigenen Erfahrung, wobei die propagierten (hohen) Angaben der dBGM-Beteiligungsraten oftmals kritisch betrachtet werden sollten, zumal sie nicht selten auf irreführenden Hintergründen beruhen: *„Es ist wirklich die Frage, wie viel Prozent der MitarbeiterInnen nutzen das. Da gibt es ein paar, die wirken auf den ersten Blick sehr beeindruckend. Ich hatte vor ein paar Monaten ein Gespräch mit einem digitalen Anbieter, der sagt, dass er 90 % der MitarbeiterInnen regelmäßig erreicht hat. Auf den zweiten Blick merkt man dann, dass der Grund, warum sie eine 90 %ige Teilnahmequote erreichten, der war, dass sie auch die Lohnverrechnung in diese Applikation reingegeben haben. Das heißt, in Wahrheit ist das nicht mehr eine dBGM-App, sondern eine Mitarbeiterapp geworden, die nicht mehr nur auf den ursprünglichen Sinn ausgerichtet ist."* Die Entscheidung für oder gegen die Einführung eines dBGM sollte laut der Expertin M (2024, Pos. 41) abschließend auf der Basis einer Abwägung von Chancen und Herausforderungen erfolgen. Jedoch könnte sich das dBGM insbesondere in Unternehmen anbieten, die ihren MitarbeiterInnen örtliche Flexibilität und dezentrales Arbeiten anbieten: *„Das dBGM ist von zahlreichen Chancen und Herausforderungen geprägt und da muss einfach jedes Unternehmen für sich genau abwägen, ob sich das lohnt. Speziell in den Firmen, wo die Möglichkeit zur Arbeit im Homeoffice besteht, kann es aber auf jeden Fall eine sinnvolle Ergänzung sein"* (Expertin M, 2024, Pos. 41).

12.3.8.2 New Work Ansätze und Generation Z

Der Begriff New Work oder synonym dazu Arbeit 4.0 beschreibt allgemein tiefgreifende und nachhaltige Veränderungen der modernen Arbeitswelt (Hackl et al., 2017, S. 3; Lindner, 2019, S. 29) durch die verstärkte Digitalisierung und damit einhergehende Phänomene wie flexible Arbeitszeitmodelle, hybride Arbeitsformen und die Kombination zwischen Büroarbeit und Homeoffice (Minahan, 2022, S. 56) sowie digitale Technologien, die neue Vernetzungs-, Kommunikations- und Kollaborationsmöglichkeiten schaffen. Nicht zuletzt beschleunigt durch die Coronapandemie spielt **New Work** für die ExpertInnen eine große Rolle, da diese aktuellen Wandlungsprozesse weitreichende Effekte auf die Entwicklungen im Bereich der dBGM-Implementierung nach sich ziehen. *„Ja, also ich denke, dass die Digitalisierung mittlerweile einfach fast in jedem Lebensbereich Einzug gehalten hat und dass diese digitalen Entwicklungen deshalb auch im BGM elementar sind. Diese New Work Phänomene sind speziell seit Corona auf dem Vormarsch. Alle* *wollen remote arbeiten, flexibel sein und eine höhere Selbstbestimmung. Deshalb denke ich, dass diese digitalen Angebote einfach genau den Puls der Zeit treffen"* (Experte K, 2024, Pos. 41). Auch die Expertin M (2024, Pos. 41) erkennt eine Zunahme von New Work und Chancen für das dBGM: *„Wir sehen immer mehr von der Arbeit 4.0 mit flexiblen Arbeitsweisen und zeit- und ortsunabhängigen Arbeitsformen und da liefern diese dBGM-Angebote einfach Lösungspotenziale, die es in reiner Präsenzform nicht geben kann."*

Die ExpertInnen sind der Ansicht, dass New Work Ansätze im Arbeitsalltag mittlerweile fast standardmäßig angeboten werden und digitale Anwendungen unkomplizierte Gesundheitslösungen für die Anforderungen der modernen Arbeitswelt darstellen können: *„Natürlich haben wir mit Corona auch gemerkt, wie wichtig Remote work geworden ist für die MitarbeiterInnen. Das ist mittlerweile auch ein Standard fast geworden, dass der Arbeitgeber das anbietet und wenn es irgendwer nicht anbietet, dann denkt man sich gleich, wieso bietet der Arbeitgeber nicht auch Homeoffice an? […] Und dann arbeiten viele Unternehmen auch standortübergreifend. Das heißt jetzt nicht nur in Wien, sondern auch in anderen Städten sind MitarbeiterInnen verteilt und da eine flexible BGM Lösung zu finden ist sehr schwer und sehr aufwändig für die Firma. Und dann ist es oft die einfachste Lösung zu sagen, hier hast du eine digitale Plattform, eine App, da kannst du alles was du möchtest, überall und jederzeit buchen, viel Spaß damit"* (Experte H, 2024, Pos. 39).

Die Arbeitswelt ist durch eine zunehmende Dezentralisierung und Agilität bestimmt, wodurch es laut dem Experten D (2024, Pos. 48) inzwischen erforderlich wird, digitale Anwendungen in das BGM einzugliedern, um sämtliche Beschäftigte zu erreichen und niemanden auszuschließen, denn *„wer kein digitales BGM hat, hat kein BGM"* (Experte D, 2024, Pos. 46). *„Du hast heutzutage in den meisten Unternehmen mehrere Standorte, du hast ein Home-Office, das sich während Corona etabliert hat und bleiben wird, du hast viele Arbeitskräfte, die nur Teilzeit arbeiten etc. Also wenn du dein Gesundheitsangebot auf Präsenzangebote vor Ort beschränkst, dann schließt du 50–70 %, oder was auch immer dann die genaue Zahl ist, deiner MitarbeiterInnen schon mal grundsätzlich davon aus, an so einem Angebot überhaupt teilzunehmen. Das ist eigentlich genau das Gegenteil, was du mit so einem Gesundheitsangebot schaffen willst, weil das Angebot alleine ja prinzipiell schon mal alle Angestellten erreichen sollte"* (Experte D, 2024, Pos. 48).

Neben dem New Work Phänomen schreiben die befragten ExpertInnen auch der **Generation Z** große Potenziale bei den weiteren Entwicklungen der dBGM-Implementierung zu. Obgleich die Geburtsjahre, die der Generation Z zugerechnet werden, oftmals variieren, definiert eine Vielzahl an Studien (z. B.

Jayathilake & Annuar, 2020; Agarwal & Vaghela, 2018; Kirchmayer & Fratričová, 2017; Kirchmayer & Fratričová, 2018; Bencsik et al., 2016; Jiri, 2016; Fodor & Jaeckel, 2018; Diaconu & Dutu, 2020; McKinsey & Company, 2018) laut eines systematischen Literaturreviews von Jayatissa (2023, S. 180) die Generation Z als zwischen 1995 und 2010 Geborene. Somit bilden diese Menschen die erste Generation, welche bereits von Kindheit an mit dem Internet, sozialen Medien und Smartphones sozialisiert wurde (Betz et al., 2018, S. 213), wodurch ihre Weltanschauung und ihr Verhalten stark von digitalen Technologien geprägt wurden (Jayatissa, 2023, S. 184).

Im Rahmen des Interviews gibt die befragte Expertin M (2024, Pos. 41) an, dass die Generation Z viel aufgeschlossener gegenüber Digitalisierungsprozessen ist und weniger Datenschutzbedenken als die vorherigen Generationen hat: *„Speziell auch dadurch, dass immer mehr von der Generation Z in das Berufsleben einsteigen und die seit der Kindheit mit digitalen Medien konfrontiert wurden. Die älteren Generationen äußern doch mehr Bedenken hinsichtlich Datenschutzfragen und so, aber die nachkommenden BerufseinsteigerInnen haben dazu einfach einen ganz anderen Bezug, eine ganz andere Offenheit."* Die Offenheit der Jüngeren hinsichtlich einer dBGM-Implementierung zeigt sich auch am konkreten Unternehmensbeispiel von Expertin M (2024, Pos. 29): *„Was sicher geholfen hat [bei der Einführung eines dBGM; Anmerk. d. Verf.], ist auch, dass es ein recht junges und offenes Unternehmen ist und die Widerstände gegenüber Neuerungen dadurch auch tendenziell geringer sind, weil einfach die ganzen Abläufe auch dynamischer sind und die Menschen aufgeschlossen sind für Änderungen."*

Zudem *„schaut die kommende Generation Z nicht mehr vorrangig auf das Gehalt, sondern da werden auch andere Faktoren wie Work-Life-Balance und Wellbeing immer wichtiger"* (Experte J, 2024, Pos. 39), wodurch im Hinblick auf die Zukunft auch der Stellenwert des persönlichen Wohlbefindens an Relevanz gewinnen und die Generation der künftigen EntscheiderInnen einen größeren Fokus auf dBGM-Angebote legen wird. *„Also ich denke da speziell an die nachkommende Generation Z und die neuen BerufseinsteigerInnen. Die Jungen sind mit dem Smartphone und Apps aufgewachsen, wodurch die eine noch viel höhere Akzeptanz in die Richtung ausstrahlen. Ich glaube, dass einer der Hauptaspekte, warum sich gesundheitsfördernde Apps noch nicht überall ganz durchgesetzt haben, der ist, dass viele in den Führungspositionen noch aus einer anderen Generation sind und dem noch ein bisschen skeptischer gegenüberstehen. Speziell wenn die jüngeren Personen vermehrt in die Entscheiderpositionen kommen, wird sich in die digitale Richtung sicher nochmal mehr tun"* (Experte N, 2024, Pos. 39).

12.3.8.3 Künstliche Intelligenz (KI), Extended Reality (XR) und Digitaler Stress

Obwohl es an einer allgemeingültigen Definition für Künstliche Intelligenz (KI) oder Artificial Intelligence (AI) mangelt, bezeichnet KI grundsätzlich *„die Fähigkeit von Computersystemen, auf sie zugeschnittene Aufgaben selbsttätig zu lösen, die aufgrund ihrer Komplexität bislang menschliche Fähigkeiten erforderten"* (Gethmann et al., 2022, S. 8) und meint *„systems that display intelligent behaviour by analysing their environment and taking actions – with some degree of autonomy – to achieve specific goals"* (Sheikh et al., 2023, S. 20).

Im Hinblick auf dBGM-Anwendungen ist der Experte J (2024, Pos. 41) der Ansicht, dass die Nutzung und Anwendung von **KI** künftig eine tragende Rolle einnehmen wird, da sie selbstständig dazulernen und ohne zusätzlichen Aufwand individualisierte Angebote für die NutzerInnen erstellen kann. *„Und dann natürlich das AI-Thema. Die Entwicklungen in dem Bereich bergen auch riesige Chancen für das dBGM, weil die KI natürlich automatisiert individuellen Content erstellen kann und so extrem viel Arbeitsaufwand für die Anbieter erspart."* Auch der Experte L (2024, Pos. 59) erkennt große Potenziale von KI im Rahmen von dBGM-Anwendungen: *„Dass Software tatsächlich in der Lage ist zu lernen, welche Wünsche, Bedürfnisse, Ziele, Aspirations hat der oder die TeilnehmerIn. Und da wird wahrscheinlich KI in nicht allzu ferner Zeit eine Rolle spielen, dass sie in der Lage ist, diese Contents jetzt auch kundenindividuell zu generieren. Und da sehe ich eigentlich eine riesen Opportunity für die Zukunft, weil heute kreiert man Angebote für eine bestimmte Audience, damit ein bestimmtes Thema bearbeitet werden kann. Aber wenn man sich die Möglichkeiten anschaut über die digitale Generierung von Videos und auch über die individuelle Motivation von Personen, dann sehe ich keinen Grund, warum du dir den digitalen Trainer nicht nach deinen Vorlieben aussuchen und gestalten kannst. Der einen gewissen Habitus hat, der dich am besten optimiert und der ad hoc on the fly ein auf deinem Befinden basierendes, tägliches Programm generiert. Ich glaube, da werden wir uns hinbewegen."*

Weitere denkbare Entwicklungen im dBGM-Bereich stellen laut dem Experten K (2024, Pos. 41) überdies **Extended Reality (XR)** Anwendungen dar. XR ist ein Sammelbegriff für Virtual Reality (VR), Augmented Reality (AR) und Mixed Reality (MR) (Vasarainen et al., 2021, S. 2; Le Noury et al., 2022, S. 1473; Logeswaran et al., 2021, S. 79) und umfasst immersive Technologien wie Smartphones oder Brillen, die die reale Welt um computergenerierte Elemente virtuell erweitern (Khlaif et al., 2024, S. 804). *„Und dann kann ich mir auch vorstellen, dass es weitere Fortschritte im Bereich von Virtual Reality Angeboten geben wird. Dass man VR-Brillen nutzt, um zum Beispiel komplett immersive Meditationssessions durchzuführen oder so. Ich kann mir persönlich für mich das zwar nur sehr* *schwer vorstellen, dass das irgendwie stressabbauende Wirkungen oder so hat, aber da wird es sicher noch einige neue Sachen geben in Zukunft"* (Experte K, 2024, Pos. 41).

Neben den Möglichkeiten von XR und digitalen Angeboten im Generellen nennt der Experte K (2024, Pos. 45) jedoch auch potenzielle Stressoren, die mit einer übermäßigen Nutzung von digitalen Anwendungen häufig einhergehen: *„Trotzdem muss man natürlich auch aufpassen, dass das Digitale auch nicht zu viel wird. Weil wenn ich den ganzen Tag vorm Bildschirm sitze, muss ich dann nicht nach der Arbeit unbedingt auch noch auf die Gesundheits-App starren. Das würde dann ja eher wieder ein Stressfaktor sein und die positiven Effekte zunichtemachen."* Dieses Phänomen wird als **„Digitaler Stress"** bezeichnet und ist *„eine Stressform, die durch die Nutzung und Allgegenwärtigkeit digitaler Technologien verursacht wird"* (Riedl et al., 2023, S. 357) sowie laut Ragu-Nathan et al. (2008, S. 417) allgemein *„an IT user's experience of stress when using technologies"*beschreibt. Nicht zuletzt vor diesem Hintergrund hebt die Expertin M (2024, Pos. 17) die Wichtigkeit der einfachen und unkomplizierten Ausgestaltung von digitalen gesundheitsfördernden Anwendungen hervor (siehe Teil III, Abschnitt 12.3.1.1), da diese keine weiteren Belastungen für die NutzerInnen darstellen und stattdessen die intendierten und unterstützenden gesundheitsfördernden Effekte forcieren sollten: *„Ich persönlich denke, dass eben diese Einfachheit auch ein Schlüssel zum Erfolg ist, weil die App ja eine Unterstützung sein sollte und nicht ein weiterer Stressfaktor."*

12.3.8.4 Hybride Ansätze

Hybride Ansätze stellen im dBGM eine Kombination zwischen analogen und digitalen Angeboten dar und bergen für die befragten ExpertInnen große Potenziale, da *„die Verbindung zwischen physischen und digitalen Angeboten auch in Zukunft wichtig sein wird und es nicht der Weg sein wird, alles immer nur digital zur Verfügung zu stellen"* (Expertin E, 2024, Pos. 34). Laut der Expertin A (2024, Pos. 41) *„kann es nicht komplett digital gehen, weil du das Vertrauen zum Menschen brauchst"* und die digitalen Angebote lediglich eine Ergänzung darstellen sollten *„und nie einen totalen Ersatz für wirkliche Begegnungen und all das, was eigentlich real stattfinden sollte"* (Expertin I, 2024, Pos. 48). Um die jeweiligen Vorteile der analogen und digitalen Anwendungen bestmöglich zu verknüpfen und das *„Beste aus beiden Welten"* (Expertin E, 2024, Pos. 34) zu vereinen, schlägt die Expertin F (2024, Pos. 61) demnach *„hybride Lösungen"* vor. Auch der Experte B (2024, Pos. 43) identifiziert Vorteile in Bezug auf die Anwendung von hybriden Ansätzen und postuliert nicht nur eine Koexistenz, sondern ein sich gegenseitig ergänzendes Zusammenspiel: *„Ich glaube, die wirkliche Zukunft ist Hybrid. Weil beide Welten, digital und analog haben ihre Vorteile und du musst diese zwei Welten* *gut zusammenbringen. Mit hybrid meine ich nicht nur, dass es beides gibt, sondern es soll auch zusammenspielen. Es gibt nicht nur einen physischen Ernährungsvortrag und gleichzeitig gibt es eine App, mit der ich meine Ernährung erfassen kann, sondern das muss zusammenspielen. Das heißt, ich mache vielleicht einen Ernährungsvortrag, der real stattfindet und begleite es dann im Nachhinein noch digital, dass ich Rezepte habe oder versuche mein Ernährungsverhalten zu tracken und dann kommt darauf aufbauend wieder ein Koch-Workshop, sodass das wirklich zu Verhaltensänderungen führt. […] Beide Welten bieten sehr viele Möglichkeiten und wenn man das geschickt zusammenbringt, hat man davon einfach deutlich mehr. Und es wird weder rein digital, noch rein analog so gut klappen, wie wenn man es gemeinsam macht."* Als Beispiel dient hier das Unternehmen des Experten C (2024, Pos. 17), das einen Blended Care-Ansatz verfolgt. Dabei geht der Befragte Experte C (2024, Pos. 17) unter anderem darauf ein, dass es verschiedene Varianten von Maßnahmen gibt und sein Unternehmen darauf abzielt, sämtliche Bereiche abzudecken, um den Nutzen für die Beteiligten zu maximieren: *„Dazu muss man sagen, dass wir ein Blended Care Modell anstreben, einen hybriden Ansatz. Ich glaube nicht, dass rein digitale Anwendungen der Schlüssel sind, sondern dass es die Kombination aus digitalen Maßnahmen, digital enabled Maßnahmen und vor Ort Maßnahmen ist. Alle digitalen Maßnahmen von uns zielen auf eine dieser drei Sachen ab und dass das auch alles zusammenspielt. […] Nimm das Thema mentale Gesundheit. Eine rein digitale Leistung wäre eine Meditationsapp mit einer Guided Meditation Session. Da kann man halt nur begrenzt auf die NutzerInnen eingehen, es ist nicht immer ideal customized, aber dafür ist es orts- und zeitunabhängig und sehr gut digital skalierbar. Man könnte aber auch einen Online-Lehrer buchen oder über eine App zu einem Meditationszentrum hingeleitet werden, also eine digital enabled Leistung, wo man eine starke vor Ort-Komponente im Produktkern hat."* Abschließend schlägt auch der Experte K (2024, Pos. 45) einen hybriden Ansatz vor, indem beispielsweise die digitale App in seinem Unternehmen obendrein physische Zusammentreffen ermöglicht: *„Also rein alle gesundheitsfördernden Angebote digital zu machen, halte ich nicht für zielführend. […] Das Coole ist ja, dass man sich über unsere App zum Beispiel alles schnell digital ausmachen und buchen kann und sich dann trotzdem persönlich zum Sport trifft. Also eine hybride Form eigentlich. Ich glaube, dass das sozusagen der Königsweg ist und man so die Vorteile beider Ansätze am besten kombinieren kann."* In diesem Punkt ergeben sich Analogien zu den Aussagen der Expertin F (2024, Pos. 63), indem diese angibt, dass digitale Anwendungen neben den ihnen inhärenten Vorteilen vor allem den persönlichen Kontakt zwischen den Individuen forcieren sollten: *„Ich hätte aber den Eindruck, dass trotzdem dieser Wunsch, dass man sich was ausmacht und unter Menschen kommt, schon auch wichtig ist.*

Also wenn es das unterstützen kann, ist es überhaupt top. Also wenn das dBGM quasi einen Anreiz bildet, mit anderen Menschen zusammen etwas zu tun, dann wäre glaube ich wirklich auf mehrfacher, mehrfacher Ebene was gewonnen.“

12.3.8.5 Corporate Digital Responsibility (CDR) und Digitale Inklusion

Corporate Digital Responsibility Faktoren sowie **digitale Inklusionsprozesse** spielen im Rahmen der dBGM-Implementierung eine relevante Rolle für die befragten ExpertInnen. CDR lässt sich laut Lobschat et al. (2021, S. 876) definieren *„as the set of values and specific norms that govern an organization's judgments and choices in matters that relate specifically to digital issues.“* Digitale Inklusion *„is a form of social inclusion in the digital age that broadly refers to the concept of ensuring all individuals and communities in society have equal opportunity and ability to access and effectively use digital technologies“* (Nguyen, 2022, S. 266). Im Rahmen der durchgeführten Interviews erkennen die ExpertInnen speziell die Wichtigkeit, Angestellte aller Altersgruppen in das dBGM einzubinden und etwaige Nutzungsbarrieren abzubauen, um auch weniger technikaffine MitarbeiterInnen zu erreichen. In diesem Kontext finden oftmals die Begriffe „Digital Natives“ und „Digital Immigrants“ Verwendung, wobei nach Wang et al. (2013, S. 409) Digital Natives die neue Generation junger Menschen darstellen, die in das digitale Zeitalter hineingeboren wurden, während Digital Immigrants den Umgang mit digitalen Anwendungen erst im Laufe ihres Erwachsenenlebens gelernt haben. *„Und deshalb finde ich es eben sehr gut, dass die App so einfach gehalten ist, speziell auch wegen der Unterschiede zwischen Digital Natives und Digital Immigrants“* (Experte N, 2024, Pos. 19), denn *„das sind ja nicht nur junge und innovative Unternehmen, sondern da sind ja auch Menschen dabei, die jetzt keine Digital Natives sind. Das heißt, es muss alles möglichst einfach und selbsterklärend sein“* (Expertin F, 2024, Pos. 19). Die digitalen Anwendungen in den Unternehmensbeispielen sind demnach *„bewusst sehr einfach gehalten, weil wir im betrieblichen Setting von Jung bis Alt, von technikaffin bis technikavers, alles dabei haben und sich gerade auch technisch nicht affine MitarbeiterInnen zurecht finden sollen“* (Experte B, 2024, Pos. 17). Neben der unkomplizierten Ausgestaltung von digitalen Anwendungen (siehe Teil III, Abschnitt 12.3.1.1) und Schulungen, die die Digitalisierungskompetenz der Benachteiligten fördern sollen, nimmt auch die verantwortungsvolle Einstellung der Führungskräfte einen großen Stellenwert ein. So wollte zum Beispiel der Experte J (2024, Pos. 25) im dBGM seines Unternehmens zum Beispiel *„als Entscheider auch gleich Verantwortung übernehmen, dass da auch ein Angebot ausgewählt wird, das absolut sicher und transparent* *ist und dass es gewisse Compliance Regelungen gibt, die meine Mitarbeitenden schützen."*

Da CDR, Digitale Inklusion und die Entwicklungen im KI-Bereich künftig wahrscheinlich mit großen Herausforderungen einhergehen werden, fordert der Experte J (2024, Pos. 41), dass rechtliche Regelungen durchgesetzt werden, die Unternehmen bei der Einführung und Umsetzung von CDR unterstützen: *„Da kommen sicher auch noch große Herausforderungen auf uns zu, wie man in Bezug auf Corporate Social Responsibility oder Digital Ethics Fragen der KI reagiert. Wichtig ist sicher, dass da auch auf rechtlicher Ebene Governance-Prozesse durchlaufen werden, dass man die Unternehmen und die Angestellten nicht mit dieser Verantwortung alleine lässt."*

Diskussion, Interpretation und Konklusion 13

13.1 Diskussion und Interpretation der Ergebnisse

13.1.1 Spezifika der digitalen Anwendungen

Die Studie zeigt, dass die spezifische Ausgestaltung der digitalen Anwendungen einen relevanten Beitrag bei der Implementierung eines dBGM leistet. Diese Erkenntnis deckt sich auch mit den Arbeiten von Ross et al. (2016), Schreiweis et al. (2019), Treier (2021), Cremers et al. (2021), Bente et al. (2024) und Fortune et al. (2024), die der **Komplexität, Personalisierung, Adaptierbarkeit** und Benutzerfreundlichkeit eine hohe Bedeutung beimessen. Darüber hinaus heben die befragten ExpertInnen jedoch insbesondere die Relevanz der **Analyse- und Steuerungsoptionen** und der **User Experience** hervor, die auch Faktoren wie **Flexibilität sowie Administrations- und Feedbackmöglichkeiten** einbezieht, wobei die Wichtigkeit des **Supports** in der Literatur speziell bei Liu et al. (2025) thematisiert wird. In diesem Sinne wird von dem Experten C (2024, Pos. 19) sogar ein positives Nutzungserlebnis als noch wichtiger eingeschätzt als die technische Komponente von digitalen Anwendungen, zumal sich damit das Engagement der Beteiligten steigern und die Beteiligungsquote erhöhen lassen. Darüber hinaus wurde in dieser Studie deutlich, dass durch neue didaktische Formate wie **Gamification**-Elemente, die beispielsweise auch von Dadaczynski & Schiemann (2018) beschrieben werden, neben Gesundheits- und Unterhaltungszwecken auch dezidierte Lernziele verfolgt werden können, um das allgemeine Gesundheitsverständnis der NutzerInnen zu verbessern.

Da sich insbesondere KMU oftmals mit limitierten Ressourcen konfrontiert sehen, stellt auch die **Kostenthematik** eine weitere Kernkomponente der dBGM-Einführung dar. Beiträge von Glasgow et al. (1999), Damschroder et al. (2009),

A. Wieser, *Erfolgsfaktoren für die Implementierung eines digitalen betrieblichen Gesundheitsmanagements*, https://doi.org/10.1007/978-3-658-51620-8_13

Damschroder et al. (2022), Ross et al. (2016) und Gericke (2022) greifen zwar diverse Kostenaspekte des dBGM auf, jedoch teilen in der vorliegenden Dissertation erstmals auch ExpertInnen mit praktischen Erfahrungswerten zu dBGM-Implementierungsprozessen in österreichischen Klein- und Mittelunternehmen ihre Kenntnisse in Bezug auf real auftretende Kostenfaktoren. Dadurch wurde festgestellt, dass viele KMU die dBGM-Prozesse zu Beginn an externe dBGM-Anbieter auslagern, um Mittel zu sparen und Unterstützung bei der Einführung zu bekommen. Die durchschnittlichen Kosten für die Betriebe belaufen sich dabei auf durchschnittlich mindestens 500 € bis 1000 € pro Jahr, wobei gewisse Organisationen auch ein Pay-Per-Use System anwenden, indem das Unternehmen einen Pauschalbetrag für die Angebote übernimmt und die ArbeitnehmerInnen einen Selbstbehalt für darüber hinausgehende Leistungen bezahlen. Schlussendlich halten die ExpertInnen noch fest, dass die größten Kosten im Rahmen einer dBGM-Implementierung auf den zeitlichen und personellen Ressourcenaufwand zurückzuführen sind, wenn die Angestellten für Schulungen abgestellt werden und nicht ihrer eigentlichen Arbeit nachgehen können.

Obwohl die Vielzahl an dBGM-Anwendungen stark zunimmt, ist der dBGM-Markt nicht reguliert, da beispielsweise Gesundheits-Apps nicht unter das österreichische Medizinproduktegesetz fallen, wodurch Defizite hinsichtlich Qualität, Datenschutzbestimmungen und ethischen Anforderungen bestehen (Dhingra & Dabas, 2020, S. 356). Daher postulieren die ExpertInnen die Einführung von **einheitlichen Qualitätsstandards**, Zertifizierungen und funktionalen Klassifikationssystemen, die Unternehmen bei der Auswahl einer entsprechenden digitalen Anwendung unterstützen. Treier (2021) und Winter & Riedl (2022) setzen sich zwar ebenso mit der Etablierung einheitlicher Qualitätsanforderungen auseinander, jedoch verweisen die befragten InterviewpartnerInnen überdies auf die Orientierung am Beispiel der DiGA in Deutschland, um auch die dBGM-Anwendungen durch unabhängige Instanzen zu legitimieren und die Entwicklung von qualitativ hochwertigen dBGM-Angeboten weiter voranzutreiben. Innovative Ansätze bietet in diesem Sinne zum Beispiel die deutsche Plattform *HealthOn*, die Auskunft und Informationen zur Qualitätssicherung verschiedener DiGA, medizinischer Apps und auch Gesundheits-Apps gibt (healthon, 2025, o. S.).

13.1.2 Externe Rahmenbedingungen

Die vorliegende Forschungsarbeit verdeutlicht die große Relevanz der externen Rahmenbedingungen bei der Einführung eines dBGM. Demnach gilt es, speziell die **Finanzierungsmöglichkeiten durch staatliche Initiativen, Unterstützungen der Krankenkassen oder Förderprogramme** von anderen Institutionen zu berücksichtigen. Im Rahmen der Dissertation konnten in Österreich beispielsweise gesundheitliche Digitalisierungsvorhaben wie das *Netzwerk BGF, fit2work, KMU.DIGITAL* oder das vom FGÖ geförderte Praxisprojekt *„Betriebliche Gesundheitsförderung in der Arbeitswelt 4.0"* von Lang (2022) identifiziert werden. Ähnlich der Erkenntnisse von Sayed & Kubalski (2016), Schäfer et al. (2016) Fischmann et al. (2020) und Bente et al. (2024) erweisen sich derartige Partnerschaften auch für die befragten ExpertInnen als äußerst nutzbringend, um speziell zu Beginn der dBGM-Implementierung von fachspezifischem Knowhow und diversen Subventionen zu profitieren. Nach den praktischen Erfahrungen der InterviewteilnehmerInnen sollte zugleich aber beachtet werden, dass derartige Förderprojekte oftmals mit einem großen Bürokratieaufwand einhergehen und viele Unternehmen ihr dBGM nach dem Förderungszeitraum nicht weiter fortführen, da ohne die externen Zuschüsse eigentlich kein Budget für eine nachhaltige Eingliederung im Betrieb vorhanden ist. Nicht zuletzt vor diesem Hintergrund verweisen die Interviewten erneut auf die DiGA in Deutschland, zumal dort die Finanzierung gänzlich von den Krankenkassen übernommen wird und die Abläufe unkomplizierter gestaltet werden, um eine möglichst reibungslose und langfristige dBGM-Umsetzung sicherzustellen.

Weitere Erfolgsfaktoren, die sowohl von den ExpertInnen als auch in der Literatur (Ross et al., 2016; Kaiser & Matusiewicz, 2018; Schreiweis et al., 2019; Cremers et al., 2021; Treier, 2021; Fahy et al., 2021; Winter & Riedl, 2022; Bente et al., 2024) häufig genannt werden, sind die Einführung von **zeitgemäßen rechtlichen Regelungen** und die Abklärung von **datenschutzrechtlichen Themen.** In Verbindung mit der Etablierung von gegenwartsnahen rechtlichen Rahmenbedingungen, die die Nutzung und Finanzierung von digitalen gesundheitsfördernden Anwendungen im Unternehmensbereich regulieren, nennen die ExpertInnen zudem auch die Notwendigkeit, mehr **steuerliche Anreize** und Entlastungen für UnternehmerInnen zu schaffen, die innovative dBGM-Lösungen integrieren. Zwar gibt es in Österreich nach der SVS (2025, o. S.) gewisse Voraussetzungen um gesundheitsfördernde Angebote steuerfrei anzubieten (siehe Teil III, Abschnitt 12.3.2.1), jedoch bedarf es noch weiteren Unterstützungsmöglichkeiten wie beispielsweise dem Steuerfreibetrag zur BGF in Deutschland, um die Implementierung eines (digitalen) BGM auch für österreichische ArbeitgeberInnen attraktiver zu machen. Hinsichtlich der **Datenschutzthematik** muss speziell auf die Vertraulichkeit sowie Zustimmungs-, Verantwortungs- und Haftungsfragen geachtet und es sollten auch Faktoren wie Datensouveränität und Datensicherheit berücksichtigt werden, damit die NutzerInnen die individuelle

Kontrolle über die Verwaltung ihrer persönlichen Daten behalten und die Sicherheit der Daten über organisatorische und technische Maßnahmen gewährleistet werden kann. Interessante Potenziale für das Gesundheitswesen bergen hierbei laut Treier (2023, S. 240) speziell die Möglichkeiten von dBGM-Anwendungen, die individuell wählbare *„Freigabeoptionen als Datenspenden für Evaluationszwecke"* bieten können sowie nach Pusep (2022, S. 115) und Steinhauser et al. (2024, S. 831) auch die Blockchain-Technologie, die sensible Gesundheitsdaten dezentral speichert und durch transparente Datenverläufe eine hohe Manipulations- bzw. Datensicherheit bei gleichzeitiger interoperabler Nutzung gewährleisten kann (Treier, 2023, S. 232). Obgleich einige Studien wie Schreiweis et al. (2019) und Winter & Riedl (2022) den Datenschutz abschließend oftmals vorrangig als Hindernis eines dBGM ansehen, erkannten die ExpertInnen in der vorliegenden Arbeit auch Potenziale, zumal gewisse Angebote wie Online-Fitnessaktivitäten oder Videoberatungen vollkommen anonym durchgeführt werden können und somit sogar Vorteile im Vergleich zu analogen Angeboten bieten, die in einem Präsenztreffen durchgeführt werden, in dem die individuelle Anwesenheit für sämtliche andere TeilnehmerInnen ersichtlich ist.

13.1.3 Interne Rahmenbedingungen

Laut den Studienergebnissen sind die unternehmensspezifischen internen Rahmenbedingungen zentrale Erfolgsfaktoren bei der dBGM-Implementierung. Vergleichbar mit den Erkenntnissen von Lang & Hofer-Fischanger (2022) erleichtern insbesondere **bestehende BGM-Strukturen** die Einführung und den Ausbau von dBGM-Komponenten, da bereits gewisse technische und strukturelle Erfahrungswerte in den Organisationen bestehen. Dabei heben die GesprächspartnerInnen jedoch hervor, dass in der Praxis vorher meist nur unregelmäßige oder einmalige BGF-Aktionen wie Teamevents und Businessläufe stattfinden und es an strategisch durchdachten Konzepten mangelt.

Obgleich vorab demnach nur selten durchstrukturierte BGM-Prozesse in den Unternehmen etabliert sind, konnten im Rahmen der Interviews weitere Faktoren identifiziert werden, die der erfolgreichen dBGM-Implementierung zuträglich sind. So begünstigen agile und **flexible Arbeitsweisen** mit der Möglichkeit zur Verrichtung von zeit- und ortsunabhängiger Arbeit sowie der Beschäftigung von technikaffinen MitarbeiterInnen die Einführung eines dBGM ungemein und zudem spielen eine **offene Unternehmenskultur sowie ein positives Arbeitsklima** eine wichtige Rolle. Zwar unterstreichen auch Damschroder et al. (2009)

und Damschroder et al. (2022) die Bedeutung von positiven sozialen Strukturen innerhalb der Betriebe, jedoch werden diese Ergebnisse insofern spezifiziert, als dass die ExpertInnen auch die interne Vertrauenskultur zur Erhöhung der Akzeptanz unter den ArbeitnehmerInnen betonen. Die Angestellten sollten die Gewissheit und Sicherheit im Unternehmen verspüren, dass die sensiblen Gesundheitsdaten vertraulich behandelt werden und die Organisation nicht an einer Überwachung, sondern an der individuellen und betrieblichen Gesundheitsförderung interessiert ist.

Um die Teilnahmebereitschaft der Belegschaft weiter zu erhöhen, wurden in der Untersuchung auch **Bonifizierungs- und Incentivierungskonzepte** betrachtet. Ohne dass die ExpertInnen eine tiefgreifende Konkretisierung vornehmen, kann in Verbindung mit den Erkenntnissen von Gericke (2022) angenommen werden, dass reine Geld- und Sachleistungen nicht zu einer erhöhten Akzeptanz bei den Angestellten führen, wodurch andere Aspekte wie „individuelle Motivation und persönliches Sinnempfinden" als (siehe Teil III, Abschnitt 13.1.4) relevanter einzustufen sind.

Zudem gilt laut der vorliegenden Studie, dass sich digitale gesundheitsfördernde Anwendungen zumindest teilweise in den **Arbeitsalltag integrieren** lassen sollten, da sich ansonsten nur die MitarbeiterInnen beteiligen, die ohnehin selbstständig in ihrer Freizeit aktiv sind. Im entfernten Sinne gelangen auch Ross et al. (2016) zu dieser Erkenntnis, nachdem ein passender Fit zwischen der e-Health Technologie und der jeweiligen Organisation bestehen sollte, um eine erfolgreiche Ein- und Fortführung des dBGM-Angebots zu garantieren und überdies auch **speziell die Zielgruppen** im Unternehmen anzusprechen, die bisher noch ein eher geringes Interesse an ihrer individuellen Gesundheitsförderung gezeigt haben. Das Ansprechen einer breiten Zielgruppe gilt nicht zuletzt laut Winter & Riedl (2022) als Vorteil von dBGM-Anwendungen und der Grad der Erreichbarkeit der Zielpopulation wird auch bei Glasgow et al. (1999) thematisiert, nachdem die Effizienz von Gesundheitsförderungsmaßnahmen unter anderem an der Reichweite des Gesundheitsprogramms gemessen wird, da die Gesunderhaltung der Angestellten sämtliche Bereiche eines Unternehmens durchdringen und keine Personengruppen ausschließen sollte.

Einen weiteren wichtigen Gesichtspunkt der internen Rahmenbedingungen stellt die **Ressourcenthematik** dar. Speziell in Klein- und Mittelunternehmen fehlt es laut Rothe et al. (2019, S. 247) oftmals an praxisnahen Implementierungskonzepten und spezifischen Kompetenzen und eine langfristige Implementierung scheitert häufig aufgrund eines Mangels an Ressourcen (Meyer & Tirpitz, 2008, S. 54), dem Vorrang des Tagesgeschäfts und fehlendem Wissen (Sayed & Kubalski, 2016, S. 1). Außerdem findet das dBGM bei der Allokation der Ressourcen meist nur geringe Berücksichtigung, da grundsätzlich kein großes Verständnis für die Notwendigkeit und den Mehrwert von Investitionen in die betriebliche Gesundheitsförderung herrscht. Obschon sich KMU hinsichtlich der oftmals begrenzten zur Verfügung stehenden Mittel mit mehr Herausforderungen als Großunternehmen konfrontiert sehen, identifizieren die befragten ExpertInnen auch einige Vorteile hinsichtlich der **Größenverhältnisse von Klein- und Mittelunternehmen**. Denn durch die überschaubare Unternehmensgröße ergeben sich in den Unternehmen der Interviewten nicht nur bessere Quoten bei der Erreichbarkeit und dem Engagement der Angestellten, sondern es verkürzen sich auch die Entscheidungswege, wodurch die Betriebe flexibler reagieren und Adaptionen vornehmen können.

Abschließend sind die Handlungsfelder **Kommunikation, Information und Transaktion** bei der dBGM-Implementierung zu beachten, wonach sich die Aussagen der ExpertInnen stark mit den Erkenntnissen von Treier (2021) decken. Die Kommunikation (siehe dazu Liu et al., 2025) wird in den Interviews oft als *„Erfolgsfaktor Nummer eins"* (Experte H, 2024, Pos. 43) genannt, um sämtliche Mitarbeitende über etwaige Neuerungen im Gesundheitsmanagement zu informieren und durch gezielte Gesundheitsmarketing- und Erfolgskommunikationsprozesse die positiven Effekte des dBGM-Angebots regelmäßig in den Unternehmenskanälen zu kommunizieren und zu verbreiten. Der Informationsaspekt zielt auf Möglichkeiten der Wissensvermittlung und die Förderung der individuellen Gesundheitskompetenz ab (siehe dazu Vahteristo et al., 2025) und Transaktionen sind im dBGM speziell daher interessant, als dass sie niederschwellig, orts- und zeitunabhängig sowie in Form von gamifizierten Elementen und Nudging auftreten und das Gesundheitslernen subtil in Microlearning-Etappen vorantreiben.

13.1.4 Beteiligte AkteurInnen

Die AkteurInnen, die beim dBGM-Implementierungsprozess beteiligt sind, stellen einen wesentlichen Erfolgsfaktor dar, was sich auch durch einige Studien aus dem Forschungsstand bestätigen lässt (z. B. Ross et al., 2016; Damschroder et al., 2009; Damschroder et al., 2022; Schreiweis et al., 2019; Kip et al., 2025; Liu et al., 2025). Dabei sind die befragten ExpertInnen ähnlich der Ergebnisse von Bente et al. (2024) der Meinung, dass der größte Erfolg bei der Einführung und Umsetzung eines dBGM erreicht wird, wenn alle Stakeholdergruppen mit ihren individuellen Einstellungen und Erfahrungswerten in den Prozess einbezogen werden, um von verschiedensten Sichtweisen zu profitieren. Dies schafft, wie es auch Sayed & Kubalski (2016) und Nagel et al. (2018) beschreiben, eine stärkere Transparenz und Verbindlichkeit zwischen den Beteiligten und resultiert ultimativ in einer höheren Akzeptanz und Teilnahmebereitschaft.

Obwohl sich die untersuchten Klein- und Mittelunternehmen aufgrund ihrer Organisationsgefüge durch flexible Strukturen, flache Hierarchien und einen Konsens zwischen Leitung und Personal auszeichnen, hängt die Entscheidung für ein dBGM oftmals stark von den Einstellungen der Geschäftsführung ab, wodurch die **Einbindung der Führungskräfte** als *„Bullet Point Nummer eins"* (Experte L, 2024, Pos. 61) betrachtet werden kann. Auch in der Literatur gelten die Bereitschaft im Management (Lang & Hofer-Fischanger, 2022), die Anzahl der internen BefürworterInnen und leitenden AuftraggeberInnen (Marwaha et al., 2022) sowie ein wertorientierter (Simmel & Graßl, 2020) und gesunder Führungsstil (Treier, 2021) als entscheidende Faktoren für ein langfristig erfolgreiches (digitales) BGM. Die Relevanz der Führungskräfte beim Implementierungsprozess in KMU hängt laut den InterviewpartnerInnen darüber hinaus eng mit den Entscheidungsbefugnissen ihrer Positionen zusammen, wodurch sie meist als erste **ImpulsgeberInnen** für die Einführung eines dBGM fungieren. Außerdem geht speziell von den Führungskräften eine besondere **Vorbildwirkung** (Ruppi-Lang & Langer, 2018) aus, da sie in ihrer Rolle als **Opinion Leader** maßgeblich zu Veränderungen der Unternehmensausrichtung beitragen können. Damit einhergehend betonen die ExpertInnen, dass die Authentizität und Ehrlichkeit der Führungskräfte elementar sind, denn nur wenn es der Geschäftsführung gelingt, **Commitment** zu verkörpern, übertragen sich die positiv intendierten Gesundheitseffekte auch auf die Belegschaft. Demnach sollte das Management einerseits selbst die Hingabe zum dBGM-Konzept vorleben und andererseits budgetäre und zeitliche Ressourcen freisetzen, um dBGM-Programme nachhaltig umzusetzen. Vor diesem Hintergrund hat es sich laut den Befragten unter anderem als hilfreich erwiesen, dezidierte **AnsprechpartnerInnen** abzustellen, die sowohl die Unternehmensleitung als auch die Angestellten bei etwaigen Fragen unterstützen.

Weiter kommt die vorliegende Untersuchung zu dem Ergebnis, dass die **Partizipation der MitarbeiterInnen** intensiviert werden sollte, um die Teilnahme und das Engagement der Belegschaft an den dBGM-Maßnahmen zu erhöhen. Die Förderung von partizipativen Ansätzen (Ruppi-Lang & Langer, 2018; Sallinen, 2024) sowie die individuelle Mitgestaltung digitaler Gesundheitslösungen durch die StakeholderInnen (Fahy et al., 2021) ist auch in der Implementierungsforschung von großer Bedeutung, jedoch heben die Interviewten vor allem die Rolle von **positiven MultiplikatorInnen** hervor. Neben den Führungskräften animieren speziell in KMU die Angestellten ihre KollegInnen zur Nutzung von digitalen gesundheitsfördernden Anwendungen und so braucht es auch laut

Expertin A (2024, Pos. 25) Best-Practice-Beispiele aus dem Unternehmen, die das dBGM über Mundpropaganda bewerben und verbreiten. Die Beteiligungsquote und **Akzeptanz** innerhalb der Belegschaft werden zudem noch mehr gesteigert, wenn die Beschäftigten intrinsisch motiviert sind oder extrinsisch animiert werden, die dBGM-Angebote persönlich als **sinnvoll** und zweckdienlich anzusehen sowie Möglichkeiten zur Ausbildung ihrer eigenen Gesundheitskompetenz bekommen. Diese Ergebnisse werden auch durch die Untersuchungen von Gericke (2022), Cremers et al. (2021), Heinsch et al. (2021), Fortune et al. (2024), Schmidt et al. (2024) und Kip et al. (2025) bekräftigt, nach denen die individuellen, interpersonellen Elemente und Einstellungen der Personen einen großen Beitrag zur Akzeptanz von dBGM-Angeboten leisten.

Zum Schluss ist außerdem noch der Aspekt der **Eigenverantwortung** zu beachten, nachdem Unternehmen laut der Expertin M (2024, Pos. 45) zwar die allerbesten Angebote bereitstellen können, die letztendliche Entscheidung zur Nutzung und Inanspruchnahme aber von den AkteurInnen selbst getroffen wird. Dennoch sollten Unternehmen ihre Angestellten auch in diesem Punkt unterstützen, indem die Digitalisierungskompetenz der MitarbeiterInnen in Form von Schulungen gestärkt (Lang, 2022) und die Selbstwirksamkeit der Beschäftigten durch benutzerfreundliche digitale Angebote (siehe Teil III, Abschnitt 13.1.1) gefördert werden (Treier, 2021), um die größtmögliche Wahrscheinlichkeit für die Etablierung eines erfolgreichen dBGM zu gewährleisten.

13.1.5 Legitimation

Obgleich laut Treier (2023, S. 291) eine Vielzahl von empirischen Studien die Wirksamkeit und den Nutzen eines BGM bestätigen, sollte ein modernes dBGM auch die Erfassung von Risiken und die Messung von Erfolgen umfassen, um nachhaltig legitimiert zu werden. Speziell das dBGM verändert die Möglichkeiten des Gesundheitscontrollings, indem die digitalen Anwendungen ein effizientes Gesundheitsmonitoring über Wearables, Apps oder Online-Programme ermöglichen und den Unternehmen spezifische **Nutzungsanalysen** für die Überprüfung und die Analyse des Erfolgs zur Verfügung stellen können (Gutmann, 2019, S. 159). Der Experte K (2024, Pos. 21) erkennt beispielsweise in der Praxis überdies eine starke Reduzierung des Arbeitsaufwands für die Unternehmen, da die digitalen Anwendungen sehr skalierend arbeiten und automatisierte Analysen erstellen, durch die genau identifiziert werden kann, welche Inhalte genutzt und welche Gruppen des Unternehmens erreicht wurden.

Für Marwaha et al. (2022) spielt der langfristige betriebliche Nutzen eines dBGM eine zentrale Rolle bei der dBGM-Implementierung und somit gibt es auch zahlreiche wirtschaftliche, rechtliche, psychologische und ethische Faktoren (Bratton & Gold, 2017, S. 395) wie die Reduktion krankheitsbedingter Fehlzeiten, die Richtlinien des österreichischen ArbeitnehmerInnenschutzgesetzes, die Steigerung der Gesundheit, Motivation, Zufriedenheit und Leistungsfähigkeit der Angestellten, die positiven Effekte auf die ArbeitgeberInnenattraktivität und die Unternehmenskultur sowie die allgemeine soziale Verantwortung der Organisation, die Investitionen in die Unternehmensgesundheit begründen. Die ExpertInnen betonen jedoch, dass die ökonomische Legitimation einen der elementarsten Erfolgsfaktoren darstellt, um den **Nutzen** eines dBGM langfristig vor der vorrangig gewinnorientierten Ausrichtung der Unternehmen zu bestätigen. In den Interviews werden hierfür neben dem ROI, der eine aussagekräftige Wirtschaftlichkeitsprüfung der Kosten-Effektivität bietet (siehe Teil II, Abschnitt 9. 2) sowie der Reduzierung der Fehlzeiten vor allem Präsentismus- und Fluktuationsfaktoren bemüht, die im Rahmen eines funktionierenden dBGM deutlich abgeschwächt werden können. Der Experte G (2024, Pos. 39) kommuniziert den Firmen und NutzerInnen seiner dBGM-Angebote beispielsweise, dass sich die Anzahl der Krankenstandstage realistischerweise pro ArbeitnehmerIn um sechs Tage pro Jahr verringern lässt. Nach Nagata et al. (2018, S. 273) können Betriebe durch die Vermeidung von Absentismus somit pro Person und Jahr 520 US-Dollar einsparen und die Kosten von Präsentismus belaufen sich gar auf 3055 US-Dollar pro Person und Jahr, obwohl dies an der bloßen Anzahl der Krankenstandstage gar nicht erkennbar ist. Noch größere Folgekosten stellen die Fluktuationskosten dar, die durchschnittlich bei 14.900 € pro Stelle liegen (Brence et al., 2019, S. 4), wonach es für Unternehmen umso wichtiger ist, die Wechselanfälligkeit der Angestellten zu minimieren und sie langfristig zu binden.

Der Erfolg eines dBGM lässt sich nicht zuletzt an der **Beteiligungsquote** der Belegschaft ablesen. Zwar betonen Damschroder et al. (2022) und Glasgow et al. (1999) die Wichtigkeit einer guten Beteiligungsrate, jedoch erhebt die vorliegende Studie erstmals auch konkrete Zahlen zur Teilnahmequote eines dBGM in österreichischen KMU. Nach den Aussagen der ExpertInnen hängt die Teilnahmerate stark von der Beschäftigtenzahl, der Kommunikation im Unternehmen, dem Gewerbe in dem es tätig ist und der Länge der Nutzungszeiträume ab. Grundsätzlich profitieren aber insbesondere erneut KMU mit bis zu 49 Angestellten von ihren Größenvorteilen, indem sie nahezu alle Mitarbeitenden über das dBGM informieren können und somit eine durchschnittliche Beteiligungsquote von 30–40 % erreichen und in den positiven Unternehmensbeispielen sogar 50–60 % der

MitarbeiterInnen teilnehmen. Diese Zahlen gelten speziell für längere Nutzungszeiträume, wohingegen zeitlich begrenzte Aktionen wie Unternehmenschallenges sogar Nutzungsraten von 80–90 % erzielen können.

Zum Schluss gilt es für die Unternehmen, noch mehr **evidenzbasierte Wirksamkeitsnachweise** zu identifizieren, um das dBGM stärker zu legitimieren. Ähnlich wie die vorliegende Studie legen auch Damschroder et al. (2009), Damschroder et al. (2022) und Schmidt et al. (2024) einen erhöhten Fokus auf den Nachweis der Evidenzstärke eines dBGM, da es in der Praxis an standardisierten Instrumenten wie qualitativen Befragungen und quantitativen ROI-Messungen fehlt, um aussagekräftige Evaluationen durchzuführen und den Nutzen eines dBGM nachvollziehbar zu begründen (Experte J, 2024, Pos. 39). Da viele Studien die positiven Effekte eines klassischen BGM bestätigen, gibt es laut Treier (2019, S. 441–442; 2023, S. 291) kein Legitimationsdefizit im BGM, jedoch lassen sich die Erkenntnisse nicht vollends auf ein dBGM übertragen, zumal sich dieses vergleichsweise neue Phänomen mit zahlreichen Herausforderungen wie datenschutzrechtlichen Thematiken oder dem Fehlen von allgemeingültigen Qualitätsstandards und Gütesiegeln konfrontiert sieht. Deshalb ist es künftig laut den Expertinnen umso wichtiger, einen systematischen Einsatz von standardisierten Messinstrumenten voranzutreiben, um *„gewisse Nachweise zu erhalten, was das Ganze [das dBGM, Anmerk. d. Verf.] jetzt eigentlich gebracht hat“* (Expertin M, 2024, Pos. 19).

13.1.6 Synergieeffekte

In der Studie wurde deutlich, dass Synergieeffekte essenziell sind, um von diversen **Vernetzungs- und Austauschmöglichkeiten** zu profitieren. Insbesondere Klein- und Mittelunternehmen stehen oftmals nur limitierte Mittel zur Verfügung (Meyer & Tirpitz, 2008, S. 54), wonach die Zusammenarbeit in Netzwerken laut den GesprächspartnerInnen zur Bündelung von Ressourcen und dem kostengünstigen Transfer von Erfahrungswerten beitragen kann. In der Forschungsliteratur werden Netzwerkeffekte von Sayed & Kublaski (2016), Schäfer et al. (2016) und Fischmann et al. (2020) diskutiert, wobei sich diese Studien lediglich auf die Implementierung eines klassischen BGM konzentrieren und die Besonderheiten von dBGM unberücksichtigt lassen. Die vorliegende Arbeit behandelt jedoch die Potenziale von dBGM-Angeboten im Rahmen von Synergieeffekten und identifiziert aufgrund der einfachen Skalierbarkeit, der orts- und zeitunabhängigen Nutzungsoptionen sowie den einfachen Kommunikations- und Austauschmöglichkeiten zahlreiche Chancen in diesem Bereich, wodurch sich diese Erkenntnisse mit den Ergebnissen von Faller (2023a) decken. So werden in einem untersuchten Unternehmen beispielsweise einmal im Quartal Austauschrunden mit Verantwortlichen aus unterschiedlichen Betrieben durchführt, um Erfahrungen miteinander zu teilen und KMU in einer ressourcenschonenden Form zu vernetzen oder es werden auch dBGM-Anwendungen von den ExpertInnen vorgestellt, die mit verschiedensten Sportanbietern kooperieren, damit auf die individuellen Präferenzen der NutzerInnen eingegangen und eine breite Palette an Sportmöglichkeiten auf nur einer gemeinsamen Plattform angeboten werden kann.

Zwar thematisieren auch Bente et al. (2024) die Wichtigkeit von **Kooperationen und (kommerziellen) Partnerschaften**, jedoch betonen die InterviewteilnehmerInnen, dass in der Praxis oft lediglich eine Vereinbarung mit einem naheliegenden Fitnessstudio getroffen wird und damit von vornherein alle Personen ausgeschlossen werden, die sich nicht explizit für körperliches Krafttraining interessieren. Durch die Nutzung von spezifischen netzwerkbezogenen dBGM-Angeboten können hingegen auch Wellnessanbieter, Massageinstitute, Kletterhallen oder Schwimmbäder besucht werden, wodurch sich umgehend mehrere Zielgruppen im Unternehmen erreichen lassen.

Um von möglichst diversen und überregionalen Gesundheitsangeboten zu profitieren, nehmen laut den ExpertInnen viele Betriebe die Leistungen **externer dBGM-Anbieter** (siehe beispielhafter Überblick zu dBGM-Initiativen und Angeboten in Österreich in Teil II, Abschnitt 9.4) in Anspruch. Zum einen, weil sich dadurch eine Reduktion des Arbeitsaufwands für die Unternehmen ergibt und zum anderen, weil die externen Anbieter durch ihr fachspezifisches Know-how und ihre professionellen Erfahrungen Angebote bereitstellen können, die für KMU, die vorrangig auf die Abwicklung des Tagesgeschäfts fokussiert sind, sonst nicht realisierbar wären.

13.1.7 Systematischer Implementierungsprozess

Nach der Forschungsfrage bezieht sich die Zielsetzung dieser Arbeit auf die Identifikation von Erfolgsfaktoren zur Implementierung eines dBGM in österreichischen KMU. Im Rahmen dessen wurden bereits im Theorieteil einige bedeutende, allgemeine Implementierungsmodelle vorgestellt, jedoch gelang es während der Expertenbefragungung auch neue Strategien aufzuzeigen, die explizit einer erfolgreichen dBGM-Implementierung zuträglich sind.

Wie beispielsweise Arbeiten von Sayed & Kubalski (2016), Meyers et al. (2012), Moullin et al. (2015), Damschroder et al. (2009), Damschroder et al.

(2022), Treier (2023) oder Kip et al. (2025) zeigen, stehen die **Bedarfsbestimmung** sowie das Aufstellen einer konkreten **Strategie**, um die Potenziale und Ziele des jeweiligen Unternehmens zu erfassen, in der Regel am Beginn eines Implementierungsprozesses. Die ExpertInnen erweitern diese Schritte noch, indem sie die Wichtigkeit hervorheben, neben einem Konzept auch von Anfang an eine gesundheitsfördernde Unternehmenskultur zu forcieren und die Gesundheitsthematik kontinuierlich in Gesprächen und Meetings zu priorisieren, damit die Relevanz und Aktualität hochgehalten wird. Anschließend erfolgt die **Interventionsauswahl** wie es auch Sayed & Kubalski (2016), Damschroder et al. (2009) und Damschroder et al. (2022) beschreiben, wobei die Befragten, ähnlich der Ergebnisse von Ross et al. (2016) darüber hinaus betonen, dass die digitale Anwendung zu den Bedürfnissen und Strukturen der Organisation passen sollte und idealerweise durch etwaige Wirksamkeitsnachweise legitimiert wurde, da dies die Akzeptanz hinsichtlich der ausgewählten Intervention innerhalb der Belegschaft deutlich erhöhen kann. Um die Befürwortung und die Teilnahmebereitschaft der Angestellten weiter zu steigern, ist es elementar, die **Partizipation zu forcieren** und allen Personen Möglichkeiten zur Mitbestimmung und Meinungsäußerung einzuräumen. Zwar wird die Relevanz der Beteiligung aller Mitarbeitenden bei Implementierungsprozessen häufig diskutiert (Tippe, 2010, S. 204; Vahs, 2015, S. 403), jedoch werden die involvierten AkteurInnen in der Praxis nach wie vor zu wenig einbezogen. Auch Treier (2023) fokussiert den Dialog zwischen Management und Belegschaft bei der dBGM-Einführung, um die Wünsche der ArbeitnehmerInnen zu berücksichtigen und die ExpertInnen berichten davon, dass die Partizipation der Beschäftigten zu neuen Ideen, Anregungen und Vorschlägen führen kann, die dem Management ansonsten verborgen geblieben wären.

Im Idealfall bietet es sich laut den InterviewteilnehmerInnen dabei an, die **Vorstellung der Intervention** als eigenen wichtigen Schritt bei einem Implementierungsvorhaben einzuführen. Eine probate Interventionsvorstellung wurde in den Beispielunternehmen oft mit Gesundheitstagen, Teambuilding-Events, Schulungen oder Betriebsfesten verknüpft und diente als gemeinsame Kick-off-Veranstaltung, um einerseits alle beteiligten Personen von Anfang an in den Auswahlprozess zu integrieren und andererseits die Akzeptanz und spätere Beteiligungsquote zu erhöhen. Zudem zeigte sich in der Studie, dass die Vorstellungen in Form von Präsenztreffen digitalen Veranstaltungen vorzuziehen sind, da die Interaktion und Teilnahmerate im physischen Kontext deutlich höher sind. Hier spielen wieder die Größenvorteile von Klein- und Mittelunternehmen eine Rolle, da es die überschaubare Beschäftigtenzahl sowie die lokale Verteilung der Angestellten meist erleichtern, alle Mitarbeitenden zu einem Termin zu versammeln.

Nachdem die erstmalige Vorstellung erfolgte, gilt es laut den ExpertInnen, einen Kommunikationsplan zu etablieren und die unternehmensspezifischen Kommunikationskanäle zu identifizieren. In den untersuchten Unternehmen informiert eine **Multichannel-Kommunikationskampagne** über Newsletter, Plakate, Monatsgespräche oder Einschaltungen im Kalender die Angestellten regelmäßig über die Entwicklungen im dBGM und kommuniziert laufend die Erfolge der Maßnahmen, um die Relevanz dauerhaft hochzuhalten. Den letzten Schritt vor der finalen Maßnahmendurchführung stellen **Pilotprojekte** dar, um die Durchführbarkeit der geplanten Intervention vor der eigentlichen Einführung zu testen. In der Literatur verweist lediglich Treier (2023) auf die Notwendigkeit einer sukzessiven Umsetzung durch Pilotprojekte, wohingegen die ExpertInnen in den analysierten KMU oftmals Unternehmenschallenges durchführten, um das Angebot vorab zu erproben, den voraussichtlichen Aufwand abzuschätzen und das gesamte Vorhaben auf seine praktische Realisierbarkeit zu prüfen. Die vorliegende Arbeit bestätigt damit erstmals empirisch den Nutzen von Pilotprojekten und Challenges bei der Implementierung eines dBGM für österreichische Klein- und Mittelunternehmen vor der eigentlichen Maßnahmendurchführung.

Nach Abschluss einer positiven, überzeugenden Testphase kommt es in den Beispielunternehmen dann zur konkreten **Maßnahmendurchführung** und einer laufenden **Evaluation**. Die Evaluation wird auch im Forschungsstand viel diskutiert (Moullin et al., 2015; Sayed & Kubalski, 2016; Damschroder et al., 2009; Damschroder et al., 2022; Kip et al., 2025) und sollte ein kontinuierlicher Prozess sein, um Verbesserungsmöglichkeiten zu identifizieren sowie etwaige Anpassungen vorzunehmen, zumal bestimmte Schwierigkeiten und Optimierungspotenziale erst während des Umsetzungsprozesses sichtbar werden. Überdies sollte die Evaluation den Erreichungsgrad der Zielpopulation und den Ressourcenaufwand zur langfristigen Aufrechterhaltung der Interventionseffekte untersuchen, damit sich die Wirksamkeit der Maßnahmen legitimieren und eine weitere Fortführung des dBGM vertreten lassen, womit sich die Erkenntnisse mit der Arbeit von Glasgow et al. (1999) decken. Die Aussagen der ExpertInnen haben zudem verdeutlicht, dass die Unterstützung der externen Anbieter bei den Evaluierungsprozessen in der Praxis oftmals nur sehr rudimentär ausfällt, da sich die Margen und Vertragsvolumina zur Betreuung von KMU für die Anbieter häufig nicht rechnen und somit insbesondere KMU dazu angehalten werden, sich unternehmensintern selbst mit der Evaluation auseinanderzusetzen. Sollten durch die Evaluation mit dem dBGM verbundene Probleme offenkundig werden, gilt es, ähnlich wie die Studie von Meyers et al. (2012) vorschlägt, **Learnings** zu formulieren, damit diese Fehler künftig vermieden werden. Generell haben die ExpertInnen die Erfahrungen gesammelt, dass viele Unternehmen aufgrund von Schwierigkeiten vorschnell aufgeben und die Programme sofort einstellen, obwohl eine lösungsorientierte Vorgehensweise oftmals die bessere Variante darstellen würde. Demnach postulieren die ExpertInnen, dass **Rückschläge** im dBGM-Prozess **akzeptiert** und mehr als Chance gesehen werden sollten, gestärkt aus der aktuellen Situation hervorzugehen.

Zum Abschluss ist der **Nachhaltigkeitsaspekt** wesentlich in einem dBGM-Implementierungsprozess, was nicht zuletzt von Meyers et al. (2012), Glasgow et al. (1999) und Sayed & Kubalski (2016) belegt wird. Der Erfolg eines Prozesses wird stark an seiner Langfristigkeit und Nachhaltigkeit sowie einer Konsolidierung der eingeführten Maßnahmen (Treier, 2023) gemessen. Laut den ExpertInnen führen speziell iterative Konfrontationen mit den Möglichkeiten und Vorteilen des dBGM zu einer Etablierung von individuellen, gesunden Verhaltensweisen und somit zu einer verstärkt gesundheitsorientierten Grundeinstellung bei den beteiligten AkteurInnen. Schaffen es die Unternehmen zudem, dass Angestellte als Opinion Leader und positive MultiplikatorInnen (siehe Teil III, Abschnitt 13.1.4) fungieren, kann dies die Durchdringung sämtlicher Unternehmensstrukturen zur Folge haben und somit nachhaltige positive Auswirkungen auf die gesamte Unternehmenskultur nach sich ziehen.

13.1.8 Aktuelle Entwicklungen und Zukunftsaussichten

Um dBGM-Implementierungsprozesse auch weiterhin erfolgreich zu gestalten, postulieren die ExpertInnen, dass aktuelle und künftige Entwicklungen im (d)BGM-Bereich in die Überlegungen der Unternehmen einfließen sollten. Da die fortschreitende Digitalisierung stark auf dem Vormarsch ist und es bereits zahlreiche Studien gibt, die sich mit den Begünstigungen und Hindernissen eines dBGM (z. B. Schreiweis et al., 2019; Fortune et al., 2024; Bente et al., 2024) sowie zunehmend auch mit seiner Wirksamkeit auseinandersetzen (Schmidt et al., 2024), sind die Interviewten, ähnlich wie Winter & Riedl (2022), der Meinung, dass sich der Einführung von digitalen gesundheitsfördernden Anwendungen in Zukunft nicht mehr entzogen werden kann und die Ausgestaltung des Einsatzes auf der Basis einer **Abwägung von Chancen und Herausforderungen** erfolgen sollte.

Der zunehmende Digitalisierungsbedarf führt überdies dazu, dass Diskussionen um neue Arbeitsmodelle noch stärker zunehmen werden, wodurch **New Work Ansätze** an Bedeutung gewinnen, da es zu eruieren gilt, wie sich zeit- und ortsunabhängige Arbeitsformen bestmöglich realisieren lassen (Kohl et al., 2022, S. 1076). Laut den praktischen Erfahrungswerten der ExpertInnen werden dezentrale, flexible und agile Arbeitsformen in gewissen Branchen im Normalfall mittlerweile schon standardmäßig angeboten und die digitalen Anwendungen können erstmals unkomplizierte Lösungspotenziale für die Anforderungen der modernen Arbeitswelt darstellen und Möglichkeiten bieten, alle Angestellten in das BGM einzubinden.

Damit das dBGM nachhaltige positive Wirkungen erzielen kann, ist für die InterviewpartnerInnen vor allem die Akzeptanz der beteiligten AkteurInnen und EntscheiderInnen wichtig. Demnach nimmt die **Generation Z** eine zentrale Rolle bei der weiteren Verbreitung von dBGM-Angeboten ein, zumal die Einstellungen der zwischen 1995 und 2010 Geborenen stark von digitalen Entwicklungen wie dem Internet, sozialen Medien oder Smartphones geprägt sind (Jayatissa, 2023, S. 184) und diese Personen laut den ExpertInnen zum einen aufgeschlossener gegenüber Digitalisierungsprozessen sind und zum anderen weniger Datenschutzbedenken aufweisen als die vorherigen Generationen. Im aktuellen Forschungsstand wird die Offenheit junger Erwerbstätiger hinsichtlich Digitalisierungspotenzialen oftmals vernachlässigt (Walter & Mess, 2018, S. 75; Goos, 2019, S. 277), jedoch betonen die Befragten dieser Studie wiederholt, dass die Entscheidungspositionen in den nächsten Jahren vermehrt von digitalaffinen Personen aus der Generation Z besetzt werden und somit auch zwangsläufig dBGM-Angeboten ein höherer Stellenwert beigemessen werden wird. Diese Ergebnisse decken sich im entfernten Sinne mit den Erkenntnissen von Vahteristo et al. (2025), wonach junge Erwachsene allgemein überzeugt von ihren allgemeinen digitalen Fähigkeiten sind und sich auch in Bezug auf ihre e-Health Kompetenz und ihre Bereitschaft zur Nutzung von e-Health Angeboten optimistisch zeigen.

Nachdem die ExpertInnen **Künstliche Intelligenz** als großen Trend im dBGM ausmachen, konnten auch einige Studien in der Literatur identifiziert werden, die sich mit dem wachsenden Einfluss von KI auf das Gesundheitswesen beschäftigen (z. B. Formica-Schiller, 2021; Pfannstiel, 2022; Davenport & Kalakota, 2019; Alowais et al., 2024; Thumm & Pfannstiel, 2024). Zwar gehen diese Arbeiten nicht direkt auf das Potenzial von KI im Bereich des dBGM ein, jedoch verdeutlicht die Vielzahl der Beiträge die große Relevanz und die Möglichkeiten von Künstlicher Intelligenz, da sie selbstständig dazulernen und ohne zusätzlichen Arbeitsaufwand algorithmenbasierte, individualisierte Angebote für die

NutzerInnen erstellen kann. Aufgrund der gesteigerten *„Ubiquität, Dynamik, Intelligenz und Virtualisierung in der digitalen Arbeitswelt"* wächst die Wichtigkeit der Mensch-Maschine-Interaktion (Treier, 2023, S. 165) und somit erwarten sich die GesprächsteilnehmerInnen auch von **Extended Reality** Anwendungen ähnliche Fortschritte, die reale und virtuelle Elemente vereinen und moderne Formen von Gesundheitsförderung, Wissenstransfer und Lernmöglichkeiten gewährleisten. In der aktuellen Forschung wird XR im Gesundheitsbereich beispielsweise von Logeswaran et al. (2021), Dos Santos et al. (2023), Sauter et al. (2024) und Kötter (2022) diskutiert, wobei sich Logeswaran et al. (2021) und Dos Santos et al. (2023) auf die Gesundheitsbildung und Sauter et al. (2024) auf XR im medizinischen Kontext fokussieren. Lediglich Kötter (2022) konzentriert sich auch auf Mensch-Maschine-Systeme in der Arbeitswelt und geht auf Technologietrends wie XR, personalisierte Avatare und Ambient Intelligence sowie das digitale Umfeld, in dem Menschen *„proaktiv und sinnvoll durch sensible, reaktions- und anpassungsfähige, transparente und intelligente Anwendungen"* (Cook et al., 2009, S. 277) unterstützt werden, ein. Ein gedachtes Anwendungsbeispiel für XR im dBGM nennt Experte K (2024, Pos. 41), indem er auf VR-Brillen verweist, die immersive Meditationssessions ermöglichen. Nach weiterer Recherche stellte sich heraus, dass das Unternehmen Magic Horizons eine derartige VR-Software für den betrieblichen Kontext bereits anbietet, die als Medizinprodukt der Klasse 1 CE zertifiziert ist und zum Stressabbau, der Entspannung und Regeneration nach mental anstrengenden Tätigkeiten sowie zur Stärkung der psychischen Resilienz eingesetzt wird (magic horizons, 2025, o. S.).

Obgleich die ExpertInnen noch keine praktischen Erfahrungswerte mit KI und XR im dBGM-Kontext aufweisen, erkennen sie aufgrund der aktuellen Entwicklungen neben großen Zukunftspotenzialen auch einige Herausforderungen. So steht zum Beispiel der Experte K (2024, Pos. 41; Pos. 45) insbesondere XR auch skeptisch gegenüber, da er sich nicht vorstellen kann, dass diese Anwendungen stressreduzierende Wirkungen entfalten und er generell der Ansicht ist, dass die Allgegenwärtigkeit von digitalen Technologien eher stressverursachende Effekte haben kann. Das Phänomen **„Digitaler Stress"** respektive der Begriff „Technostress" wurde erstmals vom amerikanischen Psychologen Craig Brod (1984) angeführt und erfuhr, wie beispielsweise Beiträge von Ragu-Nathan et al. (2008), La Torre et al. (2019), Dragano et al. (2021) sowie Riedl et al. (2023) zeigen, seitdem wachsendes Forschungsinteresse. Digitaler Stress wird angesichts des global fortschreitenden Einsatzes von Informations- und Kommunikationstechnologien (IKT) immer relevanter, wodurch die ExpertInnen die Wichtigkeit hervorheben, digitale gesundheitsfördernde Anwendungen möglichst einfach und unkompliziert zu gestalten, damit sich durch die Nutzung keine zusätzlichen Stressoren ergeben, sondern die intendierten gesundheitsfördernden Auswirkungen einstellen können.

Einen weiteren Erfolgsfaktor stellen laut der Untersuchung auch **hybride Ansätze** dar. In der Forschung (z. B. Matusiewicz et al., 2021) und der unternehmerischen Praxis ist bereits vermehrt die Kombination und Verzahnung aus analogen und dBGM-Angeboten zu erkennen, die als Blended Health Management bezeichnet wird (Braun & Nürnberg, 2018, S. 414) und nach ihrer hybriden Vorgehensweise die Nachteile der beiden Ansätze abschwächen respektive die jeweiligen Vorteile verstärken soll, um einen maximalen Gesundheitsförderungseffekt zu erzielen. Dabei gilt es, laut den ExpertInnen nicht nur eine Koexistenz der beiden Ansätze zu forcieren, sondern ein sich gegenseitig ergänzendes Zusammenspiel zu etablieren wie es der Blended Care-Ansatz des Unternehmens des Experten C (2024, Pos. 17) veranschaulicht, das Face-to-Face-Einheiten mit Online-Interventionen (Bielinski et al., 2021, S. 448) und digital enabled Leistungen kombiniert. Es geht für die Befragten grundsätzlich darum, mit einer breiten Palette an digitalen und analogen BGM-Angeboten sämtliche Unternehmensbereiche abzudecken und darüber hinaus sowohl digitale gesundheitsfördernde Möglichkeiten als auch analoge Gesundheitsveranstaltungen zu fokussieren, damit der persönliche Kontakt und der Austausch unter den Angestellten intensiviert werden und sich in weiterer Folge neben positiven Gesundheitseffekten auch ein verbessertes Betriebsklima und gesteigerte Partizipationseffekte erzielen lassen.

Abschließend nehmen die **Corporate Digital Responsibility** und damit einhergehend auch die **Digitale Inklusion** eine zentrale Bedeutung für das dBGM ein. Obgleich sich Studien von Lobschat et al. (2021), Dai (2023), Renz et al. (2023), Faller (2023b), Krukowski et al. (2024) und Landers et al. (2024) zunehmend mit CDR, Digitaler Inklusion und den Möglichkeiten digitaler Gesundheitsanwendungen beschäftigen, gibt es noch zahlreiche Entwicklungsnotwendigkeiten in diesen Feldern, da spezielle Individuen und Gruppen aufgrund soziodemografischer Merkmale wie Alter, Einkommen, Bildungsgrad, Wohnort oder Behinderungen oft von Digitalisierungsprozessen ausgeschlossen werden (Nguyen, 2022, S. 268). Diese Problematik erkennen die ExpertInnen in ihren Unternehmen insbesondere in Bezug auf ältere Angestellte und Digital Immigrants, wonach es sich in der Praxis oftmals schwierig gestaltet, auch weniger digitalaffine Angestellte in das dBGM einzubinden. Demnach braucht es eine möglichst selbsterklärende Ausgestaltung von digitalen Anwendungen sowie Schulungen oder AnsprechpartnerInnen, die die Digitalisierungskompetenz aller AkteurInnen fördern. Darüber hinaus sollten Führungskräfte Verantwortung für CDR und die Inklusion sämtlicher MitarbeiterInnen übernehmen und es bedarf zeitgemäßen rechtlichen

Regelungen, die Unternehmen bei der Einführung und Umsetzung von CDR unterstützen. Neben den postulierten strukturellen Governance-Wandelprozessen wie sie auch Landers et al. (2024) fordern, sollten eine Änderung der traditionellen Denkweise und ein nachhaltiger Paradigmenwechsel (Dai, 2023) hin zu einer soziotechnischen Systemgestaltung (Kötter, 2022) von digitalen gesundheitsfördernden Anwendungen stattfinden. Somit könnte ein partizipativer Ansatz verfolgt werden, bei dem sowohl menschliche und soziale als auch organisatorische sowie technische Faktoren Berücksichtigung finden (Baxter & Sommerville, 2011, S. 4), denn laut Schneberger (2018, S. 430) können sich Technologien, die ohne Rücksicht auf die Bedürfnisse, Kompetenzen und Kapazitäten der Menschen entwickelt werden, nicht durchsetzen.

13.2 Gütekriterien und methodische Abgrenzung

Die Bestimmung der Qualität von qualitativen Forschungsmethoden ist seit den 1960er-Jahren ein viel diskutierter Themenbereich innerhalb der qualitativen Sozialforschung (Flick, 2022, S. 533). Gibt es in der quantitativen Sozialforschung mit der Validität, Reliabilität, und Objektivität drei klassische und weitläufig anerkannte Gütekriterien (Rammstedt, 2010, S. 239; Kergel, 2018, S. 50; Flick, 2020, S. 247; Kiegelmann, 2020, S. 237; Krebs & Menold, 2022, S. 550), ist es in der qualitativen Forschungslandschaft noch nicht zu einer Verständigung auf allgemein akzeptierte Kriterien oder Standards gekommen (Steinke, 2007, S. 176; Flick, 2022, S. 545). Dies lässt sich einerseits mit der Offenheit von qualitativen Forschungsmethoden, die den ForscherInnen eine vergleichsmäßig große Entscheidungsfreiheit hinsichtlich der Ausgestaltung der methodischen Vorgehensweise gewährt und andererseits mit dem Forschungsinteresse, das auf die Analyse von persönlichen Meinungen und subjektiven Einstellungen oder Erfahrungen ausgerichtet ist (Steinke, 2009, S. 264), begründen. Damit die QIA den Status einer sozialwissenschaftlichen Forschungsmethode für sich beanspruchen kann, muss sie sich laut Mayring (2015, S. 123) jedoch auch gewissen Gütekriterien stellen, anhand derer sie auf ihre Tauglichkeit hin eingeschätzt werden kann. Entweder können hierfür die Gütekriterien der quantitativen Sozialforschung (Validität, Reliabilität, Objektivität) zu einem gewissen Grad an die qualitativen Ansprüche angeglichen werden (Steinke, 2010, S. 319) oder es werden eigene Gütekriterien qualitativer Forschung definiert und mit neuen Inhalten gefüllt, damit die Maßstäbe explizit auf die qualitative methodische Vorgehensweise angewendet werden können (Mayring, 2003, S. 140; Mayring, 2023, S. 119).

Vor diesem Hintergrund finden sich in der Literatur über einhundert verschiedene Überlegungen zur Bestimmung qualitativer Gütekriterien wieder (Döring & Bortz, 2016, S. 107). Mayring (2015, S. 125) schlägt beispielsweise die Kriterien „Verfahrensdokumentation, argumentative Interpretationsabsicherung, Regelgeleitetheit, Nähe zum Gegenstand, kommunikative Validierung sowie Triangulation" vor, Kuckartz & Rädiker (2022, S. 237) beschreiben die Gütekriterien „Zuverlässigkeit, Bestätigbarkeit, Glaubwürdigkeit, Verlässlichkeit, Regelgeleitetheit, intersubjektive Nachvollziehbarkeit, Authentizität und Auditierbarkeit", Strübing (2018, S. 207) bestimmt die Kriterien „Gegenstandsangemessenheit, empirische Sättigung, theoretische Durchdringung, textuelle Performanz sowie Originalität" und Mey & Ruppel (2018, S. 236) setzen sich mit den Gütekriterien „Transparenz, Reichweite und Intersubjektivität" auseinander.

Obwohl die Anwendung von quantitativen Gütekriterien auf qualitative Forschungen häufig kritisch gesehen wird (z. B. bei Lisch & Kriz, 1978; Ritsert, 1972; Lüders & Reichertz, 1986; Glaser & Strauss, 1979; Misoch, 2019), kann ein angemessenes Zusammenspiel und eine Kombination aus quantitativen und qualitativen Maßstäben auch sinnvolle Ergänzungen bieten (zum Beispiel Triangulation in Mayring, 2003, S. 148; Mayring, 2023, S. 125), weshalb in dieser Arbeit sowohl quantitative als auch qualitative Gütekriterien berücksichtigt werden. Dabei werden die quantitativen Gütekriterien Validität, Reliabilität und Objektivität speziell vor dem Hintergrund der angeführten qualitativen Gütekriterien von Mayring und Kuckartz & Rädiker adaptiert und diskutiert, da in der vorliegenden Dissertation die QIA in Anlehnung an Mayring und die computergestütze Software MAXQDA von Rädiker & Kuckartz zum Einsatz gekommen sind. Die Abbildung 13.1 stellt die Gütekriterien, die in dieser Thesis Berücksichtigung finden, zusammenfassend dar.

Im Rahmen einer Studie stellt die Validität allgemein die Gültigkeit der Untersuchung dar (Mayring, 2003, S. 140) und kann in interne und externe Validität unterschieden werden, wobei interne Validität gegeben ist, wenn das Forschungsdesign mit der tatsächlichen Erhebungsmethode übereinstimmt und externe Validität frei nach dem quantitativen Forschungsparadigma eine Generalisierung und Übertragbarkeit der Ergebnisse anstrebt (Moosbrugger & Kelava, 2012, S. 13).

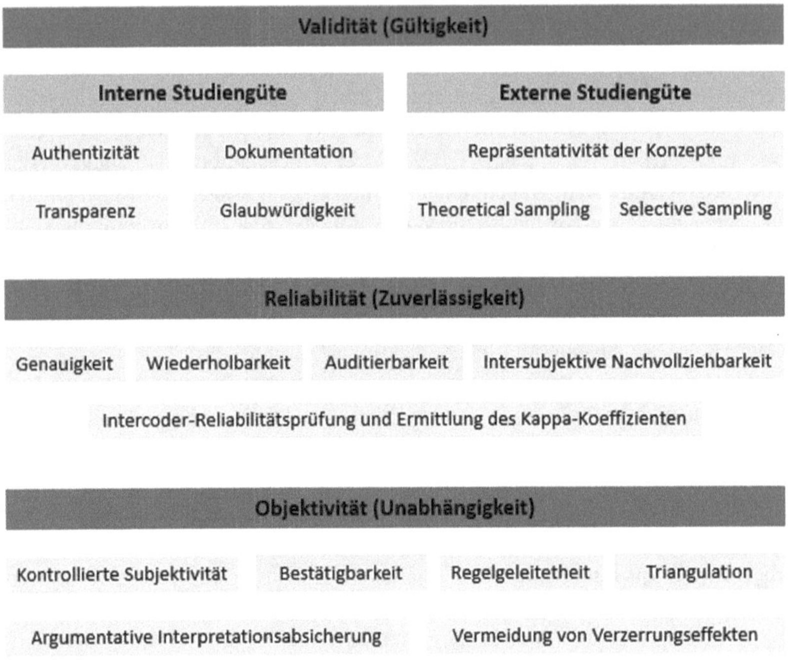

Abbildung 13.1 Gütekriterien der empirischen Untersuchung. (Quelle: Eigene Darstellung)

Die interne Studiengüte wird durch die qualitativen Kriterien Glaubwürdigkeit und Transparenz des Forschungsprozesses sowie (Verfahrens-)Dokumentation bestimmt. In dieser Arbeit wurde das Gütekriterium insofern erfüllt, als dass der Auswahlprozess der ExpertInnen (siehe Teil III, Abschnitt 11.4), die Transkriptionsregeln (siehe Anlagen, Kapitel 5), die Versicherung der Anonymität der Interviews (siehe Teil III, Abschnitt 11.4.2 und Abschnitt 11.5.1), die Authentizität und Tiefe der Interviews (siehe Teil III, Abschnitt 11.2.1) die Konstruktion des Interviewleitfadens (siehe Teil III, Abschnitt 11.3.2), die Erstellung des Kategoriensystems (Teil III, Abschnitt 12.1), die Definitionen der Kategorien sowie das dazugehörige Codebuch (siehe Anlagen, Kapitel 6) genau beschrieben und darüber hinaus auch die Verwendung von Originalzitaten (Teil III, Abschnitt 12.3) in der Arbeit berücksichtigt wurden (Kuckartz & Rädiker, 2022, S. 237–238).

Die externe Studiengüte wird in der quantitativen Forschung von einem Repräsentativitätsanspruch mit großen Fallzahlen und einer Zufallsstichprobe bestimmt, wohingegen die qualitative Forschung auf eine *„Repräsentativität der Konzepte"* (Strauss & Corbin, 1996, S. 161; Muckel, 2011, S. 337) abzielt, die in dieser Untersuchung durch eine sorgfältige Repräsentation des zu untersuchenden Falltypus sowie die Anwendung des *Selective Samplings* (Schatzmann & Strauss, 1973) und des *Theoretical Samplings* (Glaser & Strauss, 1967; Strauss, 1987) sichergestellt wurde (siehe Teil III, Abschnitt 11.4.1).

Das Gütekriterium der Reliabilität erfasst die (Mess-)Genauigkeit einer Untersuchung (Mayring, 2003, S. 140), dient als Indikator für die Stabilität des Vorgehens (Mayring & Fenzl, 2022, S. 695) und lässt sich mit den qualitativen Kriterien „Zuverlässigkeit, Verlässlichkeit, intersubjektiver Nachvollziehbarkeit und Auditierbarkeit" von Kuckartz & Rädiker (2022, S. 235) vergleichen. Die Reliabilität erfasst die Reproduzierbarkeit und Wiederholbarkeit der Erkenntnisse mit demselben Untersuchungsinstrument (Kessler et al., 2023, S. 15) und kann mithilfe der Intercoder-Reliabilität überprüft werden, indem die Untersuchung von einer oder mehreren voneinander unabhängigen Personen nochmals ausgewertet und die Resultate anschließend auf Übereinstimmungen hin verglichen werden (Mayring, 2010, S. 116; Lombard et al., 2002, S. 587).

In dieser Arbeit wurde die Kodierung des Datenmaterials mit der Intercoder-Reliabilität und durch die Berechnung des Kappa-Koeffizienten geprüft, der neben der prozentualen Übereinstimmung der Kodierenden auch den Zufallskoeffizienten einbezieht. Trotz fehlender einheitlicher Vorgaben in der wissenschaftlichen Literatur zum Anteil des Datenmaterials, der von einer zweiten unabhängigen Person (Rater) kodiert werden soll (Neuendorf, 2002, S. 158), wurde sich an der Empfehlung von Wimmer & Dominick (2010, S. 172) orientiert, die vorschlagen, mindestens 10 bis 25 % der gesamten Daten rücküberprüfen zu lassen. Vor diesem Hintergrund wurden in der Dissertation vier zufällig ausgewählte Interviews (ca. 30 % des gesamten Datenmaterials) durch einen zweiten Rater kodiert und durch die Ermittlung des Kappa-Koeffizienten konnte dann der Ähnlichkeitswert mit der Kodierung des Autors festgestellt werden. Bei der Kodierung durch den unabhängigen Rater wurde zudem festgelegt, dass der zweite Kodierende die Textstellen nicht den einzelnen Subkategorien, sondern den übergeordeneten acht Hauptkategorien zuordnen sollte, zumal in Bezug auf den Übereinstimmungsgrad schon an der Kodierung der Hauptkategorien erkennbar ist, ob die Textsegmente dem richtigen Themenblock zugeteilt wurden. Die genaue Berechnung des Kappa-Koeffizienten erfolgte in MAXQDA mit dem Befehl „Intercoder-Übereinstimmung" und stützt sich auf den Kappa-Koeffizienten von Brennan und Prediger (1981), der sich aus Cohens Kappa

(1960) entwickelte, indem der Zufallskoeffizient über die Anzahl der Kategorien bestimmt wird.

In der nachfolgenden Abbildung 13.2 wird die Berechnung des Kappa-Koeffizienten veranschaulicht.

		Person 1		
		1	0	
Person 2	1	a = 207	b = 29	236
	0	c = 29	0	29
		236	29	265

Legende:

a: Anzahl der übereinstimmenden Kodierungen innerhalb eines Segments

b: Anzahl der abweichenden Kodierungen

c: Anzahl der abweichenden Kodierungen

Abbildung 13.2 Ergebnisfenster zur Berechnung des Kappa-Koeffizienten. (Quelle: Screenshot aus MAXQDA)

Die Berechnung des Kappa-Koeffizienten nach Brennan und Prediger (1981) gestaltete sich dabei wie folgt:

$\mathbf{P_O}$ = P(observed) = Anteil der beobachteten Übereinstimmungen = P_O = a / (a + b + c) = 207 / (207 + 29 + 29) = **0,78**

$\mathbf{P_C}$ = P(chance) = Anteil zufälliger Übereinstimmungen = P_C = 1 / Anzahl der Codes = 1 / 8 = 0,**125**

Kappa = (Po – Pc) / (1 – Pc) = (0,78 – 0,125) / (1 – 0,125) = 0,75

Bei einer ungleichen Anzahl von Kodierungen pro Segment oder bei der Auswertung einer Kodierung allein:

$\mathbf{P_C}$ = Anzahl der Codes / (Anzahl der Codes + 1)^2 = 8 / (8 + 1)^2 = **0,10**

Kappa = (P_O – P_C) / (1 – P_C) = (0,78 – 0,10) / (1 – 0,10) = 0,76

Je nach Quelle gilt ein Kappa-Koeffizient ab 0,80 als *„very good"* (Altman, 1990, S. 402; Stein et al., 2019, S. 86), ein Kappa-Wert zwischen 0,61 und 0,80 als *„substantial"* (Landis & Koch, 1977, S. 165), ein Ergebnis zwischen 0,41 und 0,60 als *„moderate"* (Landis & Koch, 1977, S. 165) und ein Intercoder-Reliabilitätswert unter 0,40 sollte skeptisch betrachtet werden (Greve & Wentura, 1997, S. 111). Nach Landis & Koch (1977, S. 165) ist das Ergebnis der vorliegenden Studie mit 0,76 demnach dem oberen Grenzbereich von *„substantial"* zuzuordnen, womit die Kodierung der zweiten unabhängigen Person

„beachtliche" Übereinstimmungen mit der des Verfassers aufweist und somit ein wesentliches Reliabilitätsmerkmal darstellt.

Laut Mayring (2015, S. 124) wird mit der Intercoder-Reliabilität zugleich auch Objektivität gemessen, was sich mit den Ansichten von Madill et al. (2000, S. 17) deckt, die Objektivität vorrangig an der Frage festmachen, ob zwei unabhängige Forschende bei der Auswertung qualitativer Daten zu übereinstimmenden Resultaten gelangen. Für die vorliegende Arbeit greift dieses Verständnis jedoch zu kurz und demnach bedeutet Objektivität zudem, dass die Ergebnisse und die Durchführung der Forschung nicht oder zumindest möglichst wenig durch die ForscherInnen oder die Rahmenbedingungen beeinflusst werden dürfen (Amelang & Zielinski, 2002, S. 152), wodurch sich Überschneidungen zum Gütekriterium der „Bestätigbarkeit" von Kuckartz & Rädiker (2022, S. 235) ergeben. Zwar gilt es nach Mayring (2023, S. 124), die Nähe zum Gegenstand zu wahren, indem eine Interessenannäherung mit den Beforschten forciert werden sollte, jedoch muss gleichzeitig sichergestellt werden, dass Objektivität in Form einer kontrollierten Subjektivität (Misoch, 2019, S. 247) erzielt wird und die Ergebnisse der Studie nicht durch persönliche Voreingenommenheiten, Interessen oder Sichtweisen der jeweiligen Forschenden präformiert sind (Döring & Bortz, 2016, S. 110).

In diesem Sinne der Objektivität nahm die Unabhängigkeit der Ergebnisse in der Dissertation eine große Bedeutung ein, wonach schon bei der Datenerhebung und der Durchführung der Interviews die Vermeidung von etwaigen Verzerrungseffekten priorisiert wurde, indem beispielsweise die Interviewsituation (siehe Teil III, Abschnitt 11.5.1) sowie der Kommunikationsstil genau in Teil III, Abschnitt 11.2.1 beschrieben wurden. Außerdem wurde bei der Datenanalyse darauf geachtet, dass der Forschungsablauf in Anlehnung an die QIA von Mayring nach der dokumentierten Regelgeleitetheit mit transparenten Verfahrensregeln vollzogen wurde (siehe Teil III, Kapitel, 11.2.2 und Abschnitt 12.1) und die Darstellung und Diskussion der Ergebnisse möglichst objektiv, unvoreingenommen sowie auch auf Gemeinsamkeiten, Unterschiede und verschiedene (Forschungs-)Perspektiven hin analysiert und interpretiert wurde, um den Gütekriterien Triangulation und argumentativer Interpretationsabsicherung von Mayring (2023, S. 123–125) gerecht zu werden.

Durch die Befolgung der angeführten Gütekriterien kann grundsätzlich eine hohe Qualität des methodischen Vorgehens sichergestellt werden, jedoch muss sich auch die vorliegende Arbeit einer kritischen Reflexion unterziehen.

Obwohl während des gesamten Forschungsprozesses darauf geachtet wurde, verschiedene Bias-Effekte, die mit *„systematic errors in the design, conduct, analysis, or interpretation of a study"* (Feinleib, 1987, S. 150) einhergehen, zu minimieren, kann davon ausgegangen werden, dass gewisse Verzerrungseffekte auch in der vorliegenden Arbeit in Betracht gezogen werden müssen. Zwar wurden bereits im theoretischen Teil durch die Literaturrecherche in verschiedenen deutschen und englischen Datenbanken ein Publication Bias (siehe Teil II, Abschnitt 6.1) und ein Selection Bias (siehe Teil II, Abschnitt 6.2) eingedämmt sowie durch die Expertenbefragung von Personen aus verschiedenen hierarchischen Ebenen, Tätigkeiten und Funktionen ein Key Informant Bias (siehe Teil II, Abschnitt 7.4 und Teil III, Abschnitt 11.4.2) abgeschwächt, jedoch können Bias zu jedem Zeitpunkt einer Forschungsarbeit auftreten (Pannucci & Wilkins, 2010, S. 624) und somit auch im Rahmen der Datenanalyse eine zentrale Rolle spielen. Speziell der Confirmation Bias *„in which new evidence is given more weight when it agrees with existing beliefs"* (Lange et al., 2021, Abs. 2) beschreibt *„people's tendency to search for information that supports their beliefs and ignore or distort data contradicting them"* (Myers & DeWall, 2015, S. 357) und konnte wahrscheinlich nur zu einem gewissen Grad limitiert werden, zumal die Arbeit lediglich von einem Forscher durchgeführt wurde und die Auswertung und Interpretation der Ergebnisse von einer gewissen (kontrollierten) Subjektivität geprägt sein könnte. Da der Confirmation Bias zu den häufigsten Fehlerquellen gehört (Nickerson, 1998, S. 175) und ein gewisses Maß an Verzerrung in der empirischen Sozialforschung unvermeidbar ist, wurde zu einer größtmöglichen Bias-Reduktion während des gesamten Forschungsprozesses ein aufgeschlossenes, optimistisches und reflektiertes Bewusstsein vom Forschenden eingenommen (Doherty & Carroll, 2022, S. 774), um die notwendige Offenheit und Distanz zu wahren und die Forschung dadurch so legitim und wahrhaft wie möglich zu gestalten (Norris, 1997, S. 174).

Zur weiteren Verringerung von Verzerrungseffekten und der Vorbeugung einseitiger Ergebnisse wurde die Kodierung des Datenmaterials überdies von einer zweiten unabhängigen Person durchgeführt und mithilfe der Intercoder-Reliabilität sowie der Berechnung des Kappa-Koeffizienten von Brennan und Prediger (1981) überprüft. Obgleich die Intercoder-Reliabilitätsprüfung ein wesentliches Standard-Reliabilitätsmaß zur Bewertung der Konsistenz zwischen den verschiedenen Kodierern darstellt, kritisieren beispielsweise Arbeiten von Guba & Lincoln (1994) und Madill et al. (2000), dass die Anwendung der Intercoder-Reliabilität bei qualitativen Forschungsarbeiten einen oftmals mangelhaften Versuch darstellt, quantitative Maßstäbe in qualitative Untersuchungen zu übertragen und ihre Verwendung häufig die Tatsache verschleiert, dass keine tiefgreifende qualitative Analyse durchgeführt wurde. Um diese Vorbehalte zu entkräften, wurde sich in der vorliegenden Dissertation an den Empfehlungen von Cofie et al. (2022, S. 74–75) orientiert. Demnach kodierten zwei Forscher das

Datenmaterial, einer von den Kodierern war nicht an der Datenerhebung beteiligt, beide Kodierer konnten bereits vorher Erfahrungen mit qualitativen Kodierungsprozessen nachweisen, der zweite Kodierer kannte den theoretischen Rahmen der Arbeit, damit sein Kodierverhalten auf demselben Theorieverständnis basierte und es wurde nach abgeschlossener Kodierung in Form eines konstruktiven Dialogs überprüft, welche Überschneidungen respektive Diskrepanzen sich hinsichtlich der Kategorienbildung ergaben und inwiefern das Kategoriensystem überarbeitet werden musste, um einen abschließenden Konsens zu erreichen. Eine ähnliche Vorgehensweise vertreten auch Mayring & Fenzl (2022, S. 695), die eine vollständige Übereinstimmung der Kodierungen aufgrund der interpretativen Bestandteile und deren Spielraum generell nicht als das Ziel einer QIA ansehen und vielmehr vorschlagen, eine Diskussion und angemessene Kategorisierung über die gefundenen (Nicht-)Übereinstimmungen sowie eine anschließende Verfeinerung des Kategoriensystems vorzunehmen.

Obwohl die vorliegende qualitative Studie sowohl auf theoretischer als auch auf praktischer Ebene einen bedeutenden Erkenntnisgewinn zu den Erfolgsfaktoren der Implementierung eines digitalen betrieblichen Gesundheitsmanagements in österreichischen Klein- und Mittelunternehmen leistet, lassen sich die Ergebnisse nicht automatisch auf sämtliche KMU in Österreich anwenden, zumal sich der Samplingprozess nicht auf repräsentativen Kriterien gründete, sondern anhand der eingehenden konzeptionellen Überlegungen des *Selective-* und *Theoretical Samplings* durchgeführt wurde (Leicht, 2022, S. 226). Im Hinblick auf eine Generalisierung und Übertragbarkeit der Studienergebnisse auf alle Klein- und Mittelunternehmen in Österreich braucht es künftig weiterführende quantitative Forschungsvorhaben, die die qualitativen Ergebnisse vor dem Hintergrund einer statistisch repräsentativen Stichprobengröße überprüfen. Durch die sinnvolle Kombination und Ergänzung von qualitativen und quantitativen Forschungsmethoden können sich beide Paradigmen gegenseitig befruchten und somit zur Gewinnung von noch tieferen Erkenntnissen beitragen (Misoch, 2019, S. 4).

13.3 Konklusion und Beantwortung der empiriegeleiteten Fragestellung

Im Empirieteil galt es durch eine eigene empirische Untersuchung herauszufinden, welche Faktoren der erfolgreichen Implementierung eines digitalen betrieblichen Gesundheitsmanagements in österreichischen Klein- und Mittelunternehmen dienlich sind. Dabei wurden sämtliche Aspekte, die zur dBGM-Einführung- und

Umsetzung beigetragen haben, analysiert und im Rahmen einer kritischen Diskussion sowie unter Einbezug der Ausführungen des Theorieteils interpretiert, um die empiriegeleitete Zielstellung zu erreichen und neuartige Erfolgsfaktoren zu identifizieren.

Es zeigte sich in den Expertenbefragungen, dass die untersuchten Unternehmen einen großen Wert auf die Auswahl der passenden dBGM-Anwendung legen, zumal sich die digitalen Instrumente in die Unternehmensstrukturen und den Arbeitsalltag integrieren lassen und neben User Experience (UX)- und Usabilityfaktoren auch kosten- und qualitätstechnische Anforderungen erfüllen sollten. Im Hinblick auf die Kostenthematik fallen die größten Kosten laut den ExpertInnen nicht durch die Konsultierung von externen dBGM-Anbietern an (durchschnittlich 500 € bis 1000 € pro Jahr), sondern durch den zeitlichen und personellen Ressourcenaufwand, wenn die Mitarbeitenden von ihrer eigentlichen Arbeit freigestellt werden müssen. In qualitätstechnischer Hinsicht erkennen dic Befragten deutliche Optimierungspotenziale bei der Einführung von standardisierten Kriterienkatalogen, die Unternehmen bei der Auswahl der dBGM-Anwendungen unterstützen.

Des Weiteren wurde deutlich, dass zeitgemäße rechtliche Regelungen, steuerliche Anreize sowie Finanzierungshilfen durch staatliche Initiativen, Förderprogramme oder Krankenkassen eine große Bedeutung für das dBGM einnehmen, jedoch bedarf es in dieser Hinsicht einigen externen Entwicklungen, damit KMU durch klare Datenschutzregelungen, Subventionen und fachspezifisches Knowhow unterstützt werden. Die ExpertInnen postulieren hier insbesondere eine Orientierung an Deutschland, das einen Steuerfreibetrag zur BGF eingeführt hat und zum Beispiel die Finanzierung von DiGA gänzlich durch die Krankenkassen deckt, wodurch sich die Einführung und Akzeptanz eines dBGM auch in Österreich weiter vorantreiben ließe.

Einen weiteren Erfolgsfaktor für die Einführung eines dBGM in österreichischen KMU stellen die internen Rahmenbedingungen der Unternehmen dar, wonach neben den bestehenden technischen Strukturen auch eine offene und aufgeschlossene Unternehmenskultur, die Ansprache der verschiedenen Zielgruppen, die zur Verfügung stehenden Ressourcen sowie die Kommunikationsprozesse, Informationsmöglichkeiten und Transaktionseffekte der digitalen Anwendungen innerhalb des Unternehmens einen zentralen Stellenwert einnehmen. Obwohl sich KMU oftmals mit begrenzten Ressourcen konfrontiert sehen, profitieren die untersuchten Unternehmen aufgrund ihrer überschaubaren Größe auch von einigen Vorteilen, zumal sich durch die geringeren Beschäftigtenzahlen bessere

Quoten bei der Erreichbarkeit und dem Engagement der Angestellten ergeben, die Entscheidungswege verkürzen und die Betriebe flexibler auf etwaige Veränderungsnotwendigkeiten reagieren können.

Einen entscheidenden Beitrag zur dBGM-Implementierung leisten zudem die beteiligten AkteurInnen, da der größte Erfolg bei der Einführung und Umsetzung eines dBGM erreicht wird, wenn alle Stakeholdergruppen mit ihren individuellen Einstellungen und Erfahrungswerten in den Prozess eingebunden werden. Zum einen sollten die Führungskräfte mit ihren Entscheidungsbefugnissen einbezogen werden, da sie oft als ImpulsgeberInnen und Opinion Leader fungieren und zum anderen sollte die Partizipation der Mitarbeitenden forciert werden, die als positive MultiplikatorInnen erheblichen Einfluss auf die Verbreitung und Akzeptanz des dBGM-Angebots im Unternehmen haben können.

Um die Akzeptanz des dBGM weiter zu erhöhen, nimmt die Legitimation eine nicht zu unterschätzende Bedeutung ein. Die befragten ExpertInnen erkennen hier große Vorteile von dBGM-Angeboten, da sich die Bereitstellung von Nutzungsanalysen und die Erfassung der Beteiligungsquote relativ unkompliziert gestalten und das Unternehmen somit reale Wirksamkeitsnachweise erhält, die für die Implementierung, Aufrechterhaltung und Rechtfertigung der entsprechenden Maßnahmen maßgeblich sind.

Laut der Untersuchung stellen für Klein- und Mittelunternehmen auch Synergieeffekte Schlüsselfaktoren für die dBGM-Implementierung dar, zumal durch Kooperationen, kommerzielle Partnerschaften oder externe dBGM-Anbieter Vernetzungs- und Austauschmöglichkeiten geschaffen werden, um Erfahrungswerte zu teilen und Ressourcen zu sparen.

Überdies ist eine systematische Vorgehensweise beim dBGM-Implementierungsprozess elementar. So sollte der Prozess mit einer strategischen Bedarfsbestimmung starten und darauf folgen dann die Auswahl der digitalen Anwendung, die Einbeziehung aller AkteurInnen, die Vorstellung der digitalen Anwendung, eine Multichannel-Kommunikationskampagne, die Durchführung von Pilotprojekten und den konkreten Maßnahmen sowie die laufende Evaluation, die Formulierung von Learnings, die Akzeptanz von Rückschlägen und die nachhaltige Eingliederung in die Unternehmenskultur.

Außerdem wurden von den ExpertInnen noch einige aktuelle und künftige Entwicklungen genannt, auf die es im Bereich des dBGM zu achten gilt. Demnach beziehen sich ihre Überlegungen auf die Abwägung von Chancen und Herausforderungen, New Work Phänomene, die Generation Z, Künstliche Intelligenz, Extended Reality-Anwendungen, digitalen Stress, hybride Ansätze und Corporate Digital Responsibility Faktoren sowie digitale Inklusion.

Abschließend stellt die nachfolgende Tabelle 13.1 die Faktoren, die einen erfolgreichen Beitrag zur Implementierung eines dBGM in österreichischen KMU geleistet haben, dar.

Tabelle 13.1 Erfolgsfaktoren zur Implementierung eines digitalen BGM in KMU. (Quelle: Eigene Darstellung)

Erfolgsfaktoren zur Implementierung eines dBGM in KMU
Auswahl der passenden dBGM-Anwendungen
Zeitgemäße rechtliche Regelungen
Datenschutz, Datensicherheit und Datensouveränität
Ethische Faktoren
Finanzierung durch staatliche Initiativen, Förderprogramme oder Krankenkassen
Offene Unternehmenskultur und gutes Arbeitsklima
Bestehende technische Strukturen im Unternehmen
Bonifizierung und Incentivierung
Ressourcen
Zielgruppendiversifikation
Größenvorteile von KMU
Integration von dBGM-Anwendungen in den Arbeitsalltag
Gesundheits- und Erfolgskommunikation
Informationsmöglichkeiten zur Ausbildung der Gesundheitskompetenz
Transaktionseffekte zur Förderung der Gesundheitsbildung
Einbindung der Führungskräfte
ImpulsgeberInnen und Opinion Leader
Partizipation der Mitarbeitenden
Positive MultiplikatorInnen
Akzeptanz und Sinnempfinden der AkteurInnen
Legitimationsnachweise
Beteiligungsquote der Belegschaft
Synergien, Netzwerke und Kooperationen
Konsultierung von externen dBGM-Anbietern
Systematischer Implementierungsprozess
Entwicklungen und Zukunftsaussichten

13.4 Gestaltungsgeleitete Fragestellung

Im Anschluss an die empirische Untersuchung lässt sich festhalten, dass zur erfolgreichen Implementierung eines dBGM in österreichischen KMU verschiedene Faktoren und Maßnahmen beitrugen, die bereits im Rahmen der Analyse des Forschungsstands ermittelt werden konnten. Überdies wurden während der Experteninterviews jedoch auch zahlreiche zusätzliche sowie bis dato unbekannte Erfolgsfaktoren und Erfahrungswerte identifiziert. In diesem Sinne formuliert sich die gestaltungsgeleitete Fragestellung dieser Dissertation wie folgt:

Welche Handlungsempfehlungen können aus dem Forschungsergebnis als Erfolgsfaktoren für österreichische Klein- und Mittelunternehmen abgeleitet werden, um ein digitales betriebliches Gesundheitsmanagement zu implementieren?

Teil IV
Gestaltungsteil

14 Handlungsempfehlungen/ Lösungsansätze Forschung

Im Rahmen dieser Arbeit wurde deutlich, dass Forschungslücken in Bezug auf die dBGM-Implementierungsforschung bestehen und sich in der Praxis eine verhaltene Verwendung von digitalen gesundheitsfördernden Anwendungen zeigt. Da das dBGM jedoch als Zukunft des BGM beschrieben wird (Junker & Kaluza, 2018, S. 631), braucht es weitere Forschungsarbeiten, die sich mit der Einführung und Umsetzung eines dBGM beschäftigen und fundierte Erkenntnisse liefern, die Unternehmen bei der Implementierung unterstützen.

In der vorliegenden Studie konnten vor diesem Hintergrund diverse Lösungsansätze identifiziert werden, die in drei expliziten Handlungsempfehlungen für die wissenschaftliche Forschung münden. Diese Handlungsimplikationen werden in der Abbildung 14.1 veranschaulicht und in den nachfolgenden Kapiteln vorgestellt.

A. Wieser, *Erfolgsfaktoren für die Implementierung eines digitalen betrieblichen Gesundheitsmanagements*, https://doi.org/10.1007/978-3-658-51620-8_14

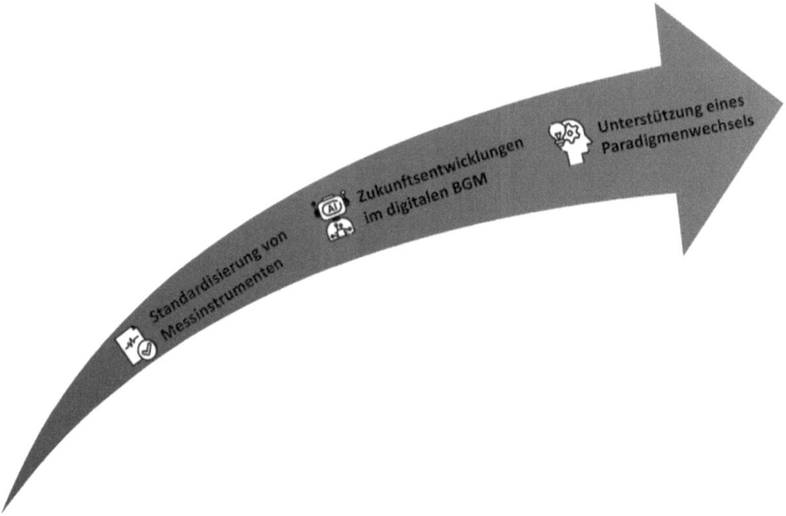

Abbildung 14.1 Handlungsempfehlungen für die Forschung. (Quelle: Eigene Darstellung)

14.1 Standardisierung von Messinstrumenten

Da die konkreten Effekte des dBGM oft schwer bewertbar sind, bedarf es einem systematischen Einsatz von **standardisierten Messinstrumenten**, damit Unternehmen die Legitimation und Wirksamkeit eines dBGM besser überprüfen können. Diese Dissertation erkennt, ähnlich wie Treier (2023), dass standardisierte Instrumente wie Gesundheitsbefragungen oder ROI-Messungen zwar vorhanden sind, jedoch nicht systematisch eingesetzt und aufeinander abgestimmt werden, wodurch sich nur wenig aussagekräftige Evaluationen durchführen lassen und die langfristige Aufrechterhaltung der entsprechenden dBGM-Maßnahmen häufig ausbleibt. Die wissenschaftliche Forschung könnte hier einen relevanten Beitrag leisten, indem sie Unternehmen untersucht, die ein dBGM eingeführt haben und anhand einer systematischen Kombination von qualitativen und quantitativen Messmethoden die Auswirkungen des dBGM analysiert. Eine wissenschaftlich fundierte Standardisierung von Messinstrumenten könnte speziell Klein- und Mittelunternehmen bei ihrem Gesundheitscontrolling unterstützen und Anreize liefern, dBGM-Projekte in Unternehmen zu integrieren und anschließend langfristig weiterzuführen.

14.2 Zukunftsentwicklungen im digitalen BGM

Die Arbeit zeigt auf, dass es im Feld des dBGM einige **aktuelle und künftige Trends** gibt, die nachhaltige Veränderungen nach sich ziehen können. Zum einen wird dies durch die zahlreichen allgemeinen Beiträge zu Künstlicher Intelligenz (z. B. Formica-Schiller, 2021; Pfannstiel, 2022; Davenport & Kalakota, 2019; Alowais et al., 2024; Thumm & Pfannstiel, 2024) oder Extended Reality-Anwendungen (z. B. Logeswaran et al., 2021; Dos Santos et al., 2023; Sauter et al., 2024) im Gesundheitswesen belegt, zum anderen erkennen die befragten ExpertInnen konkrete Adaptionsnotwendigkeiten für die Zukunft des dBGM, da es in diesem Bereich noch keine expliziten Forschungen in Bezug auf KI und XR-Anwendungen gibt. Demnach sollten sich wissenschaftliche Forschungsarbeiten verstärkt mit praktischen KI- und XR-Anwendungsbeispielen wie beispielsweise dem Unternehmen Magic Horizons auseinandersetzen, um reale Erfahrungswerte zu erforschen und Betriebe bei der Vorbereitung auf die kommenden Entwicklungen anzuleiten.

14.3 Unterstützung eines Paradigmenwechsels

Obgleich Studien wie Schreiweis et al. (2019), Winter & Riedl (2022), Fortune et al. (2024) und Bente et al. (2024) zunehmend die Vorteile von dBGM beschreiben, gibt es nach wie vor nur wenige Unternehmen, die digitale gesundheitsfördernde Anwendungen in ihrem Arbeitsalltag integriert haben. Da die Gesundheitsförderungsmaßnahmen in der Arbeitswelt jedoch künftig verstärkt digitalisiert werden (Schmidt et al., 2024, S. 412), postuliert diese Dissertation, angelehnt an Dai (2023), neben strukturellen Wandelprozessen eine sukzessive Änderung der traditionellen Denkweise herbeizuführen und so den Verbreitungsgrad des dBGM in Unternehmen zu erhöhen. Die vorliegende Arbeit untersucht zwar erstmals österreichische Klein- und Mittelunternehmen, in denen ein dBGM erfolgreich implementiert wurde, doch um einen **nachhaltigen Paradigmenwechsel** einzuleiten, braucht es weitere Fallstudien zu dBGM-Best-Practice-Beispielen, um die Relevanz und Akzeptanz des dBGM zu erhöhen. Überdies scheinen, wie es auch Vahteristo et al. (2025) vorschlagen, Verankerungen in Bildungsangeboten sinnvoll, indem zum Beispiel die österreichische Ferdinand Porsche Fern-Fachhochschule seit Oktober 2024 einen neu eingeführten Masterstudiengang „Digitales Gesundheitsmanagement" anbietet, um den digitalen Wandel im Gesundheitswesen aktiv mitzugestalten (Ferdinand Porsche FERNFH, 2024, o. S.) und die Aufgeschlossenheit gegenüber digitalen Fortschritten im Gesundheitsmanagement weiter voranzutreiben.

15 Handlungsempfehlungen/ Lösungsansätze Praxis

Die Relevanz von Klein- und Mittelunternehmen für den Wirtschaftsstandort Österreich ist elementar, wonach es äußerst wichtig ist, die Gesundheit und das Leistungspotenzial der Mitarbeitenden zu fördern und die langfristige Wettbewerbsfähigkeit der Unternehmen sicherzustellen. Bedingt durch den allgegenwärtigen Digitalisierungstrend könnte speziell ein dBGM mit den Vorteilen der Zeit- und Ortsunabhängigkeit, den Kostenersparnissen sowie den Individualisierungsmöglichkeiten eine ressourcenschonende und zeitgemäße Alternative zu einem klassischen BGM-Angebot darstellen, jedoch war bislang unklar, wie sich die Implementierung eines dBGM in KMU erfolgreich gestaltet.

Die vorliegende Dissertation untersuchte mithilfe einer Literaturanalyse und einer empirischen Studie die konkreten Erfolgsfaktoren der Einführung und Umsetzung eines dBGM, wonach sich nun erstmalig wissenschaftlich fundierte und praxiserprobte Handlungsempfehlungen aufstellen lassen, die österreichische KMU bei der dBGM-Implementierung anleiten können. Diese Handlungsempfehlungen werden, wie in Abbildung 15.1 ersichtlich, in vier themenspezifische Sektoren eingeteilt, die um eigene Unterpunkte ergänzt und in den folgenden Kapiteln ausformuliert werden.

A. Wieser, *Erfolgsfaktoren für die Implementierung eines digitalen betrieblichen Gesundheitsmanagements*, https://doi.org/10.1007/978-3-658-51620-8_15

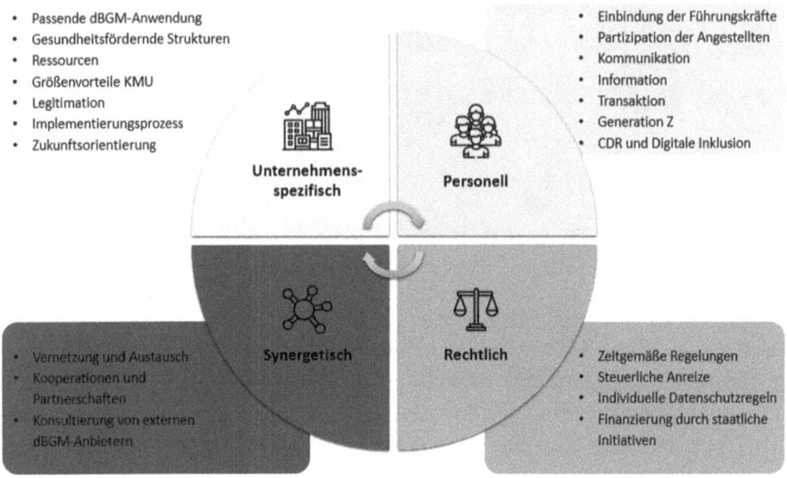

Abbildung 15.1 Handlungsempfehlungen für die Praxis. (Quelle: Eigene Darstellung)

15.1 Unternehmensspezifische Handlungsempfehlungen

Diese Dissertation verdeutlicht, dass die Auswahl der **passenden dBGM-Anwendung** einen entscheidenden Erfolgsfaktor bei der Implementierung eines dBGM darstellt. Die untersuchten KMU haben ein Angebot ausgewählt, das sich in die Unternehmensstrukturen einbetten ließ und die Anforderungen bezüglich User Experience, Usability, Komplexität, Kosten, Personalisierung sowie Analyse- und Steuerungsmöglichkeiten erfüllte. Dennoch zeigte die empirische Untersuchung auch, dass es an standardisierten Qualitätsanforderungen zur Bewertung von digitalen gesundheitsfördernden Anwendungen mangelt, wodurch es künftig der Einführung von einheitlichen Kriterienkatalogen, Verzeichnissen und Gütesiegeln bedarf. Als praktisches Orientierungsbeispiel könnten hierfür die DiGA in Deutschland dienen, die durch unabhängige Instanzen zertifiziert und legitimiert werden sowie die Online-Plattform *HealthOn*, die Informationen zur Qualitätssicherung diverser DiGA, medizinischer Apps und Gesundheits-Apps bereitstellt.

Damit die dBGM-Implementierung nachhaltig erfolgreich sein kann, sollten KMU zudem die Etablierung von **gesundheitsfördernden Unternehmensstrukturen** forcieren. Nach den Studienergebnissen zeichnen sich die analysierten

Betriebe insbesondere durch eine offene Unternehmenskultur, flexible Arbeitsweisen sowie ein positives Arbeitsklima aus und sprechen über die Möglichkeiten der digitalen Anwendungen verschiedene Zielgruppen innerhalb des Unternehmens an, um möglichst viele Angestellte zu erreichen und die Akzeptanz der Belegschaft für die digitalen Maßnahmen zu steigern. Im Unternehmensalltag priorisieren die untersuchten KMU Gesundheit regelmäßig in Gesprächen und Meetings, um die Relevanz der Thematik hochzuhalten und eine vertrauensvolle und gesamtgesundheitliche Arbeitsatmosphäre aufzubauen, wodurch sich die Erfolgswahrscheinlichkeit der langfristigen dBGM-Weiterführung erhöhen lässt.

Um ein dBGM einzuführen und aufrechtzuerhalten, müssen Unternehmen diverse budgetäre, personelle und zeitliche **Ressourcen** aufbringen. Schwierigkeiten für KMU ergeben sich dabei häufig einerseits aufgrund ihrer limitierten Mittel und andererseits, weil das dBGM bei der Ressourcenallokation meist nur unzureichend berücksichtigt wird. Die in der Studie erforschten KMU haben jedoch gezeigt, dass eine dBGM-Einführung durch einen probaten Ressourceneinsatz, klare Rollenzuweisungen sowie unternehmensweites Commitment auch mit begrenzten Mitteln realisierbar ist und können somit als Best-Practice-Beispiele für weitere Implementierungsvorhaben angesehen werden.

Obgleich sich KMU oft mit einer Vielzahl an Schwierigkeiten konfrontiert sehen, identifiziert die vorliegende Arbeit auch konkrete **Größenvorteile von Klein- und Mittelunternehmen**. Demnach ergeben sich im Vergleich zu Großunternehmen durch die überschaubare Unternehmensgröße viel höhere Teilnahmequoten, ein stärkeres Engagement sowie Zusammengehörigkeitsgefühl unter den MitarbeiterInnen und aufgrund der flachen Hierarchien kommt es zu einer Verkürzung der Entscheidungswege, die mit flexibleren Reaktions- und Adaptionsfähigkeiten einhergeht. Die Erkenntnisse dieser Studie sollen somit als Orientierungs- respektive Entscheidungshilfe für weitere KMU fungieren, indem diese bei der Integration eines dBGM ebenso Kapital aus ihren günstigen Unternehmensstrukturen schlagen können und dadurch künftig auch vermehrt dBGM-Implementierungsprozesse in Klein- und Mittelunternehmen vorangetrieben werden.

Um die Aufwendungen für ein dBGM vor den verschiedenen StakeholderInnen bestmöglich zu rechtfertigen, sollten KMU neben rechtlichen, psychologischen und ethischen Faktoren laut der Studie speziell ökonomische **Legitimationsnachweise** erbringen. Für die untersuchten Betriebe spielen hier der ROI, die Reduktion der Krankenstandstage sowie Präsentismus- und Fluktuationsfaktoren eine zentrale Rolle, die den Wert eines dBGM vor allem im Hinblick auf die gewinnerwirtschaftenden Zielsetzungen der Unternehmen begründen können.

Außerdem sollten auch die Potenziale von dBGM-Anwendungen genutzt werden, die die Bereitstellung von Nutzungsanalysen und die Erfassung der Teilnahmerate der NutzerInnen erleichtern und die Erbringung von Wirksamkeitsnachweisen somit bedeutend unterstützen können.

Die erhobenen Daten zeigen zudem, dass eine **systematische Vorgehensweise beim Implementierungsprozess** unerlässlich ist, um ein dBGM nachhaltig zu verankern. Über die vorgestellten Implementierungsmodelle von Moullin et al. (2015), Meyers et al. (2012), Damschroder et al. (2009), Damschroder et al. (2022), Glasgow et al. (1999), Sayed & Kubalski (2016) und Treier (2023) hinaus, konnte die vorliegende Arbeit einen idealtypischen und praxiserprobten Implementierungsablauf für KMU identifizieren. So sollte am Beginn des Einführungsprozesses eine strategische Bedarfsbestimmung samt Potenzial- und Zielerfassung stehen und dann unter anderem mithilfe der Partizipation der verschiedenen AkteurInnen eine passende Intervention ausgewählt werden. Die digitale Anwendung wird anschließend am besten in Form von Schulungen, Events oder sonstigen Präsenzveranstaltungen vorgestellt und im Rahmen einer Multichannel-Kommunikationskampagne über Newsletter, Plakate, Monatsgespräche oder Einschaltungen im Kalender im Unternehmen verbreitet. Vor der eigentlichen Einführung werden die Maßnahmen in der Praxis oftmals noch durch Unternehmenschallenges und Pilotprojekte getestet und nach der Erprobungsphase dann permanent integriert. Nach der Einführung gilt es, laufende Evaluationen vorzunehmen, Learnings und Optimierungspotenziale zu formulieren, etwaige Rückschläge als Chance zur Verbesserung anzusehen und das dBGM durch eine umfassende Eingliederung in die Unternehmenskultur nachhaltig zu konsolidieren.

Abschließend wird in der Studie deutlich, dass KMU eine verstärkte **Zukunftsorientierung** verfolgen sollten, um für kommende Entwicklungen gerüstet zu sein. Durch eine innovative, agile und offene Unternehmensausrichtung können New Work Phänomene, hybride Gesundheitsansätze, digitale Stressfaktoren und Technologietrends wie KI, XR, personalisierte Avatare und Ambient Intelligence besser bewerkstelligt und mithilfe der richtigen Strategie sogar zum Vorteil des Unternehmens genutzt werden. Speziell im Hinblick auf die künftigen Spezifika von dBGM-Anwendungen sollte, wie es auch Baxter & Sommerville (2011) und Kötter (2022) anführen, eine soziotechnische Systemgestaltung stattfinden, in der menschliche und technische Faktoren gleichermaßen berücksichtigt werden, um einen partizipativen Mensch-Maschine-System-Austausch zu realisieren, bei dem beide Seiten voneinander profitieren können.

15.2 Personelle Handlungsempfehlungen

Die Einführung eines dBGM in Klein- und Mittelunternehmen ist stark von der **Einbindung der Führungskräfte** abhängig. Diese Arbeit konnte bestätigen, dass die leitenden Positionen mit ihren Entscheidungsmächten zum einen oft als ImpulsgeberInnen fungieren und zum anderen in ihrer Funktion als Opinion Leader und der ihnen inhärenten Vorbildwirkung eine wichtige Rolle einnehmen. Dabei sollte das Management einen ehrlichen, authentischen und gesunden Führungsstil verkörpern und Commitment zeigen, indem auch finanzielle und zeitliche Mittel für das dBGM freigemacht werden.

Um die Beteiligungsquote und das Engagement an den dBGM-Maßnahmen innerhalb des Unternehmens zu steigern sowie diverse Perspektiven und Erfahrungswerte in den dBGM-Prozess einzubeziehen, setzen die untersuchten KMU darüber hinaus auf die **Partizipation der Angestellten.** Da zwischen den Beschäftigten oftmals ein deutlich offenerer Austausch stattfindet, können die MitarbeiterInnen zudem als MultiplikatorInnen maßgeblich zum Erfolg oder Misserfolg eines dBGM beitragen, wodurch es neben einem qualitativ hochwertigen Angebot vor allem gilt, die Akzeptanz der Belegschaft für das dBGM zu erhöhen. Laut der empirischen Studie gelingt dies nicht zwangsläufig durch finanzielle Bonifizierungs- und Incentivierungskonzepte, sondern hängt eher von der individuellen Motivation und Eigenverantwortung der ArbeitnehmerInnen ab und inwiefern die dBGM-Angebote persönlich als sinnhaft und zweckdienlich angesehen werden.

Damit die Relevanz des dBGM kontinuierlich hochgehalten und die Interaktion innerhalb der Belegschaft ständig gefördert wird, nimmt die **Kommunikation** einen großen Stellenwert ein. In den KMU setzen die Befragten auf eine gezielte Gesundheitsmarketing- und Erfolgskommunikation, um eventuelle Veränderungen im Gesundheitsmanagement oder positive Auswirkungen des dBGM-Angebots über die Unternehmenskanäle zu vermelden. Die für die jeweiligen Unternehmen am besten geeigneten Kommunikationskanäle sind dabei individuell festzulegen, sollten jedoch sowohl über analoge als auch digitale Kanäle erfolgen.

Des Weiteren ist es erforderlich, **Informationsaspekte** zu forcieren, die die individuelle Gesundheitskompetenz fördern sowie Möglichkeiten der Wissensvermittlung bieten. Dabei sollten zum einen von den MitarbeiterInnen selbst die Potenziale von digitalen Anwendungen bedient werden, da sie durch ihre permanente Verfügbarkeit Anreize zur selbstständigen Informationsrecherche schaffen und zum anderen sollten Unternehmen ihre Beschäftigten unterstützen, indem sie beispielsweise Schulungen zur Steigerung des Gesundheitsbewusstseins durchführen oder, wie es auch Treier (2021) anführt, die Selbstwirksamkeit und Selbstkonkordanz der Angestellten durch die Auswahl von benutzerfreundlichen digitalen Angeboten stärken.

Um die Gesundheitsbildung weiter voranzutreiben, stellen auch **Transaktionseffekte** einen wesentlichen Erfolgsfaktor des dBGM dar. Die Transaktionen sind niederschwellig, zeit- und ortsunabhängig und werden durch Gamification- und Nudgingelemente unterstützt, wodurch das Gesundheitslernen subtil und ohne zeitliche oder räumliche Bindung stattfinden kann. Die Arbeit zeigte, dass einige der untersuchten KMU Apps anbieten, die sich durch kurze (Video-) Impulse, Reminder und spielerische Elemente auf das Auslösen von Transaktionswirkungen fokussieren, um den Lernprozess subtil zu verstärken und die NutzerInnen bei der weiteren Ausbildung ihres Gesundheitsbewusstseins zu fördern.

Damit KMU auch künftig erfolgreich bei der Ausgestaltung eines dBGM sein können, sollten sie die Eigenschaften und Einstellungen der zwischen 1995 und 2010 geborenen **Generation Z** berücksichtigen, da diese Personen aufgeschlossener gegenüber Digitalisierungsprozessen sind, mehr Wert auf Work-Life-Balance und Wellbeing legen und weniger Datenschutzbedenken aufweisen als vorherige Generationen. Dies bestätigt auch die vorliegende Untersuchung, indem die KMU, die sich selbst als jung und offen charakterisieren, weniger Widerstände und Hürden bei der dBGM-Implementierung zu überwinden hatten. Außerdem werden die Führungs- und Managementpositionen in den kommenden Jahren vermehrt von digitalaffinen Menschen aus der Generation Z bekleidet werden, wodurch wahrscheinlich ebenso die Einführung von dBGM-Angeboten an Bedeutung gewinnen wird und somit KMU auch diese Entwicklungen in ihre Überlegungen einbeziehen sollten.

Der Erfolg eines dBGM wird unter anderem an der Akzeptanz und Erreichbarkeit der Belegschaft gemessen, wonach die **Corporate Digital Responsibility** und die **Digitale Inklusion** von großer Signifikanz sind. Die empirische Studie verdeutlicht, dass KMU im Rahmen der zunehmend diversen Belegschaftsstrukturen eine ausgeprägte und inklusive CDR integrieren sollten, um sämtliche Zielgruppen im Unternehmen anzusprechen und keine Personen aufgrund ihrer vielfältigen soziodemografischen Merkmale wie Alter, Einkommen, Bildungsgrad, Wohnort oder Behinderungen von den Digitalisierungsprozessen auszuschließen. In der Praxis ergibt sich oftmals speziell die Herausforderung, weniger digitalaffine Mitarbeitende aus verschiedenen Altersgruppen in das dBGM einzubinden, weshalb es neben einer möglichst unkomplizierten Ausgestaltung von digitalen Anwendungen sowohl Schulungen oder AnsprechpartnerInnen zur Förderung der

Digitalisierungskompetenz als auch Führungskräften, die Verantwortung für CDR und die digitale Inklusion sämtlicher AkteurInnen übernehmen, bedarf.

15.3 Rechtliche Handlungsempfehlungen

Damit KMU bei der Implementierung eines dBGM auch von externer Seite bestmöglich unterstützt werden, braucht es **zeitgemäße rechtliche Regelungen**. Ähnlich wie Landers et al. (2024) kommt auch diese Arbeit zum Ergebnis, dass die bestehenden rechtlichen Rahmenbedingungen den sich dynamisch verändernden Anforderungen im Bereich der digitalen Gesundheitsinnovationen nicht mehr gerecht werden können und um gegenwartsnahe Governance-Prozesse ergänzt werden sollten, um die Nutzung und Finanzierung von digitalen gesundheitsfördernden Anwendungen im Unternehmensbereich zu regulieren. Dabei sollte neben reaktions- und anpassungsfähigen Regulierungsoptionen durch eine wertorientierte Innovationausrichtung sichergestellt werden, dass digitale Innovationen weder durch Überregulierungen gebremst noch von unethischen Vorgangsweisen geprägt werden und gleichzeitig auf ausreichend integrative Mitgestaltungsmöglichkeiten für die individuellen Organisationen geachtet werden.

Um die Einführung eines dBGM für KMU insgesamt attraktiver zu gestalten, sollten **steuerliche Anreize** und finanzielle Entlastungen geschaffen werden. Die Studie zeigt dabei, dass sich Österreich an den Rahmenbedingungen in Deutschland orientieren könnte, da BGF dort eine allgemein höhere Priorität einnimmt und es bereits einen Steuerfreibetrag für BGF-Angebote gibt. Bis dementsprechende Entwicklungen auch in Österreich umgesetzt werden, sollten heimische Klein- und Mittelunternehmen bei der Auswahl der dBGM-Anwendungen die fünf Voraussetzungen der SVS berücksichtigen (siehe Teil III, Abschnitt 12.3.2.1), nach denen gesundheitsfördernde Angebote durch das Erfüllen bestimmter Kriterien steuerfrei angeboten werden dürfen und die ArbeitgeberInnen somit neben der Einführung eines zielgerichteten und wirkungsorientierten dBGM-Angebots auch von konkreten Steuervorteilen profitieren.

In der Dissertation wurde deutlich, dass die Datenschutzthematik im Rahmen des dBGM einen zentralen Erfolgsfaktor darstellt, zumal digitale gesundheitsfördernde Angebote häufig als Eingriff in die Privatsphäre der ArbeitnehmerInnen aufgefasst und lediglich als Mittel zur Überwachung angesehen werden. Um diese Vorbehalte bestmöglich zu entkräften, braucht es klare **individuelle Datenschutzregelungen**, die sich auf die Datensouveränität und Datensicherheit fokussieren, damit die NutzerInnen die eigenständige Kontrolle über die Verwaltung ihrer persönlichen Daten behalten und die Sicherheit der Daten über organisatorische und technische Maßnahmen gewährleistet wird. Dabei achten die analysierten KMU beispielsweise bereits bei der Auswahl der dBGM-Anwendungen darauf, dass die Anbieter datenschutzkonform agieren, durch gewisse Normen zertifiziert sind und europäische Serverstandorte aufweisen. Des Weiteren sollten die spezifischen dBGM-Anwendungen in Anlehnung an die Erkenntnisse von Treier (2023) individuell wählbare *„Freigabeoptionen als Datenspenden für Evaluationszwecke"* bieten und, wie Pusep (2022) sowie Steinhauser et al. (2024) untersuchen, durch die Blockchain-Technologie gesichert sein, die innovative Möglichkeiten hinsichtlich Interoperabilität, Sicherheit und Datenschutz birgt.

Abschließend sollten im Bereich des dBGM die **Finanzierungsmöglichkeiten durch staatliche Initiativen**, Unterstützungen der Krankenkassen oder Förderprogramme für Klein- und Mittelunternehmen in Österreich ausgeweitet und optimiert werden, um insbesondere am Anfang der dBGM-Implementierung von Subventionen zu profitieren. Obgleich es in Österreich schon Maßnahmen wie das *Netzwerk BGF, fit2work, KMU.DIGITAL* oder das vom FGÖ geförderte Praxisprojekt *„Betriebliche Gesundheitsförderung in der Arbeitswelt 4.0"* von Lang (2022) gibt, sind diese Angebote häufig mit einem großen Bürokratieaufwand verbunden und werden nach dem Förderungszeitraum abgebrochen, da ohne die externen Zuwendungen keine Ressourcen zur langfristigen Umsetzung im Unternehmen vorhanden sind. Diese Arbeit schlägt demnach vor, sich erneut an das Beispiel der DiGA anzulehnen, zumal in Deutschland die Finanzierung komplett von den Krankenkassen übernommen und der Umsetzungsprozess einfacher und ressourcenschonender gestaltet wird, um eine möglichst unkomplizierte und nachhaltige dBGM-Eingliederung zu gewährleisten.

15.4 Synergetische Handlungsempfehlungen

Damit KMU von **Vernetzungs- und Austauschmöglichkeiten** im Zuge einer dBGM-Implementierung profitieren können, sollten sie sich auf die Bildung von Synergien konzentrieren. Die Studie zeigt, dass kollaborative Netzwerkeffekte einerseits zur Bündelung von Ressourcen sowie der Reduzierung von Kosten und andererseits zu einem fachspezifischen Wissenstransfer beitragen können. Dabei bieten sich insbesondere die Möglichkeiten von dBGM-Angeboten an, da sie aufgrund ihrer Skalierbarkeit sowie der orts- und zeitunabhängigen Nutzungsoptionen zahlreiche Kommunikations- und Austauschpotenziale bergen. Wie es in einem der untersuchten KMU gehandhabt wird, könnten somit zum Beispiel regelmäßige Gesprächsrunden mit Verantwortlichen aus anderen Betrieben durchgeführt werden, die ein dBGM eingeführt haben, um den Erfahrungsaustausch anzutreiben und KMU in einer ressourcensparenden Form miteinander zu vernetzen.

In diesem Sinne erweist es sich laut dieser Arbeit für KMU auch als sinnvoll, **Kooperationen und Partnerschaften** einzugehen. Jedoch gilt es zu beachten, dass diese Kooperationen in der Praxis häufig sehr eindimensional ausfallen und oft nur ein Abkommen mit einem naheliegenden Fitnessstudio getroffen wird, wodurch von Beginn an sämtliche Angestellte exkludiert werden, die sich nicht für körperliches Training begeistern. Auch in diesem Bereich sollten daher die Potenziale von dBGM-Anwendungen genutzt werden, da es bereits netzwerkbasierte dBGM-Angebote gibt, die mit diversen Sportanbietern kooperieren, um die unterschiedlichen Präferenzen der Mitarbeitenden zu berücksichtigen. Somit können KMU ihren Beschäftigten auf einer Plattform eine unterschiedliche Auswahl an Sportmöglichkeiten anbieten und mehrere Zielgruppen im Unternehmen erreichen.

Damit KMU ihren Angestellten heterogene und überregionale Gesundheitsangebote bereitstellen und sich dabei zeitgleich auf die Bewältigung und Abwicklung des eigentlichen Tagesgeschäfts konzentrieren können, sollten sie die Konsultierung von **externen dBGM-Anbietern** in Erwägung ziehen, die den zusätzlichen Arbeitsaufwand für die KMU reduzieren und die Etablierung eines nachhaltig erfolgreichen dBGM-Programms durch ihre fachspezifischen Kenntnisse und Erfahrungswerte begünstigen. Für die Engagierung externer dBGM-Anbieter sollten KMU mit zusätzlichen Kosten von durchschnittlich 500 € bis 1000 € pro Jahr rechnen, wobei der zeitliche und personelle Ressourcenaufwand im Rahmen einer dBGM-Implementierung jedoch als höher einzustufen ist. Wichtig wird neben der Kostenthematik künftig speziell die Einführung von unabhängigen Informations-, Bewertungs- und Qualitätsplattformen werden, die KMU bei der Auswahl eines seriösen und qualitätsorientierten dBGM-Anbieters unterstützen.

16 Zusammenfassung und Konklusion

16.1 Erkenntnisse des Gestaltungsteils

Die vorliegende Arbeit unterstreicht die Wichtigkeit eines dBGM sowohl auf wissenschaftlicher als auch auf praktischer Ebene und konnte aus der Symbiose der Literaturanalyse und der Expertenbefragungen eine Reihe an Lösungsansätzen für die dBGM-Implementierung in österreichischen Klein- und Mittelunternehmen identifizieren.

Dabei zeigte sich, dass KMU im unternehmensspezifischen Rahmen großen Wert auf die Auswahl der passenden, soziotechnisch gestalteten dBGM-Anwendung und die Etablierung gesundheitsfördernder Unternehmensstrukturen legen sollten sowie durch einen effizienten Ressourceneinsatz sogar von ihren Größenvorteilen profitieren können. Zudem sollten KMU speziell ökonomische Legitimationsnachweise erbringen, die die Einführung und Aufrechterhaltung eines dBGM vor der gewinnorientierten Unternehmensausrichtung rechtfertigen und einen systematischen Implementierungsprozess verfolgen, zumal dieser die Wahrscheinlichkeit eines langfristig erfolgreichen dBGM erhöht.

In personeller Hinsicht gilt es, alle AkteurInnen in den dBGM-Implementierungsprozess einzubinden sowie regelmäßige Kommunikationsprozesse, umfassende Informationsmöglichkeiten und niederschwellige Transaktionseffekte zu forcieren. Außerdem sollten Corporate Digital Responsibility Faktoren und die Digitale Inklusion einen zunehmenden Stellenwert einnehmen sowie die Einstellungen und Bedürfnisse der Generation Z verstärkt berücksichtigt werden, da diese Personen aufgeschlossener gegenüber Digitalisierungsprozessen sind und künftig vermehrt Entscheidungspositionen besetzen werden.

Von externer Seite aus sollten KMU speziell im Hinblick auf die Etablierung gegenwartsnaher rechtlicher Regelungen unterstützt werden. Zwar können

A. Wieser, *Erfolgsfaktoren für die Implementierung eines digitalen betrieblichen Gesundheitsmanagements*, https://doi.org/10.1007/978-3-658-51620-8_16

sich KMU selbst bis zu einem gewissen Grad durch eine innovative und offene Unternehmensstrategie auf New Work Phänomene, hybride Gesundheitsansätze, digitale Stressfaktoren und Technologietrends wie Künstliche Intelligenz, Extended Reality, personalisierte Avatare und Ambient Intelligence vorbereiten, jedoch bedarf es auch konkreter gesetzlicher Entwicklungen, die zeitgemäße Rahmenbedingungen für KMU schaffen. Überdies braucht es standardisierte Qualitätsanforderungen zur Bewertung von digitalen gesundheitsfördernden Anwendungen, steuerliche Anreize sowie staatliche Finanzierungshilfen, die KMU bei der dBGM-Implementierung fördern. In diesem Sinne sollte sich Österreich an Deutschland orientieren, wo beispielsweise die Online-Plattform *HealthOn* Informationen zur Qualitätssicherung diverser DiGA, medizinischer Apps und Gesundheits-Apps bereitstellt, der Steuerfreibetrag zur BGF bei 600 € im Jahr pro MitarbeiterIn liegt und DiGA über alle gesetzlichen Krankenkassen hinweg erstattet werden. Hinsichtlich der Datenschutzregelungen besteht in sämtlichen Ländern noch Optimierungspotenzial, wobei sich KMU in Zukunft noch stärker auf die Datensouveränität und Datensicherheit konzentrieren sollten, indem sie den UserInnen individuelle Freigabeoptionen zur Datenspende gewähren und dBGM-Anwendungen auswählen, die durch gewisse Normen zertifiziert sind, europäische Serverstandorte aufweisen sowie durch die Blockchain-Technologie gesichert sind.

Abschließend sollten KMU kollaborative Synergieeffekte forcieren, da Vernetzung und Austausch die Bündelung von Ressourcen, die Reduzierung von Kosten sowie einen fachspezifischen Erfahrungstransfer begünstigen. Dabei sollten auch die Möglichkeiten von dBGM-Anwendungen genutzt werden, die Kooperationen und Partnerschaften mit überregionalen und diversen Sportanbietern erleichtern sowie die Konsultierung von externen dBGM-Anbietern erwogen werden, die KMU eine große Arbeitslast abnehmen und die erfolgreiche dBGM-Implementierung durch ihr Knowhow und ihre Erfahrungswerte vorantreiben können.

Die wissenschaftliche Forschung sollte die Standardisierung von Messinstrumenten forcieren, damit Unternehmen die Wirksamkeit eines dBGM besser legitimieren können und bei einem systematischen Gesundheitscontrolling unterstützt werden. Darüber hinaus sollte sich die Wissenschaft noch mehr mit Zukunftsentwicklungen wie Künstlicher Intelligenz und Extended Reality-Anwendungen beschäftigen und die Einleitung eines Paradigmenwechsels fördern, indem Fallstudien zu dBGM-Best-Practice-Beispielen durchgeführt und weitere Angebote im Bildungssystem geschaffen werden, um die Relevanz und Akzeptanz des dBGM für österreichische KMU zu erhöhen.

16.2 Beantwortung der gestaltungsgeleiteten Fragestellung

Um die gestaltungsgeleitete Fragestellung final zu beantworten, wurden aus dem Zusammenspiel der theoretischen und empirischen Erkenntnisse als Erfolgsfaktoren 21 konkrete Handlungsempfehlungen für die Implementierung eines dBGM in österreichischen Klein- und Mittelunternehmen aufgestellt, die sich in vier übergeordnete thematische Sektoren einteilen lassen.

Nachfolgend werden die gestaltungsgeleiteten Ergebnisse aufgelistet:

Unternehmensspezifische Handlungsempfehlungen:

- Auswahl der passenden dBGM-Anwendung
- Etablierung von gesundheitsfördernden Strukturen
- Probater Ressourceneinsatz
- Ausschöpfung der Größenvorteile von Klein- und Mittelunternehmen
- Erbringung von Legitimationsnachweisen
- Systematischer Implementierungsprozess
- Zukunftsorientierung

Personelle Handlungsempfehlungen:

- Einbindung der Führungskräfte
- Partizipation der Angestellten
- Gesundheits- und Erfolgskommunikation
- Informationsmöglichkeiten zur Ausbildung der Gesundheitskompetenz
- Transaktionseffekte zur Förderung der Gesundheitsbildung
- Berücksichtigung der Generation Z
- Corporate Digital Responsibility und Digitale Inklusion

Rechtliche Handlungsempfehlungen:

- Einführung von zeitgemäßen rechtlichen Regelungen
- Schaffung von steuerlichen Anreizen
- Bestimmung von individuellen Datenschutzregeln
- Ausweitung der Finanzierungsmöglichkeiten durch staatliche Initiativen

Synergetische Handlungsempfehlungen:

- Vernetzung und Austausch zur Bündelung von Ressourcen
- Forcierung von Kooperationen und Partnerschaften
- Konsultierung von externen dBGM-Anbietern

Teil V
Schlussteil

Zusammenfassung und Fazit 17

Den Kern dieser Dissertation stellte die Auseinandersetzung mit dem dBGM in österreichischen Klein- und Mittelunternehmen dar. Dabei war es das Ziel, Erfolgsfaktoren zur Implementierung eines dBGM zu identifizieren und daraus explizite Handlungsempfehlungen für KMU in Österreich zu entwickeln, die die Betriebe bei der künftigen Einführung und Umsetzung eines dBGM unterstützen.

Hierzu wurde im Theorieteil ein systematisches Literaturreview durchgeführt, um den aktuellen Forschungsstand zum dBGM zu analysieren und zu untersuchen, welche Faktoren nach der derzeitigen Studienlage zur Etablierung eines dBGM beitragen und einen Überblick zu den dBGM-Initiativen und Angeboten in Österreich darzustellen. Im Rahmen der theoretischen Ergebnisse konnten relevante Faktoren zur Implementierung eines dBGM gefunden und diverse Förderprogramme wie das *Netzwerk BGF, fit2work, KMU.DIGITAL* oder das vom FGÖ geförderte Praxisprojekt *„Betriebliche Gesundheitsförderung in der Arbeitswelt 4.0"* von Lang (2022) genannt werden. Die durch die Literaturrecherche entdeckten Studien und Aspekte können der Implementierung eines dBGM zwar dienlich sein, jedoch wurden die gefundenen Arbeiten einerseits nicht den notwendigen Qualitätsansprüchen gerecht oder zeichneten sich andererseits durch eine fehlende Übertragbarkeit auf österreichische Klein- und Mittelunternehmen aus.

In Anbetracht der diversen Forschungslücken folgte daher eine eigene empirische Erhebung zu den Erfolgsfaktoren der Implementierung eines dBGM in österreichischen KMU. Da im dBGM-Themenfeld zudem noch relativ wenig Vorwissen bestand, bot sich für die Exploration dieses weitestgehend unbearbeiteten Forschungsgegenstands ein qualitativer Forschungsansatz an. So wurden zwischen März und Juni 2024 insgesamt 14 leitfadengestützte Interviews mit ExpertInnen geführt, die bereits praktische Erfahrungen mit erfolgreichen Implementierungsprozessen eines dBGM in österreichischen KMU gesammelt haben

A. Wieser, *Erfolgsfaktoren für die Implementierung eines digitalen betrieblichen Gesundheitsmanagements*, https://doi.org/10.1007/978-3-658-51620-8_17

und diese im Anschluss in Anlehnung an die Qualitative Inhaltsanalyse nach Mayring über die computergestütze Software MAXQDA analysiert.

Die Ergebnisse der Expertenbefragung zeigten, dass neben der Auswahl der passenden dBGM-Anwendungen, den Unternehmensstrukturen und den beteiligten AkteurInnen vor allem die externen Rahmenbedingungen, Netzwerkeffekte, Legitimationsnachweise, ein systematischer Implementierungsprozess und die Beschäftigung mit aktuellen und künftigen Entwicklungen im dBGM wesentliche Erfolgsfaktoren für die dBGM-Implementierung in österreichischen KMU darstellen. Im Zusammenhang mit den empirischen Erkenntnissen wurde deutlich, dass zur erfolgreichen dBGM-Implementierung einige Maßnahmen beitrugen, die auch durch die Analyse des Forschungsstands ermittelt werden konnten, jedoch bildeten sich aus den Experteninterviews darüber hinaus weitere und bisher unbekannte Strategien heraus. Demnach wurden zur Beantwortung der empiriegeleiteten Fragestellung konkrete Erfolgsfaktoren identifiziert, die sich für Klein- und Mittelunternehmen bei der Implementierung eines dBGM als nutzbringend erwiesen haben.

Im Gestaltungsteil der Arbeit galt es, aus der Symbiose der theoretischen und empirischen Erkenntnisse Handlungsempfehlungen für die Forschung und die Praxis abzuleiten, die Klein- und Mittelunternehmen in Österreich bei der Implementierung eines digitalen betrieblichen Gesundheitsmanagements unterstützen. In diesem Sinne konnten mit der Standardisierung von Messinstrumenten, der Berücksichtigung von Zukunftsentwicklungen im digitalen BGM sowie der Unterstützung eines Paradigmenwechsels drei Handlungsimplikationen für die Wissenschaft aufgestellt werden und für die unternehmerische Praxis ließen sich als Erfolgsfaktoren 21 Handlungsempfehlungen bestimmen, die den vier übergeordneten Themenblöcken „Unternehmensspezifische Handlungsempfehlungen“, „Personelle Handlungsempfehlungen“, „Rechtliche Handlungsempfehlungen“ und „Synergetische Handlungsempfehlungen“ zuordenbar sind.

Zusammenfassend leistet die vorliegende Dissertation somit einen Beitrag zur weiteren Schließung der Forschungslücken im Bereich des dBGM und erarbeitet erstmals wissenschaftlich fundierte und praxiserprobte Erfolgsfaktoren, die österreichische Klein- und Mittelunternehmen bei der dBGM-Implementierung anleiten können.

18 Ergebnisse und Erkenntnisse

18.1 Wichtige Ergebnisse und Erkenntnisse für die Forschung

Diese Arbeit hat gezeigt, dass das dBGM ein relativ junges Forschungsgebiet ist, welches erst im Laufe der letzten Jahre durch die zunehmenden digitalen Transformationsprozesse an erhöhter Bedeutung gewonnen hat. Obschon die Anzahl der Artikel zum dBGM in der näheren Vergangenheit demnach stetig gestiegen war, gab es nach dem bisherigen Forschungsstand noch keine Studien, die konkrete Lösungsansätze für die dissertationsrelevanten Fragestellungen liefern und österreichische Klein- und Mittelunternehmen bei der dBGM-Implementierung unterstützen konnten.

Die identifizierten Beiträge, die sich im weiteren Sinne mit dBGM beschäftigen, sind von diversen Forschungslücken geprägt, weshalb es sich diese Dissertation zum Ziel setzte, aus dem Zusammenspiel der ermittelten theoretischen und praktischen Ergebnisse wissenschaftlich haltbare Erkenntnisse zur dBGM-Implementierungsforschung sowie erstmals Handlungsempfehlungen zur Einführung eines dBGM in österreichischen Klein- und Mittelunternehmen zu generieren.

Im Rahmen der Beantwortung der Forschungsfragen konnte die vorliegende Arbeit einen grundlegenden Erkenntniszuwachs für die allgemeine dBGM-Forschung sowie KMU in Österreich liefern und neben 21 Handlungsempfehlungen für die Praxis auch drei explizite Handlungsimplikationen für die Wissenschaft aufstellen.

Speziell die Umsetzung der forschungsbezogenen Handlungsanweisungen könnte die bestehenden Lücken auf dem dBGM-Forschungsgebiet schließen und einen nachhaltigen Paradigmenwechsel einleiten, wodurch sich sowohl die

A. Wieser, *Erfolgsfaktoren für die Implementierung eines digitalen betrieblichen Gesundheitsmanagements*, https://doi.org/10.1007/978-3-658-51620-8_18

Bedeutung als auch die Effektivität und der Verbreitungsgrad des dBGM in Unternehmen erhöhen ließe. Zudem wurde deutlich, dass mithilfe einer Standardisierung von Messinstrumenten die Wirksamkeit des Gesundheitscontrollings gesteigert werden könnte und sich die Forschung im Hinblick auf die Zukunft des dBGM vermehrt mit KI- und XR-Anwendungen beschäftigen sollte, um auf die Entwicklungen in diesen Bereichen bestmöglich vorbereitet zu sein.

Durch die Kombination einer theorie- und empiriegeleiteten Vorgehensweise vermag die Arbeit somit einen innovativen Forschungsmehrwert im dBGM-Feld zu stiften und kann, vor allem in Bezug auf den Theorienpluralismus, als Fundament für darüber hinausgehende quantitative Forschungsarbeiten dienen, die sich mit der dBGM-Implementierung befassen sowie den Erkenntnisgewinn im zukunftsträchtigen dBGM-Gebiet weiter vorantreiben.

18.2 Wichtige Ergebnisse und Erkenntnisse für die Praxis

Im Jahr 2023 beliefen sich die direkt zurechenbaren Krankenstandskosten für Entgeltfortzahlungen in Österreich auf 4,8 Milliarden € und das von der Krankenversicherung ausbezahlte Krankengeld betrug 1,1 Milliarden €, wodurch die explizit messbaren Kosten der krankheitsbedingten Fehlzeiten insgesamt 5,8 Milliarden € ausmachten (Mayrhuber & Bittschi, 2025, S. 63). Die damit einhergehenden Wertschöpfungsverluste und darüber hinaus entstehenden betrieblichen Kosten wie Produktivitätsverluste, Kosten für Ersatzarbeitskräfte oder Folgekosten von Arbeitsunfällen lassen sich nur durch Schätzungen quantifizieren, jedoch gehen Mayrhuber & Bittschi (2025, S. 63) davon aus, dass durch krankheitsbedingte Abwesenheiten zusätzlich zu den Lohnersatzkosten weitere indirekte betriebs- und volkswirtschaftliche Kosten in einer Gesamthöhe von bis zu 14,7 Milliarden € anfielen. Neben der evidenten finanziellen Gesamtbelastung für das heimische Gesundheitssystem verdeutlichen diese Zahlen die Notwendigkeit, in die Verbesserung des Gesundheitszustandes der österreichischen ArbeitnehmerInnen zu investieren. Die vorliegende Arbeit zeigt, dass speziell die knapp 360.000 Klein- und Mittelunternehmen in Österreich, die zwei Drittel aller Erwerbstätigen beschäftigen (KMU Forschung Austria, 2022, S. 9), unternehmenseigene Gesundheitsförderungsmaßnahmen forcieren und aufgrund der laufenden Digitalisierungsprozesse ein dBGM etablieren sollten, um einen Beitrag zur Gesunderhaltung ihrer Angestellten zu leisten sowie die krankheitsbedingten Fehlzeiten und die damit verbundenen Kosten zu reduzieren.

Da es bislang unklar war, welche Faktoren der Einführung und Umsetzung eines dBGM in österreichischen Klein- und Mittelunternehmen dienlich waren, untersuchte diese Dissertation erstmals Unternehmen, die bereits Erfahrungen mit erfolgreichen dBGM-Implementierungsprozessen vorweisen konnten. In Experteninterviews mit AkteurInnen aus unterschiedlichen hierarchischen Ebenen, Tätigkeiten und Funktionen sowie Verantwortlichen von eigenständigen dBGM-Anbietern konnten erstmals reale Erfahrungswerte zu der dBGM-Implementierung in Österreich erhoben werden, die sowohl einen allgemeinen praktischen Mehrwert für die digitalen Entwicklungen im BGM bieten als auch eine große Bedeutung für die Bewältigung der unternehmensbezogenen Implementierungsherausforderungen von österreichischen Klein- und Mittelunternehmen einnehmen können.

Wesentlich für eine erfolgreiche dBGM-Einführung ist laut den Untersuchungsergebnissen demnach, dass bei den Implementierungsmaßnahmen unternehmensinterne sowie externe Rahmenbedingungen gleichermaßen berücksichtigt werden und die Faktoren dem gemeinsamen Ziel untergeordnet sind, zur Gesundheitsförderung der Belegschaft beizutragen und gleichzeitig die wirtschaftliche Stabilität der Organisation zu sichern.

Durch ein Zusammenspiel aus theoretischen Ergebnissen sowie praktischem Expertenwissen gelang es neben der Identifikation von diversen Erfolgsfaktoren darüber hinaus, praxisgerechte Handlungsempfehlungen abzuleiten, die als Orientierungshilfe für künftige Implementierungsvorhaben dienen und in weiterer Folge sowohl das Leistungspotenzial der MitarbeiterInnen als auch die Wettbewerbsfähigkeit der entsprechenden Unternehmen steigern können.

Die 21 Handlungsimplikationen in den unternehmensspezifischen, personellen, rechtlichen und synergetischen Bereichen stellen so einen konkreten Nutzen für KMU in Österreich dar und können darüber hinaus als Treiber für weiterführende praxisnahe Projekte im dBGM-Kontext fungieren.

Ausblick

19

19.1 Forschungsausblick

Nach den forschungsbezogenen Handlungsempfehlungen der Arbeit sollte die Wissenschaft künftig eine Standardisierung von Messinstrumenten zur Überprüfung der Legitimation und Wirksamkeit forcieren, Zukunftsentwicklungen wie Künstliche Intelligenz und Extended Reality-Anwendungen im dBGM untersuchen und einen Paradigmenwechsel durch Fallstudien sowie Integrationen in Bildungsangeboten vorantreiben, damit weitere Erkenntnisse gesammelt werden können und der Stellenwert von dBGM einen steigenden Bedeutungszuwachs erfährt. Diese Themengebiete stellen jedoch nur einen Auszug an künftigen Forschungsnotwendigkeiten dar, da das dBGM-Feld eine enorme Vielschichtigkeit aufweist, wonach die vorliegende Studie als Grundlage für zusätzliche Untersuchungen zum dBGM verstanden werden sollte und eine wertvolle Basis für die Bearbeitung weiterer themenverwandter Gebiete bilden kann.

Im Hinblick auf die inhatliche und methodische Abgrenzung der Dissertation (siehe Teil I, Abschnitt 4.3) bedarf es der Realisierung zusätzlicher Forschungsprojekte, die die Gültigkeit der Erkenntnisse im internationalen Kontext überprüfen. So wäre es beispielsweise interessant zu analysieren, inwiefern sich die Forschungsergebnisse auf andere Länder oder Unternehmensformen anwenden lassen, die strukturelle, soziokulturelle, ökonomische oder digitalisierungsbezogene Ähnlichkeiten zu KMU in Österreich aufweisen.

Um ferner eine weitere Generalisierung und Übertragbarkeit der Studienergebnisse auf österreichische Klein- und Mittelunternehmen zu gewährleisten, sollten quantitative Studien vollzogen werden, die die qualitativen Ergebnisse vor dem Hintergrund einer statistisch repräsentativen Stichprobengröße überprüfen.

A. Wieser, *Erfolgsfaktoren für die Implementierung eines digitalen betrieblichen Gesundheitsmanagements*, https://doi.org/10.1007/978-3-658-51620-8_19

Zudem könnten sich zukünftige Forschungsarbeiten mit den Wechselwirkungen zwischen kurativ-palliativ ausgelegten DiGA und den in dieser Dissertation relevanten, präventiv ausgerichteten digitalen gesundheitsfördernden Anwendungen befassen. Dadurch könnten bei der Implementierung von dBGM-Angeboten zum Beispiel Schnittstellen zu den finanziellen und gesetzlichen DiGA-Rahmenbedingungen ermittelt werden.

Außerdem wäre es sinnvoll, noch tiefgreifender zu eruieren, wie sich die Studienlage in Bezug auf staatliche dBGM-Finanzierungsoptionen gestaltet, um herauszufinden, ob es einen belegbaren volkswirtschaftlichen Business Case für dBGM gibt, der die Rentabilität des Prozesses nachvollziehbar offenlegt.

Zum Abschluss sollte sich die wissenschaftliche Forschung in Zukunft vor allem auf weitere empirisch angelegte Projekte konzentrieren, die sich der hochaktuellen dBGM-Thematik annehmen und mittels qualitativer sowie quantitativer Studiendesigns neuwertige Ergebnisse und Lösungskonzepte erarbeiten, dic zum einen die Weiterentwicklung des allgemeinen dBGM-Forschungsgebiets und zum anderen die praktische Implementierung von dBGM-Angeboten in Unternehmen begünstigen.

19.2 Praxisausblick

Zwar liefert die vorliegende Dissertation erstmals konkrete unternehmensspezifische, personelle, rechtliche und synergetische Handlungsempfehlungen für die dBGM-Implementierung in österreichischen KMU, jedoch müssen in der Praxis künftig weitere Schritte folgen, die die Erkenntnisse umsetzen und weiterführen.

Um die Übertragbarkeit der Handlungsimplikationen auch im weiteren Praxiskontext zu überprüfen, ist es empfehlenswert, eine Fallstudie zur Anwendbarkeit der aufgestellten Maßnahmen durchzuführen. Im Rahmen dessen könnten einerseits die systematische Umsetzbarkeit in der individuellen Unternehmenspraxis und andererseits die Eignung des gesamten Konzeptes getestet werden. Dabei wäre es interessant, in Anlehnung an Pfaff & Zeike (2019, S. 1–2) ein umfassendes Gesundheitscontrolling, welches das Controlling der Zielparameter (z. B. kollektiver Gesundheitszustand, Fehlzeitenquote etc.) umfasst sowie ein Management- und Maßnahmencontrolling, das sich mit dem Controlling der gesundheitsrelevanten Maßnahmen und der Managementstrukturen und -prozesse des dBGM auseinandersetzt, einzuführen. Dadurch ließe sich herausfinden, inwiefern die verschiedenen Strategien die erwünschten positiven Wirkungen erzielen und welche Handlungsempfehlungen besonders effektiv sind.

Des Weiteren sollte sich die Praxis auf die Einführung einheitlicher Qualitätskriterien zur Bewertung von digitalen gesundheitsfördernden Anwendungen fokussieren, wonach es in Zukunft unabhängige Organe braucht, die dBGM-Anwendungen vor allgemeinen Qualitätsstandards legitimieren, damit Unternehmen bei der Auswahl einer entsprechenden digitalen Anwendung bestmöglich unterstützt werden und auch auf der Basis von limitierter Expertise und begrenzten Ressourcen ein seriöses und qualitativ hochwertiges Angebot auswählen können. In diesem Sinne scheint für Österreich speziell die Orientierung an den Entwicklungen im Bereich der DiGA und der Online-Plattform *HealthOn* sinnvoll, die in dieser Hinsicht bereits eine innovative Vorreiterrolle einnehmen.

Abschließend sollten auf rechtlicher Ebene neben der Einführung von zeitgemäßen rechtlichen Regelungen, steuerlichen Anreizen, staatlichen Subventionen und der Datenschutzthematik vor allem die Verfügbarmachung und weitere Verwendung der erhobenen Daten diskutiert werden. Da die Datensouveränität einen zentralen Stellenwert einnimmt, sollten die Möglichkeiten des dBGM und die damit einhergehenden persönlich wählbaren Freigabeoptionen als Datenspenden für Evaluationszwecke forciert werden, zumal hier in weiterer Folge perspektivisch auch Schnittstellen zur elektronischen Gesundheitsakte (ELGA), Krankenhausinformationssystemen (KIS) sowie privaten Gesundheitsportalen denkbar sind, die die zeit- und ortsunabhängige Erhebung sowie den Zugang zu Gesundheitsdaten nachhaltig revolutionieren können. Hier bietet sich erneut ein Blick nach Deutschland an, wo seit dem Inkrafttreten des Digital-Gesetzes (DigiG) im März 2024 und durch die Einführung der elektronischen Patientenakte (ePA) zentrale Fortschritte im Austausch und der Nutzung von Gesundheitsdaten angestoßen wurden. Übertragen auf die e-Health Strategie Österreich (siehe Teil II, Abschnitt 9.4) könnten die aus dem dBGM gewonnenen Daten und Erfahrungswerte dabei unterstützen, die gemeinsame Vision für e-Health und Digitalisierung in Österreich für das Jahr 2030 voranzutreiben und digitale Lösungspotenziale für die Herausforderungen im Gesundheitswesen aufzeigen.

Literaturverzeichnis

Abbott, R. D., O'Donnell, J., Hawkins, J. D., Hill, K. G., Kosterman, R. & Catalano, R. F. (1998). Changing teaching practices to promote achievement and bonding to school. *The American Journal of Orthopsychiatry*, *68*(4), 542–552. https://doi.org/10.1037/h0080363

Abfalter, D. (2010). *Das Unmessbare messen? Die Konstruktion von Erfolg im Musiktheater* (SpringerLink Bücher). Wiesbaden: VS Verlag für Sozialwissenschaften. https://doi.org/10.1007/978-3-531-92163-1

Abrams, D. B., Orleans, C. T., Niaura, R. S., Goldstein, M. G., Prochaska, J. O. & Velicer, W. (1996). Integrating individual and public health perspectives for treatment of tobacco dependence under managed health care: a combined stepped-care and matching model. *Annals of Behavioral Medicine: a Publication of the Society of Behavioral Medicine*, *18*(4), 290–304. https://doi.org/10.1007/BF02895291

Abt, C. C. (1970). *Serious Games*. New York: Viking Press.

Agarwal, H., & Vaghela, P. (2018). *Work Values of Gen Z: Bridging the Gap to the Next Generation. National Conference on Innovative Business Management Practices in 21st Century,* 1–26. Parul University.

Ahlers, E. & Erol, S. (2019). *Arbeitsverdichtung in den Betrieben? Empirische Befunde aus der WSI-Betriebsrätebefragung*. Policy Brief, 05/2019, 33. Düsseldorf: WSI. https://doi.org/10.13140/RG.2.2.36356.96648

Akremi, L. (2022). Stichprobenziehung in der qualitativen Sozialforschung. In N. Baur & J. Blasius (Hrsg.), *Handbuch Methoden der empirischen Sozialforschung* (3., vollständig überarbeitete und erweiterte Auflage, S. 405–424). Wiesbaden: Springer VS. https://doi.org/10.1007/978-3-658-37985-8_26

Albers, B., Shlonsky, A. & Mildon, R. (2020). En route to implementation science 3.0. In B. Albers, A. Shlonsky & R. Mildon (Hrsg.), *Implementation science 3.0* (S. 1–38). Wiesbaden: Springer VS.

Albers, S. & Clement, M. (2007). Analyzing the Success Drivers of e-Business Companies. *IEEE Transactions on Engineering Management*, *54*(2), 301–314. https://doi.org/10.1109/TEM.2007.893985

Albrecht, U. V. (2016). *Chancen und Risiken von Gesundheits-Apps (CHARISMHA)*. https://doi.org/10.24355/dbbs.084-201210110913-53

A. Wieser, *Erfolgsfaktoren für die Implementierung eines digitalen betrieblichen Gesundheitsmanagements*, https://doi.org/10.1007/978-3-658-51620-8

Ali, M. J. (2021). Impact factor under attack! Are the criticisms justified? *Indian Journal of Ophthalmology, 69*(4), 790. https://doi.org/10.4103/ijo.IJO_281_21

Alowais, S. A., Alghamdi, S. S., Alsuhebany, N., Alqahtani, T., Alshaya, A. I., Almohareb, S. N., Aldairem, A., Alrashed, M., Bin Saleh, K.,Badreldin, H. A., Al Yami, M. S., Al Harbi, S. & Albekairy, A. M. (2023). Revolutionizing healthcare: the role of artificial intelligence in clinical practice. *BMC Medical Education, 23*(1), 689. https://doi.org/10.1186/s12909-023-04698-z

Altman, D. G. (1990). *Practical statistics for medical research.* New York: Chapman and Hall/CRC. https://doi.org/10.1201/9780429258589

Amelang, M. & Zielinski, W. (2002). Grundlagen diagnostischer Verfahren. In M. Amelang, W. Zielinski & T. Fydrich (Hrsg.), *Psychologische Diagnostik und Intervention* (Springer-Lehrbuch, 3., korrigierte, aktualisierte und überarb. Aufl., S. 25–195). Berlin: Springer. https://doi.org/10.1007/978-3-662-09578-2_2

André, S. (2018). Theorie trifft Praxis – Status quo im „verrückten" (digitalen) BGM-Markt. In D. Matusiewicz & L. Kaiser (Hrsg.), *Digitales Betriebliches Gesundheitsmanagement. Theorie und Praxis* (S. 159–170). Wiesbaden: Gabler. https://doi.org/10.1007/978-3-658-14550-7_10

Andritzky, K. (1976). *Die Operationalisierbarkeit von Theorien zum Konsumentenverhalten* (Schriften zum Marketing, Bd. 4). Berlin: Duncker & Humblot.

Antonovsky, A. (1979). *Health, stress, and coping* (The Jossey-Bass social and behavioral science series). San Francisco, Washington, London: Jossey-Bass.

Antonovsky, A. (1987). *Unraveling the mystery of health. How people manage stress and stay well* (The Jossey-Bass health series, 1. ed.). San Francisco: Jossey-Bass.

Arnold, D. M., Burns, K. E. A., Adhikari, N. K. J., Kho, M. E., Meade, M. O. & Cook, D. J. (2009). The design and interpretation of pilot trials in clinical research in critical care. *Critical Care Medicine, 37*(1 Suppl), 69–74. https://doi.org/10.1097/CCM.0b013e3181920e33

Atteslander, P. (2000). *Methoden der empirischen Sozialforschung* (De-Gruyter-Studienbuch, 9., neu bearb. und erw. Aufl., 95. – 103. Tsd). Berlin: De Gruyter.

Badura, B., Ritter, W. & Scherf, M. (1999). *Betriebliches Gesundheitsmanagement – ein Leitfaden für die Praxis* (Forschung aus der Hans-Böckler-Stiftung, Bd. 17). Berlin: Ed. Sigma.

Banerjee, I., Robinson, J., Munoosingh, B., Jain, N. & Amsadevi, R. S. (2020). Meaning of Success: perception of medical students, and faculty-A Qualitative Study from a medical school in Mauritius. *Nepal Journal of Epidemiology, 10*(3), 905–914. https://doi.org/10.3126/nje.v10i3.28424

Basch, C. E., Sliepcevich, E. M., Gold, R. S., Duncan, D. F. & Kolbe, L. J. (1985). Avoiding type III errors in health education program evaluations: a case study. *Health Education Quarterly, 12*(4), 315–331. https://doi.org/10.1177/109019818501200311

Bauer, H. H. & Sauer, N. E. (2004). Die Erfolgsfaktorenforschung als schwarzes Loch? Vollständige Fassung der Stellungnahme zum Beitrag von Alexander Nicolai und Alfred Kieser. *Die Betriebswirtschaft, 62*(6), 631–633.

Baur, N. & Blasius, J. (2022). Methoden der empirischen Sozialforschung. In N. Baur & J. Blasius (Hrsg.), *Handbuch Methoden der empirischen Sozialforschung* (S. 1–32). Wiesbaden: Springer Fachmedien Wiesbaden. https://doi.org/10.1007/978-3-658-37985-8_1

Baxheinrich, A. & Henssler, O.-T. (2018). Auf dem Weg zum BGM 4.0: Verknüpfung der analogen und digitalen Welt – Chancen und Grenzen für das Betriebliche Gesundheitsmanagement. In D. Matusiewicz & L. Kaiser (Hrsg.), *Digitales Betriebliches Gesundheitsmanagement* (S. 301–311). Wiesbaden: Springer Fachmedien Wiesbaden. https://doi.org/10.1007/978-3-658-14550-7_22

Baxter, G. & Sommerville, I. (2011). Socio-technical systems: From design methods to systems engineering. *Interacting with Computers*, *23*(1), 4–17. https://doi.org/10.1016/j.intcom.2010.07.003

Baxter, S., Sanderson, K., Venn, A. J., Blizzard, C. L. & Palmer, A. J. (2014). The relationship between return on investment and quality of study methodology in workplace health promotion programs. *American Journal of Health Promotion: AJHP*, *28*(6), 347–363. https://doi.org/10.4278/ajhp.130731-LIT-395

Becker, F., Meyer, M., Redlich, B., Siemon, D. & Lattemann, C. (2020). Open KMU: Mit Action Design Research und Design Thinking gemeinsam innovieren. *HMD Praxis der Wirtschaftsinformatik*, *57*(2), 274–284. https://doi.org/10.1365/s40702-020-00604-z

Becker, J., Holten, R., Knackstedt, R. & Niehaves, B. (2003). Forschungsmethodische Positionierung in der Wirtschaftsinformatik: Epistemologische, ontologische und linguistische Leitfragen. In J. Becker, H. L. Grob, S. Klein, H. Kuchen, U. Müller-Funk & G. Vossen, *Arbeitsberichte des Instituts für Wirtschaftsinformatik, 93.* Münster: Westfälische Wilhelms-Universität, Institut für Wirtschaftsinformatik.

Beidas, R. S., Dorsey, S., Lewis, C. C., Lyon, A. R., Powell, B. J., Purtle, J., Saldana, L., Shelton R. C., Stirman, S.W. & Lane-Fall M.B. (2022). Promises and pitfalls in implementation science from the perspective of US-based researchers: learning from a pre-mortem. *Implementation Science: IS*, *17*(1), 55. https://doi.org/10.1186/s13012-022-01226-3

Bencsik, A., Juhász, T. & Horváth-Csikós, G. (2016). Y and Z Generations at Workplaces. *Journal of Competitiveness*, *6*(3), 90–106. https://doi.org/10.7441/joc.2016.03.06

Bengel, J., Strittmatter, R. & Willmann, H. (2001). *Was erhält Menschen gesund? Antonovskys Modell der Salutogenese – Diskussionsstand und Stellenwert* (Forschung und Praxis der Gesundheitsförderung, Band 6). Köln: Bundeszentrale für gesundheitliche Aufklärung (BZgA).

Benner, A. & Löhe, J. (2020). Normativität in der qualitativen Forschung. *Zeitschrift für Qualitative Forschung*, *20*(2–2019), 341–356. https://doi.org/10.3224/zqf.v20i2.08

Bente, B. E., van Dongen, A., Verdaasdonk, R. & van Gemert-Pijnen, L. (2024). eHealth implementation in Europe: a scoping review on legal, ethical, financial, and technological aspects. *Frontiers in Digital Health*, *6*. https://doi.org/10.3389/fdgth.2024.1332707

Berni, A. & Borgianni, Y. (2021). From the definition of User Experience to a framework to classify its applications in design. *Proceedings of the Design Society*, *1*, 1627–1636. https://doi.org/10.1017/pds.2021.424

Betz, M., Koehler, U. & Sohrabi, K. (2018). Digitales Gesundheitsmanagement bei Auszubildenden. In D. Matusiewicz & L. Kaiser (Hrsg.), *Digitales Betriebliches Gesundheitsmanagement* (S. 213–226). Wiesbaden: Springer Fachmedien Wiesbaden. https://doi.org/10.1007/978-3-658-14550-7_14

BfArM (2025a). *Für DiGA-Nutzende.* Zugriff am 01.07.2025. Verfügbar unter: https://diga.bfarm.de/de/diga-nutzende

BfArM (2025b). *DiGA-Verzeichnis.* Zugriff am 13.10.2025. Verfügbar unter: https://diga.bfarm.de/de/verzeichnis

Bielinski, L. L., Trimpop, L. & Berger, T. (2021). Die Mischung macht's eben? Blended-Psychotherapie als Ansatz der Digitalisierung in der Psychotherapie. *Psychotherapeut* [All in the mix? Blended psychotherapy as an example of digitalization in psychotherapy], *66*(5), 447–454. https://doi.org/10.1007/s00278-021-00524-3

BMSGPK (2024). *eHealth-Strategie Österreich.* v1.0 im Juni 2024. Bundesministerium für Soziales, Gesundheit, Pflege und Konsumentenschutz, Wien. Zugriff am 08.02.2025. Verfügbar unter: https://www.sozialministerium.at/Themen/Gesundheit/eHealth/eHealth-in-Oesterreich.html

Bödeker, W., & Kreis, J. (2003). Evidenzbasierte Gesundheitsförderung und Prävention: Methodische Anforderungen und Kenntnisstand. *Gesundheits- Und Sozialpolitik*, 57(9/10), 39–45.

Bogner, A., Littig, B. & Menz, W. (2014). *Interviews mit Experten.* Wiesbaden: Springer Fachmedien Wiesbaden. https://doi.org/10.1007/978-3-531-19416-5

Böing, C. (2001). *Erfolgsfaktoren Im Business-To-Consumer-e-Commerce* (Unternehmensführung und Marketing Ser, v.38). Wiesbaden: Springer.

Bortz, J. & Döring, N. (2002). *Forschungsmethoden und Evaluation. Für Human- und Sozialwissenschaftler* (Springer-Lehrbuch, 3., überarb. Aufl.). Berlin, Heidelberg: Springer. https://doi.org/10.1007/978-3-662-07299-8

Boulton, R., Sandall, J. & Sevdalis, N. (2020). The Cultural Politics of 'Implementation Science'. *The Journal of Medical Humanities*, *41*(3), 379–394. https://doi.org/10.1007/s10912-020-09607-9

Bratton, J. & Gold, J. (2017). *Human resource management. Theory and practice.* London: Palgrave Macmillan.

Braun, P. & Nürnberg, V. (2018). Zielgruppen im Digitalen Betrieblichen Gesundheitsmanagement: „Best Practice"-Beispiele. In D. Matusiewicz & L. Kaiser (Hrsg.), *Digitales Betriebliches Gesundheitsmanagement. Theorie und Praxis* (S. 413–426). Wiesbaden: Gabler. https://doi.org/10.1007/978-3-658-14550-7_31

Braun, V. & Clarke, V. (2013). *Successful qualitative research. A practical guide for beginners.* Los Angeles, London, New Delhi: SAGE.

Brence, F. Nowshad, A. Wallner, R. & Bauer C. (2019). *Fluktuation und deren Auswirkung auf Unternehmen. Eine Studie von Deloitte Österreich.* Zugriff am 28.08.2024. Verfügbar unter: https://www2.deloitte.com/content/dam/Deloitte/at/Documents/consulting/at-deloitte-fluktuationsstudie-2019.pdf

Brennan, R. L. & Prediger, D. J. (1981). Coefficient Kappa: Some Uses, Misuses, and Alternatives. *Educational and Psychological Measurement*, *41*(3), 687–699. https://doi.org/10.1177/001316448104100307

Bretschneider, M., Drössler, S., Magister, S., Zeiser, M., Kämpf, D. & Seidler, A. (2020). Digitalisierung und Psyche – Rahmenbedingungen für eine gesunde Arbeitswelt. Ergebnisse des Projektes GAP. *Zeitschrift für Arbeitswissenschaft*, *74*(2), 63–75. https://doi.org/10.1007/s41449-020-00206-x

Breuer, F., Muckel, P. & Dieris, B. (2019). *Reflexive Grounded Theory. Eine Einführung für die Forschungspraxis* (Lehrbuch, 4., durchgesehene und aktualisierte Auflage). Wiesbaden: Springer VS. https://doi.org/10.1007/978-3-658-22219-2

Brink, A. (2013). *Anfertigung wissenschaftlicher Arbeiten. Ein prozessorientierter Leitfaden zur Erstellung von Bachelor-, Master- und Diplomarbeiten* (Springer eBook Collection, 5., überarbeitete und aktualisierte Aufl. 2013). Wiesbaden: Springer Gabler. https://doi.org/10.1007/978-3-658-02511-3

Brod, C. (1984). *Technostress. The human cost of the computer revolution.* Reading, Massachusetts: Addison-Wesley.

Buckley, J., DeWille, T., Exton, C., Exton, G. & Murray, L. (2018). A Gamification–Motivation Design Framework for Educational Software Developers. *Journal of Educational Technology Systems, 47*(1), 101–127. https://doi.org/10.1177/0047239518783153

Burkhart, S. & Hanser, F. (2018). Einfluss globaler Megatrends auf das digitale Betriebliche Gesundheitsmanagement. In D. Matusiewicz & L. Kaiser (Hrsg.), *Digitales Betriebliches Gesundheitsmanagement* (S. 37–55). Wiesbaden: Springer Fachmedien Wiesbaden. https://doi.org/10.1007/978-3-658-14550-7_2

Chopra, A. & Singhal, A. (2021). Understanding the Wearable Technology. *SSRN Electronic Journal.* https://doi.org/10.2139/ssrn.3833316

Christa, H. (2019). Employer Branding. In H. Christa (Hrsg.), *Personalmarketing. Eine Einführung für sozialwirtschaftliche Organisationen* (S. 133–169). Wiesbaden: Springer VS. https://doi.org/10.1007/978-3-658-19490-1_4

Clarivate (2025). *Journal Citation Reports.* Zugriff am 01.07.2025. Verfügbar unter: https://clarivate.com/webofsciencegroup/solutions/journal-citation-reports/

Clasen, J.P. (1992). *Kleine und mittlere Unternehmen (KMU) im Krisenfall.* Dissertation. Universität St.Gallen-HSG. Bamberg.

Cofie, N., Braund, H. & Dalgarno, N. (2022). Eight ways to get a grip on intercoder reliability using qualitative-based measures. *Canadian Medical Education Journal, 13*(2), 73–76. https://doi.org/10.36834/cmej.72504

Cohen, J. (1960). A Coefficient of Agreement for Nominal Scales. *Educational and Psychological Measurement, 20*(1), 37–46. https://doi.org/10.1177/001316446002000104

Cook, D. J., Augusto, J. C. & Jakkula, V. R. (2009). Ambient intelligence: Technologies, applications, and opportunities. *Pervasive and Mobile Computing, 5*(4), 277–298. https://doi.org/10.1016/j.pmcj.2009.04.001

Corbin, J. M. & Strauss, A. L. (2015). *Basics of qualitative research. Techniques and procedures for developing grounded theory* (Fourth edition). Los Angeles: Sage.

Cremers, H.-P., Theunissen, L., Hiddink, J., Kemps, H., Dekker, L., van de Ven, R., Monroy, M., van Waes, L., Scheele, K. & van Veghel, D. (2021). Successful implementation of ehealth interventions in healthcare: Development of an ehealth implementation guideline. *Health Services Management Research, 34*(4), 269–278. https://doi.org/10.1177/0951484821994421

Cuff, A. (2023). The evolution of digital health and its continuing challenges. *BMC Digital Health, 1*(1). https://doi.org/10.1186/s44247-022-00004-x

Cullen, J., Childerhouse, P. & McBain, L. (2022). Contextual antecedents of quality improvement: a comparative case study in rural, urban and Kaupapa Māori general practice. *Journal of Primary Health Care, 14*(2), 179–186. https://doi.org/10.1071/HC22012

Dadaczynski, K. & Schiemann, S. (2018). Spielen als geeignete Form der Gesundheitsförderung und Prävention?! In D. Matusiewicz & L. Kaiser (Hrsg.), *Digitales Betriebliches Gesundheitsmanagement. Theorie und Praxis* (S. 275–288). Wiesbaden: Gabler. https://doi.org/10.1007/978-3-658-14550-7_20

Dai, Z. (2023). Telehealth in long-term care facilities during the Covid-19 pandemic – Lessons learned from patients, physicians, nurses and healthcare workers. *BMC Digital Health, 1*(1). https://doi.org/10.1186/s44247-022-00003-y

Dai, Z., Sezgin, G., Li, J., Franco, G. S., McGuire, P., Datta, S., Pearce, C., McLeod, A. & Georgiu, A. (2022). Telehealth utilisation in residential aged care facilities during the COVID-19 pandemic: A retrospective cohort study in Australian general practice. *Journal of Telemedicine and Telecare*, 1357633X221094406. https://doi.org/10.1177/1357633X221094406

Damschroder, L. J., Aron, D. C., Keith, R. E., Kirsh, S. R., Alexander, J. A. & Lowery, J. C. (2009). Fostering implementation of health services research findings into practice: a consolidated framework for advancing implementation science. *Implementation Science: IS, 4,* 50. https://doi.org/10.1186/1748-5908-4-50

Damschroder, L. J., Reardon, C. M., Widerquist, M. A. O. & Lowery, J. (2022). The updated Consolidated Framework for Implementation Research based on user feedback. *Implementation Science: IS, 17*(1), 75. https://doi.org/10.1186/s13012-022-01245-0

Daniel, D.R. (1961). Management Information Crisis. *Harvard Business Review, 39*(5), 111–121.

Daschmann, H.-A. (1994). *Erfolgsfaktoren mittelständischer Unternehmen. Ein Beitrag zur Erfolgsfaktorenforschung.* Dissertation. Universität Stuttgart: Schäffer-Poeschel Verlag.

Davenport, T. & Kalakota, R. (2019). The potential for artificial intelligence in healthcare. *Future Healthcare Journal, 6*(2), 94–98. https://doi.org/10.7861/futurehosp.6-2-94

Davis, F. D. (1989). Perceived Usefulness, Perceived Ease of Use, and User Acceptance of Information Technology. *MIS Quarterly, 13*(3), 319. https://doi.org/10.2307/249008

Deistler, N. & Rentrop, C. (2020). IT-Compliance in KMU – State of the art. *HMD Praxis der Wirtschaftsinformatik, 57*(5), 1047–1057. https://doi.org/10.1365/s40702-020-00612-z

Denrell, J. (2005). Selection bias and the perils of benchmarking. *Harvard Business Review, 83*(4), 114–134.

Destatis (2025). *Kleine und mittlere Unternehmen. 55 % in kleinen und mittleren Unternehmen tätig.* Zugriff am 07.02.2025. Verfügbar unter: https://www.destatis.de/DE/Themen/Branchen-Unternehmen/Unternehmen/Kleine-Unternehmen-Mittlere-Unternehmen/aktuell-beschaeftigte.html

Dhingra, D. & Dabas, A. (2020). Global Strategy on Digital Health. *Indian Pediatrics, 57*(4), 356–358. https://doi.org/10.1007/s13312-020-1789-7

Diaconu, M. & Dutu, A. (2020). Employees' Behavior within Labor Market: Generation Z vs. Generation Y. *The USV Annals of Economics and Public Administration, 20*(1(31)), 113–119.

Diekmann, A. (2018). *Empirische Sozialforschung. Grundlagen, Methoden, Anwendungen.* (12. Auflage). Reinbek bei Hamburg: Rowohlt Taschenbuch Verlag.

Digital Health Global Market Report (2025). *Digital Health Global Market Report 2025. Market Size, Trends, And Global Forecast 2025–2034.* Zugriff am 05.07.2025. Verfügbar unter: https://www.thebusinessresearchcompany.com/report/digital-health-global-market-report#:~:text=The%20digital%20health%20market%20size,(CAGR)%20of%2017.5%25.

Diller, H., & Lücking, J. (1993). Die Resonanz der Erfolgsfaktorenforschung beim Management von Großunternehmen. *Zeitschrift für Betriebswirtschaft, 63*(12), 1229–1249.

Dimbath, O., Ernst-Heidenreich, M. & Roche, M. (2018). Praxis und Theorie des Theoretical Sampling. Methodologische Überlegungen zum Verfahren einer verlaufsorientierten Fallauswahl. Forum Qualitative Sozialforschung / Forum: Qualitative Social Research, Vol 19, No 3 (2018): *Research Ethics in Qualitative Research.* https://doi.org/10.17169/FQS-19.3.2810

Doherty, T. S. & Carroll, A. E. (2020). Believing in Overcoming Cognitive Biases. *AMA Journal of Ethics, 22*(9), 773–778. https://doi.org/10.1001/amajethics.2020.773

Dömötör, R. (2011). Kritik an der Erfolgsfaktorenforschung. In R. Dömötör (Hrsg.), *Erfolgsfaktoren der Innovativität von kleinen und mittleren Unternehmen* (Innovation und Entrepreneurship, 1. Aufl., S. 55–63). Wiesbaden: Gabler. https://doi.org/10.1007/978-3-8349-6552-3_4

Dooley, D. (2001). *Social research methods* (4. ed.). Upper Saddle River, NJ: Prentice-Hall.

Döring, N. & Bortz, J. (2016). *Forschungsmethoden und Evaluation in den Sozial- und Humanwissenschaften* (Springer-Lehrbuch, 5. Aufl. 2016). Berlin, Heidelberg: Springer Verlag.

Dos Santos, T. T., Piuvezam, G., Medeiros, G. C. B. S., Mata, Á. N. d. S., Silva Júnior, D. d. N., Martínez, D. G., Ríos, M. P. (2023). Extended reality as a health education strategy of adolescents at school: protocol for systematic review and meta-analysis. *BMJ Open, 13*(7), e072438. https://doi.org/10.1136/bmjopen-2023-072438

Dragano, N., Riedel-Heller, S. G. & Lunau, T. (2021). Haben digitale Technologien bei der Arbeit Einfluss auf die psychische Gesundheit? *Der Nervenarzt* [Do digital technologies at work impact mental health of employees?], *92*(11), 1111–1120. https://doi.org/10.1007/s00115-021-01192-z

Dresing, T. & Pehl, T. (2010). Transkription. In G. Mey & K. Mruck (Hrsg.), *Handbuch Qualitative Forschung in der Psychologie* (S. 723–733). Wiesbaden: VS Verlag für Sozialwissenschaften. https://doi.org/10.1007/978-3-531-92052-8_50

Dresing, T. & Pehl, T. (2018). *Praxisbuch Transkription. Regelsysteme, Software und praktische Anleitungen für qualitative ForscherInnen* (8. Aufl.). Marburg.

Ducki, A. (2022). Digital unterstütztes betriebliches Gesundheitsmanagement (dBGM). In E. Bamberg, A. Ducki & M. Janneck (Hrsg.), *Digitale Arbeit gestalten. Herausforderungen der Digitalisierung für die Gestaltung gesunder Arbeit* (S. 187–197). Wiesbaden: Springer. https://doi.org/10.1007/978-3-658-34647-8_14

Eboreime, E. A., Eyles, J., Nxumalo, N., Eboreime, O. L. & Ramaswamy, R. (2019). Implementation process and quality of a primary health care system improvement initiative in a decentralized context: A retrospective appraisal using the quality implementation framework. *The International Journal of Health Planning and Management, 34*(1), 369–386. https://doi.org/10.1002/hpm.2655

Eccles, M. P. & Mittman, B. S. (2006). Welcome to Implementation Science. *Implementation Science, 1*(1). https://doi.org/10.1186/1748-5908-1-1

egym-wellpass (2025). *Firmenfitness mit Wellpass.* Zugriff am 11.01.2025. Verfügbar unter: https://egym-wellpass.com/at/

Eisele, J. (1995). *Erfolgsfaktoren des Joint Venture-Management.* Wiesbaden: Gabler Verlag. https://doi.org/10.1007/978-3-322-93019-4

Eisele, R. (1981). Gesundheitserziehung. In E. Kerkhoff (Hrsg.), *Handbuch Praxis der Sozialarbeit und Sozialpädagogik.* (Grundlagen und berufsfeldorientierte Schwerpunkte, Bd. 1, S. 408–416). Düsseldorf: Schwann.

Eisenbarth, M. (2003). *Erfolgsfaktoren des Supply Chain Managements in der Automobilindustrie* (Europäische Hochschulschriften Reihe 5, Volks- und Betriebswirtschaft, Bd. 2955). Frankfurt am Main, Berlin: Lang.

Eisenhardt, K. M. & Graebner, M. E. (2007). Theory Building From Cases: Opportunities And Challenges. *Academy of Management Journal, 50*(1), 25–32. https://doi.org/10.5465/AMJ.2007.24160888

Elliot, M. & Fu, F. (2008). Consumer acceptance of technology products: the impact of tactical selling approaches. *Marketing Management Journal, 18*(2), 47–64.

Emmermacher, A. (2008). *Gesundheitsmanagement und Weiterbildung. Eine praxisorientierte Methodik zur Steuerung, Qualitätssicherung und Nutzenbestimmung* (Gabler Edition Wissenschaft, 1. Aufl.). Wiesbaden: Gabler. https://doi.org/10.1007/978-3-8349-9942-9

Enam, A., Torres-Bonilla, J. & Eriksson, H. (2018). Evidence-Based Evaluation of eHealth Interventions: Systematic Literature Review. *Journal of Medical Internet Research, 20*(11), e10971. https://doi.org/10.2196/10971

Ernst, H. (2002). Success Factors of New Product Development: A Review of the Empirical Literature. *International Journal of Management Reviews, 4*(1), 1–40. https://doi.org/10.1111/1468-2370.00075

Etzioni, A. (1960). Two Approaches to Organizational Analysis: A Critique and a Suggestion. *Administrative Science Quarterly, 5*(2), 257–278. https://doi.org/10.2307/2390780

Etzioni, A. (1964). *Modern organizations* (Foundations of modern sociology series). Englewood Cliffs, N.J.: Prentice-Hall.

Europäische Kommission (2003). Empfehlung der Kommission vom 6. Mai 2003 betreffend die Definition der Kleinstunternehmen sowie der kleinen und mittleren Unternehmen. (Bekannt gegeben unter Aktenzeichen K(2003) 1422) (2003/361/EG). *Amtsblatt der Europäischen Union (L 124/36–41).* Zugriff am 18.06.2023. Verfügbar unter: https://eur-lex.europa.eu/legal-content/DE/TXT/PDF/?uri=CELEX:32003H0361&from=EN

Fahy, N., Williams, G. A., Habicht, T., Köhler, K., Jormanainen, V., Satokangas, M., Tynkkynen, L-K., Lantzsch, H., Winkelmann, J., Cascini, F., de Belvis, A. G., Morsella, A., Poscia, A., Ricciardi, W., Silenzi, A., Farcasanu, D., Scintee, S. G., Vladescu, C., Delgado, E. B., Pueyo, E. A. & Romero, F. E. (2021). *Use of digital health tools in Europe: Before, during and after COVID-19.* COVID-19 Health System Response Monitor Network. Policy Brief, 2021, 42. Kopenhagen: WHO Regional Office for Europe on behalf of the European Observatory on Health Systems and Policies.

Faller, G. (2017). *Lehrbuch betriebliche Gesundheitsförderung* (3., vollständig überarbeitete und erweiterte Auflage). Bern: Hogrefe.

Faller, G. (2023a). Digitales Betriebliches Gesundheitsmanagement – Organisationsentwicklung im Kontext von Digitalisierungsprozessen. In C. Dockweiler, A. L. Stark & J. Albrecht (Hrsg.), *Settingbezogene Gesundheitsförderung und Prävention in der digitalen Transformation. Transdisziplinäre Perspektiven* (Gesundheitsforschung. Interdisziplinäre Perspektiven, Bd. 5, 1. Auflage, S. 77–98). Baden-Baden: Nomos Verlagsgesellschaft GmbH & Co. KG. https://doi.org/10.5771/9783748913641-77

Faller, G. (2023b). *Diversityorientiertes Betriebliches Gesundheitsmanagement. Integration von Gesundheit und Vielfalt in Arbeits- und Organisationskontexten* (1. Auflage). Weinheim, Basel: Beltz Juventa.

Feinleib, M. (1987). Biases and weak associations. *Preventive Medicine, 16*(2), 150–164. https://doi.org/10.1016/0091-7435(87)90080-6

Fellbaum, K-R. (1981). *Telekommunikation von A-Z.* Gesellschaft zur Förderung der Unterhaltungselektronik (GFU) in Verbindung mit der AMK Berlin. Berlin: VDE-Verlag.

Ferdinand Porsche FERNFH (2024). *Master Digitales Gesundheitsmanagement akkreditiert – Start WS24/25.* Zugriff am 29.10.2024. Verfügbar unter: https://www.fernfh.ac.at/news/detail/master-digitales-gesundheitsmanagement-akkreditiert-start-ws24-25

Fischer, F. & Endter, C. (2023). Etablierung gesundheitsfördernder Strukturen in der stationären Langzeitversorgung durch Digitalisierung: Aufruf zu einem Perspektivwechsel. *Bundesgesundheitsblatt – Gesundheitsforschung – Gesundheitsschutz* [Establishing health-promoting structures in professional long-term care through digitization: call for a perspective change], *66*(5), 557–561. https://doi.org/10.1007/s00103-023-03686-4

Fischmann, W., Amler, N. & Drexler, H. (2018). Prävention in der Arbeits- und Betriebsmedizin – Die Rolle des Betriebsarztes im betrieblichen Gesundheitsmanagement. *Public Health Forum, 26*(2), 144–146. https://doi.org/10.1515/pubhef-2018-0018

Fischmann, W., Voss, A. & Drexler, H. (2020). Konzept für ein ganzheitliches Gesundheitsmanagement in KMU. *Public Health Forum, 28*(2), 113–116. https://doi.org/10.1515/pubhef-2020-0009

Fischmann, W., Wischlitzki, E. & Drexler, H. (2019). Netzwerke zur Gesundheitsförderung für KMU. (2019). *Arbeitsmedizin, Sozialmedizin, Umweltmedizin: ASU; Zeitschrift für medizinische Prävention, 54*(2), 76–78.

Flick, U. (1998). Zugänge zum Un-Vertrauten: qualitative Methoden in der Analyse sozialer Repräsentationen. In E. H. Witte (Hrsg.), *Sozialpsychologie der Kognition: soziale Repräsentationen, subjektive Theorien, soziale Einstellungen. Beiträge des 13. Hamburger Symposiums zur Methodologie der Sozialpsychologie* (S. 48–74). Lengerich: Pabst.

Flick, U. (2007). *Qualitative Sozialforschung. Eine Einführung* (Rororo Rowohlts Enzyklopädie, Bd. 55694, 10. Auflage, Originalausgabe). Reinbek bei Hamburg: Rowohlts Enzyklopädie im Rowohlt Taschenbuch Verlag.

Flick, U. (2020). Gütekriterien qualitativer Forschung. In G. Mey & K. Mruck (Hrsg.), *Handbuch Qualitative Forschung in der Psychologie. Band 2: Designs und Verfahren* (2., erw. u. überarb. Auflage 2020, S. 247–263). Wiesbaden: Springer Fachmedien Wiesbaden GmbH. https://doi.org/10.1007/978-3-658-26887-9_30

Flick, U. (2022). Gütekriterien qualitativer Sozialforschung. In N. Baur & J. Blasius (Hrsg.), *Handbuch Methoden der empirischen Sozialforschung* (S. 533–547). Wiesbaden: Springer Fachmedien Wiesbaden. https://doi.org/10.1007/978-3-658-37985-8_34

Flick, U., Kardorff, E. von & Steinke, I. (2000). *Qualitative Forschung. Ein Handbuch* (Rororo Rowohlts Enzyklopädie, Bd. 55628, Originalausgabe). Reinbek bei Hamburg: Rowohlts Enzyklopädie im Rowohlt Taschenbuch Verlag.

Flick, U., Kardorff, E. von & Steinke, I. (2008). *Qualitative Forschung. Ein Handbuch* (Rororo Rowohlts Enzyklopädie, Bd. 55628, 6., durchgesehene und aktualisierte Auflage). Reinbek bei Hamburg: Rowohlts Enzyklopädie im Rowohlt Taschenbuch Verlag.

Fodor, M. & Jaeckel, K. (2018). What does it take to have a successful career through the eyes of Generation Z – based on the results of a primary qualitative research. *International Journal on Lifelong Education and Leadership, 4*(1), 1–7.

Formica-Schiller, N. (2021). *Künstliche Intelligenz und Blockchain im Gesundheitswesen. Wie COVID-19 und zukunftsweisende Technologien den Status quo revolutionieren* (1. Auflage). München: Elsevier.

Fortune, J., Manikandan, M., Harrington, S., Hensey, O., Kerr, C., Koppe, S., Kroll, T., Lavelle, G., Long, S., MacLachlan, M., Nolan, D., Norris, M. K, O'Reilly, J., Owens, M., Walsh, A., Walsh, M. & Ryan, J. M. (2024). Understanding the use of digital technologies to provide disability services remotely during the COVID-19 pandemic; a multiple case study design. *BMC Health Services Research, 24*(1), 323. https://doi.org/10.1186/s12913-024-10652-6

Franke, A. (2006). *Modelle von Gesundheit und Krankheit* (Programmbereich Gesundheit, 1. Aufl.). Bern: Huber.

Franzkowiak, P. & Hurrelmann, K. (2018). Gesundheit. In Bundeszentrale für gesundheitliche Aufklärung (BZgA) (Hrsg.), *Leitbegriffe der Gesundheitsförderung und Prävention, Glossar zu Konzepten, Strategien und Methoden, E-Book 2018.* https://doi.org/10.17623/BZGA:224-E-Book-2018

Fritz, W. (1989). *Marketing – ein Schlüsselfaktor des Unternehmenserfolges? Eine kritische Analyse vor dem Hintergrund der empirischen Erfolgsfaktorenforschung* (Arbeitspapiere / Institut für Marketing, Universität Mannheim, Bd. 72). Mannheim: Inst. für Marketing.

Fritz, W. (1993a). *Die empirische Erfolgsfaktorenforschung und ihr Beitrag zum Marketing. Eine Bestandsaufnahme* (AP / Technische Universität Braunschweig, 93/12). Braunschweig: Inst. für Wirtschaftswiss. der Techn. Univ.

Fritz, W. (1993b). *Produktqualität, Marktanteil und Unternehmenserfolg. Ergebnisse der PIMS-Forschung und ihre empirische Relevanz für die westdeutsche Industrie* (AP / Technische Universität Braunschweig, 93/03). Braunschweig: Inst. für Wirtschaftswiss. der Techn. Univ. https://doi.org/54774

Fritz, W. (1995). *Marketing-Management und Unternehmenserfolg. Grundlagen und Ergebnisse einer empirischen Untersuchung* (Betriebswirtschaftliche Abhandlungen, N.F., Bd. 90, 2. überarb. und erg. Aufl.). Stuttgart: Schäffer-Poeschel.

Fritz, W. (2004). *Über Tautologien, gesicherte Erkenntnisse und ein problematisches Wissenschaftsverständnis. Eine Antwort auf die Kritik von Alexander Nicolai und Alfred Kieser* (AP / Technische Universität Braunschweig, 04/06). Braunschweig: Inst. für Wirtschaftswiss. der Techn. Univ.

Fuß, S. & Karbach, U. (2019). *Grundlagen der Transkription.* Eine praktische Einführung (UTB Sozialwissenschaften, Bd. 4185, 2. Auflage). Opladen, Toronto: Verlag Barbara Budrich.

Gabler, S. (1992). Schneeballverfahren und verwandte Stichprobendesigns. *ZUMA Nachrichten, 16*(31), 47–69.

Gantzel, K.-J. (1962). *Wesen und Begriff der mittelständischen Unternehmung* (Abhandlungen zur Mittelstandsforschung Ser). Wiesbaden: VS Verlag fur Sozialwissenschaften GmbH.

Gericke, T. (2022). *Akzeptanz und Ablehnung von betrieblichem Gesundheitsmanagement aus Sicht von Arbeitnehmerinnen und Arbeitnehmern.* Dissertation. Christian-Albrechts-Universität zu Kiel.

Gethmann, C. F., Buxmann, P., Distelrath, J., Humm, B. G., Lingner, S., Nitsch, V., Schmidt, J. C. & Spiecker genannt Döhmann, I. (2022). Einführung. In C. F. Gethmann, P. Buxmann, J. Distelrath, B. G. Humm, S. Lingner, V. Nitsch, J. C. Schmidt &

I. Spiecker genannt Döhmann (Hrsg.), *Künstliche Intelligenz in der Forschung* (Ethics of Science and Technology Assessment, Bd. 48, S. 1–11). Berlin, Heidelberg: Springer Berlin Heidelberg. https://doi.org/10.1007/978-3-662-63449-3_1

GKV-Spitzenverband (2025). *Bericht des GKV-Spitzenverbandes über die Inanspruchnahme und Entwicklung der Versorgung mit Digitalen Gesundheitsanwendungen (DiGA-Bericht) gemäß § 33a Absatz 6 SGB V Berichtszeitraum: 01.09.2020–31.12.2024.* Zugriff am: 13.10.2025. Verfügbar unter: https://www.gkv-spitzenverband.de/media/dokumente/krankenversicherung_1/telematik/digitales/2024_DiGA-Bericht_final.pdf

Glaser, B. G. & Strauss, A. L. (1967). *The discovery of grounded theory. Strategies for qualitative research (Observations).* New York, NY: Aldine.

Glaser, B. G. & Strauss, A. L. (1979). Die Entdeckung gegenstandsbegründeter Theorie: Eine Grundstrategie qualitativer Forschung. In: C. Hopf & E. Weingarten (Hrsg.), *Qualitative Sozialforschung* (S. 91–112). Stuttgart: Klett.

Gläser, J. & Laudel, G. (2010). *Experteninterviews und qualitative Inhaltsanalyse als Instrumente rekonstruierender Untersuchungen* (Lehrbuch, 4. Auflage). Wiesbaden: VS Verlag.

Glasgow, R. E., Eckstein, E. T. & Elzarrad, M. K. (2013). Implementation science perspectives and opportunities for HIV/AIDS research: integrating science, practice, and policy. *Journal of Acquired Immune Deficiency Syndromes (1999), 63 Suppl 1*, 26–31. https://doi.org/10.1097/QAI.0b013e3182920286

Glasgow, R. E., Vogt, T. M. & Boles, S. M. (1999). Evaluating the public health impact of health promotion interventions: the RE-AIM framework. *American Journal of Public Health, 89*(9), 1322–1327. https://doi.org/10.2105/ajph.89.9.1322

Gomm, R., Hammersley, M. & Foster, P. (2009). *Case Study Method.* London: SAGE.

Goos, M. (2019). Mentale Gesundheit in den jungen Generationen. In A. Hildebrandt (Hrsg.), *CSR und Sportmanagement. Jenseits von Sieg und Niederlage: Sport als gesellschaftliche Aufgabe verstehen und umsetzen* (Management-Reihe Corporate Social Responsibility, 2., aktualisierte und überarbeitete Auflage, S. 227–239). Berlin: Springer Gabler. https://doi.org/10.1007/978-3-662-59651-7_19

Gottfredson, D. C., Gottfredson, G. D. & Hybl, L. G. (1993). Managing Adolescent Behavior A Multiyear, Multischool Study. *American Educational Research Journal, 30*(1), 179–215. https://doi.org/10.3102/00028312030001179

Göttgens, O. (1996). *Erfolgsfaktoren in stagnierenden und schrumpfenden Märkten. Instrumente einer erfolgreichen Unternehmenspolitik* (Neue betriebswirtschaftliche Forschung, Bd. 169). Dissertation. Universität Saarbrücken. Wiesbaden: Gabler.

Greiling, D. (2011). Erfolgsmaßstäbe für Nonprofit-Organisationen. *Betriebswirtschaftliche Forschung und Praxis, 61*(1), 56–79.

Greve, W. & Wentura, D. (1997). *Wissenschaftliche Beobachtung. Eine Einführung* [2. Aufl.]. Weinheim: Beltz.

Grimshaw, J. M. & Russell, I. T. (1993). Effect of clinical guidelines on medical practice: a systematic review of rigorous evaluations. *Lancet (London, England), 342*(8883), 1317–1322. https://doi.org/10.1016/0140-6736(93)92244-n

Grimshaw, J. M., Ivers, N., Linklater, S., Foy, R., Francis, J. J., Gude, W. T. & Hysong, S. J. (2019). Reinvigorating stagnant science: implementation laboratories and a meta-laboratory to efficiently advance the science of audit and feedback. *BMJ Quality & Safety, 28*(5), 416–423. https://doi.org/10.1136/bmjqs-2018-008355

Gruner, K. E. & Homburg, C. (2000). Does Customer Interaction Enhance New Product Success? *Journal of Business Research, 49*(1), 1–14. https://doi.org/10.1016/S0148-2963(99)00013-2

Guba, E. G. & Lincoln, Y. S. (1994). Competing paradigms in qualitative research. In: N. K. Denzin & Y. S. Lincoln (Hrsg.), *Handbook of Qualitative Research* (S. 105–117). Thousand Oaks: Sage Publications Inc.

Guest, G., Bunce, A. & Johnson, L. (2006). How Many Interviews Are Enough? *Field Methods, 18*(1), 59–82. https://doi.org/10.1177/1525822X05279903

Gutmann, J. (2019). *Controlling im betrieblichen Gesundheitsmanagement. Instrumente, Kennzahlen und Best-Practices* (1. Auflage). Freiburg, München, Stuttgart: Rudolf Haufe Verlag.

Haake, K. (2002). Beratung in Klein- und Mittelunternehmen (KMU). In I. Bamberger (Hrsg.), *Strategische Unternehmensberatung. Konzeptionen, Prozesse, Methoden* (3., vollst. überarb. und erw. Aufl., S. 215–240). Wiesbaden: Gabler. https://doi.org/10.1007/978-3-322-94824-3_8

Habermann-Horstmeier, L. (2019). *Von der betrieblichen Gesundheitsförderung zum betrieblichen Gesundheitsmanagement. Kompakte Einführung und Prüfungsvorbereitung für alle interdisziplinären Studienfächer* (Kompaktreihe Gesundheitswissenschaften, 1. Auflage). Bern: Hogrefe.

Hackl, B., Wagner, M., Attmer, L. & Baumann, D. (2017). *New Work: Auf dem Weg zur neuen Arbeitswelt. Management-Impulse, Praxisbeispiele, Studien.* Wiesbaden: Springer Gabler. https://doi.org/10.1007/978-3-658-16266-5

Haedrich, G., Gussek, F. & Tomczak, T. (1990). Instrumentelle Strategiemodelle als Komponenten im Marketingplanungsprozess. *Die Betriebswirtschaft, 50*(2), 205–222.

Haenecke, H. & Forsmann, D. (2006). Erfolgsfaktorenforschnung als Instrument des Marketing-Controllings. In C. Zerres & M. P. Zerres (Hrsg.), *Handbuch Marketing-Controlling* (3., überarb. Aufl., S. 45–56). Berlin: Springer. https://doi.org/10.1007/3-540-30071-6_3

Haenecke, H. (2002). Methodenorientierte Systematisierung der Kritik an der Erfolgsfaktorenforschung. *Zeitschrift für Betriebswirtschaft, 72*(2), 165–183.

Hanke, J., Walter, U. N. & Mess, F. (2015). Technologieorientierte Entwicklungen im Betrieblichen Gesundheitsmanagement – digitales BGM. *BPUVZ*, (12). https://doi.org/10.37307/j.2193-3308.2015.12.07

Hasselmann, O. (2018). Digitales BGM für die Arbeitswelt 4.0. In D. Matusiewicz & L. Kaiser (Hrsg.), *Digitales Betriebliches Gesundheitsmanagement. Theorie und Praxis* (S. 57–71). Wiesbaden: Gabler. https://doi.org/10.1007/978-3-658-14550-7_3

Hasselmann, O., Franzen, L. & Schauerte, B. (2019). Digitale Möglichkeiten der Verhaltensprävention in Betrieben. In B. Badura, A. Ducki, H. Schröder, J. Klose & M. Meyer (Hrsg.), *Digitalisierung – gesundes Arbeiten ermöglichen* (Fehlzeiten-Report, Bd. 2019, S. 179–191). Berlin: Springer. https://doi.org/10.1007/978-3-662-59044-7_12

healthon (2025). *Gesundheits-Apps und DiGA finden & nutzen.* Zugriff am 01.04.2025. Verfügbar unter: https://healthon.de/

Heesen, B. (2014). *Wissenschaftliches Arbeiten. Methodenwissen für das Bachelor-, Master- und Promotionsstudium* (3., durchgesehene und ergänzte Auflage). Berlin, Heidelberg: Springer Gabler. https://doi.org/10.1007/978-3-662-43347-8

Heilmann, M. (2011). Korrelation von Erfolgsfaktoren als Problem der Erfolgsfaktorenforschung. In E. Rybnikova, (Hrsg.), *Erfolgsfaktorenforschung auf den Zahn gefühlt* (Schriften zur Organisationswissenschaft 17, S. 20–32). Technische Universität Chemnitz.

Heinsch, M., Wyllie, J., Carlson, J., Wells, H., Tickner, C. & Kay-Lambkin, F. (2021). Theories Informing eHealth Implementation: Systematic Review and Typology Classification. *Journal of Medical Internet Research, 23*(5), e18500. https://doi.org/10.2196/18500

Heitger, B. & Doujak, A. (2014). *Harte Schnitte – Neues Wachstum. Wandel in volatilen Zeiten.* Die Macht der Zahlen und die Logik der Gefühle im Change Management (2., aktualisierte Neuaufl.). München: mi-Wirtschaftsbuch.

Helfferich, C. (2011). *Die Qualität qualitativer Daten. Manual für die Durchführung qualitativer Interviews* (SpringerLink Bücher, 4. Auflage). Wiesbaden: VS Verlag für Sozialwissenschaften. https://doi.org/10.1007/978-3-531-92076-4

Helfferich, C. (2019). Leitfaden- und Experteninterviews. In N. Baur & J. Blasius (Hrsg.), *Handbuch Methoden der empirischen Sozialforschung* (Springer eBook Collection, 2., vollständig überarbeitete und erweiterte Auflage, S. 669–686). Wiesbaden: Springer VS. https://doi.org/10.1007/978-3-658-21308-4_44

Helfferich, C. (2022). Leitfaden- und Experteninterviews. In N. Baur & J. Blasius (Hrsg.), *Handbuch Methoden der empirischen Sozialforschung* (S. 875–892). Wiesbaden: Springer Fachmedien Wiesbaden. https://doi.org/10.1007/978-3-658-37985-8_55

Herr, C. (2007). *Nicht-lineare Wirkungsbeziehungen von Erfolgsfaktoren der Unternehmensgründung* (Gabler Edition Wissenschaft Entrepreneurship, 1. Aufl.). Wiesbaden: Deutscher Universitäts-Verlag.

Hinterhuber, H. H. (1992). *Strategische Unternehmungsführung. Strategisches Denken. Vision, Unternehmungspolitik, Strategie.* Berlin, New York: De Gruyter.

Hochuli Freund, U., Gebert, J., Sprenger, R., Amez-Droz, P., Hübscher, R. & Grumbinaite, I. (2023). Wie Entwicklungs- und Implementierungsprozesse gelingen können. *Organisationsberatung, Supervision, Coaching, 30*(1), 59–78. https://doi.org/10.1007/s11613-022-00799-8

Holtrop, J. S., Estabrooks, P. A., Gaglio, B., Harden, S. M., Kessler, R. S., King, D. K., Kwan, B. M., Ory, M. G., Rabin, B. A., Shelton, R. C. & Glasgow R. E. (2021). Understanding and applying the RE-AIM framework: Clarifications and resources. *Journal of Clinical and Translational Science, 5*(1), e126. https://doi.org/10.1017/cts.2021.789

Homburg, C. & Krohmer, H. (2004). *Die Fliegenpatsche als Instrument des wissenschaftlichen Dialogs. Replik zum Beitrag "Trotz eklatanter Erfolglosigkeit: Die Erfolgsfaktorenforschung weiter auf Erfolgskurs" von Alexander Nicolai und Alfred Kieser* (Wissenschaftliche Arbeitspapiere, W74). Mannheim: Univ. Mannheim.

Homburg, C. & Schäfer, H. (2002). Die Erschließung von Kundenpotenzialen durch Cross-Selling: Konzeptionelle Grundlagen und empirische Ergebnisse. *Marketing ZFP*, 24(4), 7–28.

Hoppe, A. (2023). *Auswirkungen der Digitalisierung auf die Arbeit und Gesundheit von Beschäftigten im Freistaat Thüringen. Ergebnisse der Befragung durch das Interventionsprojekt "Digitale Arbeit erfolgreich gesund gestalten"* (Wirtschaftswissenschaftliche Schriften / Ernst-Abbe-Hochschule Jena, Fachbereich Betriebswirtschaft Reihe). Heft 01/2023.

Hörmann, G. (2009). Erziehungswissenschaften und Gesundheitserziehung. In B. Wulfhorst & K. Hurrelmann (Hrsg.), *Handbuch Gesundheitserziehung* (S. 35–48). Bern: Huber.

Hug, T., Poscheschnik, G., Lederer, B. & Perzy, A. (2020). *Empirisch forschen. Die Planung und Umsetzung von Projekten im Studium* (Studieren, aber richtig, Bd. 3357, 3., überarbeitete und ergänzte Auflage). München, Tübingen: UVK Verlag; Narr Francke Attempto Verlag GmbH.

Hurrelmann, K. & Richter, M. (2013). *Gesundheits- und Medizinsoziologie. Eine Einführung in sozialwissenschaftliche Gesundheitsforschung* (Grundlagentexte Soziologie, 8., überarbeitete Auflage). Weinheim, Basel: Beltz Juventa.

Hurrelmann, K. (1994). *Sozialisation und Gesundheit. Somatische, psychische und soziale Risikofaktoren im Lebenslauf* (Grundlagentexte Soziologie, 3. Aufl.). Weinheim, München: Juventa-Verl.

Iansiti, M. & Lakhani, K. (2016). *The digital business divide: Analysing the operating impact of digital transformation.* Boston: Harvard Business School.

IfM (2021). *KMU-Definition der Europäischen Kommission.* Zugriff am 29.08.2023. Verfügbar unter: https://www.ifm-bonn.org/definitionen/kmu-definition-der-eu-kommission

Ihlau, S. & Duscha, H. (2019). Spezifische Merkmale und Besonderheiten von KMU. In S. Ihlau & H. Duscha (Hrsg.), *Besonderheiten bei der Bewertung von KMU* (S. 3–15). Wiesbaden: Springer Fachmedien Wiesbaden. https://doi.org/10.1007/978-3-658-18675-3_2

IMD (2024). *IMD World Digital Competitiveness Ranking 2024.* Zugriff am 01.12.2024. Verfügbar unter: https://imd.widen.net/s/xvhldkrrkw/20241111-wcc-digital-report-2024-wip

IMF (2025). *GDP per capita, current prices. Purchasing power parity; international dollars per capita.* Zugriff am 13.10.2025. Verfügbar unter: https://www.imf.org/external/datamapper/PPPPC@WEO/OEMDC/ADVEC/WEOWORLD?year=2025

Immerschitt, W. & Stumpf, M. (2014). *Employer Branding für KMU. Der Mittelstand als attraktiver Arbeitgeber* (1st ed.). Wiesbaden: Springer Fachmedien Wiesbaden GmbH.

In, J. (2017). Introduction of a pilot study. *Korean Journal of Anesthesiology, 70*(6), 601–605. https://doi.org/10.4097/kjae.2017.70.6.601

Jacob, C., Lindeque, J., Klein, A., Ivory, C., Heuss, S. & Peter, M. K. (2023). Assessing the Quality and Impact of eHealth Tools: Systematic Literature Review and Narrative Synthesis. *JMIR Human Factors*, 10, e45143. https://doi.org/10.2196/45143

Jacobs, S. (1992). *Strategische Erfolgsfaktoren der Diversifikation* (Springer eBook Collection Business and Economics). Wiesbaden: Gabler Verlag. https://doi.org/10.1007/978-3-322-91056-1

Jayathilake, H. & Annuar, N. (2020). Exploring HRM Practices to Retain Generation-Z in Information Technology Sector: A Systematic Literature Review. *International Journal of Business and Technopreneurship, 10*(1), 79–100.

Jayatissa, K. A. D. U. (2023). Generation Z – A New Lifeline: A Systematic Literature Review. *Sri Lanka Journal of Social Sciences and Humanities, 3*(2), 179–186. https://doi.org/10.4038/sljssh.v3i2.110

Jenner, T. (1999). *Determinanten des Unternehmenserfolges. Eine empirische Analyse auf der Basis eines holistischen Untersuchungsansatzes* (Betriebswirtschaftliche Abhandlungen, N.F., Bd. 111). Habilitation. Universität Bern. Stuttgart: Schäffer-Poeschel.

Jiri, B. (2016). The Current Generations: The Baby Boomers, X, Y and Z in the Context of Human Capital Management of the 21st Century in Selected Corporations in the Czech Republic. *Littera Scripta, 9*(2), 25–45.

Jonsson, B. & Tarski, A. (1951). Boolean Algebras with Operators. Part I. *American Journal of Mathematics, 73*(4), 891–939. https://doi.org/10.2307/2372123

Junker, N. M. & Kaluza, A. J. (2018). Möglichkeiten und Grenzen im digitalen BGM aus Unternehmenssicht. In D. Matusiewicz & L. Kaiser (Hrsg.), *Digitales Betriebliches Gesundheitsmanagement* (S. 631–643). Wiesbaden: Springer Fachmedien Wiesbaden. https://doi.org/10.1007/978-3-658-14550-7_46

Jylhä, V. & Turja, T. (2023). Terveyteen ja hyvinvointiin liittyvien teknologioiden käyttövalmiudet: READHY-FIN -mittarin käännösprosessi. *Finnish Journal of eHealth and eWelfare, 15*(2), 219–222. https://doi.org/10.23996/fjhw.126867

Käfer, A.-K. & Niederberger, M. (2020). Die Zukunft des digitalen Betrieblichen Gesundheitsmanagements. *Prävention und Gesundheitsförderung, 15*(2), 151–158. https://doi.org/10.1007/s11553-019-00741-4

Kaiser, L. & Matusiewicz, D. (2018). Effekte der Digitalisierung auf das Betriebliche Gesundheitsmanagement (BGM). In D. Matusiewicz & L. Kaiser (Hrsg.), *Digitales Betriebliches Gesundheitsmanagement. Theorie und Praxis* (S. 1–34). Wiesbaden: Gabler. https://doi.org/10.1007/978-3-658-14550-7_1

Kaiser, R. (2014). *Qualitative Experteninterviews.* Wiesbaden: Springer Fachmedien Wiesbaden. https://doi.org/10.1007/978-3-658-02479-6

Kaminski, M. (2013). *Betriebliches Gesundheitsmanagement für die Praxis.* Wiesbaden: Springer Fachmedien Wiesbaden. https://doi.org/10.1007/978-3-658-01274-8

Kegel, A. (2018). *Wie denkst du Politik.* Wiesbaden: Springer Fachmedien Wiesbaden. https://doi.org/10.1007/978-3-658-18834-4

Kelle, U. & Kluge, S. (2010). *Vom Einzelfall zum Typus. Fallvergleich und Fallkontrastierung in der qualitativen Sozialforschung* (2., überarb. Aufl.). Wiesbaden: VS Verl. für Sozialwiss. https://doi.org/10.1007/978-3-531-92366-6

Kelle, U. (2008). *Die Integration qualitativer und quantitativer Methoden in der empirischen Sozialforschung. Theoretische Grundlagen und methodologische Konzepte* (2. Auflage). Wiesbaden: VS Verlag für Sozialwissenschaften. https://doi.org/10.1007/978-3-531-91174-8

Kergel, D. (2018). *Qualitative Bildungsforschung. Ein integrativer Ansatz.* Wiesbaden, Heidelberg: Springer VS. https://doi.org/10.1007/978-3-658-18587-9

Kessler, S. H., Sommer, K., Humprecht, E. & Oehmer-Pedrazzi, F. (2023). Manuelle standardisierte Inhaltsanalyse. In F. Oehmer-Pedrazzi (Hrsg.), *Standardisierte Inhaltsanalyse in der Kommunikationswissenschaft – Standardized Content Analysis in Communication Research. Ein Handbuch – a Handbook* (S. 9–21). Wiesbaden: Springer Fachmedien Wiesbaden GmbH. https://doi.org/10.1007/978-3-658-36179-2_2

Khlaif, Z. N., Mousa, A. & Sanmugam, M. (2024). Immersive Extended Reality (XR) Technology in Engineering Education: Opportunities and Challenges. *Technology, Knowledge and Learning, 29*(2), 803–826. https://doi.org/10.1007/s10758-023-09719-w

Kiegelmann, M. (2020). Forschungsethik. In G. Mey & K. Mruck (Hrsg.), *Handbuch Qualitative Forschung in der Psychologie* (Springer eBook Collection, S. 227–246). Wiesbaden: Springer. https://doi.org/10.1007/978-3-658-18387-5_28-2

King, D. K., Glasgow, R. E. & Leeman-Castillo, B. (2010). Reaiming RE-AIM: using the model to plan, implement, and evaluate the effects of environmental change approaches to enhancing population health. *American Journal of Public Health, 100*(11), 2076–2084. https://doi.org/10.2105/AJPH.2009.190959

King, W. R. & He, J. (2006). A meta-analysis of the technology acceptance model. *Information & Management, 43*(6), 740–755. https://doi.org/10.1016/j.im.2006.05.003

Kip, H., Beerlage-de Jong, N., van Gemert-Pijnen, L. & Kelders, S. M. (2025). The CeHRes Roadmap 2.0: Update of a Holistic Framework for Development, Implementation, and Evaluation of eHealth Technologies. *Journal of Medical Internet Research, 27*, e59601. https://doi.org/10.2196/59601

Kirchmayer, Z., & Fratričová, J. (2017). On the Verge of Generation Z: Career Expectations of Current University Students. In K. S. Soliman (Hrsg.), *Proceedings of the 29th International Business Information Management Association Conference (IBIMA)* (S. 1575–1583).

Kirchmayer, Z., & Fratričová, J. (2018). What Motivates Generation Z at Work? *Insights into Motivation Drivers of Business Students in Slovakia.* 6019–6030. https://www.researchgate.net/publication/324797364

Kirsch, W., Esser, W.-M. & Gabele, E. (1979). *Das Management des geplanten Wandels von Organisationen.* Stuttgart: Poeschel.

Klaffke, M. & Bohlayer, C. (2021). Gesundheitsmanagement – Gesundheit nachhaltig in Organisationen etablieren. In M. Klaffke (Hrsg.), *Generationen-Management. Konzepte, Instrumente, Good-Practice-Ansätze* (2. Auflage, S. 195–219). Wiesbaden: Springer Gabler. https://doi.org/10.1007/978-3-658-34787-1_6

KMU Forschung Austria (2022). *KMU im Fokus 2021. Bericht über die Situation und Entwicklung kleiner und mittlerer Unternehmen der österreichischen Wirtschaft.* Zugriff am 16.06.2023. Verfügbar unter: https://www.bmaw.gv.at/dam/jcr:9213bd27-ca6f-4356-adb6-8beb11b4b3c7/KMU%20im%20Fokus%202021_%20barrierefrei.pdf

kmudigital (2025). *Über KMU.DIGITAL.* Zugriff am 01.04.2025. Verfügbar unter: https://www.kmudigital.at/ueber-kmu-digital/start.html

Koestner, R., Lekes, N., Powers, T. A. & Chicoine, E. (2002). Attaining personal goals: Self-concordance plus implementation intentions equals success. *Journal of personality and social psychology, 83*(1), 231–244. https://doi.org/10.1037/0022-3514.83.1.231

Kohl, N., Sperber, A.-M., Fehr, W. & Rapp, J. (2022). New Work in der Praxis – Erfahrungen und Beispiele aus Unternehmen. *HMD Praxis der Wirtschaftsinformatik, 59,* 1075–1087. https://doi.org/10.1365/s40702-022-00889-2

König, J., Strube, A. & Hanesch, W. (2017). Zugangswege zu älteren Menschen in benachteiligten Lebenslagen. In M. Alisch, S. Hagspihl, C. Kreipl & M. Ritter (Hrsg.), *Alter(n) und Soziale Nachhaltigkeit. Interdisziplinäre Zugänge zu den Herausforderungen alternder Gesellschaften.* (S. 109–126). Kassel: Kassel University Press.

Konnopka, T. (2016). Mehr Zugkraft via App und Web: Eine Zukunftsaufgabe im Betrieblichen Gesundheitsmanagement. In M. A. Pfannstiel & H. Mehlich (Hrsg.), *Betriebliches Gesundheitsmanagement. Konzepte, Maßnahmen, Evaluation* (S. 327–339). Wiesbaden: Springer Gabler. https://doi.org/10.1007/978-3-658-11581-4_20

Kötter, W. (2022). Mensch-Maschine-Systeme. In E. Bamberg, A. Ducki & M. Janneck (Hrsg.), *Digitale Arbeit gestalten* (S. 59–70). Wiesbaden: Springer Fachmedien Wiesbaden. https://doi.org/10.1007/978-3-658-34647-8_5

Kowallik, T. (2004). *Erfolgschancen der Geschäftsmodelle von Start-ups im E-Commerce. Analyse von Erfolgsfaktoren* (Europäische Hochschulschriften Reihe 5, Volks- und Betriebswirtschaft, Bd. 3099). Frankfurt am Main: Lang.

Kramer, I. & Bödeker, W. (2008). *Return on Investment im Kontext der betrieblichen Gesundheitsförderung und Prävention: Die Berechnung des prospektiven Return on Investment: eine Analyse von ökonomischen Modellen* (IGA-Report No. 16). Berlin

Krebs, D. & Menold, N. (2022). Gütekriterien quantitativer Sozialforschung. In N. Baur & J. Blasius (Hrsg.), *Handbuch Methoden der empirischen Sozialforschung* (Handbuch, [2., vollständig überarbeitete und erweiterte Auflage], S. 549–565). Wiesbaden: Springer VS. https://doi.org/10.1007/978-3-658-37985-8_35

Kreilkamp, E. (1987). *Strategisches Management und Marketing. Markt- und Wettbewerbsanalyse, Strategische Frühaufklärung, Portfolio-Management* (Marketing-Management, Bd. 11). Berlin: Walter de Gruyter. https://doi.org/10.1515/9783110861693

Krukowski, R. A., Ross, K. M., Western, M. J., Cooper, R., Busse, H., Forbes, C., Kuntsche, E., Allmeta, A., Macedo Silva, A., John- Akinola, Y. O. & König, L. (2024). Digital health interventions for all? Examining inclusivity across all stages of the digital health intervention research process. *Trials*, *25*(1), 98. https://doi.org/10.1186/s13063-024-07937-w

Krummenerl, M. (2005). *Erfolgsfaktoren im Dialogmarketing. Eine empirische Analyse unter Berücksichtigung von B-to-B- und B-to-C-Unternehmen* (Schriftenreihe Unternehmensführung und Marketing, Bd. 44, 1. Aufl.). Wiesbaden: Gabler. https://doi.org/10.1007/978-3-322-91472-9

Kruse, J. & Lenger, A. (2014). Zur aktuellen Bedeutung von qualitativen Forschungsmethoden in der deutschen Volkswirtschaftslehre – Eine programmatische Exploration. *Zeitschrift für Qualitative Forschung*, *14*(1), 105–138. https://doi.org/10.3224/zqf.v14i1.15455

Kube, C. (1991). *Erfolgsfaktoren in Filialsystemen. Diagnose und Umsetzung im strategischen Controlling.* Wiesbaden: Gabler. https://doi.org/10.1007/978-3-663-13438-1

Kuckartz, U. & Rädiker, S. (2020). *Fokussierte Interviewanalyse mit MAXQDA. Schritt für Schritt* (Lehrbuch). Wiesbaden, Heidelberg: Springer VS. https://doi.org/10.1007/978-3-658-31468-2

Kuckartz, U. & Rädiker, S. (2022). *Qualitative Inhaltsanalyse. Methoden, Praxis, Computerunterstützung. Grundlagentexte Methoden* (Grundlagentexte Methoden, 5. Auflage). Weinheim, Basel: Beltz Juventa.

Kuckartz, U. & Rädiker, S. (2024). *Qualitative Inhaltsanalyse. Methoden, Praxis, Umsetzung mit Software und künstlicher Intelligenz* (6. Auflage). Weinheim: Juventa Verlag.

Kuckartz, U. (2014). *Mixed Methods.* Wiesbaden: Springer Fachmedien Wiesbaden. https://doi.org/10.1007/978-3-531-93267-5

Kuckartz, U. (2016). *Qualitative Inhaltsanalyse. Methoden, Praxis, Computerunterstützung* (Grundlagentexte Methoden, 3., überarbeitete Auflage). Weinheim, Basel: Beltz Juventa.

Kuckartz, U., Dresing, T., Rädiker, S. & Stefer, C. (2008). *Qualitative Evaluation. Der Einstieg in die Praxis* (2., aktualisierte Auflage). Wiesbaden: VS Verlag für Sozialwissenschaften.

Kuhn, D., Naumann, F., Patzwald, P., Volkhammer, A., Weißleder, U.-M. & Will, H. (2018). *Das gesunde Unternehmen. Betriebliches Gesundheitsmanagement aus der Praxis für die Praxis.* Frankfurt am Main: Mabuse-Verlag.

Kühn, R. & Grünig, R. (1998). *Grundlagen der strategischen Planung. Ein integraler Ansatz zur Beurteilung von Strategien* (Reihe Praxishilfen für Unternehmungen, Bd. 4). Bern, Stuttgart, Wien: Haupt.

La Torre, G., Esposito, A., Sciarra, I. & Chiappetta, M. (2019). Definition, symptoms and risk of techno-stress: a systematic review. *International Archives of Occupational and Environmental Health*, *92*(1), 13–35. https://doi.org/10.1007/s00420-018-1352-1

Lamnek, S. & Krell, C. (2016). *Qualitative Sozialforschung. Mit Online-Materialien* (6., vollständig überarbeitete Aufl.). Weinheim: Beltz.

Lamnek, S. (2005). *Qualitative Sozialforschung.* (Beltz PVU Lehrbuch, 4., vollständig überarbeitete Aufl.). Weinheim, Basel: Beltz.

Landers, C., Blasimme, A. & Vayena, E. (2024). Sync fast and solve things-best practices for responsible digital health. *NPJ Digital Medicine*, *7*(1), 113. https://doi.org/10.1038/s41746-024-01105-9

Landis, J. R. & Koch, G. G. (1977). The Measurement of Observer Agreement for Categorical Data. *Biometrics*, *33*(1), 159–174. https://doi.org/10.2307/2529310

Lang, G. & Hofer-Fischanger, K. (2022). Factors associated with the implementation of health-promoting telework from the perspective of company decision makers after the first COVID-19 lockdown. *Journal of Public Health*, *30*(10), 2373–2387. https://doi.org/10.1007/s10389-022-01717-z

Lang, G. (2022). *Betriebliche Gesundheitsförderung in der Arbeitswelt 4.0 – Digitalisierung, Gesundheitskompetenz und faire Gesundheitschancen. Ein Praxisbuch* (2., überarbeitete und erweiterte Auflage). Wien: Fonds Gesundes Österreich.

Lange, R. D., Chattoraj, A., Beck, J. M., Yates, J. L. & Haefner, R. M. (2021). A confirmation bias in perceptual decision-making due to hierarchical approximate inference. *PLOS Computational Biology*, *17*(11), e1009517. https://doi.org/10.1371/journal.pcbi.1009517

Lange, M., Matusiewicz, D. & Walle, O. (2022). Gesundheitswissenschaftliche Grundlagen. In M. Lange, D. Matusiewicz & O. Walle (Hrsg.), *Praxishandbuch Betriebliches Gesundheitsmanagement* (S. 19–122). München: Haufe. https://doi.org/10.34157/9783648158821-19

Le Noury, P., Polman, R., Maloney, M. & Gorman, A. (2022). A Narrative Review of the Current State of Extended Reality Technology and How it can be Utilised in Sport. *Sports Medicine (Auckland, N.Z.)*, *52*(7), 1473–1489. https://doi.org/10.1007/s40279-022-01669-0

Lee, N. K. & Kim, J. S. (2024). Status and Trends of the Digital Healthcare Industry. *Healthcare Informatics Research*, *30*(3), 172–183. https://doi.org/10.4258/hir.2024.30.3.172

Leicht, U. (2022). *Erfolgsfaktoren des Supply-Chain-Risikomanagements in der Krise.* Dissertation. Middlesex University. https://doi.org/10.1007/978-3-658-39505-6

Leidecker, J. K. & Bruno, A. V. (1984). Identifying and using critical success factors. *Long Range Planning*, *17*(1), 23–32. https://doi.org/10.1016/0024-6301(84)90163-8

Liebold, R., & Trinczek, R. (2009). Experteninterview. In S. Kühl et al. (Hrsg.), *Handbuch Methoden der Organisationsforschung* (S. 32–56). Wiesbaden: VS Verlag für Sozialwissenschaften.

Lincoln, Y. S. & Guba, E. G. (1985). *Naturalistic inquiry.* Newbury Park, Calif.: Sage.

Lindner, D. (2019). *KMU im digitalen Wandel.* Wiesbaden: Springer Fachmedien Wiesbaden. https://doi.org/10.1007/978-3-658-24399-9

Lippke, S. & Renneberg, B. (2006). Konzepte von Gesundheit und Krankheit. In B. Renneberg & P. Hammelstein (Hrsg.), *Gesundheitspsychologie* (Springer-Lehrbuch, S. 7–12). Berlin, Heidelberg: Springer Berlin Heidelberg. https://doi.org/10.1007/978-3-540-47632-0_2

Lisch, R. & Kriz, J. (1978). *Grundlagen und Modelle der Inhaltsanalyse. Bestandsaufnahme und Kritik* (Rororo-Studium Sozialwissenschaft, Bd. 117). Reinbek bei Hamburg: Rowohlt.

Liu, S., Ma, J., Sun, M., Zhang, C., Gao, Y. & Xu, J. (2025). Mapping the Landscape of Digital Health Intervention Strategies: 25-Year Synthesis. *Journal of Medical Internet Research, 27*, e59027. https://doi.org/10.2196/59027

Lobschat, L., Mueller, B., Eggers, F., Brandimarte, L., Diefenbach, S., Kroschke, M. & Wirtz, J. (2021). Corporate digital responsibility. *Journal of Business Research, 122*, 875–888. https://doi.org/10.1016/j.jbusres.2019.10.006

Logeswaran, A., Munsch, C., Chong, Y. J., Ralph, N. & McCrossnan, J. (2021). The role of extended reality technology in healthcare education: Towards a learner-centred approach. *Future Healthcare Journal, 8*(1), e79-e84. https://doi.org/10.7861/fhj.2020-0112

Lombard, M., Snyder-Duch, J. & Bracken, C. C. (2002). Content Analysis in Mass Communication: Assessment and Reporting of Intercoder Reliability. *Human Communication Research, 28*(4), 587–604. https://doi.org/10.1111/j.1468-2958.2002.tb00826.x

Lück, F. (2022). *Deutschland ist europäischer DiGA-Vorreiter.* Zugriff am 12.05.2023. Verfügbar unter: https://mednic.de/deutschland-ist-europaeischer-diga-vorreiter/17926

Lüdders, L. (2016). *Fragebogen- und Leitfadenkonstruktion. Ein Handbuch für Studium und Berufspraxis* (Methodenbuch, 1. Auflage). Bremen: Apollon University Press.

Lüders, C. & Reichertz, J. (1986). Wissenschaftliche Praxis ist, wenn alles funktioniert und keiner weiß warum. *Sozialwissenschaftliche Literaturrundschau, 12*(1), 90–102.

Lüngen, M. & Galler, L. (2018). Kosten-Effektivität von Maßnahmen des Betrieblichen Gesundheitsmanagements. In M. A. Pfannstiel & H. Mehlich (Hrsg.), *BGM – ein Erfolgsfaktor für Unternehmen. Lösungen, Beispiele, Handlungsanleitungen* (S. 835–850). Wiesbaden: Springer Gabler. https://doi.org/10.1007/978-3-658-22738-8_44

Lyon, A. R., Comtois, K. A., Kerns, S. E. U., Landes, S. J. & Lewis, C. C. (2020). Closing the Science–Practice Gap in Implementation Before It Widens. In B. Albers, A. Shlonsky & R. Mildon (Hrsg.), *Implementation Science 3.0* (S. 295–313). Cham: Springer International Publishing. https://doi.org/10.1007/978-3-030-03874-8_12

Madill, A., Jordan, A. & Shirley, C. (2000). Objectivity and reliability in qualitative analysis: realist, contextualist and radical constructionist epistemologies. *British Journal of Psychology (London, England: 1953), 91*(1), 1–20. https://doi.org/10.1348/000712600161646

magic horizons (2025). *Entspannung, Stressreduktion, mentale Regeneration in Virtual Reality.* Zugriff am 01.04.2025. Verfügbar unter: https://magic-horizons.com/de/

March, J. G. & Sutton, R. I. (1997). Crossroads—Organizational Performance as a Dependent Variable. *Organization Science, 8*(6), 698–706. https://doi.org/10.1287/orsc.8.6.698

Marshall, M. N. (1996). Sampling for qualitative research. *Family Practice, 13*(6), 522–525. https://doi.org/10.1093/fampra/13.6.522

Marwaha, J. S., Landman, A. B., Brat, G. A., Dunn, T. & Gordon, W. J. (2022). Deploying digital health tools within large, complex health systems: key considerations for adoption and implementation. *NPJ Digital Medicine*, *5*(1), 13. https://doi.org/10.1038/s41746-022-00557-1

Marx, W. & Bornmann, L. (2012). Der Journal Impact Factor. Aussagekraft, Grenzen und Alternativen in der Forschungsevaluation. *Beiträge zur Hochschulforschung*, *34*, 50–66.

Matusiewicz, D. & Kaiser, L. (2018). *Digitales Betriebliches Gesundheitsmanagement. Theorie und Praxis.* Wiesbaden: Springer Fachmedien Wiesbaden.

Matusiewicz, D., Kardys, C. & Nürnberg, V. (2021). *Betriebliches Gesundheitsmanagement: analog und digital* (1. Auflage). Berlin: MWV Medizinisch Wissenschaftliche Verlagsgesellschaft.

Mayer, H. O. (2006). *Interview und schriftliche Befragung. Entwicklung, Durchführung und Auswertung* (3., überarb. Aufl.). München, Wien: Oldenbourg.

Mayländer, S., Walden, M. & Kaeding, T. S. (2019). *Die vitale Firma. So bringen Sie Ihre Mitarbeiter in Bewegung.* München: Pflaum Verlag.

Mayrhuber, C. & Bittschi, B. (2022). *Fehlzeitenreport 2022. Krankheits- und unfallbedingte Fehlzeiten in Österreich.* Zugriff am 17.06.2023. Verfügbar unter: https://www.sozialversicherung.at/cdscontent/load?contentid=10008.772449&version=1670331963

Mayrhuber, C. & Bittschi, B. (2025). *Fehlzeitenreport 2025. Krankheits- und unfallbedingte Fehlzeiten in Österreich. Struktur der Langzeitkrankenstände.* Zugriff am 13.10.2025. Verfügbar unter: https://www.wifo.ac.at/wp-content/uploads/upload-7577/s_2025_fehlzeitenreport_2025_58823550.pdf

Mayring, P. & Brunner, E. (2007). Qualitative Inhaltsanalyse. In R. Buber & H. H. Holzmüller (Hrsg.), *Qualitative Marktforschung. Konzepte – Methoden – Analysen* (Lehrbuch, 1. Aufl., S. 669–680). Wiesbaden: Gabler. https://doi.org/10.1007/978-3-8349-9258-1_42

Mayring, P. & Fenzl, T. (2022). Qualitative Inhaltsanalyse. In N. Baur & J. Blasius (Hrsg.), *Handbuch Methoden der empirischen Sozialforschung* (S. 691–706). Wiesbaden: Springer Fachmedien Wiesbaden. https://doi.org/10.1007/978-3-658-37985-8_43

Mayring, P. (1982). *Qualitative Inhaltsanalyse. Grundlagen und Techniken.* Weinheim, Basel: Beltz.

Mayring, P. (2002). *Einführung in die qualitative Sozialforschung* (Beltz Studium, 5. Auflage). Weinheim, Basel: Beltz.

Mayring, P. (2003). *Qualitative Inhaltsanalyse. Grundlagen und Techniken* (UTB für Wissenschaft Pädagogik, Bd. 8229, 8. Aufl.). Weinheim, Basel: Beltz.

Mayring, P. (2010). *Qualitative Inhaltsanalyse. Grundlagen und Techniken* (Beltz Pädagogik, 11. Neuausgabe). Weinheim, Basel: Beltz.

Mayring, P. (2015). *Qualitative Inhaltsanalyse. Grundlagen und Techniken* (Beltz Pädagogik, 12., überarbeitete Auflage). Weinheim, Basel: Beltz.

Mayring, P. (2016). *Einführung in die qualitative Sozialforschung. Eine Anleitung zu qualitativem Denken* (Pädagogik, 6., überarbeitete Auflage). Weinheim, Basel: Beltz.

Mayring, P. (2019). Qualitative Inhaltsanalyse – Abgrenzungen, Spielarten, Weiterentwicklungen. Forum Qualitative Sozialforschung / Forum: Qualitative Social Research, Vol 20, No 3 (2019): Qualitative Content Analysis I. https://doi.org/10.17169/fqs-20.3.3343

Mayring, P. (2020). Qualitative Forschungsdesigns. In G. Mey & K. Mruck (Hrsg.), *Handbuch Qualitative Forschung in der Psychologie* (S. 3–17). Wiesbaden: Springer Fachmedien Wiesbaden. https://doi.org/10.1007/978-3-658-26887-9_18

Mayring, P. (2022). *Qualitative Inhaltsanalyse. Grundlagen und Techniken* (13. Neuausgabe). Weinheim, Basel: Beltz.

Mayring, P. (2023). *Einführung in die qualitative Sozialforschung. Eine Anleitung zu qualitativem Denken* (7., überarbeitete Auflage). Weinheim, Basel: Beltz.

McKinsey & Company. (2018). *'True Gen': Generation Z and its implications for companies.* Zugriff am 07.09.2024. Verfügbar unter: http://www.drthomaswu.com/uicmpaccsmac/Gen%20Z.pdf

Meffert, H. (1994). Das PIMS-Programm. In H. Meffert (Hrsg.), *Marketing-Management. Analyse – Strategie – Implementierung* (Meffert-Marketing-Edition, S. 57–77). Wiesbaden: Gabler. https://doi.org/10.1007/978-3-322-94537-2_5

Meggeneder, O., Pelster, K. & Sochert, R. (2005). *Betriebliche Gesundheitsförderung in kleinen und mittleren Unternehmen* (Prävention und Gesundheitsförderung, 1. Aufl.). Bern: Huber.

Merkens, H. (1997). Stichproben bei qualitativen Studien. In B. Friebertshäuser & A. Prengel (Hrsg.), *Handbuch Qualitative Forschungsmethoden in der Erziehungswissenschaft* (S. 97–106). Weinheim, München: Juventa.

Merkens, H. (2019). Auswahlverfahren, Sampling, Fallkonstruktion. In: U. Flick, E. Kardorff & I. Steinke (Hrsg.), *Qualitative Forschung. Ein Handbuch.* (13. Auflage, Originalausgabe, S. 286–299). Reinbek bei Hamburg: Rowohlt Taschenbuch Verlag.

Merriam, S. B. & Tisdell, E. J. (2016). *Qualitative research. A guide to design and implementation* (Fourth edition). San Francisco, Calif.: Jossey-Bass.

Meuser, M. & Nagel, U. (1991). ExpertInneninterviews — vielfach erprobt, wenig bedacht. In D. Garz & K. Kraimer (Hrsg.), *Qualitativ-empirische Sozialforschung* (S. 441–471). Wiesbaden: VS Verlag für Sozialwissenschaften. https://doi.org/10.1007/978-3-322-97024-4_14

Meuser, M. & Nagel, U. (2009a). Das Experteninterview — konzeptionelle Grundlagen und methodische Anlage. In S. Pickel, G. Pickel, H.-J. Lauth & D. Jahn (Hrsg.), *Methoden der vergleichenden Politik- und Sozialwissenschaft. Neue Entwicklungen und Anwendungen* (1. Aufl., S. 465–479). Wiesbaden: VS Verlag für Sozialwissenschaften / GWV Fachverlage GmbH Wiesbaden. https://doi.org/10.1007/978-3-531-91826-6_23

Meuser, M. & Nagel, U. (2009b). Experteninterview und der Wandel der Wissensproduktion. In A. Bogner, B. Littig & W. Menz (Hrsg.), *Experteninterviews. Theorien, Methoden, Anwendungsfelder* (S. 35–60). Wiesbaden: VS Verlag für Sozialwissenschaften.

Mey, G. & Ruppel, P. S. (2018). Qualitative Forschung. In O. Decker (Hrsg.), *Sozialpsychologie und Sozialtheorie* (Lehrbuch, S. 205–244). Wiesbaden: Springer VS Verlag für Sozialwissenschaften. https://doi.org/10.1007/978-3-531-19564-3_14

Mey, G. & Mruck, K. (2020). *Handbuch Qualitative Forschung in der Psychologie. Band 2: Designs und Verfahren* (2., erw. u. überarb. Auflage 2020). Wiesbaden: Springer Fachmedien Wiesbaden GmbH.

Meyer, J.-A. & Tirpitz, A. (2008). *Betriebliches Gesundheitsmanagement in KMU. Widerstände und deren Überwindung* (Bd. 14, 1. Aufl.). Lohmar, Köln: Eul.

Meyers, D. C., Durlak, J. A. & Wandersman, A. (2012). The quality implementation framework: a synthesis of critical steps in the implementation process. *American Journal of Community Psychology, 50*(3–4), 462–480. https://doi.org/10.1007/s10464-012-9522-x

Minahan, T. (2022). COVID-19 und die Zukunft der Arbeit: Hybride Modelle sind auf dem Vormarsch. *Digitale Welt, 6*(2), 56–58. https://doi.org/10.1007/s42354-022-0484-3

Misoch, S. (2015). Samplingverfahren in qualitativer Forschung und der Zugang zum Feld. In S. Misoch (Hrsg.), *Qualitative Interviews* (S. 185–198). Berlin: De Gruyter. https://doi.org/10.1515/9783110354614.185

Misoch, S. (2019). *Qualitative Interviews* (De Gruyter Studium, 2., erweiterte und aktualisierte Auflage). Berlin, München, Boston: De Gruyter Oldenbourg. https://doi.org/10.1515/9783110545982

Moosbrugger, H. & Kelava, A. (2012). Qualitätsanforderungen an einen psychologischen Test (Testgütekriterien). In H. Moosbrugger & A. Kelava (Hrsg.), *Testtheorie und Fragebogenkonstruktion* (Springer-Lehrbuch, 2. Aufl., S. 7–26). Berlin, Heidelberg: Springer Berlin Heidelberg. https://doi.org/10.1007/978-3-642-20072-4_2

Moullin, J. C., Sabater-Hernández, D., Fernandez-Llimos, F. & Benrimoj, S. I. (2015). A systematic review of implementation frameworks of innovations in healthcare and resulting generic implementation framework. *Health Research Policy and Systems, 13*, 16. https://doi.org/10.1186/s12961-015-0005-z

moveeffect (2025). *Deine 360° Lösung für betriebliches Gesundheitsmanagement.* Zugriff am 11.01.2025. Verfügbar unter: https://moveeffect.com/

Mruck, K. & Mey, G. (2009). Der Beitrag qualitativer Methodologie und Methodik zur Marktforschung. In R. Buber & H. H. Holzmüller (Hrsg.), *Qualitative Marktforschung* (S. 21–45). Wiesbaden: Gabler. https://doi.org/10.1007/978-3-8349-9441-7_2

Muckel, P. (2011). Die Entwicklung von Kategorien mit der Methode der Grounded Theory. In G. Mey & K. Mruck (Hrsg.), *Grounded theory reader* (2., aktualisierte und erweiterte Auflage, S. 333–352). Wiesbaden: VS Verlag für Sozialwissenschaften / Springer Fachmedien Wiesbaden GmbH Wiesbaden. https://doi.org/10.1007/978-3-531-93318-4_15

Mugler, J. (2008). *Grundlagen der BWL der Klein- und Mittelbetriebe* (Manual, 2., überarb. und erw. Aufl.). Wien: facultas wuv universitätsverlag.

Mülder, W. (1984). Implementierungserfolg. In W. Mülder (Hrsg.), *Organisatorische Implementierung von computergestützten Personalinformationssystemen. Einführungsprobleme und Lösungsansätze* (Betriebs- und Wirtschaftsinformatik, Bd. 11, S. 111–114). Berlin: Springer. https://doi.org/10.1007/978-3-642-69700-5_14

Müller, R. (1999). *Erfolgsfaktoren schnell wachsender Software-Startups. Eine lebenszyklusorientierte Untersuchung von Softwareunternehmen des Produktgeschäfts* (Europäische Hochschulschriften, Bd. 2543). Frankfurt am Main: Lang.

Murtagh, M. J., Minion, J. T., Turner, A., Wilson, R. C., Blell, M., Ochieng, C., Murtagh, B., Roberts, S., Butters, O. W. & Burton, P. R. (2017). The ECOUTER methodology for stakeholder engagement in translational research. *BMC Medical Ethics, 18*(1), 24. https://doi.org/10.1186/s12910-017-0167-z

Myers, D. G. & DeWall, C. N. (2015). *Psychology* (Eleventh edition, international edition). New York: Worth Publishers.

Nagata, T., Mori, K., Ohtani, M., Nagata, M., Kajiki, S., Fujino, Y., Matsuda, S. & Loeppke, R. (2018). Total Health-Related Costs Due to Absenteeism, Presenteeism, and Medical and Pharmaceutical Expenses in Japanese Employers. *Journal of Occupational and Environmental Medicine, 60*(5), 273–280. https://doi.org/10.1097/JOM.0000000000001291

Nagel, A., Kohls, N. & John, D. (2018). Entspannungs-Apps im BGM – Einsatzmöglichkeiten und Implementierung. In D. Matusiewicz & L. Kaiser (Hrsg.), *Digitales Betriebliches*

Gesundheitsmanagement (S. 347–357). Wiesbaden: Springer Fachmedien Wiesbaden. https://doi.org/10.1007/978-3-658-14550-7_26

Nagel, K. (1986). *Die 6 Erfolgsfaktoren des Unternehmens. Strategie, Organisation, Mitarbeiter, Führungssystem, Informationssystem, Kundennähe.* Landsberg/Lech: Verlag Moderne Industrie.

Nagl-Cupal, M. (2013). Theoretical Sampling. *ProCare, 18*(10), 20–22. https://doi.org/10.1007/s00735-013-0213-0

Nair, A. S. (2019). Publication bias – Importance of studies with negative results! *Indian Journal of Anaesthesia, 63*(6), 505–507. https://doi.org/10.4103/ija.IJA_142_19

Neuendorf, K. A. (2002). *The Content Analysis Guidebook.* Thousand Oaks, CA: Sage Publications.

Ng, P. M. L., Lit, K. K. & Cheung, C. T. Y. (2022). Remote work as a new normal? The technology-organization-environment (TOE) context. *Technology in Society, 70,* 102022. https://doi.org/10.1016/j.techsoc.2022.102022

Nguyen, A. (2022). Digital Inclusion. In P. Liamputtong (Hrsg.), *Handbook of social inclusion. Research and practices in health and social sciences* (Springer eBook Collection, S. 265–279). Cham: Springer. https://doi.org/10.1007/978-3-030-89594-5_14

Nickerson, R. S. (1998). Confirmation Bias: A Ubiquitous Phenomenon in Many Guises. *Review of General Psychology, 2*(2), 175–220. https://doi.org/10.1037/1089-2680.2.2.175

Nicolai, A. & Kieser, A. (2002). Trotz eklatanter Erfolglosigkeit: Die Erfolgsfaktorenforschung weiter auf Erfolgskurs. *Die Betriebswirtschaft, 62*(6), 579–596.

Nilsen, P. (2020). Overview of theories, models and frameworks in implementation science. In P. Nilsen & S. A. Birken (Hrsg.), *Handbook on Implementation Science* (S. 8–31). Cheltenham: Edward Elgar Publishing.

Norris, N. (1997). Error, Bias, Validity in Qualitative Research. *Education Action Research, 5,* 172–176.

Ory, M. G., Altpeter, M., Belza, B., Helduser, J., Zhang, C. & Smith, M. L. (2014). Perceived Utility of the RE-AIM Framework for Health Promotion/Disease Prevention Initiatives for Older Adults: A Case Study from the U.S. Evidence-Based Disease Prevention Initiative. *Frontiers in Public Health, 2,* 143. https://doi.org/10.3389/fpubh.2014.00143

Pannucci, C. J. & Wilkins, E. G. (2010). Identifying and avoiding bias in research. *Plastic and Reconstructive Surgery, 126*(2), 619–625. https://doi.org/10.1097/PRS.0b013e3181de24bc

Panten, G. (2005). *Internet-Geschäftsmodell Virtuelle Community. Analyse zentraler Erfolgsfaktoren unter Verwendung des Partial-Least-Squares (PLS)-Ansatzes* (Betriebswirtschaftliche Aspekte lose gekoppelter Systeme und Electronic Business, 1. Aufl.). Wiesbaden: Dt. Univ.-Verl.

Patt, P.-J. (1988). *Strategische Erfolgsfaktoren im Einzelhandel. Eine empirische Analyse am Beispiel des Bekleidungsfachhandels.* Dissertation. Universität Münster.

Pawelz, J. (2017). Researching Gangs: How to Reach Hard-to-Reach Populations and Negotiate Tricky Issues in the Field. Forum Qualitative Sozialforschung / Forum: Qualitative Social Research, Vol 19, No 1 (2018). https://doi.org/10.17169/FQS-19.1.2878

Peters, D. H., Adam, T., Alonge, O., Agyepong, I. A. & Tran, N. (2014). Republished research: Implementation research: what it is and how to do it. *British Journal of Sports Medicine, 48*(8), 731–736. https://doi.org/10.1136/bmj.f6753

Peters, T. J. & Waterman, R. H. (1982). *In search of excellence. Lessons from America's best-run companies.* New York, N.Y.: HarperCollins.

Peters, T. J. & Waterman, R. H. (2003). *Auf der Suche nach Spitzenleistungen: was man von den bestgeführten US-Unternehmen lernen kann.* München: Redline Wirtschaft.

Petzi, M. & Kawinkel, S. (2016). *Das Gesunde Unternehmen zwischen Utopie und Dystopie. Betriebliches Gesundheitsmanagement auf dem Prüfstand.* Wiesbaden: Springer Gabler.

Pfaff, H. & Zeike, S. (2019). *Controlling im Betrieblichen Gesundheitsmanagement. Das 7-Schritte-Modell.* Wiesbaden, Heidelberg: Springer Gabler. https://doi.org/10.1007/978-3-658-16525-3

Pfannstiel, M. A. & Mehlich, H. (2016). *Betriebliches Gesundheitsmanagement. Konzepte, Maßnahmen, Evaluation.* Wiesbaden: Springer Gabler. https://doi.org/10.1007/978-3-658-11581-4

Pfannstiel, M. A. (2022). *Künstliche Intelligenz im Gesundheitswesen. Entwicklungen, Beispiele und Perspektiven.* Wiesbaden: Springer Gabler. https://doi.org/10.1007/978-3-658-33597-7

Pfohl, H.-C. & Stölzle, W. (1997). *Planung und Kontrolle. Konzeption, Gestaltung, Implementierung* (Vahlens Handbücher der Wirtschafts- und Sozialwissenschaften, 2., neu bearb. Aufl.). München: Vahlen.

Polacsek-Ernst, R., Benda, F., Bretschneider, J. & Pagel, C. (2024). Digitales Mindset im Gesundheitswesen – Chancen und Herausforderungen digitaler Technologien. In M. A. Pfannstiel (Hrsg.), *Technologien und Technologiemanagement im Gesundheitswesen* (S. 89–111). Wiesbaden: Springer Fachmedien Wiesbaden. https://doi.org/10.1007/978-3-658-43860-9_5

Przyborski, A. & Riegler, J. (2020). Gruppendiskussion und Fokusgruppe. In G. Mey & K. Mruck (Hrsg.), *Handbuch Qualitative Forschung in der Psychologie* (S. 395–411). Wiesbaden: Springer Fachmedien Wiesbaden. https://doi.org/10.1007/978-3-658-18387-5_34-2

Przyborski, A. & Wohlrab-Sahr, M. (2014). *Qualitative Sozialforschung. Ein Arbeitsbuch* (Lehr- und Handbücher der Soziologie Ser, 4th ed.). Berlin/München/Boston: Walter de Gruyter GmbH. https://doi.org/10.1524/9783486719550

Pümpin, C. (1986). *Management strategischer Erfolgspositionen. Das SEP-Konzept als Grundlage wirkungsvoller Unternehmungsführung* (Schriftenreihe Unternehmung und Unternehmungsführung, Bd. 10, 3., überarb. Aufl.). Bern: Haupt.

Pusep, R. (2022). Blockchain im Gesundheitswesen: Technische und rechtliche Aspekte – Eine Momentaufnahme. In R. Grinblat, D. Etterer & P. Plugmann (Hrsg.), *Innovationen im Gesundheitswesen. Rechtliche und ökonomische Rahmenbedingungen und Potentiale* (S. 115–139). Wiesbaden: Springer Gabler. https://doi.org/10.1007/978-3-658-33801-5_7

Rädiker, S. & Kuckartz, U. (2019). *Analyse qualitativer Daten mit MAXQDA.* Wiesbaden: Springer Fachmedien Wiesbaden. https://doi.org/10.1007/978-3-658-22095-2

Raffée, H. & Fritz, W. (1991). Die Führungskonzeption erfolgreicher und weniger erfolgreicher Industrieunternehmen im Vergleich. *Zeitschrift für Betriebswirtschaft, 61*(11), 1211–1226.

Ragu-Nathan, T. S., Tarafdar, M., Ragu-Nathan, B. S. & Tu, Q. (2008). The Consequences of Technostress for End Users in Organizations: Conceptual Development and Empirical

Validation. *Information Systems Research, 19*(4), 417–433. https://doi.org/10.1287/isre.1070.0165

Raithel, J. (2008). *Quantitative Forschung. Ein Praxiskurs* (SpringerLink Bücher, 2., durchgesehene Auflage). Wiesbaden: VS Verlag für Sozialwissenschaften. https://doi.org/10.1007/978-3-531-91148-9

Raithel, J., Dollinger, B. & Hörmann, G. (2007). Empirische Erziehungswissenschaft. In J. Raithel, B. Dollinger & G. Hörmann (Hrsg.), *Einführung Pädagogik. Begriffe – Strömungen – Klassiker – Fachrichtungen* (Lehrbuch, 2., durchges. und erw. Aufl., S. 179–186). Wiesbaden: VS Verlag für Sozialwissenschaften. https://doi.org/10.1007/978-3-531-90591-4_20

Rammstedt, B. (2010). Reliabilität, Validität, Objektivität. In C. Wolf & H. Best (Hrsg.), *Handbuch der sozialwissenschaftlichen Datenanalyse* (S. 239–258). Wiesbaden: VS Verlag für Sozialwissenschaften / Springer Fachmedien Wiesbaden GmbH Wiesbaden. https://doi.org/10.1007/978-3-531-92038-2_11

Rapport, F., Smith, J., Hutchinson, K., Clay-Williams, R., Churruca, K., Bierbaum, M. & Braithwaite, J. (2022). Too much theory and not enough practice? The challenge of implementation science application in healthcare practice. *Journal of Evaluation in Clinical Practice, 28*(6), 991–1002. https://doi.org/10.1111/jep.13600

Reed, J., Procter, S. & Murray, S. (1996). A sampling strategy for qualitative research. *Nurse Researcher, 3*(4), 52–68. https://doi.org/10.7748/nr.3.4.52.s6

Rehkugler, H. (1989). Erfolgsfaktoren der mittelständischen Unternehmen. *Das Wirtschaftsstudium, 18*(11), 626–632.

Reichenbach, T. (2020). *Erfolgsfaktoren im Online-Fundraising. Eine empirische Analyse.* Dissertation. Carl von Ossietzky Universität Oldenburg.

Reinders, H. (2005). *Qualitative Interviews mit Jugendlichen führen. Ein Leitfaden.* München: Oldenbourg.

Reinders, H. (2011). Interview. In H. Reinders, H. Ditton, C. Gräsel & B. Gniewosz (Hrsg.), *Empirische Bildungsforschung. Strukturen und Methoden* (Lehrbuch, 1. Aufl., S. 85–97). Wiesbaden: VS Verlag für Sozialwissenschaften. https://doi.org/10.1007/978-3-531-93015-2_7

Reinders, H. (2012). *Qualitative Interviews mit Jugendlichen führen: Ein Leitfaden.* Oldenbourg Wissenschaftsverlag. https://doi.org/10.1524/9783486717600

Reinemann, H. (2002). *Betriebliche Weiterbildung in mittelständischen Unternehmen* (Trierer Schriften zur Mittelstandsökonomie, Bd. 5). Münster, Hamburg: Lit.

Reinemann, H. (2011). *Mittelstandsmanagement. Einführung in Theorie und Praxis.* Freiburg im Breisgau, München: Haufe Lexware.

Renz, P. S., Frischherz, B. & Wettstein, I. (2023). Fallbeispiele zur Corporate Digital Responsibility (CDR). In P. S. Renz, B. Frischherz & I. Wettstein (Hrsg.), *Integrität im Managementalltag* (S. 99–121). Berlin, Heidelberg: Springer Berlin Heidelberg. https://doi.org/10.1007/978-3-662-66227-4_3

Riedl, R., Fischer, T. & Reuter, M. (2023). Digitalen Stress im Arbeitskontext messen. *Wirtschaftsinformatik & Management, 15*(5), 357–363. https://doi.org/10.1365/s35764-023-00498-8

Ritsert, J. (1972). *Inhaltsanalyse und Ideologiekritik. Ein Versuch über kritische Sozialforschung.* Frankfurt am Main: Athenäum Verl.

Rockart, J. F. (1979). Chief executives define their own data needs. *Harvard Business Review, 57*(2), 81–93.

Röderstein, R. (2009). Erfolgsfaktorenforschung. In R. Röderstein (Hrsg.), *Erfolgsfaktoren im Supply Chain Management der DIY-Branche* (S. 33–46). Wiesbaden: Gabler. https://doi.org/10.1007/978-3-8349-8456-2_3

Roes, M. (2015). Disseminations- und Implementierungsforschung. In P. Zängl (Hrsg.), *Zukunft der Pflege* (S. 53–69). Wiesbaden: Springer Fachmedien Wiesbaden. https://doi.org/10.1007/978-3-658-08137-9_8

Rohlfing, M. & Funck, D. (2002). *Kleine und mittlere Unternehmen (KMU). Kritische Diskussion quantitativer und qualitativer Definitionsansätze* (IMS-Forschungsberichte, Nr. 7). Göttingen: GHS.

Ross, J., Stevenson, F., Lau, R. & Murray, E. (2016). Factors that influence the implementation of e-health: a systematic review of systematic reviews (an update). *Implementation Science: IS, 11*(1), 146. https://doi.org/10.1186/s13012-016-0510-7

Rossmann, C. (2019). Gesundheitskommunikation: Eine Einführung aus kommunikationswissenschaftlicher Perspektive. In C. Rossmann & M. R. Hastall (Hrsg.), *Handbuch der Gesundheitskommunikation* (S. 3–14). Wiesbaden: Springer Fachmedien Wiesbaden. https://doi.org/10.1007/978-3-658-10727-7_1

Roth, D. (2008). *Empirische Wahlforschung. Ursprung, Theorien, Instrumente und Methoden* (Lehrbuch, 2., aktualisierte Auflage). Wiesbaden: VS Verlag für Sozialwissenschaften.

Rothe, I., Wischniewski, S., Tegtmeier, P. & Tisch, A. (2019). Arbeiten in der digitalen Transformation – Chancen und Risiken für die menschengerechte Arbeitsgestaltung. *Zeitschrift für Arbeitswissenschaft, 73*(3), 246–251. https://doi.org/10.1007/s41449-019-00162-1

Ruckenbiel, J. (2013). *Gesundheit, Arbeit und Zusammenhalt. Betriebliche Gesundheitsförderung durch Arbeitsgestaltung* (Springer eBook Collection Medicine, Bd. 45). Freiburg: Centaurus Verlag & Media. https://doi.org/10.1007/978-3-86226-986-0

Rudow, B. (2004). *Das gesunde Unternehmen. Gesundheitsmanagement, Arbeitsschutz und Personalpflege in Organisationen.* München, Wien: Oldenbourg.

Ruin, S. (2017). Ansätze und Verfahren der Kategorienbildung in der qualitativen Inhaltsanalyse. In H. Aschebrock & G. Stibbe (Hrsg.), *Schulsportforschung. Wissenschaftstheoretische und methodologische Reflexionen* (S. 119–134). Münster: Waxmann Verlag.

Ruppi-Lang, G. & Langer, S. (2018). BGM in Klein- und Kleinstbetrieben erfolgreich umsetzen. In M. A. Pfannstiel & H. Mehlich (Hrsg.), *BGM – ein Erfolgsfaktor für Unternehmen. Lösungen, Beispiele, Handlungsanleitungen* (S. 115–136). Wiesbaden: Springer Gabler. https://doi.org/10.1007/978-3-658-22738-8_7

Sailer, M., Hense, J. U., Mayr, S. K. & Mandl, H. (2017). How gamification motivates: An experimental study of the effects of specific game design elements on psychological need satisfaction. *Computers in Human Behavior, 69*, 371–380. https://doi.org/10.1016/j.chb.2016.12.033

Sallinen, M. (2024). Digital Occupational Health: Opportunities and Challenges for the Workplace. *Journal of UOEH, 46*(1), 87–92. https://doi.org/10.7888/juoeh.46.87

Saunders, M., Lewis, P. & Thornhill, A. (2019). *Research methods for business students* (Eighth edition). Harlow, England: Pearson.

Sauter, T. C., Krummrey, G., Hautz, W. E. & Birrenbach, T. (2024). Medical Extended Reality in der digitalen Notfallmedizin. Von der Ausbildung zur klinischen Anwendung.

Medizinische Klinik, Intensivmedizin und Notfallmedizin [Medical extended reality in digital emergency medicine: From education to clinical application], *119*(3), 208–213. https://doi.org/10.1007/s00063-023-01095-8

Sayed, M. & Brandes, I. (2021). BGM vor dem Hintergrund des Präventionsgesetzes und des digitalen Wandels. In D. Matusiewicz, C. Kardys & V. Nürnberg (Hrsg.), *Betriebliches Gesundheitsmanagement: analog und digital* (S. 20–29). Berlin: Medizinisch Wissenschaftliche Verlagsgesellschaft.

Sayed, M. & Kubalski, S. (2016). Überwindung betrieblicher Barrieren für ein betriebliches Gesundheitsmanagement in kleinen und mittelständischen Unternehmen. In M. A. Pfannstiel & H. Mehlich (Hrsg.), *Betriebliches Gesundheitsmanagement* (S. 1–20). Wiesbaden: Springer Fachmedien Wiesbaden. https://doi.org/10.1007/978-3-658-11581-4_1

Sayed, M. & Kubalski, S. (2018). BGM im digitalen Zeitalter – Herausforderungen und Möglichkeiten. In D. Matusiewicz & L. Kaiser (Hrsg.), *Digitales Betriebliches Gesundheitsmanagement. Theorie und Praxis* (S. 553–573). Wiesbaden: Gabler. https://doi.org/10.1007/978-3-658-14550-7_42

Schaefer, I., Kümpers, S. & Cook, T. (2021). „Selten Gehörte" für partizipative Gesundheitsforschung gewinnen: Herausforderungen und Strategien. *Bundesgesundheitsblatt – Gesundheitsforschung – Gesundheitsschutz* [Involving the seldom heard in participatory health research: challenges and strategies], *64*(2), 163–170. https://doi.org/10.1007/s00103-020-03269-7

Schäfer, E., Drexler, H. & Kiesel, J. (2016). Betriebliche Gesundheitsförderung in kleinen, mittleren und großen Unternehmen des Gesundheitssektors – Häufigkeit, Handlungsgründe der Unternehmensleitungen und Hürden der Realisierung. *Das Gesundheitswesen (Bundesverband der Ärzte des Öffentlichen Gesundheitsdienstes (Germany))* [Workplace Health Promotion in Small, Medium-Sized and Large Enterprises of the Health-Care Sector – Frequency, Reasons for the Company Management to Take Action and Barriers to Implementation], *78*(3), 161–165. https://doi.org/10.1055/s-0034-1396887

Schaff, A. (2018). Digitales BGM-Controlling 2.0: online, mobil und intelligent. In D. Matusiewicz & L. Kaiser (Hrsg.), *Digitales Betriebliches Gesundheitsmanagement. Theorie und Praxis* (S. 171–186). Wiesbaden: Gabler. https://doi.org/10.1007/978-3-658-14550-7_11

Schatzman, L. & Strauss, A. L. (1973). *Field research. Strategies for a natural sociology* (Prentice-Hall methods of social science series). Englewood Cliffs, N.J.: Prentice-Hall.

Schauf, M. (2009). *Unternehmensführung im Mittelstand. Rollenwandel kleiner und mittlerer Unternehmen in der Globalisierung* (2nd ed.). Augsburg: Rainer Hampp Verlag.

Schawel, C. & Billing, F. (2012). 7-S-Modell. In C. Schawel & F. Billing (Hrsg.), *Top 100 Management Tools. Das wichtigste Buch eines Managers; von ABC-Analyse bis Zielvereinbarung* (4., überarb. Aufl., korr. Nachdr. 2012, S. 312–314). Wiesbaden: Springer Gabler. https://doi.org/10.1007/978-3-8349-4105-3_103

Schein, E. H. (2010). *Organisationskultur. The Ed Schein corporate culture survival guide* (EHP-Organisation, 3. Aufl.). Köln: Verlag Andreas Kohlhage.

Schirrmacher, L., Betz, M. & Brand, S. (2018). Einsatz von digitalen Instrumenten im Rahmen des BGM. In M. A. Pfannstiel & H. Mehlich (Hrsg.), *BGM – ein Erfolgsfaktor für Unternehmen. Lösungen, Beispiele, Handlungsanleitungen* (S. 317–328). Wiesbaden: Springer Gabler. https://doi.org/10.1007/978-3-658-22738-8_17

Schmalen, C., Kunert, M. & Weindlmaier, H. (2006). Erfolgsfaktorenforschung. Theoretische Grundlagen, methodische Vorgehensweise und Anwendungserfahrungen in Projekten der Ernährungsindustrie. In E. Bahrs, Von S. Cramon-Traubadel, A. Spiller, L. Theuvsen & M. Zeller (Hrsg.), *Unternehmen im Agrarbereich vor neuen Herausforderungen* (S. 351–362). Münster-Hiltrup: Landwirtschaftsverlag.

Schmidt, S., Andersch-Rupprecht, C., Dengler, T. & Nagel, E. (2024). Zur Wirksamkeit der digitalen betrieblichen Gesundheitsförderung in Zeiten von Home-Office: Eine systematische Übersichtsarbeit. *Das Gesundheitswesen (Bundesverband der Ärzte des Öffentlichen Gesundheitsdienstes (Germany))* [On the Effectiveness of Digital Workplace Health Promotion in Times of Home Office: A Systematic Review], *86*(6), 412–419. https://doi.org/10.1055/a-2143-7457

Schneberger, T. (2018). Praxisbericht Digitalisierung und BGM – die Erfolgsfaktoren. In D. Matusiewicz & L. Kaiser (Hrsg.), *Digitales Betriebliches Gesundheitsmanagement. Theorie und Praxis* (S. 427–430). Wiesbaden: Gabler. https://doi.org/10.1007/978-3-658-14550-7_32

Schnell, R., Hill, P. B. & Esser, E. (2018). *Methoden der empirischen Sozialforschung* (De Gruyter Studium, 11., überarbeitete Auflage). Berlin, Boston: De Gruyter Oldenbourg.

Schrader, J., Hasselhorn, M., Hetfleisch, P. & Goeze, A. (2020). Stichwortbeitrag Implementationsforschung: Wie Wissenschaft zu Verbesserungen im Bildungssystem beitragen kann. *Zeitschrift für Erziehungswissenschaft*, *23*(1), 9–59. https://doi.org/10.1007/s11 618-020-00927-z

Schreier, M. (2014). Varianten qualitativer Inhaltsanalyse: Ein Wegweiser im Dickicht der Begrifflichkeiten [59 Absätze]. *Forum Qualitative Sozialforschung / Forum: Qualitative Social Research, 15(*1), Art. 18, http://nbn-resolving.de/urn:nbn:de:0114-fqs1401185.

Schreiweis, B., Pobiruchin, M., Strotbaum, V., Suleder, J., Wiesner, M. & Bergh, B. (2019). Barriers and Facilitators to the Implementation of eHealth Services: Systematic Literature Analysis. *Journal of Medical Internet Research*, *21*(11), e14197. https://doi.org/10.2196/14197

Schulze, A. & Schäfer, T. (2018). Beschäftigtenorientiertes BGM auf dem Weg zur Arbeit 4.0. Motivationen und Hemmnisse in der digitalisierten Arbeitswelt. In D. Matusiewicz & L. Kaiser (Hrsg.), *Digitales Betriebliches Gesundheitsmanagement. Theorie und Praxis* (S. 593–618). Wiesbaden: Gabler. https://doi.org/10.1007/978-3-658-14550-7_44

Sesink, W. (2012). *Einführung in das wissenschaftliche Arbeiten. Inklusive E-Learning, Web-Recherche, digitale Präsentation u.a* (9., aktualisierte Aufl.). München: Oldenbourg. https://doi.org/10.1524/9783486717648

Sheikh, H., Prins, C. & Schrijvers, E. (2023). Artificial Intelligence: Definition and Background. In H. Sheikh, C. Prins & E. Schrijvers (Hrsg.), *Mission AI* (Research for Policy, S. 15–41). Cham: Springer International Publishing. https://doi.org/10.1007/978-3-031-21448-6_2

Sheldon, K. M. & Elliot, A. J. (1999). Goal striving, need satisfaction, and longitudinal well-being: the self-concordance model. *Journal of Personality and Social Psychology*, *76*(3), 482–497. https://doi.org/10.1037//0022-3514.76.3.482

Siegemund, B. (2018). Gesunde Führung – der Erfolgsfaktor für ein Betriebliches Gesundheitsmanagement in einer digitalisierten Arbeitswelt. In D. Matusiewicz & L. Kaiser (Hrsg.), *Digitales Betriebliches Gesundheitsmanagement* (S. 99–105). Wiesbaden: Springer Fachmedien Wiesbaden. https://doi.org/10.1007/978-3-658-14550-7_6

Signitzer, B. (2013). Ansätze und Forschungsfelder der Health Communication. In F. Rest, A. Spatzier & S. Wehmeier (Hrsg.), *Benno Signitzer* (S. 317–337). Wiesbaden: Springer Fachmedien Wiesbaden. https://doi.org/10.1007/978-3-658-03505-1_18

Simmel, M. & Graßl, W. (2020). *Betriebliches Gesundheitsmanagement mit System.* Wiesbaden: Springer Fachmedien Wiesbaden. https://doi.org/10.1007/978-3-658-26956-2

Simonitsch, K., Goja, W. & Cech, C. (2018). go4health digitales BGM. Innovation, Change und Challenge. In D. Matusiewicz & L. Kaiser (Hrsg.), *Digitales Betriebliches Gesundheitsmanagement. Theorie und Praxis* (S. 263–274). https://doi.org/10.1007/978-3-658-14550-7_19

Skolarus, T. A., Lehmann, T., Tabak, R. G., Harris, J., Lecy, J. & Sales, A. E. (2017). Assessing citation networks for dissemination and implementation research frameworks. *Implementation Science: IS*, *12*(1), 97. https://doi.org/10.1186/s13012-017-0628-2

Sprondel, W. M. (1979). ‚Experte' und ‚Laie': Zur Entwicklung von Typenbegriffen in der Wissenssoziologie. In W. M. Sprondel, & R. Grathoff (Hrsg.), *Alfred Schütz und die Idee des Alltags in den Sozialwissenschaften* (S. 140–154). Stuttgart: Ferdinand Enke Verlag.

Stange, K. C. (2020). Commentary: RE-AIM Planning and Evaluation Framework: Adapting to New Science and Practice With a 20-Year Review. *Frontiers in Public Health*, *8*, 245. https://doi.org/10.3389/fpubh.2020.00245

Stanley, T. D. (2005). Beyond Publication Bias. *Journal of Economic Surveys*, *19*(3), 309–345. https://doi.org/10.1111/j.0950-0804.2005.00250.x

Stark, A. L., Geukes, C. & Dockweiler, C. (2022). Digital Health Promotion and Prevention in Settings: Scoping Review. *Journal of Medical Internet Research*, *24*(1), e21063. https://doi.org/10.2196/21063

statista (2024). *Bruttoinlandsprodukt (BIP) von Österreich von 2013 bis 2023 (in Milliarden Euro). Zugriff am 29.01.2025.* Verfügbar unter: https://de.statista.com/statistik/daten/studie/14390/umfrage/bruttoinlandsprodukt-in-oesterreich/

Stein, J., Dorow, M., Liegert, P., Pabst, A. & Riedel-Heller, S. G. (2019). *Camberwell Assessment of Need for the Elderly – CANE, Handbuch für die adaptierte deutsche Version* (Forschung für die Praxis – Hochschulschriften, 1. Auflage). Köln: Psychiatrie Verlag.

Steinhauser, S., Stadler, V. & Hüsig, S. (2024). Anwendungspotenziale und Herausforderungen der Blockchain-Technologie im Gesundheitswesen. In M. A. Pfannstiel (Hrsg.), *Technologien und Technologiemanagement im Gesundheitswesen* (S. 831–847). Wiesbaden: Springer Fachmedien Wiesbaden. https://doi.org/10.1007/978-3-658-43860-9_42

Steinke, I. (2007). Qualitätssicherung in der qualitativen Forschung. In U. Kuckartz, H. Grunenberg & T. Dresing (Hrsg.), *Qualitative Datenanalyse: computergestützt. Methodische Hintergründe und Beispiele aus der Forschungspraxis* (S. 176–187). Wiesbaden: VS Verl. für Sozialwiss. https://doi.org/10.1007/978-3-531-90665-2_11

Steinke, I. (2009). Die Güte qualitativer Marktforschung. In H. H. Holzmüller (Hrsg.), *Qualitative Marktforschung. Konzepte – Methoden – Analysen* (2., überarbeitete Auflage, S. 263–280). Wiesbaden: Gabler.

Steinke, I. (2010). Gütekriterien qualitativer Forschung. In U. Flick, E. von Kardorff & I. Steinke (Hrsg.), *Qualitative Forschung. Ein Handbuch.* (S. 319–331). Reinbek: Rowohlt.

Stickel-Wolf, C. & Wolf, J. (2019). *Wissenschaftliches Arbeiten und Lerntechniken. Erfolgreich studieren – gewusst wie!* (Lehrbuch, 9., aktualisierte und überarbeitete Auflage). Wiesbaden: Springer Gabler.

Sting, S. (2008). Gesundheit. In T. Coelen & H.-U. Otto (Hrsg.), *Grundbegriffe Ganztagsbildung* (S. 289–298). Wiesbaden: VS Verlag für Sozialwissenschaften. https://doi.org/10.1007/978-3-531-91161-8_29

Strauss, A. L. & Corbin, J. M. (1996). *Grounded theory. Grundlagen qualitativer Sozialforschung* (Unveränd. Nachdr. der letzten Aufl.). Weinheim: Beltz.

Strauss, A. L. (1987). *Qualitative analysis for social scientists.* Cambridge: Cambridge Univ. Press. https://doi.org/10.1017/CBO9780511557842

Strifler, L., Cardoso, R., McGowan, J., Cogo, E., Nincic, V., Khan, P. A., Scott, A., Ghassemir, M., MacDonald, H., Lai, Y., Treister, V., Tricco, A. C. & Straus, S. E. (2018). Scoping review identifies significant number of knowledge translation theories, models, and frameworks with limited use. *Journal of Clinical Epidemiology*, *100*, 92–102. https://doi.org/10.1016/j.jclinepi.2018.04.008

Strübing, J. (2014). *Grounded Theory. Zur sozialtheoretischen und epistemologischen Fundierung des Verfahrens der empirisch begründeten Theoriebildung* (SpringerLink Bücher, 3., überarbeitete und erweiterte Auflage). Wiesbaden: VS Verlag für Sozialwissenschaften. https://doi.org/10.1007/978-3-531-91968-3

Strübing, J. (2018). *Qualitative Sozialforschung. Eine komprimierte Einführung* (2., überarbeitete und erweiterte Auflage). Berlin: De Gruyter Oldenbourg.

Strübing, J. (2022). Grounded Theory und Theoretical Sampling. In N. Baur & J. Blasius (Hrsg.), *Handbuch Methoden der empirischen Sozialforschung* (S. 587–606). Wiesbaden: Springer Fachmedien Wiesbaden. https://doi.org/10.1007/978-3-658-37985-8_37

Strübing, J., Hirschauer, S., Ayaß, R., Krähnke, U. & Scheffer, T. (2018). Gütekriterien qualitativer Sozialforschung. Ein Diskussionsanstoß. *Zeitschrift für Soziologie*, *47*(2), 83–100. https://doi.org/10.1515/zfsoz-2018-1006

Sullivan, G. M., Deiorio, N. M., Simpson, D., Yarris, L. M. & Artino, A. R. (2024). What the Heck Is a Journal Impact Factor Anyway? Dissemination Measures for Educators. *Journal of Graduate Medical Education*, *16*(2), 109–114. https://doi.org/10.4300/JGME-D-24-00211.1

SVS (2025). *Gesundheit fördern, Steuern sparen.* Zugriff am 01.04.2025. Verfügbar unter: https://www.svs.at/cdscontent/?contentid=10007.887784&portal=svsportal#!/de/rDTSzvXH/gesundheit-foerdern-steuern-sparen/

Swales, J. M. (1990). *Genre analysis: English in academic and research settings.* New York: Cambridge University

Tabak, R. G., Khoong, E. C., Chambers, D. A. & Brownson, R. C. (2012). Bridging research and practice: models for dissemination and implementation research. *American Journal of Preventive Medicine*, *43*(3), 337–350. https://doi.org/10.1016/j.amepre.2012.05.024

Techniker Krankenkasse (2022). *DiGA-Report 2022.* Zugriff am 11.05.2023. Verfügbar unter: https://www.tk.de/resource/blob/2125136/dd3d3dbafcfaef0984dcf8576b1d7713/tk-diga-report-2022-data.pdf

Techniker Krankenkasse (2024). *DiGA-Report II.* Zugriff am 20.09.2024. Verfügbar unter: https://www.tk.de/resource/blob/2170850/e7eaa59ecbc0488b415409d5d3a354cf/tk-diga-report-2-2024-data.pdf

Techniker Krankenkasse (2025). *Gesundheitsreport 2025. Arbeitsunfähigkeiten.* Zugriff am 19.05.2025. Verfügbar unter: https://www.tk.de/resource/blob/2194002/828793b4b4a5953abece5e4874ce79b9/gesundheitsreport-au-2025-data.pdf

Thaler, R. H. & Sunstein, C. R. (2008). *Nudge. Improving decisions about health, wealth, and happiness.* New Haven, Conn.: Yale Univ. Press.

The Center for Implementation (2023). *CFIR 2.0. The updated consolidated framework for implementation research based on user feedback.* Adaptiert von Damschroder, L. J., Reardon, C. M., Widerquist, M. A. O. & Lowery, J. (2022). Bildkonzept und Entwicklung von S. Khan & J. E. Moore. Bilddesign von V. Gastaldo. Zugriff am 15.11.2024. Verfügbar unter: https://thecenterforimplementation.com/toolbox/cfir

Thomas, S. (2020). Ethnografie. In G. Mey & K. Mruck (Hrsg.), *Handbuch Qualitative Forschung in der Psychologie* (S. 293–313). Wiesbaden: Springer Fachmedien Wiesbaden. https://doi.org/10.1007/978-3-658-26887-9_35

Thompson, J. D. (1967). *Organizations in action. Social science bases of administrative theory.* NY, USA: McGraw-Hill.

Thumm, D. & Pfannstiel, M. A. (2024). KI-Technologieradar im Gesundheitswesen – Ein Überblick mit Praxisbeispielen. In M. A. Pfannstiel (Hrsg.), *Technologien und Technologiemanagement im Gesundheitswesen* (S. 301–318). Wiesbaden: Springer Fachmedien Wiesbaden. https://doi.org/10.1007/978-3-658-43860-9_15

Tippe, A. (2010). Veränderung stabilisieren: eine gruppendynamische Perspektive. In M. Faßnacht, H. Kuhn & C. Schrapper (Hrsg.), *Organisation organisieren: Gruppendynamische Zugänge und Perspektiven für die Praxis* (S. 191–205). Weinheim, München: Juventa.

Titscher, S., Meyer, M., Wodak, R. & Vetter, E. (2007). *Methods of text and discourse analysis.* Los Angeles: SAGE. https://doi.org/10.4135/9780857024480

Tobler, N. S. (1986). Meta-Analysis of 143 Adolescent Drug Prevention Programs: Quantitative Outcome Results of Program Participants Compared to a Control or Comparison Group. *Journal of Drug Issues, 16*(4), 537–567. https://doi.org/10.1177/002204268601600405

Tolks, D. & Sailer, M. (2021). Gamification als didaktisches Mittel in der Hochschulbildung. In Hochschulforum Digitalisierung (Hrsg.), *Digitalisierung in Studium und Lehre gemeinsam gestalten* (S. 515–532). Wiesbaden: Springer Fachmedien Wiesbaden. https://doi.org/10.1007/978-3-658-32849-8_29

Tortorella, G. L., Fogliatto, F. S., Tlapa Mendoza, D., Pepper, M. & Capurro, D. (2023). Digital transformation of health services: a value stream-oriented approach. *International Journal of Production Research, 61*(6), 1814–1828. https://doi.org/10.1080/00207543.2022.2048115

Treier, M. & Uhle, T. (2019). Im Frühtau zu Berge … In M. Treier & T. Uhle (Hrsg.), *Einmaleins des betrieblichen Gesundheitsmanagements* (S. 11–41). Wiesbaden: Springer Fachmedien Wiesbaden GmbH. https://doi.org/10.1007/978-3-658-23311-2_2

Treier, M. (2019). *Wirtschaftspsychologische Grundlagen für Personalmanagement. Fach- und Lehrbuch zur modernen Personalarbeit.* Berlin, Heidelberg: Springer.

Treier, M. (2021). *Betriebliches Gesundheitsmanagement 4.0 im digitalen Zeitalter.* Wiesbaden: Springer Fachmedien Wiesbaden. https://doi.org/10.1007/978-3-658-33261-7

Treier, M. (2023). *Betriebliches Gesundheitsmanagement.* Berlin, Heidelberg: Springer Berlin Heidelberg. https://doi.org/10.1007/978-3-662-67152-8

Trommsdorff, V. & Binsack, M. (1999). Informationsgrundlagen für das Innovationsmarketing. In C. Tintelnot, D. Meißner, I. Steinmeier & D. Meissner (Hrsg.), *Innovationsmanagement* (S. 109–121). Berlin: Springer. https://doi.org/10.1007/978-3-642-58427-5_11

Uhle, T. & Treier, M. (2019). *Betriebliches Gesundheitsmanagement.* Wiesbaden: Springer Fachmedien Wiesbaden. https://doi.org/10.1007/978-3-658-25410-0

Vahs, D. (2015). *Organisation. Ein Lehr- und Managementbuch* (9., überarbeitete und erweiterte Aufl.). Stuttgart: Schäffer-Poeschel.

Vahteristo, A., Jylhä, V. & Kuusisto, H. (2025). The use and readiness for eHealth and eWelfare among young adults. *Health Informatics Journal, 31*(1), 14604582241307208. https://doi.org/10.1177/14604582241307208

van Gemert-Pijnen, L. (2022). Implementation of health technology: Directions for research and practice. *Frontiers in Digital Health, 4*, 1030194. https://doi.org/10.3389/fdgth.2022.1030194

van Gemert-Pijnen, L., Nijland, N., van Limburg, M., Ossebaard, H. C., Kelders, S. M., Eysenbach, G. et al. (2011). A holistic framework to improve the uptake and impact of eHealth technologies. *Journal of Medical Internet Research, 13*(4), e111. https://doi.org/10.2196/jmir.1672

Vasarainen, M., Paavola, S. & Vetoshkina, L. (2021). A Systematic Literature Review on Extended Reality: Virtual, Augmented and Mixed Reality in Working Life. *International Journal of Virtual Reality, 21*(2), 1–28. https://doi.org/10.20870/IJVR.2021.21.2.4620

Waldhör, K. (2018). Anwendungen von Smartwatches und Wearables im Betrieblichen Gesundheitsmanagement. In D. Matusiewicz & L. Kaiser (Hrsg.), *Digitales Betriebliches Gesundheitsmanagement. Theorie und Praxis* (S. 137–157). Wiesbaden: Gabler. https://doi.org/10.1007/978-3-658-14550-7_9

Walter, U. N. & Mess, F. (2018). Digitale Lösungen für die Betriebliche Gesundheitsförderung – ein Überblick. In D. Matusiewicz & L. Kaiser (Hrsg.), *Digitales Betriebliches Gesundheitsmanagement* (S. 73–81). Wiesbaden: Springer Fachmedien Wiesbaden. https://doi.org/10.1007/978-3-658-14550-7_4

Wang, Q., Myers, M. D. & Sundaram, D. (2013). Digital Natives and Digital Immigrants. *Business & Information Systems Engineering, 5*(6), 409–419. https://doi.org/10.1007/s12599-013-0296-y

Wassermann, S. (2014). Das qualitative Experteninterview. In M. Niederberger & S. Wassermann (Hrsg.), *Methoden der experten- und stakeholdereinbindung in der sozialwissenschaftlichen forschung* (S. 51–67). Wiesbaden: Springer VS. https://doi.org/10.1007/978-3-658-01687-6_4

Watteler, O. & Kinder-Kurlanda, K. E. (2015). Anonymisierung und sicherer Umgang mit Forschungsdaten in der empirischen Sozialforschung. *Datenschutz und Datensicherheit – DuD, 39*(8), 515–519. https://doi.org/10.1007/s11623-015-0462-0

Wegner, S. (2016). *Kooperative Strukturen von Schulen und Hochschulen. Eine empirisch gestützte Analyse der Einflussfaktoren einer erfolgreichen Gestaltung.* Dissertation. Universität Bielefeld.

Weichbold, M. (2022). Pretests. In N. Baur & J. Blasius (Hrsg.), *Handbuch Methoden der empirischen Sozialforschung* (S. 443–451). Wiesbaden: Springer Fachmedien Wiesbaden. https://doi.org/10.1007/978-3-658-37985-8_28

Welsh, J. A. & White, J. F. (1981). A small business is not a little big business. *Harvard Business Review, 59*(4), 18–32.

Wensing, M. & Grol, R. (2019). Knowledge translation in health: how implementation science could contribute more. *BMC Medicine, 17*(1), 88. https://doi.org/10.1186/s12916-019-1322-9

Wensing, M., Sales, A., Armstrong, R. & Wilson, P. (2020). Implementation science in times of Covid-19. *Implementation Science: IS, 15*(1), 42. https://doi.org/10.1186/s13012-020-01006-x

Widera, E., Chang, A. & Chen, H. L. (2010). Presenteeism: a public health hazard. *Journal of General Internal Medicine, 25*(11), 1244–1247. https://doi.org/10.1007/s11606-010-1422-x

Widmaier, S. & Nürnberg, V. (2023). Digitale BGM-Plattformen: Single versus Multi Payer – welches Geschäftsmodell setzt sich durch? In C. Stummeyer, A. E. Raab & M. E. Behm (Hrsg.), *Plattformökonomie im Gesundheitswesen. Health-as-a-service – digitale Geschäftsmodelle für bessere Behandlungsqualität und Patient Experience* (S. 271–282). Wiesbaden: Springer Gabler. https://doi.org/10.1007/978-3-658-35991-1_14

Wieden, M. (2012). Definiere „Unternehmens-Erfolg"! In M. Wieden (Hrsg.), *Liquid Work* (S. 117–124). Wiesbaden: Springer Fachmedien Wiesbaden. https://doi.org/10.1007/978-3-658-00195-7_10

Wilson, P. & Kislov, R. (2022). *Implementation Science.* Cambridge University Press. https://doi.org/10.1017/9781009237055

windhund (2024). *Über uns. Windhund bringt Gesundheit in die Unternehmen.* Zugriff am 04.02.2024. Verfügbar unter: https://www.windhund.com/de/magazin/von-der-app-zur-bgm-plattform/

Winter, R. & Riedl, R. (2022). Chancen und Herausforderungen eines digitalen betrieblichen Gesundheitsmanagements. *Prävention und Gesundheitsförderung, 17*(1), 7–12. https://doi.org/10.1007/s11553-021-00830-3

Wimmer, R. D. & Dominick, J. R. (2010). *Mass media research. An introduction.* Belmont, CA: Wadsworth Publishing Company.

Wirtz, M. A., Bitzer, E. M., Albert, U.-S., Ansmann, L., Bögel, M., Ernstmann, N., Hollederer, A., Hower, K. I., Nowak, M. & Vollmar, H. D. (2019). DNVF-Memorandum III – Methoden für die Versorgungsforschung, Teil 4 – Konzept und Methoden der organisationsbezogenen Versorgungsforschung. Kapitel 3 – Methodische Ansätze zur Evaluation und Implementierung komplexer Interventionen in Versorgungsorganisationen. *Das Gesundheitswesen (Bundesverband der Ärzte des Öffentlichen Gesundheitsdienstes (Germany))* [DNVF-Memorandum III – Methods for Health Services Research, Part 4 – Concept and Methods for Organizational Health Services Research. Chapter 3 – Methodological Approaches for the Evaluation and Implementation of Complex Interventions in Healthcare Organizations], *81*(3), e82–e91. https://doi.org/10.1055/a-0862-0588

Wolff, G., Hermann M. & Niggemann, M. (2004). Quo vadis Erfolgsfaktorenforschung? *Jahrbücher für Nationalsökonomie und Statistik*, 263–269.

World Health Organization (1948). *Constitution of the World Health Organization.* Zugriff am 17.04.2024. Verfügbar unter: https://apps.who.int/gb/bd/PDF/bd47/EN/constitution-en.pdf

World Health Organization (1986). *Ottawa Charter for Health Promotion.* First International Conference on Health Promotion Ottawa, 21 November 1986. Zugriff am 19.04.2024. Verfügbar unter: https://www.healthpromotion.org.au/images/ottawa_charter_hp.pdf

Yuchtman, E. & Seashore, S. E. (1967). A System Resource Approach to Organizational Effectiveness. *American Sociological Review, 32*(6), 891–903. https://doi.org/10.2307/2092843

Zandtner, R. (2023). App auf Rezept. In F. Hoffmann & K. Becker (Hrsg.), *Digital Health – Technologien, Vernetzung, Fortschritt* (Beiträge aus der Hochschule, Bd. 5, 1. Auflage, S. 33–56). Bremen: Apollon University Press.

Zyda, M. (2005). From visual simulation to virtual reality to games. *Computer, 38*(9), 25–32. https://doi.org/10.1109/MC.2005.2

FSC
www.fsc.org
MIX
Papier | Fördert
gute Waldnutzung
FSC® C083411

Kolibri 360 GmbH
Ferdinand-Jühlke-Straße 7
99095 Erfurt, Deutschland
produktsicherheit@kolibri360.de